Keim / Schwerdt / Reh
Reformpädagogik und Reformpädagogik-Rezeption in neuer Sicht

Bildungsgeschichte.
Forschung – Akzente – Perspektiven

Wolfgang Keim
Ulrich Schwerdt
Sabine Reh
(Hrsg.)

Reformpädagogik und Reformpädagogik-Rezeption in neuer Sicht

Perspektiven und Impulse

Verlag Julius Klinkhardt
Bad Heilbrunn • 2016

Dieser Titel wurde in das Programm des Verlages mittels eines Peer-Review-Verfahrens aufgenommen. Für weitere Informationen siehe www.klinkhardt.de.

Bibliografische Information der Deutschen Nationalbibliothek
Die Deutsche Nationalbibliothek verzeichnet diese Publikation
in der Deutschen Nationalbibliografie; detaillierte bibliografische Daten
sind im Internet abrufbar über http://dnb.d-nb.de.

2016.n. © by Julius Klinkhardt.
Das Werk ist einschließlich aller seiner Teile urheberrechtlich geschützt.
Jede Verwertung außerhalb der engen Grenzen des Urheberrechtsgesetzes ist ohne Zustimmung des Verlages unzulässig und strafbar. Das gilt insbesondere für Vervielfältigungen, Übersetzungen, Mikroverfilmungen und die Einspeicherung und Verarbeitung in elektronischen Systemen.

Foto Umschlag: © BBF. Naturkundeunterricht bei Lehrer Eduard Reimpell
an der Berthold-Otto-Schule (Berlin-Lichterfelde, ca. 1912).

Druck und Bindung: AZ Druck und Datentechnik, Kempten.
Printed in Germany 2016.
Gedruckt auf chlorfrei gebleichtem alterungsbeständigem Papier.

ISBN 978-3-7815-2107-0

Inhaltsverzeichnis

Wolfgang Keim, Ulrich Schwerdt und Sabine Reh
Einleitung 7

1. Rezeption

Wolfgang Keim
100 Jahre Reformpädagogik-Rezeption in Deutschland im
Spannungsfeld von Konstruktion, De-Konstruktion und Re-Konstruktion
– Versuch einer Bilanzierung 19

2. Neue Zugänge und Fragestellungen

Carola Groppe
Reformpädagogik und soziale Ungleichheit 73

Ulrich Schwerdt
Reformpädagogik und Behinderung
– Überlegungen zu einem kaum beachteten Forschungsfeld 97

Peter Dudek
Sexualisierte Gewalt in reformpädagogischen Kontexten
als Gegenstand erziehungshistorischer Forschung.
Eine Fallstudie aus der Freien Schulgemeinde Wickersdorf 127

Elija Horn
Indienmode und Tagore-Hype:
Reformpädagogik in der Weimarer Republik
in der Perspektive des Orientalismus 149

Klemens Ketelhut
Reformpädagogik in neuer Perspektive:
Berthold Otto als pädagogischer Unternehmer 169

3. Neue Kontextuierungen

Christa Uhlig
Reformpädagogik im Spiegel proletarischer Zeitschriften
– ein Beitrag zu einem vernachlässigten Strang
der Reformpädagogik-Rezeption 195

Till Kössler
Religiöser Fundamentalismus und Demokratie
– Katholische Reformpädagogik nach 1900 219

Sven Kluge
Alfred Adler als Wegbereiter einer modernen Tiefenpädagogik?
Exemplarische Analysen des Einflusses der Individualpsychologie
auf reformpädagogische Konzepte der Zwischenkriegszeit 241

4. Quellen als Ausgangspunkte der Forschung

Ulrike Pilarczyk
Natur – Erlebnis – Gemeinschaft:
Lebensreform und Pädagogik im Medium
„jugendbewegter" Fotografie 271

Bettina Irina Reimers, Stefan Cramme und Sabine Reh
Gedruckte Quellen, Archivbestände und Forschungen zur
„Reformpädagogik" in der Bibliothek für
Bildungsgeschichtliche Forschung 293

5. Verzeichnis der Autorinnen und Autoren 313

Wolfgang Keim, Ulrich Schwerdt und Sabine Reh

Einleitung

Die Reformpädagogik, verstanden als Phase der Bildungsgeschichte vor und nach dem Ersten Weltkrieg, ist seit vielen Jahren ein prominenter Gegenstand der historischen Bildungsforschung. Während die Zahl der Detailstudien unverändert hoch ist und auch jüngst wieder neue Einführungen und Gesamtdarstellungen publiziert wurden,[1] ist die historische Erforschung der Reformpädagogik selbst, sind also Charakter, Schwerpunkte, aber auch Lücken der Historiographie dieser Phase seit längerer Zeit nicht mehr intensiv in den Blick genommen worden.[2] Die Herausgeberin und die Herausgeber dieses Sammelbandes haben diesen Befund zum Anlass genommen, zu einer Tagung einzuladen, bei der innovative Studien mit neuen Fragestellungen vorgestellt und diskutiert werden sollten. Die vorliegende Publikation enthält eine Auswahl dieser Beiträge sowie einige zusätzlich eingeworbene Artikel zu Gegenstandsfeldern, die während der Tagung in der Bibliothek für Bildungsgeschichtliche Forschung in Berlin im Dezember 2014 nicht berücksichtigt werden konnten.[3]

Der Anspruch eines von mancherlei Unwägbarkeiten abhängenden Tagungsbandes kann es nicht sein, eine repräsentative Auswahl oder gar eine syste-

---

[1] Vgl. W. Böhm, Die Reformpädagogik. Montessori, Waldorf und andere Lehren, München 2012; W. Keim/U. Schwerdt (Hg.), Handbuch der Reformpädagogik in Deutschland (1890-1933), 2 Teile, Frankfurt/M. u.a. 2013; R. Koerrenz, Reformpädagogik. Eine Einführung, Paderborn 2014.

[2] Siehe dagegen noch für die 1990er und 2000er Jahre z.B. die Bände 1 und 7 des Jahrbuchs für historische Bildungsforschung, Weinheim/München 1993 und Bad Heilbrunn 2001 sowie H. Retter (Hg.), Reformpädagogik. Neue Zugänge – Befunde – Kontroversen, Bad Heilbrunn 2004.

[3] Die Tagung fand am 10. und 11. Dezember 2014 in der Bibliothek für Bildungsgeschichtliche Forschung des Deutschen Instituts für Internationale Pädagogische Forschung in Berlin statt. Die Herausgeber/innen danken allen an der Organisation, Durchführung und Finanzierung Beteiligten. Für die Anpassung an die Manuskriptvorgaben und das Layout der Publikation sorgten Eva Borowicz und Anna-Maria Neuhaus (Universität Paderborn) – auch ihnen herzlichen Dank.

matische Bestandsaufnahme neuer Perspektiven und Gegenstandsfelder vorzulegen. Vielmehr soll es darum gehen, historische und aktuelle Deutungsmuster, wie wir sie in der Historiographie dieser bildungsgeschichtlichen ‚Epoche' finden, erkennbar zu machen, vor allem aber interessante neue Sichtweisen auf den historischen Gegenstand darzustellen, um nicht zuletzt damit Impulse für die historische Erforschung der bildungsgeschichtlichen Phase um 1900 – dem Ende eines „langen 19." (Eric Hobsbawm) oder auch dem Beginn eines „langen 20. Jahrhunderts" (Charles S. Maier) – zu vermitteln. Der besondere Akzent der Zusammenstellung der Aufsätze dieses Bandes liegt dabei auf der Dokumentation inhaltlich neuer Perspektiven, auch wenn innovative methodische Zugriffe in verschiedenen Aufsätzen ebenfalls angesprochen werden.

Der vorliegende Band fokussiert die Geschichte bzw. die Geschichtsschreibung einer bestimmten zeitlichen Phase, die man die der ‚klassischen' Reformpädagogik nennen könnte, nämlich des ersten Drittels im 20. Jahrhundert. Als ‚klassisch' kann man diese Phase pädagogischer Reformdiskurse und Praxisbemühungen bezeichnen, da sie, vermittelt über die Interpretation Herman Nohls, für viele Jahrzehnte die Rezeption dessen, was als Reformpädagogik galt, – zumindest in Westdeutschland – wesentlich bestimmte.[4] Die Frage, ob Reformpädagogik als ein Epochenbegriff oder besser kritisch als „Motiv"[5] oder „Denkform"[6] neuzeitlicher Pädagogik angemessen beschrieben ist, ob man sinnvollerweise von „der" Reformpädagogik oder unterschiedlichen „Reformpädagogiken"[7] in der Geschichte des 18. bis 20. Jahrhunderts sprechen sollte, bleibt bis heute umstritten. Auch die Autorinnen und Autoren des vorliegenden Bandes vertreten in dieser Hinsicht unterschiedliche Positionen.

Eine zweite Fokussierung folgt ebenfalls der bisher vorherrschenden deutschen Historiographie, in der Reformpädagogik zumeist als eine *Epoche der deutschen Bildungsgeschichte* rekonstruiert wurde. Zwar heben schon in den 1920er Jahren publizierte Darstellungen die Internationalität der Reformpä-

---

[4] Vgl. den Aufsatz von Wolfgang Keim in diesem Band.

[5] Vgl. H.-E. Tenorth, „Reformpädagogik" – erneuter Versuch, ein erstaunliches Phänomen zu verstehen, in: Zeitschrift für Pädagogik 40(1994)4, S.585-604; J. Oelkers, Reformpädagogik. Eine kritische Dogmengeschichte, Weinheim/München 1989.

[6] W. Böhm a.a.O.

[7] So u.a. D. Benner/H. Kemper, Theorie und Geschichte der Reformpädagogik, Teil 1: Die pädagogische Bewegung von der Aufklärung bis zum Neuhumanismus, Teil 2: Die Pädagogische Bewegung von der Jahrhundertwende bis zum Ende der Weimarer Republik, Teil 3.1: Staatliche Schulreform und Schulversuche in SBZ und DDR, Teil 3.2: Staatliche Schulreform und reformpädagogische Schulversuche in den westlichen Besatzungszonen und in der BRD, Weinheim/Basel 2003-2007.

dagogik als eines ihrer wesentlichen Merkmale heraus,[8] ist die „Reformpädagogik auf den Kontinenten"[9] in einer Vielzahl von Veröffentlichungen beschrieben und bis in die jüngste Zeit durch immer neue Facetten ergänzt worden.[10] Studien, die in der Lage sein könnten, Gemeinsamkeiten und Spezifika verschiedener nationaler Entwicklungen genauer zu bestimmen, sind aber immer noch ein Desiderat. Die Forschung zur Reformpädagogik hinkt nicht nur in schmerzlicher Weise der Geschichtswissenschaft, die sich in den letzten Jahrzehnten zunehmend einer transnationalen Perspektive geöffnet hat,[11] hinterher, sondern auch anderen Segmenten der historischen Bildungsforschung.[12] Dennoch sind erste Versuche zu erkennen, die Rezeption, das „Wandern" und die „Übersetzung" pädagogischer Ideen, Diskurse, Praktiken und Institutionen in einer transnationalen Perspektive zu rekonstruieren.[13] Auch wenn es nicht gelang, einen entsprechenden Aufsatz für diesen Band zu gewinnen, in dem genau dieses auffällige Merkmal der Historiographie der Reformpädagogik in Deutschland im Einzelnen aufgezeigt wird, bieten doch einzelne hier abgedruckte Beiträge Ansatzpunkte für Rekonstruktionen transnationaler Bezüge.

Der Band ist in vier Teile gegliedert. Zunächst wirft *Wolfgang Keim* einen ausführlichen Blick auf die *Rezeptionsgeschichte der Reformpädagogik* in Deutschland. Er betont hierbei den Prozess der kommunikativen Konstitution eines Zusammenhangs pädagogischer Diskurse und Praktiken, der bereits vor

---

[8] Vgl. z.B. Peter Petersen, Die neueuropäische Erziehungsbewegung, Weimar 1926.
[9] H. Röhrs/V. Lenhart (Hg.), Die Reformpädagogik auf den Kontinenten. Ein Handbuch, Frankfurt/M. u.a. 1994.
[10] Siehe etwa die inzwischen vielfach beschriebene Rezeption reformpädagogischer Einflüsse auf Japan; vgl. zusammenfassend: Y. Yamasaki, The impact of western progressive educational ideas in Japan. 1868-1940, in: History of education 39(2010)5, S.575-588.
[11] Vgl. den Überblick bei H.-G. Haupt/J. Kocka (Hg.), Comparative and transnational history. Central European approaches and new perspectives, New York/Oxford 2009.
[12] Vgl. z.B. M. Caruso u.a. (Hg.), Zirkulation und Transformation. Pädagogische Grenzüberschreitungen in historischer Perspektive, Köln 2014. Darüber hinaus eine Reihe von Publikationen der Arbeitsgruppen um Daniel Tröhler in Luxemburg und Eckhardt Fuchs am Georg-Eckert-Institut in Braunschweig.
[13] Vgl. z.B. H.-U. Grunder u.a. (Hg.), Netzwerke in bildungshistorischer Perspektive, Bad Heilbrunn 2013; S. Koslowski, Die New Era der New Education Fellowship. Ihr Beitrag zur Internationalität der Reformpädagogik im 20. Jahrhundert, Bad Heilbrunn 2013; vgl. darüber hinaus und speziell zur Praxis reformpädagogischer Schulen: Special Issue "Transnational circulation of reform ideas and practices: The example of the experimental and community schools (Versuchs- und Gemeinschaftsschulen) in Hamburg (1919–1933)", in: Paedagogica Historica 50(2014)5.

dem Ersten Weltkrieg einsetzte¹⁴ und in der Darstellung der „reformpädagogischen Bewegung" durch Herman Nohl am Ende der Weimarer Republik seine wirksamste Bündelung erfuhr. Diesen Modus der Auseinandersetzung mit dem historischen Gegenstand bezeichnet Keim als „Konstruktion", welche die „alte" und „neue" Pädagogik im geschichtlichen Verlauf wie in ihrer inhaltlichen Substanz unterschied und zugleich einige wenige Personen, Ansätze, Konzepte und Praxisformen als repräsentativ tradierte und zum „Ideal und Leitbild"¹⁵ stilisierte, während andere marginalisiert oder ganz weggelassen wurden. Hiervon unterscheidet der Autor einen zweiten Modus, den der „De-Konstruktion", der mit der kritischen Infragestellung lange Zeit dominanter geisteswissenschaftlich geprägter Deutungs- und Bewertungsmuster in den 1960er Jahren einsetzte und die Forschung vor allem seit Jürgen Oelkers „kritischer Dogmengeschichte" von 1989 wesentlich mitbestimmt hat. Keim weist jedoch auch auf die Probleme hin, die mit dem Gestus der „Entlarvung"¹⁶ reformpädagogischer „Dogmen" verbunden sind. Er plädiert stattdessen für eine Historisierung der Reformpädagogik und eine kritische „Re-Konstruktion" ihrer Geschichte, bei der er besonders die Notwendigkeit einer Einbeziehung gesellschaftlicher und politischer Kontexte betont.

Im zweiten Teil des Buches werden neue Zugänge und Fragestellungen aktueller Forschungen zur Reformpädagogik vorgestellt: *Carola Groppe* geht in ihrem Beitrag *Reformpädagogik und soziale Ungleichheit* von der Feststellung aus, dass die soziale Herkunft von Schülerinnen und Schülern in reformpädagogischen Einrichtungen von der Forschung bisher kaum thematisiert worden ist und auch Fragen nach sozialen Auswirkungen und Funktionen reformpädagogischer Programmatiken und Schulversuche bis in jüngere Darstellungen hinein fast keinerlei Rolle spielen. Eine wesentliche Ursache für diese Vernachlässigung sieht die Autorin darin, dass die sozialgeschichtlich ausgerichtete Geschichtsschreibung der 1970er und 80er Jahre sich für die Reformpädagogik kaum interessierte, während unter dem kulturhistorischen Paradigma seit den 1990er Jahren die Reformpädagogik zwar wiederentdeckt wurde, Probleme der sozialen Ungleichheit jedoch in den Hintergrund rückten. Im Ergebnis führte dies dazu, dass „die sozialhistorische Erforschung der

---

[14] Vgl. F.-M. Konrad, Von der „Zukunftspädagogik" und der „Reformpädagogischen Bewegung". Zur Konstitution einer Epoche in ihrer Zeit, in: Zeitschrift für Pädagogik 41(1995)5, S.803-825.
[15] W. Keim, 100 Jahre Reformpädagogik-Rezeption in Deutschland im Spannungsfeld von Konstruktion, De-Konstruktion und Re-Konstruktion – Versuch einer Bilanzierung, S.20.
[16] Ebd., S.32.

Reformpädagogik gleichsam übersprungen wurde"[17]. An verschiedenen Beispielen schulischer Reformversuche zeigt die Verfasserin, wie fruchtbar eine Verbindung von sozial- und kulturhistorischen Zugriffen für die Untersuchung von Prozessen sozialer Reproduktion und Sicherung bzw. Herstellung sozialer Exklusivität sein kann.

Auch das Thema *Reformpädagogik und Behinderung* ist von der bildungsgeschichtlichen Forschung lange unbeachtet geblieben. Während die allgemeine Pädagogik sich offensichtlich nicht für zuständig hielt, verstand sich die Historiographie der Sonderpädagogik über viele Jahrzehnte als Geschichte der sonderpädagogischen Fachrichtungen. In seinem Beitrag macht *Ulrich Schwerdt* deutlich, dass beides sich inzwischen verändert hat. Anhand von drei thematischen Aspekten weist er auf mögliche Forschungsperspektiven hin: Zunächst geht der Autor der Frage nach, in welcher Weise behinderte Kinder und Jugendliche in verschiedenen schulpädagogischen bzw. -politischen Diskursen der Reformpädagogik (Landerziehungsheimpädagogik, Einheitsschule, Schulversuche nach 1918) mitgedacht oder auch ausgegrenzt wurden. Anschließend stellt er reformpädagogischen Kindheitskonzepten zeitgenössische Konstruktionen des behinderten Kindes gegenüber. Am Beispiel reformpädagogischer Beiträge zur Eugenik-Debatte vor 1933 (u.a. durch prominente Protagonisten wie Ellen Key und Karl Wilker) kann der Autor schließlich zeigen, dass reformpädagogische Leitideen wie „Entwicklung" und „Gemeinschaft" geeignet waren, Exklusionsdiskurse in besonderer Weise zu befördern.

Außerordentlich breite öffentliche Aufmerksamkeit hat im Anschluss an die Skandale an der Odenwaldschule die Frage des *sexuellen Missbrauchs* an reformpädagogischen Einrichtungen gefunden. Mit Blick auf die erziehungsgeschichtliche Forschung kann ohne Zweifel davon gesprochen werden, dass dieses Thema über viele Jahrzehnte vollkommen vernachlässigt, und dort, wo man es aufnahm, verharmlost wurde. *Peter Dudek* stellt anhand eines der berühmtesten reformpädagogischen Internate – der Freien Schulgemeinde Wickersdorf – erste Befunde dar, die erkennen lassen, dass sexualisierte Gewalttaten bereits lange vor den 1970er Jahren in reformpädagogischen Schulen keine Einzelfälle waren, macht aber auch deutlich, vor welche Probleme und Herausforderungen die erziehungshistorische Forschung zu diesem wichtigen Themenfeld gestellt ist.

Einem auf den ersten Blick ‚exotischen' Thema geht *Elija Horn* nach, wenn er nach den Zusammenhängen von Orientalismus und Reformpädagogik fragt, die als „*Indienmode*" in bisherigen Darstellungen eher kursorisch abgehandelt wurden. Er deutet diese erstaunliche Verbindung im Anschluss an die

---

[17] C. Groppe, Reformpädagogik und soziale Ungleichheit, S.71.

postcolonial studies (Edward Said) als einen Prozess des „Othering" – der Imagination „des Anderen". Der Topos Indien war, so Horn, wie der des ursprünglichen Kindes „mit vielen jener Eigenschaften aufgeladen, die in reformpädagogischen Zusammenhängen als anstrebenswert galten: Ursprünglichkeit und Unverdorbenheit, natürliche Weisheit und religiös fundierte Ganzheitlichkeit".[18] Er diente in bildungsbürgerlich-protestantischen Milieus vor und nach dem Ersten Weltkrieg sowohl der Beglaubigung kulturkritischer Positionen als auch der Ausformulierung von Vorstellungen idealer Erziehung.

Mit Berthold Otto steht ein weiterer prominenter Reformpädagoge im Mittelpunkt des letzten Beitrages dieses Kapitels. *Klemens Ketelhut* stellt den Gründer der Lichterfelder Hauslehrerschule und ungewöhnlich produktiven pädagogischen Publizisten nicht als Pädagogen, sondern als *pädagogischen Unternehmer* vor und vertritt die These, dass dessen Positionierungen wesentlich als Strategien „im Wettbewerb um Ressourcen auf dem pädagogischen Markt verstanden"[19] werden können. Die mit quasi-religiösen Elementen durchsetzten literarischen Selbstinszenierungen und emotional hoch aufgeladenen Gemeinschaftsformeln dienten demnach vor allem als (erfolgreiches) Rezept für die Bindung an die Person und das Familienunternehmen. Angesichts der Vielzahl von reformpädagogischen Einrichtungen in privater Trägerschaft wäre zu prüfen, ob die von Ketelhut eingeführte Perspektive auf – wie in gegenwärtiger Terminologie gesagt werden könnte – unternehmerisches Handeln auch hier zu neuen Erkenntnissen führt.

Um bisher weitgehend vernachlässigte Kontexte, in denen reformpädagogische Diskurse und Praxiserfahrungen aufgenommen und diskutiert wurden, geht es in Kapitel 3: Zunächst stellt *Christa Uhlig* am Beispiel zweier *proletarischer Zeitschriften* dar, in welcher Weise die bürgerliche Reformpädagogik in der deutschen Arbeiterbewegung wahrgenommen wurde. Die Verfasserin arbeitet heraus, dass es nach dem politischen Umbruch von 1918 jedoch nicht bei Rezeption und Kritik blieb. Vielmehr konnte sich im Umfeld sozialdemokratischer Schulreform sowie der Kinder- und Jugendarbeit eine „eigenständige, ambivalente, keineswegs widerspruchsfreie, aber durchaus entwicklungsoffene Gestalt proletarisch-sozialistischer (Reform)Pädagogik"[20] profilieren, deren dezidiert gesellschaftskritischer und politischer Bezug sie

---

[18] E. Horn, Indienmode und Tagore-Hype: Reformpädagogik in der Weimarer Republik in der Perspektive des Orientalismus, S.164f.

[19] K. Ketelhut, Reformpädagogik in neuer Perspektive: Berthold Otto als pädagogischer Unternehmer, S.186.

[20] Ch. Uhlig, Reformpädagogik im Spiegel proletarischer Zeitschriften – ein Beitrag zu einem vernachlässigten Strang der Reformpädagogik-Rezeption, S.211.

von der Mehrzahl der bürgerlichen reformpädagogischen Strömungen unterschied.
Noch deutlicher als die sozialistische Pädagogik ist die *katholische Erziehung* lange Zeit als diametraler Gegensatz einer „am Kinde" orientierten Reformpädagogik wahrgenommen worden. In seinem Beitrag macht *Till Kössler* erkennbar, dass diese Sichtweise einer Revision bedarf. Anhand der Erneuerungsbewegungen innerhalb des als besonders konservativ geltenden spanischen Katholizismus beschreibt der Autor die Integration von Elementen pädagogischer Praxis, die gemeinhin als reformpädagogisch charakterisiert werden. Die Hinwendung zu neuen Methoden, der Abbau von Hierarchien und die Aktivierung der Lernenden diente allerdings einer „fundamentalistischen, religiösen Mobilisierung der katholischen Kinder und Jugendlichen" und war unmittelbar mit einem „illiberalen, demokratie-kritischen politischen Projekt verknüpft".[21] Die ausgesprochen interessanten Befunde zu Spanien veranlassten die Herausgeber den Beitrag in den Band aufzunehmen. Für die deutsche Geschichte des Katholizismus (z.B. die katholische Arbeiter- und Jugendbewegung) bleibt zu untersuchen, ob es ähnliche Initiativen gab und in welcher Weise sie sich ausformulierten und positionierten.
Während die Aufsätze Uhligs und Kösslers darauf aufmerksam machen, dass reformpädagogische Leitideen und Praxisformen in weltanschaulich und politisch sehr unterschiedlichen Erziehungsmilieus auf Resonanz stießen, weist der Beitrag *Sven Kluges* auf Verbindungen zwischen einer psychologischen Schule, der *Individualpsychologie* Alfred Adlers, und der Reformpädagogik hin. Ausgehend von psychologischen Grundannahmen Adlers, die eine deutlich größere Nähe zu pädagogischen Fragen aufweisen als die Psychoanalyse Freuds, zeichnet Kluge vor allem wesentliche Linien der Adler-Rezeption innerhalb der sozialkritisch ausgerichteten Reformpädagogik nach.

Den Abschluss des Bandes bilden zwei Artikel zu Quellenbeständen und zur Arbeit mit bisher wenig genutzten Quellen für die historische Erforschung reformpädagogischer Praxis im ersten Drittel des 20. Jahrhunderts. Mit der *Fotografie* nimmt *Ulrike Pilarczyk* eine Quellengattung in den Blick, deren Interpretation nicht nur zur Veranschaulichung bereits bekannter Einsichten dienen kann, sondern die als historische Quelle „mit eigenem Aussagewert zu akzeptieren" und „quellenkritisch auszuwerten" ist.[22] Ihre These plausibili-

---

[21] T. Kössler, Religiöser Fundamentalismus und Demokratie – Katholische Reformpädagogik nach 1900, S.235.
[22] U. Pilarczyk, Natur – Erlebnis – Gemeinschaft: Lebensreform und Pädagogik im Medium „jugendbewegter" Fotografie, S.269.

siert die Verfasserin am Beispiel von Fotos aus der jüdischen Jugendbewegung der 1920er Jahre, indem sie die Fotografien in dreifacher Weise interpretiert: als Produkte sozialer Interaktion, hinsichtlich ihres ästhetischen und symbolhaften Gehalts und in Bezug auf die soziale Praxis des Gebrauchs. Als Quellen, in denen sich historische Erziehungsverhältnisse, aber auch deren Rezeption in ganz spezifischer Weise widerspiegeln, sind Fotografien, so die Verfasserin, bis heute für die Erforschung der Reformpädagogik nur in ersten Ansätzen ausgeschöpft.

Bettina Reimers, Stefan Cramme und *Sabine Reh* stellen die interessanten bibliothekarischen und archivarischen *Quellenbestände der Bibliothek für Bildungsgeschichtliche Forschung* in Berlin dar. Sie machen dabei deutlich, in welcher Weise diese historische Bibliothek selbst schon die Konstruktion und die Bedeutung der Konstruktion der Reformpädagogik seitens der pädagogischen Profession und der Disziplin dokumentiert. Deshalb lässt sich in ihr auch und gerade die Geschichte einer Rezeption und Mythenbildung um die Reformpädagogik erforschen, etwa in deren Nutzung zur Legitimation unterschiedlicher gegenwärtiger Schulreformbestrebungen.

Die Übersicht über die in diesem Band versammelten Beiträge vermittelt einen ersten Eindruck von der Vielfalt interessanter Fragestellungen und Gegenstände der Reformpädagogik-Forschung. Sie verdankt sich neuen, z.T. auch lange Zeit in erstaunlicher Weise vernachlässigten Theoriebezügen, aber auch aktuellen pädagogischen und bildungspolitischen Herausforderungen und Problemen. Es wäre zu wünschen, dass einige dieser innovativen Zugriffe weiter entfaltet und ausdifferenziert werden können, um sich einer historischen Epoche in zeitgemäßer Weise zu nähern.

Literaturverzeichnis

Benner, D./Kemper, H., Theorie und Geschichte der Reformpädagogik, Teil 1: Die pädagogische Bewegung von der Aufklärung bis zum Neuhumanismus, Teil 2: Die Pädagogische Bewegung von der Jahrhundertwende bis zum Ende der Weimarer Republik, Teil 3.1: Staatliche Schulreform und Schulversuche in SBZ und DDR, Teil 3.2: Staatliche Schulreform und reformpädagogische Schulversuche in den westlichen Besatzungszonen und in der BRD, Weinheim/Basel 2003-2007.
Böhm, W., Die Reformpädagogik. Montessori, Waldorf und andere Lehren, München 2012.
Caruso, M. u.a. (Hg.), Zirkulation und Transformation. Pädagogische Grenzüberschreitungen in historischer Perspektive, Köln 2014.
Grunder, H.-U. u.a. (Hg.), Netzwerke in bildungshistorischer Perspektive, Bad Heilbrunn 2013.
Haupt, H.-G./Kocka, J. (Hg.), Comparative and transnational history. Central European approaches and new perspectives, New York/Oxford 2009.
Historische Kommission der Deutschen Gesellschaft für Erziehungswissenschaft (Hg.), Jahrbuch für historische Bildungsforschung, Bd.1, Weinheim/München 1993.

Keim, W./Schwerdt, U. (Hg.), Handbuch der Reformpädagogik in Deutschland (1890-1933), 2 Teile, Frankfurt/M. u.a. 2013.
Koerrenz, R., Reformpädagogik. Eine Einführung, Paderborn 2014.
Konrad, F.-M., Von der „Zukunftspädagogik" und der „Reformpädagogischen Bewegung". Zur Konstitution einer Epoche in ihrer Zeit, in: Zeitschrift für Pädagogik 41(1995)5, S.803-825.
Koslowski, S., Die New Era der New Education Fellowship. Ihr Beitrag zur Internationalität der Reformpädagogik im 20. Jahrhundert, Bad Heilbrunn 2013.
Oelkers, J., Reformpädagogik. Eine kritische Dogmengeschichte, Weinheim/München 1989.
Petersen, P., Die neueuropäische Erziehungsbewegung, Weimar 1926.
Retter, H. (Hg.), Reformpädagogik. Neue Zugänge – Befunde – Kontroversen, Bad Heilbrunn 2004.
Röhrs, H./Lenhart, V. (Hg.), Die Reformpädagogik auf den Kontinenten. Ein Handbuch, Frankfurt/M. u.a. 1994.
Sektion Historische Bildungsforschung der DGfE (Hg.), Jahrbuch für historische Bildungsforschung, Bd.7, Bad Heilbrunn 2001.
Special Issue: "Transnational circulation of reform ideas and practices: The example of the experimental and community schools (Versuchs- und Gemeinschaftsschulen) in Hamburg (1919–1933)", in: Paedagogica Historica 50(2014)5.
Tenorth, H.-E., „Reformpädagogik" – erneuter Versuch, ein erstaunliches Phänomen zu verstehen, in: Zeitschrift für Pädagogik 40(1994)4, S.585-604.
Yamasaki, Y., The impact of western progressive educational ideas in Japan. 1868-1940, in: History of education 39(2010)5, S.575-588.

1. Rezeption

Wolfgang Keim

100 Jahre Reformpädagogik-Rezeption in Deutschland im Spannungsfeld von Konstruktion, De-Konstruktion und Re-Konstruktion
– Versuch einer Bilanzierung

1. Einführung

Das Thema „Reformpädagogik" oder auch „Die Reformpädagogik" erfreut sich im vereinigten Deutschland bei Pädagogen wie Erziehungswissenschaftlern ungebrochener Beliebtheit. Dies galt zumindest für die alte Bundesrepublik schon vor der Wende, und zwar bis in die Nachkriegszeit zurückreichend, verändert hat sich allerdings etwa seit dem letzten Jahrzehnt des vergangenen Jahrhunderts der Umgang mit der Thematik. Ungebrochen mit steigender Tendenz ist nach wie vor der Zulauf zu sog. Schulen der Reformpädagogik (Waldorf-, Montessori- oder Peter-Petersen-Schulen), mehr denn je in der Kritik stehen jedoch wegen ihrer Affinitäten zu aufklärungsfeindlichen, anti-liberalen und anti-demokratischen Positionen deren Gründer wie ihre Konzepte, was im Zuge einer breiten Diskussion über sexualisierte Gewalt inzwischen ebenfalls für die Praxis renommierter Reformschulen, vor allem der Odenwaldschule, gilt. Erziehungswissenschaft wie medial vernetzte Öffentlichkeit reagieren folglich mit einem Spektrum von ungebrochener Akzeptanz bis hin zu totaler Distanzierung. Auffällt in den zahllosen Debatten der vergangenen Jahre, dass offensichtlich niemand mehr genau weiß, *worauf* sich die Diskutanten eigentlich beziehen, wenn sie von Reformpädagogik sprechen oder schreiben, *was* genau sie darunter verstehen, mit welchen Absichten und von welchen Prämissen aus sie argumentieren, wobei derzeit unterschiedlichste systematische und historische Verständnisse des Begriffs wie seiner Bedeutung miteinander konkurrieren. Winfried Böhm spricht zu Recht vom „Vexierbild Reformpädagogik"[1], in dem – so darf man ergänzen – klare Konturen zu finden, schwer fällt. Gerade darum soll es in vorliegendem Beitrag gehen, ebenso um den Versuch, aus bildungshistori-

---

[1] W. Böhm, Die Reformpädagogik. Montessori, Waldorf und andere Lehren, München 2012, S.8; die kaum mehr kompatible Vielfalt von Sichtweisen bestätigt zuletzt: M. Gronert/A. Schraut (Hg.), Sicht-Weisen der Reformpädagogik, Würzburg 2016.

scher Sicht Perspektiven für eine sinnvolle *wissenschaftliche* Weiterarbeit an der Thematik zu entwickeln.

Anknüpfen möchte ich an Unterscheidungen, die Heinz-Elmar Tenorth vor bereits 20 Jahren ebenfalls in der Absicht getroffen hat, zum Verständnis des „erstaunlichen Phänomens" „Reformpädagogik" beizutragen. Immer noch grundlegend scheint mir seine Unterscheidung „zwischen historischer Analyse und pädagogischer Nutzung der reformpädagogischen Tradition", zwischen Erklärung einer *vergangenen* Wirklichkeit und einer Art Teilhabe an einem *nach wie vor lebendigen* Mythos.[2] Als Ausgangspunkt einer historischen Analyse, auf die vorliegende Publikation schwerpunktmäßig abzielt, bietet sich nach wie vor die als Epoche verstandene „klassische" Reformpädagogik der Zeit vor und nach dem Ersten Weltkrieg an, ebenso eine Unterscheidung zwischen dem epochalen historischen Ereignis, der „historischen Gestalt der Reformpädagogik", wie es Tenorth nannte, *und* der „kommunikativen Konstruktion" dieses Ereignisses.[3] „Konstruktion" meint, dass die historische Reformpädagogik in einer bestimmten Weise akzentuiert, in eine spezifische Form gebracht worden ist, die einen in der Realität so nicht vorhandenen Zusammenhang konstituiert, der zugleich ihrer Tradierung wie ihrer Stilisierung zu einer Art Ideal und Leitbild gedient hat. „Konstruktion" war somit bereits ein Stück Rezeption, die lange vor dem Ende der Reformpädagogik als historischem Ereignis begann und dann in verschiedenen Phasen der Umdeutung (Nazizeit) und Weiterentwicklung (nach 1945 in Westdeutschland) ihre Fortsetzung fand.

Inzwischen ist das mit „Konstruktion" bezeichnete Stadium der wissenschaftlichen Rezeption längst an sein Ende gekommen und bereits seit den 1970er Jahren in ersten Ansätzen, spätestens seit den 1990er Jahren auf breiterer Basis durch zwei andere – gegenläufige – Formen der Rezeption abgelöst worden, die ich als „De-Konstruktion" und „Re-Konstruktion" bezeichnen möchte. „De-Konstruktion" meint, dass die Vorstellungen von dem historischen Ereignis „Reformpädagogik", wie sie vor allem durch die Nohl-Schule bis heute tradiert wurden, kritisch hinterfragt, entgegen der ihnen zugeschriebenen Bedeutung interpretiert, damit in ihrem Geltungsanspruch gebrochen und durch neue Deutungsangebote zu ersetzen versucht wurden; „Re-Konstruktion" bezieht sich – im Unterschied zu „Konstruktion" und „De-Konstruktion" – nicht auf Deutungen und Be-Deutungen von Gesamtzusammenhängen, sondern versucht, in mühseliger Kleinarbeit wie in einem Puzzle das Ereignis „Reformpädagogik" als solches in seinen Teilelementen möglichst quellenerschließend und forschungsmethodisch reflektiert zu untersu-

---

[2] H.-E. Tenorth, „Reformpädagogik". Erneuter Versuch, ein erstaunliches Phänomen zu verstehen, in: Zeitschrift für Pädagogik 40(1994)3, S.585-604, Zitat S.586, vgl. S.596f.
[3] Ebd., S.597f. u.ö.

chen, mit dem Ziel, realitätsgerechtere Vorstellungen der historischen Reformpädagogik als einer Epoche entwickeln zu können.

Im Folgenden werde ich zunächst an Entstehung und Entwicklung der mit dem Namen Herman Nohls verbundenen Vorstellung von Reformpädagogik als einer „pädagogischen Bewegung" erinnern, mich anschließend mit Ausgangspunkten, Rahmenbedingungen, Formen und Beispielen, aber auch Möglichkeiten und Grenzen von deren „De-Konstruktion" beschäftigen, danach die Genese eines historisierend-rekonstruktiven Zugriffs auf die Reformpädagogik innerhalb der historischen Bildungsforschung seit den 1970er Jahren beschreiben, auf dieser Grundlage Umrisse einer historisierten Reformpädagogik als erziehungsgeschichtlicher Epoche skizzieren und Blickrichtungen für weitere Forschungen andeuten. Eine knappe Bilanz von 100 Jahren Reformpädagogik-Rezeption schließt den Beitrag ab.

Ausdrücklich betonen möchte ich, dass ich im Rahmen dieses Aufsatzes selbstverständlich nur *eine* Spur der Reformpädagogik-Rezeption verfolgen kann, die in der SBZ und DDR ist z.B. nach ganz anderen Mustern verlaufen.[4] Außerdem gab es eine ausgesprochen erfolgreiche, allerdings nicht unproblematische Rezeption einzelner Reformpädagogen über Schüler- und Schüler-Schüler-Verhältnisse, wie die Ausbreitung von Waldorf-, Jena-Plan- und Montessori-Pädagogik zeigt, worauf hier nur verwiesen werden kann.[5]

---

[4] Die Reformpädagogik-Rezeption in der SBZ wie der DDR ist – anders als in der Bundesrepublik – nicht durch die Nohl-Schule und deren Konstrukt einer „pädagogischen Bewegung", sondern – zumindest in den Anfängen – durch Repräsentanten einer demokratisch-sozialistischen Reformpädagogik wie Paul Oestreich und vor allem Robert Alt angeregt, später durch politische Einflüsse wie Stalinisierung, Entstalinisierung und Perestroika bestimmt worden; vgl. Ch. Uhlig, Gab es eine Chance? – Reformpädagogik in der DDR, in: A. Pehnke (Hg.), Ein Plädoyer für unser reformpädagogisches Erbe. Protokollband der internationalen Reformpädagogik-Konferenz am 24. September 1991 an der PH Halle-Köthen, Neuwied u.a. 1992, S.139-151; dies., Reformpädagogik contra Sozialistische Pädagogik – Aspekte der reformpädagogischen Diskussion in den vierziger und fünfziger Jahren, in: D. Hoffmann/K. Neumann (Hg.), Erziehung und Erziehungswissenschaft in der BRD und der DDR, Bd. 1: Die Teilung der Pädagogik (1945-1965), Weinheim 1994, S.251-274; dies., Zur Rezeption der Reformpädagogik in der DDR in den 70er und 80er Jahren vor dem Hintergrund der Diskussion um Erbe und Tradition, in: E. Cloer/R. Wernstedt (Hg.), Pädagogik in der DDR. Eröffnung einer notwendigen Bilanzierung, Weinheim 1994, S.134-151; A. Pehnke, Zur Reformpädagogik-Rezeption in der SBZ (1945-49), der DDR (1949-1990) und den neuen deutschen Bundesländern (seit 1990), in: P. Korte (Hg.), Kontinuität, Krise und Zukunft der Bildung. Analyse und Perspektiven, Münster 2004, S.313-326.

[5] Von allen drei Richtungen am besten erforscht ist die Rezeption der Jena-Plan-Pädagogik Peter Petersens, vgl. zuletzt: W. Lütgert, Die Rezeption des Jenaplans und der Petersen-Pädagogik in der Bundesrepublik zwischen 1952 und 1990, in: P. Fauser u.a. (Hg.), Peter Petersen und die Jenaplan-Pädagogik. Historische und aktuelle Perspektiven, Stuttgart 2012, S.409-426 mit weiterführender Literatur.

2. „Reformpädagogische Bewegung" als Konstruktion

Die „Reformpädagogische Bewegung" im Verständnis Nohls und seiner Schüler ist zweifellos *die* Konstruktion, in der das historische Phänomen „Reformpädagogik", ungeachtet aller späteren De-Konstruktionen und Re-Konstruktionen, bis heute weiterwirkt. Zwar war Nohl, wie Franz-Michael Konrad gezeigt hat[6], nicht der erste und einzige, der die vielfältigen Strömungen damaliger pädagogischer Reformbemühungen, etwa einer Erziehung „Vom Kinde aus", einer Landerziehungsheim-, Arbeitsschul- oder Kunsterziehung, als eine zusammenhängende „Bewegung" wahrnahm und ihr spezifische „Richtungen" und Repräsentanten zuordnete – zu erinnern ist etwa an Rudolf Lehmanns „Die Pädagogische Bewegung der Gegenwart" von 1922[7] oder Peter Petersens „Neueuropäische Erziehungsbewegung" von 1926[8] –, das Neue an seiner Sicht auf die damaligen Reformbestrebungen lag jedoch darin, dass er sie in einen größeren historischen Bezugsrahmen stellte, der – wie es der Nohl-Schüler Georg Geißler formulierte – „dem pädagogischen Reformwillen der Zeit Weite und Tiefe gab"[9]. „Weite" meint, dass er sie mit einflussreichen außerpädagogischen kulturellen Bestrebungen der Zeit wie Sozialismus, Frauenbewegung oder Jugendbewegung verband, „Tiefe", dass er sie geschichtsphilosophisch ausdeutete und ideologisch auflud.[10]

---

[6] Vgl. F.-M. Konrad, Von der „Zukunftspädagogik" und der „Reformpädagogischen Bewegung". Zur Konstitution einer Epoche in ihrer Zeit, in: Zeitschrift für Pädagogik 41(1995)5, S.803-825.

[7] R. Lehmann, Die pädagogische Bewegung der Gegenwart, Bd.1: Ihre Ursprünge und ihr Charakter, München 1922.

[8] P. Petersen, Die Neueuropäische Erziehungsbewegung, Weimar 1926.

[9] G. Geißler, Herman Nohl (1879-1960), in: H. Scheuerl (Hg.), Klassiker der Pädagogik, Bd. II, München 1979, S.225-241, Zitat S.228. – Franz Hilker, selbst in unterschiedlichen Funktionen Protagonist der Weimarer Reformpädagogik, sprach in einem späteren Rückblick vom „großen philosophischen Hintergrund, auf dem sich (bei Nohl, W.K.) ... die Reformpädagogik der zwanziger Jahre als Teilphänomen" abgezeichnet habe (F. Hilker, Die Reformpädagogik der zwanziger Jahre in der Sicht von damals und von heute, in: Bildung und Erziehung 19(1966), S.352-375, hier S.371.

[10] Als vergleichbare Form von Konstruktion aus der jüngsten Rezeptionsgeschichte lässt sich der mit Text- und Quellenbänden groß angelegte Versuch von Benner/Kemper umschreiben, "den gewöhnlich für die Pädagogische Bewegung im ersten Drittel des 20. Jahrhunderts reservierten Begriff `Reformpädagogik` so zu erweitern, dass er auch die Versuchsschulen der pädagogischen Aufklärung und die Konstitutionsphase der modernen pädagogischen Handlungstheorie am Ende des 18. und zu Beginn des 19. Jahrhunderts miterfaßt und darüber hinaus auch auf die Bildungsreformen nach 1945 anwendbar wird", zumal Benner/Kemper damit zugleich – dem „Bewegungs"-Modell Nohls vergleichbar – ein Zyklen-Konzept verbinden, wonach sich Phasen einer Normal- mit solchen einer Reformpädagogik abgelöst haben sollen und es „Ziel reformpädagogischer Phasen" gewesen sei, „eine ältere Normalpädagogik auf dem Wege der Reform in eine neue Normalpädagogik zu transformieren" (D. Benner/H. Kemper, Theorie und Geschichte der Reformpädagogik. Teil 1: Die pädagogische Bewegung von der

Nohls geschichtsphilosophische Konstruktion, die er über einen relativ langen Zeitraum von etwa 1920 bis zu seinem 1933 erschienenen Handbuchartikel: „Die pädagogische Bewegung in Deutschland" entwickelte[11], bestand bekanntlich darin, dass er die „Reformbewegungen" seiner eigenen Zeit als Teil einer „Deutschen Bewegung" interpretierte, die sich – in der Gegnerschaft zur Aufklärung – schubweise seit dem ausgehenden 18. und beginnenden 19. Jahrhundert, insbesondere im Zusammenhang mit Sturm und Drang, Klassik und Romantik herausgebildet und in der Reformpädagogik ihren zeitgenössischen Ausdruck gefunden habe.[12] Dabei dachte er an eine Art gesetzmäßiger „Stufenfolge", bei der aus einer „abgelebten (geistigen, W.K.) Form" eine „pädagogische Bewegung" und aus dieser wiederum ein „neues Ideal" im Sinne „neuen Menschentums" hervorging.[13] Als Auslöser für neue Schübe galten ihm als prekär wahrgenommene gesellschaftliche Konstellationen, im Falle der Reformpädagogik Industrialisierung und Urbanisierung mit allen Weiterungen, die er in Kategorien sog. Kulturkritik als „neue soziale, sittliche und geistige Not unseres Volkes" interpretierte.[14] Von der daraus hervorgehenden „neuen Pädagogik" erwartete er zur Behebung dieser „Not" nicht weniger als eine „geistige Revolution", „die Einheit einer neuen Bildung" und die „neue Form des deutschen Menschentums"[15], wobei die Optionen Nohls, insbesondere in seinen Beiträgen der frühen 1920er Jahre, also nach Krieg und Revolution, starke Affinitäten zum Gedankengut sog. Konservativer Revolution erkennen lassen.[16]

Aufklärung bis zum Neuhumanismus, Weinheim/Basel 2001, S.27 u. 18, vgl. Vorwort und Einleitung zu Teil 2: Die Pädagogische Bewegung von der Jahrhundertwende bis zum Ende der Weimarer Republik, Weinheim/Basel 2003, S.9-21).

[11] H. Nohl, Die pädagogische Bewegung in Deutschland, in: H. Nohl/L. Pallat, (Hg.), Handbuch der Pädagogik, Bd. 1, Langensalza 1933, S.302-374; Vorstudien zum Komplex „Pädagogische Bewegung" in: ders., Pädagogik aus dreißig Jahren, Frankfurt/M. 1949.

[12] „Sie (die Reformpädagogik, W.K.) bekommt ihre volle Deutlichkeit und überindividuelle Gestalt aber erst, wenn man erkennt, daß sich in diesem Willen, nur auf einer neuen Stufe, die große Bewegung manifestiert, die wir die *Deutsche Bewegung* (im Orig. hervorgeh.) nannten, jener Durchbruch des höheren Lebens in unserem Volke, an das unsere neue Entwicklung seit der Bildungskrise (der 1890er Jahre, W.K.) sich einfach nur anzuschließen hat, um kein isoliertes Wollen Einzelner und einzelner Bewegungen mehr zu sein, sondern das legitime Glied des einen großen Prozesses in dem sich die moralische Einheit unserer nationalen Kultur entfaltet." (Nohl, Pädagogische Bewegung, a.a.O., Anm. 11, S.364; vgl. S.308f.; dazu weiterführend: Vorwort zu H. Nohl, Die deutsche Bewegung. Vorlesungen und Aufsätze zur Geistesgeschichte von 1770-1830, hg. v. O. F. Bollnow u. F. Rodi, Göttingen 1970, S.7-13).

[13] Nohl, Pädagogische Bewegung, a.a.O. (Anm. 11), S.307f.

[14] Ebd., S.302.

[15] H. Nohl, Die neue deutsche Bildung (1920), in: ders., Pädagogik aus dreißig Jahren, a.a.O., S.9-20, Zitate S.9f.

[16] Vgl. zum Verhältnis von Reformpädagogik und Konservativer Revolution: R. Bast, Kulturkritik und Erziehung. Anspruch und Grenzen der Reformpädagogik, Dortmund 1996; ders., Kon-

Diese Nähe wiederum erleichterte Nohl nach der nazistischen Machteroberung eine Umdeutung seiner Konstruktion. Hatte er bis dahin das „neue Menschentum", aber auch die „neue Volk-Werdung" von der Pädagogik erwartet, bekannte er im Vor- und Nachwort zu der zusammen mit dem Beitrag „Die Theorie der Bildung" als eigenständige Monographie „Die pädagogische Bewegung und ihre Theorie" erschienenen Zweitauflage des Handbuchartikels von 1933, dass dieses Ziel mit pädagogischen Mitteln nicht zu erreichen sei, so dass er die Aufgabe nun in die Hände der Politik legen wolle, und das hieß für ihn expressis verbis: einer Politik „diktatorischer Massenführung", die eugenische Maßnahmen einschloss, wobei er nicht daran zweifelte, dass „die wahren Einsichten der pädagogischen Bewegung in irgend einer Gestalt doch in diese Arbeit eingehen müssen".[17]

Im knappen neuen Nachwort zur 3. Auflage von 1949 merkt man Nohl, der 1937 ungeachtet seines anfänglichen NS-Engagements aus bislang nicht eindeutig geklärten Gründen zwangsemeritiert wurde, seine Verunsicherung an, wenn es dort etwa heißt: „Es wird jetzt nicht mehr möglich sein, einfach dort wieder anzuschließen, wo wir 1935 aufhörten, ...".[18] Allerdings zeigen andere Beiträge Nohls aus dieser Zeit, dass die durch den Zusammenbruch von 1945 ausgelösten Irritationen bei ihm zu keinem grundlegenden Umdenken führten,[19] schon gar nicht seine Sicht auf die Reformpädagogik veränderten, so dass diese in der frühen Bundesrepublik wirksam blieb.

Die späteren Reformpädagogik-Darstellungen Wolfgang Scheibes von 1969[20] und Hermann Röhrs von 1980[21], beide aus der Nohl-Schule bzw. aus deren Umfeld[22], rekapitulieren zwar Nohls spezifische Konstruktion einer „Deut-

---

servative Revolution, in: W. Keim/U. Schwerdt, Handbuch der Reformpädagogik in Deutschland, Teil 1: Gesellschaftliche Kontexte, Leitideen und Diskurse, Teil 2: Praxisfelder und pädagogische Handlungssituationen, Frankfurt/M. 2013, Teil 1, S.109-133; vgl. kritisch zum Begriff „Konservative Revolution": St. Breuer, Anatomie der konservativen Revolution, Darmstadt 1993.

[17] Alle Zitate in: H. Nohl, Die pädagogische Bewegung in Deutschland und ihre Theorie, Frankfurt/M. 1935², Vorwort unpag.
[18] Ders., Die pädagogische Bewegung in Deutschland und ihre Theorie, Frankfurt/M. 1949³, S.229.
[19] Vgl. H. Zimmer, Pädagogische Intelligenz und Neuanfang 1945. „Die Sammlung" im Kontext der Faschismus- und Neuordnungsdiskussion 1945-1949, in: W. Keim u.a., Erziehungswissenschaft und Nationalsozialismus – Eine kritische Positionsbestimmung, Marburg 1990, S.101-122.
[20] W. Scheibe, Die Reformpädagogische Bewegung 1900-1932. Eine einführende Darstellung, Weinheim u.a. 1969. Mit einem Nachwort v. H. E. Tenorth, Weinheim/Basel 1994¹⁰, Tb. 2010³.
[21] H. Röhrs, Die Reformpädagogik. Ursprung und Verlauf in Europa, Hannover 1980, unter dem Titel: Reformpädagogik. Ursprung und Verlauf unter internationalem Aspekt, Stuttgart 2001⁶.
[22] Wolfgang Scheibe ((1906-1993) promovierte bei Nohl, Hermann Röhrs (1915-2012) habilitierte sich bei dem Nohl-Schüler Wilhelm Flitner.

schen Bewegung", ohne dass diese jedoch noch eine wirklich tragende Rolle spielt. Bei Röhrs heißt es ganz lapidar: „Ob die reformpädagogische Bewegung als Teil der Deutschen Bewegung oder aber als ein eigenständiges pädagogisches Pendant zu verstehen ist, bleibt eine Frage der Auslegung."[23] Allerdings halten beide sowohl an der Verankerung der Reformpädagogik in der sog. Kulturkritik als auch an ihrer engen Verbindung mit „Sozialer Bewegung, Frauenbewegung und Jugendbewegung" fest, nicht zuletzt ändert sich hier wie dort nur wenig an dem von Nohl vorgegebenen Kanon von „Bewegungen" und Repräsentanten.

Gleichwohl sind Scheibes und Röhrs Monographien keineswegs nur ein Nohl-Verschnitt, vielmehr lassen sie sich als modernisierte Varianten seiner „Pädagogischen Bewegung in Deutschland" umschreiben: sie sind sehr viel stärker Fakten gesättigt, insbesondere Scheibes Darstellung auch wesentlich umfassender hinsichtlich der von ihm berücksichtigten Bereiche des Bildungs- und Erziehungswesens, einschließlich erziehungswissenschaftlicher und bildungspolitischer Aspekte, außerdem klarer strukturiert, in der Sprache nüchterner und damit zeitgemäßer. Sowohl Scheibe als vor allem Röhrs beziehen auch ausländische Reformpädagogen mit ein, Röhrs betont den internationalen Charakter der Reformpädagogik sogar schon im Titel und schließt damit an das Reformpädagogik-Verständnis seines Lehrers, des Nohl-Schülers Wilhelm Flitner, an, der bereits in der Weimarer Zeit auf die internationalen Beziehungen der Reformpädagogik verwies[24] und in den 1960er Jahren neben der Herausgabe einer zweibändigen Quellensammlung der deutschen auch einen Band mit Texten der ausländischen Reformpädagogik anregte, dessen Herausgeber eben Röhrs war.[25]

Ungeachtet aller Veränderungen bleibt bei beiden die Nähe zum Nohlschen Konstrukt „Reformpädagogik" deutlich erkennbar, wobei die vielleicht wichtigste Gemeinsamkeit in ihrer durchgängig affirmativen Sicht auf die Reformpädagogik wie ihrer im Wesentlichen auf einen Kanon bürgerlicher Pädagogik und ein bürgerliches Publikum bezogenen Ausdeutung lag; alle drei sahen darin – wie Hermann Röhrs im Vorwort zur 1. und 2. Auflage seiner Darstellung formuliert – einen „gemeinsamen Grundcharakter" mit „eigenem Geist und Ethos" wie auch eine „ungewöhnlich reiche pädagogische Epoche, in der weitaus die meisten der existentiellen Fragen, die gegenwärtig im Zentrum der pädagogischen Diskussion stehen, entscheidend erörtert

---

[23] Röhrs, Reformpädagogik, 1980, a.a.O. (Anm.21), S.15.
[24] Vgl. W. Flitner, Die Reformpädagogik und ihre internationalen Beziehungen (1931), in: ders., Die Pädagogische Bewegung. Beiträge – Berichte – Rückblicke, hg. v. U. Herrmann u.a., Paderborn 1987, S.290-307.
[25] Vgl. W. Flitner/G. Kudritzki (Hg.), Die deutsche Reformpädagogik, 2 Bde., Düsseldorf/München 1961/62; H. Röhrs, Die Reformpädagogik des Auslands, Düsseldorf/München 1965.

wurden"²⁶. Ab der 3. Auflage geht Röhrs sogar – dabei den Nohlschen Gedanken einer „Deutschen Bewegung" in modernisierter Form aufnehmend – noch einen folgenreichen Schritt weiter, indem er die Reformpädagogik – in der Rückwärtsperspektive – als „schöpferische Synthese der lebenskräftigen Motive der pädagogischen Klassiker" und – nach vorne hin – als „stets zukunftsweisendes Ingrediens der pädagogischen Entwicklung" bezeichnet und somit in ihr „keine einmalige historische Erscheinung" mehr sieht, sondern „ein Kontinuum, das epochal jeweils neu auszulegen, weiterzuentwickeln und anzuwenden ist" ²⁷. Von da aus war es nicht mehr weit, zwischen der „traditionellen" und einer „jüngeren oder zweiten Reformpädagogik" zu unterscheiden und letzterer u.a. Gesamt- und Alternativschulen zuzurechnen²⁸, schließlich auch „Reformpädagogik" wie bei Winfried Böhm als „*pädagogische Denkweise* oder *Denkform*" ²⁹ oder wie bei Ralf Koerrenz als „systematische Dimension der Auseinandersetzung mit Erziehung und Bildung"³⁰ auszudeuten, wobei hier wie dort der Gedanke einer in der traditionellen Reformpädagogik besonders gelungenen pädagogischen Orientierung an Bedürfnissen von Kindern und Jugendlichen mitschwingt.

3. De-Konstruktion der „Reformpädagogischen Bewegung" als Kritik und Verwerfung

Als Wolfgang Scheibes „Reformpädagogische Bewegung" 1969 erstmals erschien, war die *kritische* Auseinandersetzung mit Nohls Konstruktion längst in vollem Gange, angeregt durch Impulse der Frankfurter Kritischen Theorie und der Marburger Schule Wolfgang Abendroths. 1966 erschien die bei Hans-Joachim Lieber und Fritz Borinski an der FU Berlin angenommene, leider trotz beachtlicher Qualität nicht publizierte Dissertation von Waltraud von Hackewitz „Das Gesellschaftskonzept in der Theorie der „Pädagogischen Bewegung"³¹ – Hackewitz hatte u.a. in Frankfurt bei Adorno studiert – und

---

[26] Röhrs, Reformpädagogik, 1980, a.a.O. (Anm. 21), S.9.
[27] Röhrs, Reformpädagogik, 2001, a.a.O. (Anm. 21), S.10. – Dies im Übrigen im Unterschied zu Scheibe, der zwar von dem Bemühen nach 1945 spricht, „Ideen der Reformbewegung unter den neu gegebenen Verhältnissen zu realisieren", sich selbst jedoch bewusst ist, dass „die Reformbewegung nicht unmittelbar weitergeführt werden" konnte, weil – und diese Position deckt sich mit der in diesem Beitrag vertretenen Auffassung – „ihre Aufgaben und Probleme allzu sehr aus den Bedingungen ihrer Zeit hervorgegangen und an diese gebunden" waren (Scheibe, Reformpädagogische Bewegung, 1969, a.a.O., Anm. 20, S.406).
[28] Vgl. H. Röhrs (Hg.), Die Schulen der Reformpädagogik heute. Handbuch reformpädagogischer Schulideen und Schulwirklichkeit, Düsseldorf 1986, S.7.
[29] Böhm, Reformpädagogik, a.a.O. (Anm. 1), S.115.
[30] R. Koerrenz, Reformpädagogik. Studien zur Erziehungsphilosophie, Jena 2004, S.6.
[31] W. von Hackewitz, Das Gesellschaftskonzept in der Theorie der „Pädagogischen Bewegung". Ein ideologiekritischer Versuch am Werk Hermann (sic!) Nohls, Berlin 1966.

zeitgleich ein Beitrag von Kurt Beutler „Die konservative Pädagogik und ihr Verhältnis zur Politik" in den „Blättern für deutsche und internationale Politik"[32], dem wenige Jahre später ein weiterer Aufsatz: „Der ′Autonomie`-Begriff in der Erziehungswissenschaft und die Frage nach dem gesellschaftlichen Fortschritt"[33] folgte – Beutler war Schüler Wolfgang Abendroths. Beide analysieren mittels ideologiekritischer Verfahren die der „Pädagogischen Bewegung" Nohls zugrunde liegende Gesellschaftsauffassung, die sie als national-konservativ, mit deutlichen Affinitäten zum Rechtsradikalismus der Weimarer Republik, qualifizieren und in der sie die Ursache für Nohls Faschismus-Anfälligkeit sehen. Als zentrale Elemente dieses Denkens diagnostizieren sie u.a. die anti-aufklärerische und anti-westliche Grundposition, die damit verbundene „explizite Absage an ein kausal-analytisches Denken", das aus der „Befangenheit im deutschen Kulturverständnis" resultierende Insistieren auf einer „Kulturkrise" als Ausgangspunkt und Basis der „pädagogischen Bewegung"[34], weiterhin die durch die Lebensphilosophie und ein a-historisches Verständnis von Leben bestimmte Vorstellung von Geschichtlichkeit, den zwischen Pädagogik *und* Politik trennenden Autonomiebegriff oder die Überhöhung von Lebensformen der Jugendbewegung als Basis gesellschaftlichen Zusammenlebens in der Form einer „nationalen Volksgemeinschaft".[35] Beide verband darüber hinaus die Sorge, dass „Erziehungswissenschaftler der jüngeren Generation diese Tradition" fortsetzten.[36]

Die ebenfalls an der FU Berlin entstandene, 1973 publizierte Dissertation von Bruno Schonig „Irrationalismus als pädagogische Tradition. Die Darstellung der Reformpädagogik in der pädagogischen Geschichtsschreibung" bestätigte den Eindruck eines nach wie vor „unkritischen Bildes der Reformpädagogik,

---

[32] K. Beutler, Die konservative Pädagogik und ihr Verhältnis zur Politik. Prof. Wolfgang Abendroth zu seinem 60. Geburtstag am 2. Mai gewidmet, in: Blätter für deutsche und internationale Politik 11(1966)5, S.405-413, wieder abgedruckt in: Jahrbuch für Pädagogik 2012, S.151-159.

[33] K. Beutler, Der „Autonomie"-Begriff in der Erziehungswissenschaft und die Frage nach dem gesellschaftlichen Fortschritt, in: Pädagogische Rundschau 23(1969)4, S.195-207.

[34] von Hackewitz, Gesellschaftskonzept, a.a.O. (Anm. 31), S.49.

[35] Wenig später lag mit Heinz-Joachim Heydorns 1970 erschienener Schrift „Über den Widerspruch von Bildung und Herrschaft" (Frankfurt/M. 1970; zuletzt in: Werke, hg. v. I. Heydorn u.a., Bd. 3, Liechtenstein 1995) und dessen Kapitel „Industrielle Revolution: Fluchtversuche" (Werke, Bd. 3, S.213-266) bereits eine luzide ideologiekritische Analyse „bürgerlicher" Reformpädagogik als „Reflex des kapitalistischen Irrationalismus" (S.263) vor, die merkwürdigerweise in späteren De-Konstruktionen, einschließlich der „Kritischen Dogmengeschichte" von Jürgen Oelkers (s.u.), nicht rezipiert worden ist; eine der wenigen Ausnahmen: G. Wilkending, Volksbildung und Pädagogik „vom Kinde aus". Eine Untersuchung zur Geschichte der Literaturpädagogik in den Anfängen der Kunsterziehungsbewegung, Weinheim/Basel 1980, S.XXX-XXXV.

[36] Beutler, „Autonomie"-Begriff, a.a.O. (Anm. 33), S.205; vgl. von Hackewitz, Gesellschaftskonzept, a.a.O. (Anm. 31), S.8ff.

das ihre politischen und ideologischen Bedingungen eliminiert"[37]. Sie knüpft an die ideologiekritischen Arbeiten von Hackewitz und Beutler an, bezieht aber in ihre Untersuchung auch die Reformpädagogik-Rezeption nach 1945 in West *und* Ost mit ein, und zwar *vor* Erscheinen der Darstellungen Scheibes und Röhrs`. Schonig geht es um das Bild, das die Geschichtsdarstellungen zur Reformpädagogik vermitteln, wie auch die sich damit verbindenden pädagogischen und politischen Funktionen. Das Ergebnis für die westdeutsche Seite war, dass die durch Herman Nohl „in den Begriffen der Kulturkritik und den Kategorien der geisteswissenschaftlichen Pädagogik" entwickelte Vorstellung der Reformpädagogik „in der westdeutschen pädagogischen Geschichtsschreibung nach 1945 rezipiert" und unkritisch tradiert wurde, für die ostdeutsche, dass sich hier – wie vor allem im Standardwerk der „Geschichte der Erziehung" – eine gegen die Reformpädagogik als bürgerliches Relikt gerichtete „propagandistische" mit einer „historiographischen Differenzierungstendenz" überschnitten. Hinsichtlich letzterer Tendenz, die vor allem in „Tauwetter"-Phasen der DDR-Entwicklung zum Zuge kam, erinnert Schonig an die Position von Robert Alt, der bereits Mitte der 1950er Jahre in seinen erziehungswissenschaftlichen Arbeiten zur Reformpädagogik diese „als dialektisch zu analysierendes historisches Phänomen ... betrachtet" habe, statt einseitig gegen sie zu polemisieren. So empfahl er bezüglich der „Pädagogik vom Kinde aus", ungeachtet ihrer individualistischen, die gesellschaftliche Bedingtheit von Erziehung negierenden Sichtweise deren spezifisch fortschrittliche didaktisch-methodische Prinzipien wie „die Aufhebung des Lehrer-Schüler-Verhältnisses als Herrschaftsverhältnis" oder die „Anerkennung des Prinzips der Selbsttätigkeit des Kindes als Aktivität im Rahmen einer planvollen Erziehung" für die sozialistische Schule zu berücksichtigen.[38] Damit konnte Schonig über den Nachweis der unkritischen Reformpädagogik-Rezeption in Westdeutschland zugleich mit Möglichkeiten einer „rationalen Kritik" der Reformpädagogik und ihrer „ideologischen Gehalte" aus einer marxistischen Perspektive bekannt machen, ohne deren DDR-spezifische „propagandistische Verzerrungen" zu verschweigen.[39]
Zeitgleich mit der Arbeit Schonigs wurde der Zusammenhang von kulturkritisch geprägter Reformpädagogik *und* Faschismus in einer, ebenfalls an Adorno wie dem ungarischen Marxisten Georg Lukács orientierten ideologiekritischen Untersuchung von Hubertus Kunert explizit zum Thema gemacht, wobei es vor allem um die beiden „Krontheoretiker" sog. „Kulturkritik", Paul de Lagarde und Julius Langbehn, ihr prä-faschistisches Menschenbild und ihre Aufklärungs-feindlichen Vorstellungen von Bildung geht, die Kunert

---

[37] B. Schonig, Irrationalismus als pädagogische Tradition. Die Darstellung der Reformpädagogik in der pädagogischen Geschichtsschreibung, Weinheim/Basel 1973, S.13.
[38] Alle Zitate ebd., S.224, 199, 215, 218.
[39] Ebd., S.225.

auch in der Jugendbewegung und der deutschen Reformpädagogik wiederzuerkennen meint, ohne freilich für letztere den Nachweis im einzelnen zu führen.[40] Sein gut begründetes Urteil, dass „das nationalsozialistische Bildungsdenken ... in wesentlichen Elementen im kulturkritischen Entwurf bereits vorgeformt" worden sei, dieser eine „faschistoide Pädagogik in den Grundstrukturen eröffnet" und in großen Teilen der deutschen Jugendbewegung eine Art „verbindendes Glied" gefunden habe[41], ist damals von den in der Tradition der Nohl-Schule stehenden Reformpädagogik-Interpreten heftig bestritten worden. Inzwischen haben eine Vielzahl von Studien zum Zusammenhang von kulturkritischem Denken, Reformpädagogik und NS-Ideologie wie auch Untersuchungen zu einzelnen reformpädagogischen Repräsentanten derartige Kontinuitätsbezüge erhärtet, sei es für Berthold Ottos „volksorganisches Denken", Peter Petersens Vorstellungen einer vor-modernen Volksgemeinschaft oder Rudolf Steiners „okkulte Weltanschauung" mit teilweise rassistischen Zügen.[42] Welche Widerstände bis in die Gegenwart hinein einer ideologiekritischen De-Konstruktion des mehr als ein halbes Jahrhundert lang vertrauten Bildes einer durchweg nur positiv besetzten „Reformpädagogischen Bewegung" mit überzeitlicher Leuchtkraft entgegenstehen, verdeutlicht die Tatsache, dass das Thema „Politische Reformpädagogik" überhaupt erst sehr spät, nämlich nach Mitte der 1990er Jahre, systematisch aufgegriffen wurde[43] und sozialwissenschaftlich orientierte Analysen zu den gesellschaftlichen Optionen reformpädagogischer Leitfiguren es bis heute schwer haben, zu ihren Anhängern vorzudringen, zumal wenn es sich dabei um Gründergestalten von immer noch stark nachgefragten Schulen wie Waldorf, Jena-Plan und Montessori geht.

Eine neue Qualität erreichte die erziehungswissenschaftliche Auseinandersetzung mit der Reformpädagogik durch Jürgen Oelkers' 1989 in erster, 2005 bereits in vierter Auflage erschienener Monographie „Reformpädagogik. Eine kritische Dogmengeschichte"[44]. Anders als die zuvor erwähnten Arbeiten unterzieht Oelkers nicht mehr nur die Reformpädagogik in der von Nohl und seinen Adepten rezipierten Konstruktion einer ideologiekritischen Analyse, hinterfragt deren positiven Geltungsanspruch oder weist ihnen Affinitäten zur NS-Ideologie nach, vielmehr stellt er sie als epochales Phänomen *an*

---

[40] H. Kunert, Deutsche Reformpädagogik und Faschismus, Hannover 1973, Zitat S.8.
[41] Ebd., S.73.
[42] Vgl. Bast, Kulturkritik und Erziehung, a.a.O. (Anm. 16); ders., Konservative Revolution, a.a.O. (Anm. 16), beide mit weiterführender Literatur.
[43] Im Oktober 1996 fand an der FU Berlin eine von Tobias Rülcker und Jürgen Oelkers organisierte Tagung zum Thema „Politische Reformpädagogik" statt, deren Ergebnisse zwei Jahre später als Buch vorlagen. Vgl. T. Rülcker/J. Oelkers (Hg.), Politische Reformpädagogik, Bern u.a. 1998.
[44] J. Oelkers, Reformpädagogik. Eine kritische Dogmengeschichte, Weinheim/München 1989, 2005⁴.

sich in Frage, reduziert sie auf ein „Déjà-vu"[45], auf den Status von „Motiven und Dogmen", die sich national wie international in „ungebrochener Kontinuität" bereits für das 19. Jahrhundert nachweisen ließen, also keineswegs originär gewesen seien.[46] „Reformpädagogik" – so Oelkers in der jüngsten Auflage seiner „kritischen Dogmengeschichte" von 2005 – „ist ein perennierendes Thema, das nicht von einer anderen Pädagogik unterschieden werden kann. Pädagogik im modernen Sinne ist *immer* Reformpädagogik".[47]

Zweifellos ist es ein Verdienst Oelkers`, ein breites, zum Teil bislang unbekanntes Spektrum von nationalen wie internationalen Ideen und Konzepten zur Reform von Schule und Unterricht seit dem ausgehenden 18. Jahrhundert – von ihm selbst als „Reformpädagogik *vor* der `Reformpädagogik`" bezeichnet[48] – dem Diskurs zugänglich gemacht zu haben, unstreitig hat auch seine kritische Analyse von Motiven, Dogmen, Konzepten und Modellen der seit Nohl als klassisch geltenden Repräsentanten der Reformpädagogik den Blick auf deren großenteils ausgesprochen problematische Prämissen und Optionen vor allem gesellschaftspolitischer Art geschärft. Oelkers` Arbeit lieferte den Anstoß für zahlreiche weitere Studien, die seit den 1990er Jahren die Positionen prominenter Reformpädagoginnen und -pädagogen wie Ellen Key, Maria Montessori oder Berthold Otto neu interpretierten bzw. traditionelle Leitideen wie z.b. der „Kindorientierung" kritisch in den Blick nahmen. Gleichwohl bleibt seine Hauptthese, eine Reformpädagogik als „historische Gestalt" habe es nie gegeben, zumal ohne jede gesellschaftliche Kontextualisierung, ohne Berücksichtigung der reformpädagogischen Praxis, insbesondere ohne die Einbeziehung der Vielfalt schulischer wie außerschulischer Reformprojekte der 1920er Jahre (s.u.), höchst fragwürdig.

War es bis dahin vor allem die De-Konstruktion reformpädagogischer *Theorien und Konzepte* gewesen, einschließlich ihrer Affinitäten zur NS-Ideologie, die den Nimbus der Reformpädagogik erschüttert hatte, so stürzte der durch Vorfälle sexueller Gewalt an der Odenwaldschule ausgelöste Missbrauchsskandal[49] die Reformpädagogik in eine noch tiefere Krise, die nun vor

---

[45] Heiner Ullrich spricht in Bezug auf Oelkers von „Trivialisierung der Reformpädagogik zum déja vu"; H. Ullrich, Die Reformpädagogik. Modernisierung der Erziehung oder Weg aus der Moderne?, in: Zeitschrift für Pädagogik 36(1990)6, S.893-918, hier S.895; vgl. B. Schonig, Reformpädagogik – Bücherweisheit oder Schulrealität? Anmerkungen zu zwei historisch-pädagogischen Ansätzen, sich mit der Pädagogik in der Weimarer Republik auseinanderzusetzen, in: Arbeitsgruppe Pädagogisches Museum e.V., Heft Nr. 42/1994, S.79-88.
[46] Oelkers, Reformpädagogik, 2005, a.a.O. (Anm. 44), S.34.
[47] Ebd., S.22, vgl. S.113.
[48] Ebd., S.27.
[49] Vgl. etwa J. Dehmers, Wie laut soll ich denn noch schreien? Die Odenwaldschule und der sexuelle Missbrauch, Reinbek 2011; T. Jens, Freiwild. Die Odenwaldschule – Ein Lehrstück von Opfern und Tätern, Gütersloh 2011; Ch. Füller, Sündenfall. Wie die Reformschule ihre Ideale missbrauchte, Köln 2011; mit erweiterter Perspektive auf unterschiedliche Protestbe-

allem deren *Praxis* wie deren *Personal* in den Strudel der Kritik hineinriss. Galt doch die Odenwaldschule als eines ihrer Aushängeschilder und traten der für den Missbrauch hauptverantwortliche ehemalige Schulleiter Gerold Becker wie sein, von weiten Teilen der Öffentlichkeit in Mit-Haftung genommene Lebensgefährte Hartmut von Hentig als ihre langjährigen Interpreten tonangebend in Erscheinung; nicht zuletzt hatten beide als Herausgeber der für den reformpädagogischen Diskurs zentralen „Neuen Sammlung" fungiert, von der wiederum eine Linie zu Herman Nohl führt, der „Die Sammlung" 1946 begründete. Die menschlichen Schicksale der Missbrauch-Opfer mussten gerade die Pädagogik als Profession wie als Disziplin tief schockieren, weil deren leidvolle Erfahrungen das für jede Pädagogik notwendige Vertrauen in empfindlicher Weise störten. Zumindest lässt sich nach diesen Vorfällen nicht länger von der Reformpädagogik als einer besonders humanen Denkweise wie einer kinderfreundlichen pädagogischen Praxis *per se* sprechen, bedürfen nach den ideologisch belasteten gesellschaftspolitischen Optionen nun auch gängige, reformpädagogisch gefärbte Sprachregelungen wie „Liebe zum Kind" oder gar der „pädagogische Eros" einer grundlegenden Revision.[50]

Wiederum Jürgen Oelkers spitzte die durch den Missbrauch-Skandal entfachte Debatte noch einmal zu, nachdem er die historische Praxis einzelner Landerziehungsheime unter der Perspektive „Eros und Herrschaft" einer vernichtenden Kritik unterzogen hatte. Zu Recht beklagt er dabei, dass die Geschichtsschreibung zur Reformpädagogik lange Zeit vorwiegend Ideengeschichte betrieben habe und sich dort, wo sie über Praxis berichtet, vorwiegend auf Darstellungen mit Verklärungscharakter stütze, Gefährdungspotentiale hingegen – willkürliche Macht- und Herrschaftsausübung, Züchtigungsrituale und sexuelle Gewalt, wie sie im Falle der Landerziehungsheime bereits in deren Charakter als „geschlossene Institutionen" von Anfang an angelegt waren – ausblende. „Reformpädagogik" – so das abschließende Urteil seiner allerdings nur auf wenige Landerziehungsheime begrenzten Befunde – sei nicht mehr als „das Konstrukt einer interessierten Geschichtsschreibung ..., die damit historische Größe und eine konkrete Utopie verbinden wollte";

---

wegungen des 20. Jahrhunderts: ders., Die Revolution missbraucht ihre Kinder. Sexuelle Gewalt in deutschen Protestbewegungen, München 2015; als Porträt des Haupttäters: J. Oelkers, Pädagogik, Elite, Missbrauch. Die Karriere des Gerold Becker, Weinheim 2016. Spätestens seit Frühjahr 2015 zeichnete sich aufgrund des starken Schülerrückgangs die Schließung der Schule ab, im Juni 2015 meldete der Trägerverein seine Zahlungsunfähigkeit, im September 2015 folgten Berichte über das Ende der Schule, zuletzt im Februar 2016 über den Verkauf der denkmalgeschützten Gebäude (Spiegel Online 22.02.2016).

[50] Vgl. zum „Pädagogischen Eros": D. Gaus/R. Uhle, Pädagogischer Eros, in: Keim/Schwerdt, Handbuch der Reformpädagogik, a.a.O. (Anm. 16), Bd.1, S.559-575, mit weiterführender Literatur.

„historisch rekonstruieren" könne man indessen „nur ein Ensemble von mehr oder weniger geglückten, oft jedoch gescheiterten oder einfach verschwundenen Versuchen, aus denen sich keine utopische Kraft entwickelt" habe, „die sich übertragen ließe".[51] De-Konstruktion trägt hier fast schon so etwas wie den Charakter einer Entlarvung. Oelkers' Empfehlung, statt der Chimäre „Reformpädagogik" nachzulaufen, das staatliche Regelschulwesen zu unterstützen und auf eine stärkere Professionalisierung der Lehrerschaft zu setzen, mag eine bildungspolitisch bedenkenswerte Empfehlung sein, für Erziehungshistoriker allerdings scheint sie wenig befriedigend.

4. Plädoyer für Re-Konstruktion einer historisierten Reformpädagogik

Eine Alternative zur *De*-Konstruktion der „Reformpädagogik" hat bereits vor mehr als 40 Jahren Bruno Schonig als Fazit seiner ideologiekritischen Analyse von Darstellungen zur Reformpädagogik vorgeschlagen, diese nämlich als eine – längst abgeschlossene – historische Realität „pädagogischer Theorie und Praxis im ersten Drittel des (20.) Jahrhunderts in Deutschland" zu *re*-konstruieren, und zwar ohne „Bewegungs"-Konstruktionen und unter Verzicht auf „jeden Versuch ihrer Deklaration zum `pädagogischen Erbe'", ohne Reduktion auf Ideengeschichte, aber unter Berücksichtigung „ihrer politischen und gesellschaftlichen Bedingungen".[52] Dieses Programm bezeichne ich als Re-Konstruktion einer historisierten Reformpädagogik. Ihre Ansatzpunkte, Möglichkeiten und Perspektiven sollen im Folgenden in drei Schritten umrissen werden, zunächst mit einem kurzen Rückblick auf die bisherige Forschungsentwicklung, anschließend mit der Skizzierung von Konturen einer historisierten Reformpädagogik auf der Grundlage des derzeitigen Forschungsstandes sowie einem Ausblick auf Forschungsdesiderate und -perspektiven.

a. Forschungsentwicklung
Die Realgeschichte der „Reformpädagogik" als spezifische Epoche im Sinne einer besonderen Verdichtung von Reformdiskursen, -modellen und -praxen, die sich unter den singulären gesellschaftspolitischen wie bildungsgeschichtlichen Bedingungen der Zeit vor und nach dem Ersten Weltkrieg entwickelt haben, ist bekanntlich bereits durch zeitgenössische Publikationen in überwältigender Fülle dokumentiert worden, nicht zuletzt in Form eher nüchterner Bestandsaufnahmen wie August Messers „Pädagogik der Gegenwart" und Sammlungen von Berichten aus den 1920er Jahren, vor allem aus den

---

[51] J. Oelkers, Eros und Herrschaft. Die dunklen Seiten der Reformpädagogik, Weinheim/Basel 2011, S.307f.
[52] Schonig, Irrationalismus, a.a.O. (Anm. 37), S.227.

„neuen" Schulen, aber auch anderen Bildungs- und Erziehungseinrichtungen, wie in Franz Hilkers „Deutsche Schulversuche" oder Fritz Karsens „Die neuen Schulen in Deutschland", die bis heute als wichtige Quellen zur Reformpädagogik dienen.[53]
Von einer Erforschung ihrer Realgeschichte lässt sich zumindest für die Bundesrepublik freilich erst seit etwa 40 Jahren sprechen. Dazu gingen wiederum wichtige Impulse von „1968" aus, etwa von Adalbert Rangs – 1967 in den von Adorno und Walter Dirks herausgegebenen „Frankfurter Beiträgen zur Soziologie" publizierten – Dissertation „Der politische Pestalozzi"[54], wobei hier nicht der behandelte Gegenstand, sondern der spezifische methodische Zugriff von Interesse war. Rang unternimmt es darin, Pestalozzi aus den historisch-gesellschaftlichen Bedingungen seiner Zeit, und zwar in seiner ganzen Widersprüchlichkeit, zu interpretieren. Wie Adorno in seinem Vorwort zu Rangs Untersuchung betont, vermeide sie strikt den „Begriff des Menschenbildes, der seit Jahren in der geisteswissenschaftlichen Pädagogik" grassiere und sei stattdessen „darauf bedacht, Gestalt und Werk Pestalozzis in die konkrete Geschichte: in die Gesellschaft selber zurückzuholen" oder – anders formuliert – „Pestalozzis privaten Charakter ... auf den sozialen" zu beziehen.[55] Dies war damals sowohl für die Forschung zu Pestalozzi als auch zur Reformpädagogik neu, dominierte doch hier wie dort unter geisteswissenschaftlicher Ägide die Reduktion von „Politischem und Gesellschaftlichem auf Anthropologie", die Ersetzung von „historischer durch 'existentielle' Konkretion".[56]
Etwa im gleichen Zeitraum der endsechziger Jahre vollzog sich ein Paradigmenwechsel in der Geschichtswissenschaft hin zu einer kritisch orientierten Sozial- im Sinne von Gesellschaftsgeschichte, die sich seit den 1970er Jahren vor allem mit dem Namen des Bielefelder Historikers Hans-Ulrich Wehler verband und in der auch Fragen von Erziehung und Bildung eine größere Rolle spielten als bisher[57]. Zeitgleich entwickelte sich im Rahmen der Erzie-

---

[53] Vgl. A. Messer, Pädagogik der Gegenwart, Berlin 1926, Leipzig 1931²; F. Hilker (Hg.), Deutsche Schulversuche, Berlin 1924; F. Karsen (Hg.), Die neuen Schulen in Deutschland, Langensalza o.J. [1924].
[54] A. Rang, Der politische Pestalozzi, Frankfurt/M. 1967.
[55] Th. W. Adorno, Vorrede, in: ebd., S.7f., hier S.7.
[56] Rang, Pestalozzi, a.a.O. (Anm. 54), S.194. – Einzig und allein Robert Alt hatte mit seinen erwähnten Abhandlungen zur Reformpädagogik in der DDR Mitte der 1950er Jahre zumindest im Ansatz bereits etwas Ähnliches aus einer marxistischen Perspektive für die hier zu behandelnde Thematik versucht.
[57] Was Wehler mit „kritischer" im Sinne von nicht affirmativer Geschichtsschreibung meint, erläutert er anhand des folgenden apologetischen Satzes seines älteren konservativen Freiburger Kollegen Gerhard Ritter zur Flotten- und Kolonialpolitik der Bismarck- und Nach-Bismarckzeit: „Natürlich brauchten wir eine ansehnliche Kriegsmarine, um jenseits der See ... durch Zeigen der deutschen Flagge unter Kanonenschutz unsere Rechtsansprüche und Wirt-

hungswissenschaft, gefördert durch Einrichtung entsprechend besetzter neuer Lehrstühle, eine sozialwissenschaftlich orientierte Historische Bildungsforschung, die seit den ausgehenden 1980er Jahren ihren Niederschlag in einem sieben-bändigen „Handbuch der deutschen Bildungsgeschichte" fand, deren Bände zum Deutschen Kaiserreich, zu Weimar und zum NS-Staat nicht zuletzt wertvolle Hinweise zur Realgeschichte und zur gesellschaftlichen Einbettung der Reformpädagogik enthalten.[58] Seit den 1980er und 1990er Jahren gingen weitere Impulse zur Erforschung einer historisierten Reformpädagogik etwa von den Konzepten der Biographie-Forschung[59], der Alltagsgeschichte und Oral History[60], der Frauen- und Geschlechterforschung[61] oder der, von einer französischen Historiker-Gruppe um die Zeitschrift „Annales" bereits lange vor dem Zweiten Weltkrieg entwickelten, in Deutschland jedoch erst relativ spät rezipierten Mentalitäten-Geschichte[62] aus.

---

schaftsinteressen durchsetzen zu können." „Damit", so Wehler, werde „gerade – z. T. durch das 'Verstehen' bedingt – das für 'natürlich' erklärt, was der kritischen Analyse unterworfen werden müßte: die Verteidigung privatkapitalistischer Interessen bestimmter Größenordnung durch den staatlichen Machtapparat ..." (H.-U. Wehler, „Bismarck und der Imperialismus", Köln/Berlin 1969, S.422, Anm. 14); als Darstellungen zu dem die Reformpädagogik betreffenden Zeitabschnitt: ders., Das Deutsche Kaiserreich 1871-1918, Göttingen 1973, 1994[7]; ders., Deutsche Gesellschaftsgeschichte, 5 Bde., München 1987/2008, spez. Bd. 3 (1995) und 4 (2003); zur Methode Bd.1, Einleitung, S.6-31.

[58] Allerdings fehlt hier eine, den Arbeiten Wehlers vergleichbare theoretische Perspektive, wodurch die Bände insgesamt einen eher pragmatischen Charakter erhalten; vgl. Ch. Berg (Hg.), Handbuch der deutschen Bildungsgeschichte, Bd. 4: 1870-1918. Von der Reichsgründung bis zum Ende des Ersten Weltkriegs, München 1991; D. Langewiesche/H.-E. Tenorth (Hg.), Handbuch der deutschen Bildungsgeschichte, Bd. V: Die Weimarer Republik und die nationalsozialistische Diktatur, München 1989; zu letzterem Band materialreich und reflexiv, freilich mit einem, dem Wehlerschen Wissenschaftsverständnis konträren, an Luhmann/Schorr orientierten systemtheoretischen Forschungsansatz: H.-E. Tenorth, Zur deutschen Bildungsgeschichte 1918-1945. Probleme, Analysen und politisch-pädagogische Perspektiven, Köln/Wien 1985.

[59] Vgl. als Beispiel einer sozialgeschichtlichen Biographie-Forschung: U. Schwerdt, Martin Luserke (1880-1968). Reformpädagogik im Spannungsfeld von pädagogischer Innovation und kulturkritischer Ideologie. Eine biographische Rekonstruktion, Frankfurt/M. 1993, hier vor allem die Einleitung S.18-40.

[60] Vgl. M. du Bois-Reymond/B. Schonig (Hg.), Lehrerlebensgeschichten. Lehrerinnen und Lehrer aus Berlin und Leiden (Holland) erzählen, Weinheim/Basel 1982; B. Schonig, Krisenerfahrung und pädagogisches Engagement. Lebens- und berufsgeschichtliche Erfahrungen Berliner Lehrerinnen und Lehrer 1914-1961, Frankfurt/M. 1994.

[61] Vgl. als Beispiel: E. Schwitalski, „Werde, die du bist". Pionierinnen der Reformpädagogik. Die Odenwaldschule im Kaiserreich und in der Weimarer Republik, Bielefeld 2004, hier vor allem die Einleitung S.11-17.

[62] „Anliegen (der Mentalitäten-Geschichte, W.K.) war nicht mehr, das Handeln der irgendwie als gegeben oder fertig unterstellten Menschen zu beschreiben und zu erklären, sondern den Prozeß der Menschwerdung selbst, oder richtiger: die Prozesse, durch die Menschen zu dem wurden, was sie jeweils waren, zu ergründen." (U. Raulff, Vorwort. Mentalitäten-Geschichte,

Zu den ersten Reformpädagogik-spezifischen Arbeiten, die sich deutlich von der traditionellen, geisteswissenschaftlich ausgerichteten pädagogischen Geschichtsschreibung unterschieden und zumindest sozialwissenschaftlich *orientiert* waren, gehörten die bei Wilhelm Richter an der damaligen Pädagogischen Hochschule Berlin entstandene, bis heute als Standardwerk anerkannte Dissertation von Gerd Radde über Fritz Karsen[63] und die ebenfalls aus einer Dissertation hervorgegangene Veröffentlichung von Dirk Hagener über die Bremer Schulreform „vor dem Ersten Weltkrieg und in der Entstehungsphase der Weimarer Republik"[64]; beide erschienen 1973. Raddes Arbeit machte nicht nur mit einem von den Nazis „verfolgten, verdrängten und (fast) vergessenen" Reformpädagogen[65] bekannt, der in der Nachkriegshistoriographie höchstens am Rande erwähnt wurde, sondern analysierte zugleich mittels sozialwissenschaftlicher Kategorien auf einem breiten Fundament veröffentlichter wie unveröffentlichter Quellen sowie einer großen Zahl von Zeitzeugenberichten dessen Entwicklung von einer „Erlebnis-" hin zu einer „Kollektivpädagogik" im Rahmen einer „sozialen Arbeitsschule"[66], was eine Abkehr von bloßer Ideengeschichte wie eindimensionaler Hagiographie bedeutete, wie sie damals noch weithin dominierten. Das Neue an Hageners Studie war der Versuch, Reformpädagogik regionalgeschichtlich im Kontext eines konfliktreichen politisch-gesellschaftlichen Bezugsrahmens zu analysieren, in diesem Falle der schulpolitischen Kämpfe um den Religionsunterricht und eine demokratische Schulverfassung in Bremen, weiterhin das Bemühen, unterschiedliche Ausprägungen reformpädagogischer Konzepte zum Arbeits-

---

in: A. Bruguière u.a., Mentalitäten-Geschichte, hg. v. U. Raulff, Berlin 1987, S.7-17, Zitat S.8). Dies bedeutete zugleich den „Übergang von einer globalen, makroskopischen Analyse [...] zur mikroskopischen Untersuchung" „als gleichsam erkenntnistheoretische Notwendigkeit" (M. Vovelle, Serielle Geschichte oder „case-studies": ein wirkliches oder nur ein Schein-Dilemma?, in: ebd., S.114-126, Zitat S.120). Ein bildungshistorisches Beispiel für diesen Forschungsansatz stellt die Arbeit von Dietmar Haubfleisch: Schulfarm Insel Scharfenberg. Mikroanalyse der reformpädagogischen Unterrichts- und Erziehungsrealität einer demokratischen Versuchsschule im Berlin der Weimarer Republik, 2 Teile, Frankfurt/M. 2001, dar, die das Geflecht von Personen und sozialen Gruppen im Umfeld des Schulgründers Wilhelm Blume zu erfassen und beschreiben versucht, um auf diesem Wege mosaikartig Entwicklung und Entfaltung der weithin vergessenen Reformschule auf die Spur zu kommen, damit zugleich reformpädagogische Realität differenzierter wahrnehmen zu können, als dies gemeinhin geschieht (vgl. zum Untersuchungsansatz insbesondere die Einleitung, S.1-17).

[63] G. Radde, Fritz Karsen. Ein Berliner Schulreformer der Weimarer Zeit, Berlin 1973; Erweiterte Neuausgabe. Mit dem „Bericht über den Vater" von Sonja Karsen, Frankfurt/M. 1999.

[64] D. Hagener, Radikale Schulreform zwischen Programmatik und Realität. Die schulpolitischen Kämpfe in Bremen vor dem Ersten Weltkrieg und in der Entstehungsphase der Weimarer Republik, Bremen 1973.

[65] G. Radde, Verfolgt, verdrängt und (fast) vergessen. Der Reformpädagoge Fritz Karsen, in: ders., Karsen, Erweiterte Neuausgabe, a.a.O. (Anm. 63), S. 359-388.

[66] Ebd., S.106ff.

unterricht auf divergierende gesellschaftspolitische Positionen zurückzuführen sowie die Bremer Reformer Friedrich Gansberg und Heinrich Scharrelmann von ihrer milieueigenen Verankerung bzw. ihrer politischen Sozialisation her zu beleuchten, anstatt sie, wie bis dahin üblich, nur auf ihre didaktischen Konzepte zu reduzieren.[67]
Es folgten seit den 1980er und vor allem 1990er Jahren weitere Untersuchungen zu einzelnen Repräsentanten, Schulen, Schulformen oder Reformzentren, zu reformpädagogisch relevanten außerschulischen Bildungseinrichtungen der Erwachsenenbildung oder Sozialpädagogik. Entsprechendes gilt für die gesellschaftspolitischen Kontexte der Reformpädagogik, zu denen inzwischen Untersuchungen in einem breiten Spektrum bis hin zur Konservativen Revolution[68] oder zum George-Kreis[69] vorliegen. Nicht zuletzt konnten wichtige Quellenbestände durch kommentierte Reprint-Ausgaben wie die „Thüringer Blätter für Volksbildung"[70] wieder zugänglich gemacht oder wie im Falle reformpädagogisch relevanter Diskurse in der sozialistischen Presse überhaupt erst erschlossen werden[71], so dass sich unser Wissen über „Reformpädagogik" als „historische Gestalt" enorm erweitert und ausdifferenziert hat: hinsichtlich ihrer sozialen Trägerschichten und gesellschaftlichen Verankerungen, ihrer ideologischen Kontextualisierungen, aber auch ihrer Erscheinungsformen in verschiedenartigsten Praxisfeldern von der Vorschulerziehung, über die Heilpädagogik und Erwachsenenbildung, bis hin zum Gefängniswesen.

b. Umrisse einer historisierten Reformpädagogik als erziehungsgeschichtliche Epoche
Auf der Grundlage derartiger Untersuchungen lässt sich inzwischen ein relativ differenziertes Bild einer Realgeschichte der Reformpädagogik skizzieren,

---

[67] „Die Lektüre der Arbeiten von Nohl, W. Flitner, Wilhelm und Scheibe vermittelt den Eindruck, als habe sich die Entstehung und Entwicklung der Reformpädagogik weitgehend unabhängig von sozialen und politischen Realitäten der deutschen Gesellschaft vollzogen. Weder scheint die „Bewegung" durch eine besondere gesellschaftliche Wirklichkeit mitbestimmt, noch auf sie gerichtet gewesen sein." (Hagner, Radikale Schulreform, a.a.O., Anm. 64, S.1f.).
[68] Vgl. Bast, Kulturkritik und Erziehung, a.a.O. (Anm. 16).
[69] Vgl. C. Groppe, Stefan George, der George-Kreis und die Reformpädagogik zwischen Jahrhundertwende und Weimarer Republik, in: B. Böschenstein u.a. (Hg.), Wissenschaftler im George-Kreis. Die Welt des Dichters und der Beruf der Wissenschaft, Berlin 2005, S.311-328.
[70] Vgl. Blätter der Volkshochschule Thüringen (1919-1933). Reprint, hg. u. eingel. v. M. Friedenthal-Haase u. E. Meilhammer, 2 Bde., Hildesheim u.a. 1999.
[71] Vgl. Ch. Uhlig (Hg.), Reformpädagogik: Rezeption und Kritik in der Arbeiterbewegung. Quellenauswahl aus den Zeitschriften *Die Neue Zeit* (1883-1918) und *Sozialistische Monatshefte* (1895/97-1918), Frankfurt/M. 2006; dies. (Hg.), Reformpädagogik und Schulreform. Diskurse in der sozialistischen Presse der Weimarer Republik. Quellenauswahl aus den Zeitschriften *Die Neue Zeit/Die Gesellschaft* und *Sozialistische Monatshefte* (1919-1933), Frankfurt/M. 2008.

in der es nicht so sehr um Herkunft und Originalität der ihr zugrundeliegenden Themen und Motive geht, als vielmehr um Analyse ihrer *tatsächlichen* Erscheinungsformen in einem *bestimmten* Zeitabschnitt, ihrer *zugehörigen* Träger und Rezipienten wie ihrer Verschränkungen mit den *konkreten* gesellschaftlichen Bedingungen ihrer Zeit. Viele der von Nohl bis hin zu Scheibe beobachteten historischen Phänomene, die als ihre Auslöser oder auch elementaren Bestandteile galten, erscheinen dabei nach wie vor relevant – von den durch die Industrialisierung verursachten sozialen Veränderungen, über die durch sie angestoßenen bzw. verbreiterten Zusammenschlüsse und Initiativen zu „Bewegungen" verschiedenster Art, bis hin zu den unter dem Begriff „Kulturkritik" subsumierten Formen ihrer Verarbeitung bzw. Nichtverarbeitung. Allerdings müssen sie aus einer verengten (bildungs-)bürgerlichen, rein ideengeschichtlichen Betrachter-Perspektive herausgelöst und stattdessen vor einem gesamtgesellschaftlichen Hintergrund und unter Berücksichtigung eines breiten Spektrums sozialgeschichtlicher, (bildungs-)poltischer, weltanschaulich-philosophischer, erziehungswissenschaftlicher, selbstverständlich auch Institutionen-geschichtlicher und methodisch-didaktischer Perspektiven neu interpretiert werden.[72]

Vieles spricht dafür, an dem bereits von Nohl abgesteckten[73], spätestens seit Scheibes „Reformpädagogischer Bewegung" weithin akzeptierten zeitlichen Rahmen, 1890/1900 bis 1932/3, festzuhalten.[74] Diese Einteilung ließ herkömmlicherweise die „Reformpädagogik" als Epoche mit dem aus gesamtgesellschaftlicher „Krise" und „Kulturkritik" erwachsenen „pädagogischen Aufbruch" um 1900 beginnen und mit der Nazizeit „abbrechen", fasste somit – untypisch für sonstige Periodisierungen – mit Wilhelminischem Kaiserreich und Weimarer Republik zwei sehr unterschiedliche historische Phasen zu *einem* Zeitabschnitt, wenn auch gelegentlich mit spezifischen Akzentuierungen, zusammen. Eine Realgeschichte der Reformpädagogik kann inzwischen die Frage nach deren Anfangs- und Endpunkt ebenso wie die nach

---

[72] Vgl. als Zwischenbilanz: Keim/ Schwerdt, Handbuch der Reformpädagogik, a.a.O. (Anm. 16).
– Vergleichbare realgeschichtliche Kontextualisierungen gehören inzwischen zum methodischen Repertoire etwa auch der Kunstgeschichte, wie zuletzt verschiedene Ausstellungen zum französischen Impressionismus gezeigt haben; Kontexte waren hier etwa „Metropole Paris" (Folkwang-Museum Essen 2010), „Inspiration Japan" (Kunsthaus Zürich 2015), „Suche nach einem verlorenen Paradies auf Erden" („Paul Gauguin – Maler zwischen den Welten", Fondation Beyeler Basel 2015) oder Entstehungsbedingungen im Frankreich der 1860er und 70er Jahre („Monet und die Geburt des Impressionismus", Städel Museum Frankfurt/M. 2015).
[73] Im Nachwort zur 3. Auflage seiner „Pädagogischen Bewegung" (a.a.O. [Anm. 18], S. 229) spricht Nohl davon, dass sie „seit 1900 *ein Menschenalter* hindurch die besten Geister in Deutschland beseelte".
[74] Vgl. zur Periodisierung: Tenorth, Zur deutsche Bildungsgeschichte, a.a.O. (Anm. 58), S.17-48.

ihrem Kaiserreich und Weimar übergreifenden Epochen-Charakter differenzierter beantworten.

Singulärer Modernisierungsschub als Auslöser und Katalysator reformpädagogischer Diskurse und begrenzter Praxen

Was als gesellschaftliche „Krise" bezeichnet wurde, stellt sich heute dar als Folge des am Ausgang des 19. Jahrhunderts noch einmal beschleunigten, im europäischen Vergleich singulären Modernisierungsschubs[75], von dem die, ein hohes Maß gesellschaftlicher Ungleichheit spiegelnden gesellschaftlichen Klassen allerdings in unterschiedlicher Weise betroffen waren: das (Bildungs-)Bürgertum vor allem in Form von Orientierungskrise und Angst vor sozialem Abstieg, einer Gefühlslage, der offensichtlich die als „Kulturkritiker" bezeichneten Philosophen und Literaten besonderen Ausdruck verliehen, die Arbeiterschaft primär durch die sie bedrängende soziale Not, die zur Verbreiterung der Arbeiterbewegung und zum Aufstieg der SPD zur Massenpartei führte. Hier wie dort suchte man nach neuen Wegen, im Bürgertum etwa mittels alternativer Lebensweisen in puncto Ernährung, Gesundheitspflege oder Wohnen, die verschiedene Strömungen der Lebensreformbewegung, den Jüngeren auch die Jugendbewegung versprachen[76], in der Arbeiterschaft nach Verbesserung der ökonomischen Situation, wie sie die Partei erkämpfen sollte, aber auch in Formen solidarischer Gemeinschaft in den sich um die Jahrhundertwende ausfächernden Organisationen der Arbeiter-

---

[75] Vgl. als differenzierten und differenzierenden *Überblick* mit weiterführender Literatur: Wehler, Gesellschaftsgeschichte, a.a.O. (Anm. 57), Bd. 3, S.493-1295; als knappe Zusammenfassung zuletzt U. Herbert, Geschichte Deutschlands im 20. Jahrhundert, München 2014, S.25-67; zur *Singularität*: ebd., S.42; zum *Modernisierungs-Begriff* immer noch lesenswert: Th. Nipperdey, Probleme der Modernisierung in Deutschland (1979), in: ders., Nachdenken über die deutsche Geschichte. Essays, München 1986, S.44-59. Nipperdey unterscheidet zwischen ökonomischer *und* verzögerter politischer Modernisierung, zwischen Modernisierungskrise als „Diskrepanz zwischen den modernen ökonomisch-technischen, den bürokratischen und den sozialen Strukturen *und* den noch traditionellen Wertvorstellungen und Verhaltensmustern *sowie* Modernitätskrise als ‚Problem der Entfremdung', als Schwierigkeit vieler damaliger Menschen, „sich in der Welt zu Hause zu fühlen" (S.55); zu Nutzen und Bedeutung von *Modernisierungstheorien*: H.-U. Wehler, Modernisierungstheorie und Geschichte, Göttingen 1975, S.58ff.

[76] *Zur Lebensreformbewegung*: K. Buchholz u.a. (Hg.), Die Lebensreform. Entwürfe zur Neugestaltung von Leben und Kunst um 1900, 2 Bde., Darmstadt 2001; *zur Jugendbewegung*: Th. Koebner u.a. (Hg.), „Mit uns zieht die neue Zeit". Der Mythos Jugend, Frankfurt/M. 1985, als Zusammenfassung Wehler, Gesellschaftsgeschichte, a.a.O. (Anm. 57), Bd. 3, S.1099-1104; mit anregenden neuen Perspektiven zur Einordnung und Bewertung beider: Th. Rohkrämer, Eine andere Moderne? Zivilisationskritik, Natur und Technik in Deutschland 1880-1933, Paderborn 1999.

bewegung; in ihnen fanden nicht zuletzt die vielfältigen Richtungen bürgerlicher Lebensreform ihren Niederschlag.[77] Für die Entstehung der Reformpädagogik als einer breiten „Bewegung" mit vielfältigen Schwerpunkten wurde – wie für die Jugendbewegung – vor allem die Situation von Kindern und Jugendlichen bedeutsam. Auch wenn sich ihre Klassen-, nicht minder ihre geschlechtsspezifischen Lebensumstände und -perspektiven kaum vergleichen lassen, erforderte der gesellschaftliche Wandel mit veränderten Familienstrukturen, Arbeitsverhältnissen, Wohnbedingungen, Alltagsroutinen, schwindender Verbindlichkeit von Normen und Werten, vornehmlich in den Städten, für *alle* ein hohes Maß an Anpassungsfähigkeit. Dies umso mehr, als auch die nach Effizienz, teilweise quasimilitärischen Gesichtspunkten ausgerichteten baulichen, organisatorischen und unterrichtlichen Schulsystemstrukturen, deren Umgestaltung um die Jahrhundertwende ihren vorläufigen Abschluss gefunden hatte[78], „Kopf und Körper" einspannten[79], wobei für die Kinder aus mittleren und höheren Schichten noch die wachsende Bedeutung der „Schule" für Berufs- und Lebenschancen hinzu kam. So verwundert kaum, dass es seit den 1890er Jahren, ausgehend vom Bürgertum, weit über Pädagogen-Kreise hinaus, zu einer sich verdichtenden Kritik an Schule und Unterricht, sich ausweitenden Diskursen über eine Kind-gerechte Erziehung wie zur Projektierung und Erprobung pädagogischer Alternativen, vor allem der – sozial exklusiven – Landerziehungsheime, kam. Spätestens seit der Jahrhundertwende fanden Diskurse, Projekte und Modelle Resonanz in der Arbeiterbewegung, wurden hier allerdings mit deren spezifischen bildungspolitischen Zielvorstellungen wie der weltlichen Einheits- und Arbeitsschule abgeglichen, so dass sie auf Zustimmung, Vorbehalte und Kritik stießen, Modifikationen und eigene Vorschläge hervorbrachten, wie die „Leitsätze" des Mannheimer Parteitages der SPD von 1906 und die programmatische Schrift von Heinrich Schulz „Die Schulreform der Sozialdemokratie" zeigen.[80]

---

[77] Vgl. G. Roth, Die kulturellen Bestrebungen der Sozialdemokratie im kaiserlichen Deutschland, in: H.-U. Wehler (Hg.), Moderne deutsche Sozialgeschichte, Köln/Berlin 1966, S.342-365.

[78] Berichtet wird z.B. aus Berlin von „wahren Riesenschulen", die „ein Stadtquartier für sich" ausmachen, mit 116 Klassen und 4500 Kindern (J. Tews, Großstadtpädagogik. Vorträge, gehalten in der Humboldt-Akademie zu Berlin, Leipzig 1911).

[79] Vgl. U. Bendele, Krieg, Kopf und Körper. Lernen für das Leben – Erziehung zum Tod, Frankfurt/M. u.a. 1984.

[80] Vgl. Sozialdemokratische Partei Deutschlands, Leitsätze zum Thema „Volkserziehung und Sozialdemokratie" (1906), in: B. Michael/H.-H. Schepp (Hg.), Politik und Schule von der Französischen Revolution bis zur Gegenwart. Eine Quellensammlung zum Verhältnis von Gesellschaft, Schule und Staat im 19. und 20. Jahrhundert, 2 Bde., Frankfurt/M. 1973, Bd.1, S.482-487; H. Schulz, Die Schulreform der Sozialdemokratie, Dresden 1911, 2. [veränderte] Aufl. Berlin 1919. – Christa Uhlig spricht in Bezug auf die Funktion der Reformpädagogik für

Was von den Zeitgenossen, ungeachtet der thematischen Vielfalt, als *einheitliche* „Bewegung" wahrgenommen worden ist, stellte sich somit bereits vor dem Ersten Weltkrieg als Konglomerat *unterschiedlicher* Entstehungszusammenhänge, Trägergruppen, Motive und Zielprojektionen dar, deren verbindendes Element in dem gemeinsamen gesamtgesellschaftlichen Kontext des Wilhelminischen Kaiserreiches lag, auf den sich alle bezogen. Dazu gehörten neben Arbeiterbewegung, Lebensreform und Jugendbewegung weitere, teilweise bereits von Nohl aufgeführte „Bewegungen", wie vor allem Frauenbewegung und Friedensbewegung, mit denen die Reformpädagogik bis hin zu personellen Verflechtungen vielfältig verwoben war. Beispielsweise wurde die Verfasserin des „Jahrhunderts des Kindes", Ellen Key, zu ihrer Zeit in erster Linie als Frauenrechtlerin und nicht als Pädagogin wahrgenommen, der Hamburger Schulreformer Wilhelm Lamszus bekannter durch sein Anti-Kriegs-Jugendbuch „Das Menschenschlachthaus" als durch seine Mit-Autorenschaft an der, die Aufsatzerziehung revolutionierenden, zum Standard der Vorkriegs-Reformpädagogik zählenden Schrift „Unser Schulaufsatz ein verkappter Schundliterat".[81] Die Vernetzungen gehen jedoch noch sehr viel weiter, bedenkt man, dass viele Reformer ihre Vorschläge und Konzepte in enger Kooperation mit (vor allem regionalen und lokalen) Lehrerverbänden entwickelten[82], die sich in demselben Zeitabschnitt konstituierende Erziehungswissenschaft und die Kinderpsychologie zu wichtigen „Kontexten und Akteuren" der Reformpädagogik wurden[83], bis hin zu der 1908 in Berlin unter Mitwirkung renommierter Pädagogen und Psychologen erfolgten Gründung des „Bundes für Schulreform", der alle diejenigen organisieren wollte, „,'die am Fortschritt der nationalen Bildungsarbeit in Schule und Haus lebhaft interessiert'" waren, und der von 1910 bis 1914 sogar eine eigene Monatszeitschrift „Der Säemann" herausgab – ihm gehörten u.a. Psychologen wie William Stern, Erziehungswissenschaftler wie Aloys Fischer, Georg

---

die Arbeiterbewegung von einer „,'Stichwortgeberin' für die Produktion eigener pädagogischer Ideen, in der sich dann allerdings nicht wenige reformpädagogische Einflüsse wiederfinden." (Uhlig, Reformpädagogik: Rezeption und Kritik in der Arbeiterbewegung, a.a.O., Anm. 71, S.197).

[81] Vgl. zur *Arbeiterbewegung*: Ch. Uhlig, Arbeiterbewegung, in: Keim/Schwerdt, Handbuch der Reformpädagogik, a.a.O. (Anm. 16), Teil 1, S.85-108; zur *Jugendbewegung*: W. Mogge, Jugendbewegung, in: ebd., Teil 1, S.215-256; zur *Frauenbewegung*, Ch. Kersting, Frauenbewegung, in: ebd., Teil 1, S.169-214; zur *Friedensbewegung*: W. Keim, Friedensbewegung, in: ebd., Teil 1, S.135-167.

[82] Vgl. Ch. Uhlig, Pädagogische Berufsverbände, in: ebd., a.a.O., Teil 1, S.257-291.

[83] Vgl. H.-E. Tenorth, Erziehungswissenschaft – Kontext und Akteur reformpädagogischer Bewegungen, in: ebd., a.a.O., Teil 1, S.293-326; W. Herzog, Psychologie, in: ebd., Teil 1, S.327-359.

Kerschensteiner und Ernst Meumann sowie bekannte Reformpädagogen wie Paul Geheeb, Alfred Lichtwark und Hugo Gaudig an.[84] Den gemeinsamen Erfahrungshorizont der Vorkriegs-Reformpädagogik prägten überdies wissenschaftliche Debatten anderer Disziplinen wie Biologie, Medizin oder Soziologie. Beispielsweise lässt sich der Einfluss der Darwinschen Evolutionstheorie, insbesondere in der Form des vulgären Sozialdarwinismus, in der Begabungsdebatte im Zusammenhang der Einheitsschuldiskussion, in Vorstellungen über die „Natur des Menschen" und eine „natürliche Erziehung", bis hin zu Maria Montessoris Prämisse eines „natürlichen Bauplans" jedes Kindes, kaum übersehen, noch weniger in Projektionen von einem „neuen Menschen" in einer „gesunden Gesellschaft" in Verbindung mit eugenischen Programmen, wie sie nicht nur für Ellen Keys „Jahrhundert des Kindes" charakteristisch sind, sondern sich selbst in Texten aus dem Umfeld der Arbeiterbewegung finden lassen.[85] Der Zeitgeist bestimmte das weltanschauliche Denken mit vielfältigen „Transformationen des Religiösen"[86], etwa in Form von evolutionärem Monismus, religiösem Nietzscheanismus, von Theosophie oder Anthroposophie, und hinterließ seine Spuren bei den politischen Optionen reformpädagogischer Repräsentanten, deren Einstellungen sich, je nach gesellschaftlicher Herkunft, kaum von denen der übrigen Gesellschaft unterschieden haben, was bei deren bürgerlichen Vertretern wie Hermann Lietz oder Peter Petersen nicht selten zu den bekannten Ambivalenzen zwischen fortschrittlicher Pädagogik *und* reaktionären politischen Einstellungen führte.[87]

„Reformpädagogik" war zunächst einmal nicht mehr als ein *Diskursthema* innerhalb des liberalen (Bildungs-)Bürgertums, wurde durch Bestseller-Autoren wie Ellen Key oder Ludwig Gurlitt angestoßen und in Gang gehalten; das zum Kultbuch stilisierte „Jahrhundert des Kindes" verkaufte sich allein zwischen 1902 und 1911 ca. 40.000 Mal, von Ludwig Gurlitts „Der Deutsche und sein Vaterland" erschienen acht Auflagen innerhalb nur eines einzigen(!) Jahres (1902/03). Das Ausmaß der Resonanz spiegeln in beiden Fällen die (überwiegend positiven) Rezensionen, für Gurlitt werden „bis

---

[84] Vgl. P. Dudek, Jugend als Objekt der Wissenschaften. Geschichte der Jugendforschung in Deutschland und Österreich 1890-1933, Opladen 1990, S.100-115, Zitat S. 100.

[85] Vgl. J. Reyer, Macht und Grenzen der Erziehung, in: Keim/Schwerdt, Handbuch der Reformpädagogik, a.a.O. (Anm. 16), Teil 1, S.577-604, hier 580ff.; H.-E. Tenorth, Natur, in: ebd., S.425-448, hier S.437ff.; Ch. Uhlig, Reformpädagogik: Rezeption und Kritik in der Arbeiterbewegung, a.a.O. (Anm. 71), S.167ff.

[86] M. S. Baader, Erziehung als Erlösung. Transformationen des Religiösen in der Reformpädagogik, Weinheim/München 2005; vgl. H. Ullrich, Religiosität/Spiritualität, in: Keim/Schwerdt, Handbuch der Reformpädagogik, a.a.O. (Anm. 16), Teil 1, S.499-532.

[87] Vgl. W. Keim, Politische Parteien, in: Keim/Schwerdt, Handbuch der Reformpädagogik, a.a.O. (Anm. 16), Teil 1, S.39-83.

1910 hunderte Buchbesprechungen" geschätzt.[88] Der Verbreitung kam sicherlich zugute, dass Key und Gurlitt wie ihre Rezipienten in bürgerlichen Denkkategorien und Lebenszusammenhängen verankert waren, als Repräsentanten des liberalen Bürgertums für begrenzte Reformen in allen Lebensbereichen eintraten, also auch in dem von Bildung und Erziehung, eine Veränderung des gesellschaftlichen Status quo, das heißt einen Verzicht auf ihre eigene hegemoniale Position jedoch ablehnten. Gleichwohl dürfte es lediglich eine Minderheit bürgerlicher Interessenten gewesen sein, die sich mit den Gedanken Keys und Gurlitts anfreunden oder gar identifizieren wollten.[89]

Bereits in der Vorkriegszeit konnte „Reformpädagogik" auch *wirkliche Um- und Neugestaltung* von Schule und Unterricht bedeuten, wie bei den Reformorientierten Volksschullehrern der – im Vergleich zu Preußen – liberaleren Hansestädte Hamburg und Bremen bzw. der sächsischen Hochburgen der Arbeiterbewegung, vor allem Leipzigs. Die meisten von ihnen stammten aus Lehrer- oder Handwerkerfamilien, gehörten als Nicht-Akademiker – trotz deutlicher Gehaltsaufbesserungen seit den 1870er Jahren – zu den materiell schlechter gestellten und weniger angesehenen Gruppen der Gesellschaft und hatten durch ihre Lehrertätigkeit regelmäßigen Kontakt zur Arbeiterschaft und ihren von Armut sowie vielfältigen Belastungen geprägten Arbeits-, Wohn- und Lebensbedingungen, kannten also das Umfeld ihrer – gegenüber der gymnasialen Klientel – vom Sozialmilieu her grundverschiedenen Schülerinnen und Schüler. Ihre Reformaktivitäten reichten von vielfältiger Unterrichtsreform mit methodischen Anregungen und neuen Lehrwerken, etwa der beiden Bremer Reformer Fritz Gansberg und Heinrich Scharrelmann, über die Einrichtung von Versuchsschulen und -klassen – allein in Leipzig mit 24 Versuchsklassen an 21 Volksschulen –, wissenschaftlichen Einrichtungen zu deren Vorbereitung und Auswertung, einschließlich einer entsprechenden Lehrerfortbildung, wie der bereits 1885 gegründeten „Methodischen Abtei-

---

[88] Vgl. zu *Key*: R. Dräbing, Der „Traum vom Jahrhundert des Kindes". Geistige Grundlagen, soziale Implikationen und reformpädagogische Relevanz der Erziehungslehre Ellen Keys, Frankfurt/M. 1990, S.6 (Auflagen „Jahrhundert des Kindes"); S.494ff. (deutschsprachige Ellen-Key-Bibliographie); zu *Gurlitt*: A. Kontze, Der Reformpädagoge Prof. Dr. Ludwig Gurlitt (1855-1931) – bedeutender Schulreformer oder „Erziehungsanarchist"? Ein Lebensbild als Beitrag zur Historiographie der Reformpädagogik, Göttingen 2001, S.374 (Auflagen) [Gurlitt aus dem Rückblick von 1927 über den Erfolg seines Erstlings „Der Deutsche und sein Vaterland": „Dieses Buch schlug wie eine Bombe ein. Die Presse behandelte es wie ein politisches Ereignis. In acht Monaten wurden sieben Auflagen nötig", zit. n. ebd., S.63], S.259 (Querschnitt zeitgenöss. Rezensionen), Zitat im Text S.259.

[89] Zu den Pädagogen, die eine Rückkehr zur „educatio strenua, der ernsten und strengen Erziehung früherer Tage" anmahnten, gehörte der bekannte Berliner Erziehungswissenschaftler Friedrich Paulsen (F. Paulsen, Alte und neumodische Erziehungsweisheit, in: „Die Woche" v. 1.2.1908, wieder abgedruckt in: ders., Gesammelte Pädagogische Abhandlungen, hg. v. E. Spranger, Stuttgart/Berlin 1912, S.593-603, Zitat S.597).

lung" des Leipziger Lehrervereins und dem 1906 ebenfalls von ihm gegründeten „Institut für experimentelle Pädagogik und Psychologie", bis hin zu einer breiten Palette flankierender schulischer wie außerschulischer Reformprojekte, etwa des bereits 1888 gegründeten Jugendschriften-Ausschusses in Hamburg, von dem in den folgenden Jahrzehnten vielfältige Initiativen zur Leseerziehung und zur literarischen Erziehung weit über Hamburg hinaus ausgingen. Charakteristisch für diese Gruppen von Reformern war, dass ihr Engagement häufig bloße Schul- und Unterrichtsreform im Rahmen des bestehenden Systems überstieg, sie in der Tradition der bürgerlich-liberalen Lehrerbewegung der 1848er-Revolution eine für alle Kinder einheitliche Volksschule, die Abschaffung des als Gesinnungsfach kritisierten Religionsunterrichts und eine demokratische Schulverfassung forderten, so dass Konflikte mit Vorgesetzten, Schulbehörden und Politikern vorprogrammiert waren, die nicht selten zu ihrer Entlassung aus dem Schuldienst führten. Ohne feste Verankerung in ihren Lehrerverbänden, die sie stützten und ihre Reformbestrebungen mit trugen, wären ihre Aktivitäten kaum denkbar gewesen; Verbandsorgane wie die Hamburger „Pädagogische Reform" oder der Bremer „Roland" verschafften ihnen ein Diskussionsforum.[90]

---

[90] Vgl. für *Hamburg*: H. Milberg, Schulpolitik in der pluralistischen Gesellschaft. Die politischen und sozialen Aspekte der Schulreform in Hamburg 1890-1935, Hamburg 1970, S.17-102; Wilkending, Volksbildung, a.a.O. (Anm. 35), spez. zu den politischen Konflikten S. 316ff.; für *Bremen*: Hagener, Radikale Schulreform, a.a.O. (Anm. 67); zu *Leipzig*: A.Pehnke/Ch. Uhlig, Der Leipziger Lehrerverein – Spiegelbild fortschrittlicher Lehrerbewegung in Deutschland, in: Jahrbuch für Erziehungs- und Schulgeschichte 28/1988, Berlin (Ost) 1988, S.107-123; zur *Rolle der Lehrervereine* an allen drei Standorten: Uhlig, Pädagogische Berufsverbände, a.a.O. (Anm. 82), S.263-267; zur *sozialen Lage der Volksschullehrerschaft* am Ausgang des 19. und zu Beginn des 20.Jahrhunderts: H. Titze, Lehrerbildung und Professionalisierung, in: Berg, Handbuch, Bd. 4, a.a.O. (Anm. 58), S.345-370, hier S.360-364. – Zu den Reformzentren der Vorkriegszeit gehörte zweifellos auch München, wo Georg Kerschensteiner in seiner Funktion als Stadtschulrat und königlicher Schulkommissar ab 1895 u.a. einen obligatorischen Werkstatt-Unterricht für die Knaben-, einen Schulküchen-Unterricht für die Mädchenvolksschulen, darüber hinaus die Errichtung neuer Schulgebäude mit angeschlossenen Werkstätten, Schulküchen und Schulgärten initiierte, ebenso die Entwicklung neuer, unter dem Begriff „Arbeitsschule" gefasster Lehr-Lernverfahren, die an reformpädagogischen Prinzipien wie „Selbsttätigkeit", „Erfahrung" und „Eigenverantwortlichkeit" des jungen Menschen orientiert sein sollten; sie waren zunächst ganz auf handwerkliche, später auch geistige Arbeit bezogen. Im Unterschied zu den vorgenannten Reformzentren, deren Reforminitiativen von der pädagogisch wie politisch fortschrittlichen Lehrerschaft getragen waren, handelte es sich hier jedoch um Reformen von „oben", die eher der Stabilisierung und Legitimierung bestehender Gesellschaftsstrukturen dienen sollten als ihrer Veränderung im Interesse der breiten Mehrheit der Bevölkerung – insofern hatten sie eine tendenziell antiemanzipatorische Stoßrichtung (vgl. als Überblick mit weiterführenden Lit.hinweisen: U. Schwerdt, Unterricht, in: Handbuch der Reformpädagogik, a.a.O., Anm. 16, Teil 2, S.949-1009, hier S.968-971). Marcelo Caruso spricht in Bezug auf Kerschensteiners Unterrichtsmethode wie der von ihm eingeleiteten „Transformationen der Unterrichtskultur in München an der Wende zum 20. Jahrhundert" von „Enthemmung als Führungsstrategie" und bezeichnet „die Enthemmung als 'Lockangebot' an die Kinderkräfte, die dann sich besser führen lassen

Den tatsächlichen Einfluss der Vorkriegs-Reformpädagogik auf das wilhelminische Schulwesen wird man nicht überschätzen dürfen. Die wenigen Landerziehungsheime kamen nur einer winzigen Schicht vermögender Eltern zugute[91]; die Zahl von Versuchsklassen und -schulen hielt sich in sehr engen Grenzen, ihre Ausweitung wurde selbst in Reformzentren wie Leipzig und Hamburg abgelehnt, was auch für eine über Einzelreformen hinausgehende Veränderung von Lehrplänen im Sinne reformpädagogischer Ideen galt.[92] Der Kern politisch aktiver Lehrer, der offen oder verdeckt mit der SPD sympathisierte, lag in Bremen „etwa bei 40", „unterstützt wurde die Reformpädagogik jedoch sicherlich von einer Hälfte der Bremer Volksschullehrerschaft", während die andere Hälfte ihr „positiv-kritisch" gegenüberstand.[93] Möglichkeiten zur Umsetzung reformpädagogischer Ideen hingen hier wie anderswo vom guten Willen der Schulleiter ab, denen die vollständige Kontrolle ihrer Lehrer oblag. „Soweit aus den Akten zu entnehmen ist, wurde ... der `freie Aufsatz` ein in Bremer Schulen weit verbreitetes Sprachübungsmittel, scheint auch der von Gansberg entwickelte neue Anschauungsunterricht von einer Reihe von Lehrern praktiziert worden zu sein und wurde vor allem in vielen Klassen ein freierer Ton zwischen Lehrern und Schülern angestrebt"[94], wobei selbst derart überschaubare Reformen reichsweit auf wenige Reformzentren beschränkt geblieben sein dürften. Ungeachtet dessen hat die Vorkriegs-Reformpädagogik durch den bis zum Krieg nahezu alle gesellschaftlichen Gruppen erreichenden Reformdiskurs den Boden bereitet für die vielfältigen Reformaktivitäten nach 1918/19, teilweise sogar in unmittelbarer Kontinuität wie in Hamburg, wo die Planung der 1919/20 gegründeten vier Gemeinschaftsschulen bereits bis in das Jahr 1905 zurückreicht und die offiziellen Anträge für zwei Versuchsschulen schon 1912 gestellt worden waren.[95]

---

sollten, weil dadurch eine aktive und interessierte Mitarbeit seitens der Kinder gegeben sei" (M. Caruso, Enthemmung als Führungsstrategie. Transformationen der Unterrichtskultur in München an der Wende zum 20. Jahrhundert, in: Zeitschrift für Pädagogik 55, 2009, S.334-344, hier S.336).

[91] Dazu bereits H. Bauer, Zur Theorie und Praxis der ersten deutschen Landerziehungsheime. Erfahrungen zur Internats- und Ganztagserziehung aus den Hermann-Lietz-Schulen, Berlin 1961, S.172-176; zuletzt Oelkers, Eros und Herrschaft, a.a.O. (Anm. 51), S.154-181.

[92] Vgl. für *Hamburg*: Th. Blinckmann, Die öffentliche Volksschule in Hamburg in ihrer geschichtlichen Entwicklung, Hamburg 1930, S.184-243; R. Lehberger, Einflüsse der Reformpädagogik auf das Hamburger Regelschulwesen in der Weimarer Republik, in: H.-P. de Lorent/V. Ullrich (Hg.), Der Traum von der freien Schule. Schule und Schulpolitik in Hamburg während der Weimarer Republik, Hamburg 1988, S.118-134, hier S.118ff.

[93] Hagener, Radikale Schulreform, a.a.O. (Anm. 64), S.98f.

[94] Ebd., S.102.

[95] Vgl. W. Keim/U. Schwerdt, Schule, in: dies., Handbuch der Reformpädagogik, a.a.O. (Anm. 16), S.657-775, hier S.704ff.

**Der gesellschaftliche Kompromiss von 1918/19 als Weichenstellung:
Vom reformpädagogischen Diskurs zur reformpädagogischen Realität**
Bedenkt man, wie ausführlich sich nahezu sämtliche Darstellungen zur Reformpädagogik der „Kulturkrise" als dem sie vermeintlich auslösenden historischen Phänomen an der Wende vom 19. zum 20. Jahrhundert widmen, überrascht, welch geringen Stellenwert sie der für Historiker zentralen Zäsur von 1918/19 und dem mit ihr verbundenen gesamtgesellschaftlichen Umbruch einräumen[96]: der deutschen Niederlage im Ersten Weltkrieg, dem Abgesang des kaiserlichen Deutschlands, der Novemberrevolution und der Verabschiedung der Weimarer Verfassung, damit verbunden der zumindest partiellen Entmachtung der alten Eliten einerseits, der Beteiligung der Sozialdemokratie an der Macht und damit ihrer Legalisierung als politische Opposition andererseits, letzteres mit deren Verzicht auf revolutionäre Ambitionen und der Inkaufnahme der Spaltung teuer bezahlt.[97] Zweifellos lässt sich darüber streiten, welcher der beiden Umbrüche – der um 1900 oder der nach dem Ersten Weltkrieg – für die Reformpädagogik und ihre Entwicklung der nachhaltigere gewesen ist[98]; kaum zu negieren ist jedoch aufgrund des heutigen Forschungsstandes, dass *beide* auf ihre Entstehung und ihren Verlauf entscheidend eingewirkt haben, der um 1900 als Auslöser und Katalysator reformpädagogischer Diskurse, der von 1918/19 als politische Voraussetzung ihrer – zumindest bedingten – praktischen Umsetzung, nicht zuletzt aufgrund eines im Vergleich zur Vorkriegszeit für Reformen wesentlich offeneren politischen wie geistigen Klimas.

Die Basis des sich in den 1920er Jahren entwickelnden reformpädagogischen Tableaus mit seinen Möglichkeiten und Grenzen bildete der gesamtgesell-

---

[96] Erklären lässt sich dies mit dem für die Tradition Geisteswissenschaftlicher Pädagogik charakteristischen Verständnis von Bildung und Erziehung als einem von politischen Prozessen weithin autonomen Bereich historisch-kultureller Entwicklung, aber auch mit der – wie bei Wilhelm Flitner – negativen Einstellung zum Weimarer Parteienstaat als einem, die angestrebte nationale Volksgemeinschaft behindernden Element. Die Nicht-Beachtung des Umbruchs von 1918/19 gilt allerdings nicht nur für Darstellungen zur Reformpädagogik in der direkten Nachfolge Nohls und Flitners wie die von Scheibe und Röhrs, sondern ebenso für neuere Arbeiten wie die von Ehrenhard Skiera (Reformpädagogik in Geschichte und Gegenwart. Eine kritische Einführung, München 2003), Benner/Kemper, Theorie und Geschichte, Teil 2, a.a.O. (Anm. 10) oder Böhm, Reformpädagogik, a.a.O. (Anm. 1).
[97] Vgl. zu den Folgen in bildungshistorischer Sicht, speziell im Hinblick auf die weitere Rezeption der Reformpädagogik: Uhlig, Reformpädagogik und Schulreform, a.a.O. (Anm. 71), S.23-35.
[98] Vgl. bereits Tenorth, Zur deutschen Bildungsgeschichte, a.a.O. (Anm. 58), S.34ff., der dem Umbruch um 1900 den Stellenwert einer der „Übergangsperiode um 1800" vergleichbaren „Sattelzeit" einräumt, die ihrerseits erst die Veränderungen nach 1918/19, gleichsam „schon als Produkt dieser neuen Bewußtseinsstrukturen" (S.36), ermöglicht habe.

schaftliche Kompromiss[99], wie er sich in den Weimarer Koalitionsregierungen auf Reichs- und Länderebene mannigfaltig darstellte. Die *(Mehrheits-)Sozialdemokratie* nahm in der Bildungspolitik Abstand von ihren – im Grunde kaum mehr als frühbürgerlichen – Forderungen nach einer weltlichen Einheitsschule, ließ also das Kinder nach ihrer sozialen Herkunft sortierende und privilegierende Klassen-Schulsystem unangetastet, sieht man einmal von der vierjährigen einheitlichen Grundschule ab; das *(liberale) Bürgertum* seinerseits trug dafür dem Wunsch nach zumindest systemimmanenten Reformen, vor allem im Rahmen einzelner Reformschulen, Rechnung, sofern sie die (engen) Grenzen bestehender Schul- und damit zugleich Gesellschaftssystemstrukturen nicht sprengten. Dies bedeutete, dass sie nur in wenigen Ausnahmefällen – wie der Hamburger Lichtwarkschule und der von Fritz Karsen begründeten Berlin-Neuköllner Karl-Marx-Schule – im Bereich des höheren Schulwesens angesiedelt waren.[100] Der Kompromiss blieb freilich während der 14 Jahre Weimarer Republik stets umstritten, und zwar nicht nur zwischen Sozialisten und Bürgerlichen, sondern auch innerhalb beider Lager, und zwar von den Verfassungsberatungen, insbesondere denen zum Weimarer Schulkompromiss, über die vom Establishment massiv bekämpften Schulreformkonzepte in den sozialistisch regierten Ländern Thüringen und Sachsen, die bekanntlich mit der gewaltsamen Beseitigung ihrer Regierungen endete, bis hin zur Kooperation von Teilen des Bürgertums mit den Nazis und der gemeinsamen Liquidierung von als links geltenden Reformprojekten – in Thüringen und Braunschweig bereits seit 1930.

Kontroversen bezüglich der Reichweite von Reformmaßnahmen gab es ebenfalls zwischen Politikern *und* Pädagogen, auf Seiten der Linken vor allem zwischen rechten Sozialdemokraten und dem von Paul Oestreich repräsentierten *Bund Entschiedener Schulreformer*[101]. Ungeachtet des Verfassungskompromisses hielt dieser am Ziel einer reformpädagogisch gestalteten weltlichen, auf frühzeitige Selektion verzichtenden Einheitsschule fest, propagierte sie unbeirrt während der gesamten Weimarer Zeit und rief bereits auf der Gründungstagung des Bundes im Oktober 1919 dem anwesenden sozialdemokratischen preußischen Kultusminister, Konrad Haenisch, zu: „'Konrad, werde hart!' `Konrad, vermittle nicht mehr!' Wir wollen nicht länger dabei stehen und zusehen müssen, wenn von den reaktionären Direktoren die Anweisungen der republikanischen Regierung `ausgeführt´, d.h. kaput (sic!)

---

[99] Vgl. zur gesamtgesellschaftlichen Dimension des Kompromisses kritisch, insbesondere zur Rolle der Sozialdemokratie dabei: Wehler, Gesellschaftsgeschichte, a.a.O. (Anm. 57), Bd. 4, S.198-225.

[100] Vgl. zur Weimarer Schulreform wie zu den aufgeführten Schulen mit weiterführender Literatur: Keim/Schwerdt, Schule, a.a.O. (Anm. 95), S.686ff.

[101] Vgl. mit weiterführender Literatur: ebd., S.691f.

gemacht werden!"[102] – gemeint war speziell der die demokratische Mitbestimmung von Schülern und Lehrern intendierende sog. Schulgemeindeerlass, gegen den die Lehrer- und Elternschaft höherer Schulen Sturm lief, so dass Haenisch sich, vermutlich aus wahltaktischen Gründen, zur Rücknahme des Erlasses veranlasst sah. Der *Philologen-Verband* lehnte jegliche Reformen ab und versuchte in diesem Sinne auf die bürgerlichen Parteien Einfluss zu nehmen.

Ein Forum zur Verhandlung von Fragen der Schüler-, Lehrer- und Elternmitbestimmung wie nahezu sämtlicher anderer Themenkomplexe damaliger Schul- und Bildungsreform mit Politikern, Interessenverbänden und Pädagogen verschiedenster Couleur stellte die bereits während des Krieges geplante, aber erst im Frühjahr 1920 durchgeführte Reichsschulkonferenz dar. Auch wenn sie letztlich ohne jedes konkrete Ergebnis endete, bleibt der „Amtliche Bericht" darüber mit Leitsätzen, Vorberichten und Tagungsprotokollen[103] ein einzigartiges Dokument zum Verständnis des pädagogischen wie gesellschafts- und bildungspolitischen Kräftefeldes, vor dem sich die Realgeschichte der Reformpädagogik in der Weimarer Zeit abspielte.[104] Für deren Verständnis nicht zu vernachlässigen sind freilich ebenso die sozioökonomischen Konjunkturen zwischen Krieg und Inflation einerseits, der Weltwirtschaftskrise andrerseits; wirtschaftliche Unsicherheit und Entbehrungen machten selbstverständlich vor Versuchsschulen nicht halt, führten aber auch zu humanitären Hilfsaktionen wie den Schulspeisungen der Quäker während des Krieges und danach oder – bereits vor dem Kriege – zur Gründung der „Sozialen Arbeitsgemeinschaft Berlin-Ost", einem Nachbarschaftshilfe- und Siedlungsprojekt in einem der ärmsten Viertel Berlins am Schlesischen Bahnhof[105]; an beiden Projekten waren mit der Deutsch-Schweizerin Elisabeth Rotten und dem Theologen und Sozialpädagogen Friedrich Siegmund-Schultze zwei bedeutende, zu Unrecht weitgehend vergessene Reformpädagog/innen beteiligt.[106]

---

[102] P. Oestreich, Antwort, in: ders. (Hrsg.), Entschiedene Schulreform. Vorträge, gehalten auf der Tagung entschiedener Schulreformer am 4. und 5. Oktober 1919 im „Herrenhause" zu Berlin, Berlin 1920, S.8f.

[103] Vgl. Die Reichsschulkonferenz 1920. Ihre Vorgeschichte und Vorbereitung und ihre Verhandlungen. Amtlicher Bericht, erstattet vom Reichsministerium des Innern, Leipzig 1921, Reprint Glashütten/Ts. 1972.

[104] Vgl. Keim/Schwerdt, Schule, a.a.O. (Anm. 95), S.700-703.

[105] Vgl. Ch. Sachße, Friedrich Siegmund-Schultze, die „Soziale Arbeitsgemeinschaft" und die bürgerliche Sozialreform in Deutschland, in: E.J. Krauß u.a. (Hg.), Soziale Arbeit zwischen Ökonomisierung und Selbstbestimmung, Kassel 2007, S.231-256.

[106] Vgl. zu *Rotten*: D. Haubfleisch, Elisabeth Rotten (1882-1964) – eine (fast) vergessene Reformpädagogin, in: I. Hansen-Schaberg (Hg.), „etwas erzählen". Die lebensgeschichtliche Dimension in der Pädagogik. Bruno Schonig zum 60. Geburtstag, Baltmannsweiler 1997, S.114-131; zu *Siegmund-Schultze*: H.-E. Tenorth u.a. (Hg.), Friedrich Siegmund-Schultze (1885-1969). Ein Leben für Kirche, Wissenschaft und soziale Arbeit, Stuttgart 2007.

Auf der Reichsschulkonferenz wurde sichtbar, wie unterschiedlich die Vorstellungen waren, die sich mit Begriffen wie „Versuchs-" oder „Reformschule" verbanden. Für Georg Kerschensteiner, der sich bei den Verhandlungen im Wesentlichen als Verteidiger der „alten historisch gewordenen Formen" von Schule profilierte, sollten sie Pädagogen wie Gustav Wyneken oder Paul Oestreich die Möglichkeit geben, „ihr Herz ausleben lassen (zu) können"[107], um sie damit – im Klartext – ruhig zu stellen. Demgegenüber wollte Kerschensteiners Antipode während der Beratungen, Fritz Karsen, der den Bund Entschiedener Schulreformer vertrat und dessen Konzept der Einheitsschule erläuterte, „Versuchsschulen" einrichten, die als Modelle für eine Reform des Regelschulwesens taugten[108], was freilich mit dem stillen gesellschaftlichen Kompromiss unvereinbar gewesen wäre.

Dies galt generell ebenfalls für alle als utopisch zu bezeichnenden Ansprüche, mit denen ein Großteil damaliger Reformprojekte – unabhängig vom sozialen und politischen Milieu ihrer Träger – auftrat.[109] Soweit sie im Bereich von Schule angesiedelt waren, intendierten sie sehr viel mehr als nur didaktische Neuerungen, was bereits ihre Semantik: *„neue"* Schulen in *„neuem"* Geist in einer *„neuen"* Gesellschaft, aber auch Bezeichnungen wie *„Gemeinschafts-"* und *„Lebensgemeinschaftsschulen"* signalisiert. Viele der Reformschulen lagen in Arbeitervierteln und Hochburgen der Arbeiterbewegung, wurden von sozialistischen Mehrheiten auf kommunaler und regionaler Ebene, nicht selten von pädagogisch profilierten sozialistischen Politikern, in Berlin z.B. Wilhelm Paulsen und Kurt Löwenstein, getragen; ihr Ziel war es, Arbeiterkinder und -jugendliche durch die Erfahrungen ihrer neuen schulischen Umgebung zu „Träger(n) der werdenden (im Sinne einer gerechteren und solidarischen, W.K.) Gesellschaft"[110] zu entwickeln. „Reformschulen" stellten dabei zumindest in den zeitgenössischen Visionen der Arbeiterbewegung nur *ein* Element vielgestaltiger gesellschaftlicher Erneuerung dar, wie das Beispiel des Roten Wien exemplarisch zeigt, wo die österreichische Sozialdemokratie über eine Mehrheit zur Alleinregierung verfügte, um eine aufeinander abgestimmte, an sozialistischen Zielen orientierte Steuer-, Wohnungsbau-, Sozial-, Gesundheits-, Kultur- und eben Bildungspolitik zu initiieren; zu letzterer gehörte eine mit dem Namen Otto Glöckel verbundene

---

[107] Die Reichsschulkonferenz 1920, a.a.O. (Anm. 103), S.542 u. 543.
[108] Vgl. ebd., S.464.
[109] Vgl. H.-E. Tenorth, Erziehungsutopien zwischen Weimarer Republik und Drittem Reich, in: W. Hardtwig, Utopie und politische Herrschaft im Europa der Zwischenkriegszeit, München 2003, S.175-198.
[110] So der Titel von K. Löwenstein, Das Kind als Träger der werdenden Gesellschaft, Wien 1924, wieder abgedruckt in: ders., Sozialismus und Erziehung. Eine Auswahl aus den Schriften 1919-1933, hg. v. F. Brandecker u. H. Feidel-Mertz, Berlin/Bonn-Bad Godesberg 1976, S.89-211; zum Kontext: Keim/Schwerdt, Schule, a.a.O. (Anm. 95), S.703-715.

Schulreform, aber auch der Ausbau von Einrichtungen der „Kinderfreunde"-Bewegung wie die Errichtung von Arbeiter-Schwimmbädern und -Bibliotheken.[111] „Neue" Lebenswelten für ihre Schüler, fernab vom alltäglichen Umfeld, erstrebten ebenso viele der zahlreichen Reformschulen im bürgerlichen Milieu, oft im Anschluss an Erfahrungen aus der Jugendbewegung. Dies gilt für die Landerziehungsheime, deren Zahl sich durch teilweise nur kurzzeitig bestehende Neugründungen vergrößerte und die sich nicht nur hinsichtlich ihrer weltanschaulichen, politischen und pädagogischen Konzepte stärker unterschieden als vor dem Kriege, sondern darüber hinaus bemerkenswerte Beispiele hervorbrachten, die nicht in das Schema von „Reichen-Schulen" hineinpassen: die von Wilhelm Blume ins Leben gerufene, zunächst als Sommerschule für Schüler eines Gymnasiums aus dem „ungesündesten Norden Berlins" konzipierte, von der Stadt Berlin getragene und finanziell unterstützte Schulfarm Insel Scharfenberg im Tegeler See[112]; die sozialistisch orientierte, von Leonard Nelson und Minna Specht begründete Walkemühle im hessischen Melsungen[113] oder das von Gertrud Feiertag aufgebaute jüdische Landschulheim Caputh in der Nähe von Potsdam, das nach 1933 kurzzeitig zu einem, von Ehemaligen als „Insel", „Oase" oder „verlorenes Paradies" bezeichneten Zufluchtsort für verfolgte jüdische Kinder wurde[114]. Zu den Reformschulen im bürgerlichen Milieu gehörten außerdem die von Peter Petersen an der Jenaer Universitätsschule entwickelte Jena-Plan-Schule oder die aus einer anthroposophischen Schulgründung Rudolf Steiners in Stuttgart, zunächst vorwiegend für Kinder von Arbeitern der Waldorf-Astoria-Zigarettenfabrik, später von Angehörigen des besser situierten, anthroposophisch orientierten Stuttgarter Bürgertums hervorgegangenen, in Städten mit nennenswerten anthroposophischen Minderheiten gegründeten Waldorfschulen[115]; die Anthroposophie diente hier als spezifischer ideologischer Hintergrund, der alle Lebensbereiche von der Ernährung und Kleidung, über Land-

---

[111] Vgl. W. Keim, Die Wiener Schulreform der ersten Republik – ein vergessenes Kapitel der europäischen Reformpädagogik, in: Die Deutsche Schule 76(1984)4, S.267-282; H. Hovorka, Republik „Konge". Ein Schwimmbad erzählt seine Geschichte. Das städtische Schwimm-, Sonnen- und Luftbad am Kongreßplatz in Wien-Ottakring 1928-1988, Wien 1988; A. Pfoser, Literatur und Austromarxismus, Wien 1980; A. Hamann, Kunstunterricht, in: Keim/Schwerdt, Handbuch der Reformpädagogik, a.a.O. (Anm. 16), Teil 2, S.1119-1144, hier S.1138ff.
[112] Vgl. Haubfleisch, Schulfarm, a.a.O. (Anm. 62), Zitat S.47f.
[113] Vgl. I. Hansen-Schaberg, Minna Specht – Eine Sozialistin in der Landerziehungsheimbewegung (1918 bis 1951). Untersuchung zur pädagogischen Biographie einer Reformpädagogin, Frankfurt/M. 1992.
[114] Vgl. H. Feidel-Mertz/A. Paetz, Ein verlorenes Paradies. Das Jüdische Kinder- und Landschulheim Caputh (1931-1938), Frankfurt/M. 1994.
[115] Vgl. Keim/Schwerdt, Schule, a.a.O. (Anm. 95), S.718f.

wirtschaft, Medizin und Architektur bis hin zu Wissenschaft, Religion und eben der Erziehung lebensbedeutsam prägen sollte.[116] Die anti-modernistischen Denkschemata der die gesamte Schulkultur durchdringenden Lehre Steiners mit ausgeprägt esoterischen und okkultistischen Elementen waren ebenso wenig geeignet auf eine liberale und aufgeklärte bürgerliche Demokratie vorzubereiten, in der – gemäß Weimarer Verfassung – politische Interessenkonflikte über Parteien ausgetragen werden sollten, wie die auf einer vor-modernen Gemeinschaftsvorstellung und einem autoritären Führerprinzip basierende Pädagogik Peter Petersens; Roland Bast hat sie wie auch andere Vertreter und Strömungen bürgerlicher Reformpädagogik dieser Zeit mit guten Gründen dem politischen Denken der Konservativen Revolution zugeordnet.[117]

Blieb die Vorkriegs-Reformpädagogik, ungeachtet der skizzierten Beispiele reformpädagogischer Praxis, vorwiegend *Diskurs*, entwickelte sie sich nach 1918/19 mehr und mehr zu einer in der Schullandschaft deutlich sichtbaren *Realität*. Dies nicht nur aufgrund von „mindestens 200 Schulversuchen" und weit über 1.000 Versuchsklassen am Ende der Weimarer Republik[118], sondern ebenso aufgrund des kaum zu übersehenden „Einsickerns" wesentlicher reformpädagogischer Elemente in das Regelschulwesen[119]: besonders deutlich ablesbar an den Richtlinien für die neu geschaffene einheitliche Grundschule, in abgeschwächter Form für die der Volksschuloberstufe, kaum zu übersehen in der Lehrerausbildung, vor allem der preußischen Pädagogischen Akademien, und der Lehrerfortbildung, beispielsweise des preußischen Zentralinstituts für Erziehung und Unterricht, nicht zu vergessen die zahlreichen, oft in hohen Auflagen erschienenen didaktischen Grundlegungen und Handreichungen mit reformpädagogischer Grundierung, die als wichtige Multiplikatoren der „neuen" Pädagogik angesehen werden können. Inwieweit sie tatsächlich die Basis der Lehrerschaft erreicht haben, ist auf der Grundlage eines nur relativ schmalen Quellenfundamentes nur unzureichend zu klären. Berücksichtigen müssen wird man dabei sicherlich unterschiedliche Lehrergenerationen wie die nur kurze Ära ungetrübter Stabilität des Weimarer Staates, wobei die Reformbereitschaft von Pädagogen in der jüngeren Generation größer gewesen sein dürfte als in der älteren.

Der Ausweitung reformpädagogischer Schulen nach Anzahl wie weltanschaulicher, gesellschaftspolitischer und pädagogischer Orientierung korres-

---

[116] Vgl. H. Ullrich, Rudolf Steiner. Leben und Lehre, München 2011; ders., Religiosität/Spiritualität, a.a.O. (Anm. 86), S.519-523.

[117] Vgl. Bast, Kulturkritik und Erziehung, a.a.O. (Anm. 16); ders., Konservative Revolution, a.a.O. (Anm. 16).

[118] Vgl. H. Schmitt, Zur Realität der Schulreform in der Weimarer Republik, in: Rülcker/Oelkers, Politische Reformpädagogik, a.a.O. (Anm. 43), S.619-643, hier S.625-631.

[119] Vgl. zum Folgenden Keim/Schwerdt, Schule, a.a.O. (Anm.95), S.731-750; Schwerdt, Unterricht, a.a.O. (Anm. 90).

pondierte die Gründung und Entwicklung vielfältiger außerschulischer reformpädagogischer Einrichtungen von der Vorschul- und Heilpädagogik, über die Erwachsenen- und Sozialpädagogik bis hin zum Gefängniswesen[120], wobei sich vor allem die Einrichtungen der Erwachsenenbildung durch ein hohes Maß weltanschaulicher, politischer und pädagogischer Vielfalt wie lebensweltlicher Bezüge auszeichneten, die weit über bloße Lehr-Lernprozesse hinausgingen. Auch hier entwickelten sich „Volksbildungs"-Konzepte aus dem Geist bürgerlicher Jugendbewegung, etwa die „Volkshochschule Thüringen", neben unterschiedlichen Modellen sozialistischer Arbeiterbildung wie in Leipzig oder Tinz, nicht zuletzt – oft sogar in regionaler Nachbarschaft – völkische Heimvolkshochschulen mit reformpädagogischer Prägung, beispielsweise die Bauernhochschulen und Deutschen Heimatschulen in Thüringen. Für alle genannten Einrichtungen war charakteristisch, dass sie für ihre Adressaten ein Stück Gemeinschaftsleben repräsentieren sollten, das auf ihren Alltag zurück wirkte und ihn mittelfristig veränderte.[121] Wie bei den Versuchsschulen blieb das demokratische Element oft unterbelichtet, spielte die Mitarbeit am Erhalt der Republik eine zu geringe Rolle oder ging es sogar wie im Falle völkischer Einrichtungen nicht um deren Stabilisierung sondern Zerstörung.

Selbstkritik und Grenzen-Debatte vor dem Hintergrund gesellschaftlicher Konjunkturen Weimars
Ab Mitte der 1920er Jahre wurde im zeitgenössischen Diskurs eine neue, von Wilhelm Flitner mit „Selbstkritik" umschriebene Phase der „pädagogischen Bewegung" konstatiert[122], die zuletzt als „Grenzen-Debatte" mehrfach Gegenstand ausführlicher Bearbeitungen war.[123] Sie lässt sich kaum auf einen

---

[120] Vgl. F.-M. Konrad, Vorschulerziehung, in: Keim/Schwerdt, Handbuch der Reformpädagogik, a.a.O. (Anm. 16), Teil 2, S.629-655; U. Schwerdt, Heilpädagogik, in: ebd., S.801-834; W. Keim, Erwachsenenbildung, in: ebd., S.877-927; F.-M. Konrad, Sozialpädagogik, in: ebd., S.835-876; B. I. Reimers, Gefängnispädagogik, in: ebd., S. 929-946.
[121] Vgl. Keim, Erwachsenenbildung, a.a.O. (Anm. 120).
[122] In der „Einführung" zu der zusammen mit Gerhard Kudritzki herausgegebenen Textsammlung zur Reformpädagogik unterscheidet Flitner 4 Phasen: „Kulturkritik, Wegbereitung, Ausbau und Synthese, Kritik und Revision" (Flitner, Zur Einführung, in: Flitner/Kudritzki, Die deutsche Reformpädagogik, Bd. 1, a.a.O. [Anm. 25], S.9-36, Zitat S.11); der Untertitel zu Bd. 2 lautet: „Ausbau und Selbstkritik". Vgl. zu Flitners Phaseneinteilung bereits: Die drei Phasen der Pädagogischen Reformbewegung und seine gegenwärtige Lage (1928), in: Flitner, Die Pädagogische Bewegung, a.a.O. (Anm. 24), S.232-242; sowohl in der Einführung als auch dem Aufsatz von 1928 die zeitliche Festlegung der Phase „Selbstkritik" auf Mitte der 1920er Jahre.
[123] Vgl. etwa F.-M. Konrad, Grenzen der Erziehung? Zur „Revision der pädagogischen Bewegung" in den Erziehungsdebatten der Weimarer Republik, in: Neue Sammlung 33(1993), S.575-599; U. Herrmann, Von der Revolution der Schule zur Wiederentdeckung der Grenze. Zur Selbstrevision und Historisierung der deutschen Reformpädagogik in der Weimarer Re-

einheitlichen Nenner bringen, hatte vielmehr unterschiedliche Themen, Anlässe und Träger. Flitner selbst räumte 1928 „utopische Züge" sowie „Übertreibung einzelner Prinzipien der Reformbewegung" ein[124], wie sie kurz zuvor Kurt Zeidler in der kritischen Bilanz seiner eigenen Erfahrungen an einer der ersten Hamburger Versuchsschulen nach dem Kriege, der aus der bürgerlichen Jugendbewegung entstandenen „Wendeschule", beschrieben hatte.[125] Dort gelang es bekanntlich nicht, zu einem einheitlichen Konzept wie einem einigermaßen geordneten Schulleben zu gelangen, so dass das Scheitern vorprogrammiert war. Eine solche Entwicklung kennzeichnete indessen keineswegs das Gros der nach 1918/19 entstandenen Reformschulen, allenfalls lässt sich auch bei ihnen eine im Laufe der Jahre stärker werdende pragmatische Orientierung feststellen. Dies gilt insbesondere für spätere Gründungen[126] wie die Jenaplan-Schule Peter Petersens, die auf einem normierten Kern-Kurs-System wie einer starken Führungsrolle des Lehrers basierte, was ihrer Ausbreitung bereits in den frühen 1930er Jahren zugute kam. Die Tendenz zu einer Beruhigung, wenn nicht Normalisierung des Schulbetriebs an vielen Reformschulen könnte mit der Entspannung des poltischen Lebens insgesamt ab Mitte der 1920er Jahre zusammenhängen.

„Normalisierung" bedeutete zugleich Verschiebung der parlamentarischen Mehrheiten nach rechts mit „Weichenstellung in Richtung konservative Republik", wie sie im beträchtlichen Zuwachs an Stimmen auf Seiten der Deutschnationalen (20,5% im Dezember 1924), vor allem der Wahl des Weltkriegs-Oberfeldmarschalls Paul von Hindenburg zum Reichspräsidenten im April 1925 zum Ausdruck kam, zugleich sich im Wandel von künstlerischen Ausdrucksmitteln und Stilelementen, etwa vom Expressionismus zur „Neuen Sachlichkeit", niederschlug.[127] Vor diesem Hintergrund ist eine sich seit Mitte der 1920er Jahre verstärkende, von der Selbstrevision reformpädagogischer Praxis à la Zeidler deutlich abgehobene zweite Form von Grenzen-Diskussion zu unterscheiden. Ihre Träger waren vorwiegend Vertreter der sich in den 1920er Jahren an den Universitäten etablierenden, überwiegend

---

publik, in: Zeitschrift für Pädagogik 41(1995)1, S.121-136; P. Dudek, Grenzen der Erziehung im 20. Jahrhundert. Allmacht und Ohnmacht der Erziehung im pädagogischen Diskurs, Bad Heilbrunn/Obb. 1999; J. Reyer, Macht und Grenzen der Erziehung, a.a.O. (Anm. 85).

[124] Flitner, Die drei Phasen, a.a.O., S.237.

[125] Vgl. K. Zeidler, Die Wiederentdeckung der Grenze. Beiträge zur Formgebung der werdenden Schule, Jena 1926, Reprint mit Kommentar u. pragmatischer Bibliographie v. U. Sandfuchs, Hildesheim/New York 1985; zum schulgeschichtlichen Hintergrund: K. Rödler, Vergessene Alternativschulen. Geschichte und Praxis der Hamburger Gemeinschaftsschulen 1919-1933, Weinheim/München 1987.

[126] So für Montessori-, Waldorf- und Petersen-Schule auch Flitner, Zur Einführung, a.a.O. (Anm. 122), S.35.

[127] Vgl. U. Büttner, Weimar. Die überforderte Republik 1918-1933. Leistung und Versagen in Staat, Gesellschaft, Wirtschaft und Kultur, Stuttgart 2008, Zitat S.337; Statistik S.802.

geisteswissenschaftlich orientierten Erziehungswissenschaft, ihr Forum öffentlichkeitswirksame und gut besuchte Tagungen wie der vom Deutschen Ausschuss für Erziehung und Unterricht im Oktober 1926 veranstaltete Pädagogische Kongress in Weimar mit 800 Teilnehmern aus dem In- und Ausland[128], der gelegentlich sogar mit der Reichsschulkonferenz verglichen wurde.[129] Im Unterschied zu dieser referierten hier jedoch ausschließlich eher konservative Universitäts- und Ministerialvertreter, als Hauptredner Theodor Litt. Er hatte bereits 1924 in der vom Bund Entschiedener Schulreformer herausgegebenen „Neuen Erziehung" mit dem Vorsitzenden des Bundes, Paul Oestreich, eine viel beachtete Kontroverse über den unzureichenden „Wirklichkeitssinn" von dessen Schulreformforderungen geführt[130] und verlangte von den Reformern nun erneut „Selbstbegrenzung" der Pädagogik gegenüber Politik, Wissenschaft und Kirche sowie für die Schule „Beruhigung", „Stetigkeit der Arbeit" und Besinnung auf das „Handwerkliche"[131], was auf den erbitterten Widerspruch Oestreichs wie des, die österreichischen Reformer vertretenden Hans Fischl stieß. Fischl stellte empört die Frage, wie „diese arge Täuschung über das Wesen der Erziehung zustande" käme, wie es möglich sei, „daß man als eine reine `Kulturtatsache` ansieht, was in Wahrheit eine Lebensäußerung der auf Klassenteilung gegründeten Gesellschaftsordnung ist"[132]; Oestreich protestierte, Litt habe sich „die Sache zu leicht gemacht, als er den Reformpädagogen als Verächter und Entwerter pflichttreuer und sorgfältiger Kleinarbeit hingestellt" habe[133]. Litt begründete seine Kritik wenig später in der erstmals 1927, bis 1931 in zwei weiteren

---

[128] Der „Deutsche Ausschuß für Erziehung und Unterricht" wurde 1914 als Sachverständigengremium des „Bundes für Schulreform" (ab 1915 „Deutscher Bund für Erziehung und Unterricht") eingerichtet, um Regierungen, Parlamente und Administrationen zu beraten. Nach dem Ersten Weltkrieg organisierte er „unter Leitung von Peter Petersen zwar noch bis 1932 regelmäßig Pädagogische Kongresse, hat(te) aber nur noch eine randständige Bedeutung" (Dudek, Jugend als Objekt der Wissenschaften, a.a.O. [Anm. 84], S.106); der „Pädagogische Kongreß" im Oktober 1926 bildete offensichtlich eine Ausnahme, vgl. Dudek, Grenzen der Erziehung, a.a.O. (Anm. 123), S.119-131, sowie den Bericht über den Kongress: G. Ried, Die moderne Kultur und das Bildungsgut der deutschen Schule. Bericht über den Pädagogischen Kongreß des Deutschen Ausschusses für Erziehung und Unterricht, Leipzig 1927.

[129] Vgl. Dudek, Grenzen der Erziehung, a.a.O. (Anm. 123), S.118f.

[130] Th. Litt, Offener Brief, in: Die Neue Erziehung 6(1924), S.369-374, hier S.373: vgl. P. Oestreich, Offene Antwort, in: Die Neue Erziehung 6(1924), S.374-378.

[131] Th. Litt, Die gegenwärtige pädagogische Lage und ihre Forderungen, in: Ried, Moderne Kultur, a.a.O., S.1-11, Zitate S.10 u. 6f.

[132] Hofrat Dr. Hans Fischl, Wien, Aussprache am ersten Tag, in: Ried, Moderne Kultur, a.a.O., S.59ff., Zitat S.60.

[133] Professor Paul Oestreich, Berlin (Bund Entschiedener Schulreformer), ebd., S.63.

Auflagen erschienenen Schrift „Führen oder Wachsenlassen", die vor allem in der bundesdeutschen Adenauer-Ära zahlreiche Neuauflagen erfuhr.[134] Eine dritte, völlig andere Art von Grenzen-Diskurs belastete wenige Jahre später die durch die Weltwirtschaftskrise bestimmte Endphase Weimars, als Sozialdarwinismus, Vererbungswissenschaft und Eugenik verstärkt und in radikalisierten Formen Eingang in die Pädagogik fanden als Lösungen für die vermeintliche Überfüllung höherer Schulen wie die von pädagogischen Krisen, vor allem gravierenden Kürzungen der öffentlichen Mittel betroffene Fürsorgeerziehung. In ersterem Falle ging es – wie in den Schriften des als Stadtschulrat in Dresden tätigen Wilhelm Hartnacke – um die, vorgeblich durch Vererbungsgesetze festgelegten, mit der sozialen Herkunft korrelierenden „Naturgrenzen geistiger Bildung", die angeblich verlangten, dass an die Stelle der Förderung von Kindern aus sozial schwachen Elternhäusern eine strengere Begabungs- wie soziale Auslese trete, also die Öffnung höherer Bildung durch deren Begrenzung ersetzt werde; „Bildungswahn – Volkstod" – so die Devise Hartnackes in einem 1932 im Audimax der Universität München, also an prominentem Ort, gehaltenen und später gedruckten Vortrag![135] Auf der gleichen sozial-biologischen Linie lag die Einführung der Kategorie „Unerziehbarkeit" in der Fürsorgeerziehung spätestens mit der Novellierung des Reichsjugendwohlfahrtsgesetzes im November 1932, der zufolge die Einweisung nicht mehr angeordnet werden durfte, „wenn sie offenbar keine Aussicht auf Erfolg" bot. Mit dieser „Grenze" war § 1 des Reichsjugendwohlfahrtsgesetzes, wonach „*jedes* deutsche Kind ... ein Recht auf Erziehung zur leiblichen, seelischen und gesellschaftlichen Tüchtigkeit" besitzen sollte, schon vor Beginn der Nazi-Diktatur ausgehöhlt worden.[136] Wie stark der Sog aus gesamtgesellschaftlicher Krise und sich radikalisierendem erbbiologischem bzw. eugenischem Diskurs auf die Pädagogik zu Beginn der 1930er

---

[134] Vgl. Th. Litt, „Führen" oder „Wachsenlassen". Eine Erörterung des pädagogischen Grundproblems, Leipzig/Berlin 1927, 1929², (mit Anhang) 1931³, (in erweiterter Form) Stuttgart 1949⁴, 1967¹³, Nachdruck bis 1976¹⁵.

[135] Vgl. W. Hartnacke, Bildungswahn – Volkstod! Vortrag, gehalten am 17. Februar 1932 im Auditorium Maximum der Universität München für die Deutsche Gesellschaft für Rassenhygiene, München 1932. – Hartnacke (1878-1952), nach 1933 kurzzeitig sächsischer Kultusminister, war von der Zeit des Ersten Weltkrieges bis in die frühe Bundesrepublik einer der einflussreichsten Vertreter sozial-biologischer Auslesekonzepte für die Schule und bestimmte damit auch die reformpädagogische Einheitsschuldebatte der Zeit vor und nach 1918/19; vgl. Keim, W., Erziehung unter der Nazi-Diktatur, 2 Bde., Darmstadt 1995/97, Bd. 1, S.51f.; Reyer, Macht und Grenzen der Erziehung, a.a.O. (Anm. 85), S.581-584.

[136] Vgl. als Überblick: D. J. K. Peukert, Sozialpädagogik, in: Langewiesche/Tenorth, Handbuch, a.a.O. (Anm. 58), S.307-335, hier S.320-326, Zitate S.325 u. 309; weiterhin: C. Kuhlmann, Erbkrank oder erziehbar? Jugendhilfe als Vorsorge und Aussonderung in der Fürsorgeerziehung in Westfalen 1933-1945, Weinheim/München 1989, S.26-50; J. Reyer, Alte Eugenik und Wohlfahrtspflege. Entwertung und Funktionalisierung der Fürsorge vom Ende des 19. Jahrhunderts bis zur Gegenwart, Freiburg/Brsg. 1991, S.81-162.

Jahre gewesen sein muss, zumal nach dem Machtantritt Hitlers, verdeutlicht das – erst vor einigen Jahren bekannt gewordene – Vorlesungs-Manuskript des „reformpädagogischen Aktivisten und Theoretikers der pädagogischen Bewegung"[137] Herman Nohl aus dem Wintersemester 1933/34, in dem er eugenische und rassenhygienische Positionen für die Sozialpädagogik voll übernahm, die Gesundheit des „Volkskörpers" über das Wohl jedes Einzelnen stellte, die Sterilisierung sog. Erbkranker ebenso befürwortete wie die Bevorzugung „erbgesunder" Familien in der „Familienfürsorge".[138]

1933: Kein „Abbruch", aber Ende der Reformpädagogik als Epoche
Zu dem Zeitpunkt war allerdings die Reformpädagogik *als Epoche* bereits zu Ende, ungeachtet des Nohlschen Versuchs, sie noch 1935 den Nazis anzudienen; Scheibe spricht von „gewaltsamem Abbruch", Röhrs nur von „jäher Unterbrechung". Inzwischen lässt sich dieses Ende differenzierter beschreiben: Von gewaltsamem Abbruch muss man in der Tat in Bezug auf viele liberal und sozialistisch ausgerichtete Reformschulen wie Einrichtungen der Erwachsenenbildung und Sozialpädagogik sprechen, zu deren prominentesten Opfern die Hamburger Lichtwarkschule, die Berliner Karl-Marx-Schule, aber auch Erwachsenenbildungseinrichtungen wie die Heimvolkshochschulen Dreißigacker und Tinz gehörten, die lange vor 1933 Teilen des konservativen Bürgertums ein Dorn im Auge waren. Ihre Leiter und Lehrer mussten ebenso wie die sie unterstützenden Bildungspolitiker aus Deutschland fliehen, wurden verfolgt, entlassen und/oder strafversetzt. Umgekehrt konnten viele Reformschulen mit eher konservativer Ausrichtung weiterarbeiten, sofern sie Rituale, Symbole und Einrichtungen des NS-Staates wie Fahnenappelle, NS-Feiern und -Gedenkstunden in ihren Schulalltag integrierten, im Falle der Landerziehungsheime auch eine Hitlerjugend einrichteten. Dabei gingen echte Überzeugung mit opportunistischem Taktieren vielfältige Verbindungen ein; konservativ-revolutionäre Einstellungen bereits in der Weimarer Zeit begünstigten sie. Beispiel dafür sind ein Großteil der Landerziehungsheime, die Jenaplan-Schule Peter Petersens, bis in die Kriegszeit hinein auch eine Reihe von Waldorfschulen, die sogar die Unterstützung Alfred Baeumlers fanden.[139]

---

[137] So Reyer, Macht und Grenzen der Erziehung, a.a.O. (Anm. 85), S.596.
[138] H. Nohl, Die Grundlagen der nationalen Erziehung (Vorlesung 1933/34), als Faksimile und Abschrift in: B. Ortmeyer (Hg.), Herman Nohls Schriften und Artikel in der NS-Zeit. Dokumente 1933-1945, 2. Forschungsbericht ad fontes, Universität Frankfurt/M. o. J., S.143-365; vgl. H. Zimmer, Die Hypothek der Nationalpädagogik. Herman Nohl, der Nationalsozialismus und die Pädagogik nach Auschwitz, in: Jahrbuch für Pädagogik 1995, S.87-114.
[139] Vgl. als Überblick mit weiterführender Literatur: Keim, Erziehung unter der Nazi-Diktatur, a.a.O. (Anm. 135), Bd. 1, S.86-123, 138ff.

Wie Reformpädagogik mit NS-Ideologie und Hitler-Kult eine Symbiose eingehen konnte, lässt sich anhand von Karl Friedrich Sturms Schrift „Die Pädagogische Reformbewegung" von 1930 ablesen, die nach der Machtübernahme Hitlers in stark veränderter Form unter dem Titel „Deutsche Erziehung im Werden. Von der pädagogischen Reformbewegung zur völkischen und politischen Erziehung" mehrere Neuauflagen erfuhr. Von „Selbstkorrektur des pädagogischen Geistes" ist nun die Rede und davon, dass „die nationalsozialistische Erhebung ... alles, was morsch und brüchig" gewesen sei, „hinweggeräumt" habe. „Freiheit" der Erziehung (könne) danach für jedes „Volksglied" nur noch darin bestehen, „sich zu entwickeln aus seiner rassischen Wurzel und gemäß den Normen seiner Art. Frei ist es insoweit, als es diese artgemäße Entwicklung erkennend und wollend bejaht."[140]

Symbiosen von Reformpädagogik und NS-Ideologie scheinen auch für weite Teile der Erziehungsrealität des Regelschulwesens charakteristisch gewesen zu sein, worauf bereits die neuen Richtlinien von 1937 und 1939 hindeuten, denen zuletzt ein „konglomerathafter Charakter" sowie eine „Gemengelage von Brüchen, Übereinstimmungen, Umgewichtungen, Umdeutungen, Erweiterungen und Weglassungen" attestiert wurde.[141] Wie in den nach 1933 fortgeführten Reformschulen dürften auch im übrigen Schulwesen reformpädagogische Elemente der Unterrichtsgestaltung wie Schülerorientierung und Arbeitsunterricht kaum beanstandet worden sein, solange die nazistische Grundorientierung der Erziehung nicht gefährdet schien.[142]

Ein interessantes Beispiel für die Melange von Kontinuität und Diskontinuität stellt die Ende der 1920er und zu Beginn der 1930er Jahre begonnene Landschulreform dar, die ganz im reformpädagogischen Sinne den Aufbau einer „kindgerechten Arbeits-, Heimat- und Lebensgemeinschaftsschule" mit einer „methodisch-didaktischen Reform der Landschularbeit" verbinden wollte. Sie wurde 1933 nicht etwa abgebrochen, vielmehr erfuhren „die Konzepte, die um 1930 auf der Basis breiter praktischer Versuchserfahrungen diskutiert wurden, ... 1933 ... zwar eine Ideologisierung, veränderten sich in

---

[140] K. F. Sturm, Die pädagogische Reformbewegung der jüngsten deutschen Vergangenheit, ihr Ursprung und Verlauf. Sinn und Ertrag, Osterwieck/Harz 1930; ders., Deutsche Erziehung im Werden. Von der pädagogischen Reformbewegung zur völkischen und politischen Erziehung, Osterwieck/Harz u. Berlin 1938[4], danach zit. S.V (aus Vorwort zur 2. Aufl.) u. S.73.
[141] M. Götz, Die Grundschule in der Zeit des Nationalsozialismus. Eine Untersuchung der inneren Ausgestaltung der vier unteren Jahrgänge der Volksschule auf der Grundlage amtlicher Maßnahmen, Bad Heilbrunn 1997, S.300 u. 361.
[142] Vgl. W. Keim, Unterrichtsgestaltung im Nationalsozialismus, in: E. Kiel/K. Zierer (Hg.), Geschichte der Unterrichtsgestaltung. Basis Unterrichtsgestaltung Bd. 1, Baltmannsweiler 2011, S.133-144, hier S.139-142.

ihrer Substanz jedoch kaum und blieben bis in die 50er Jahre weitgehend identisch in der Diskussion."[143]
Vor dem Hintergrund der Landschulreform wird neuerdings auch Adolf Reichweins reformpädagogische Modellschule in Tiefensee interpretiert und dabei einerseits auf die Spielräume der schulamtlichen Vorschriften, andererseits die tendenziell national-konservative politische Einstellung Reichweins verwiesen, die deutliche Affinitäten zur NS-Ideologie aufwies, was den mutigen Widerstand Reichweins gegen das Nazi-Regime, den er mit dem Tode bezeugt hat, nicht schmälert, aber nachvollziehbarer macht, wie seine reformpädagogische Arbeit in Tiefensee – wohlgemerkt mit wichtigen nicht- bzw. anti-nazistischen Bestandteilen – unter der NS-Herrschaft überhaupt erst möglich wurde.[144]
Beispiele relativ unbehelligter Weiterführung oder sogar Neugründung reformpädagogischer Einrichtungen im nazistischen Deutschland stellen die wenigen jüdischen Landschulheime, vor allem Caputh bei Potsdam und Herrlingen bei Ulm, dar, denen zwischen 1933 und 1938 abseits der nazistischen Volksgemeinschaft eine Art Ruhe vor dem Sturm beschieden war, bevor sie im Zuge des Novemberpogroms 1938 zerschlagen, ihre Schüler wie Lehrer großenteils in den Tod befördert wurden; sie müssen ebenso zum Korpus der Reformpädagogik unter der Nazi-Diktatur gerechnet werden wie die in Exilländern von aus Deutschland vertriebenen Pädagoginnen und Pädagogen gegründeten bzw. mitgestalteten Exil-Schulen, zu denen beispielsweise die auf Initiative des schweizerisch-argentinischen Herausgebers des Argentinischen Tageblatts, Ernesto Alemann, gegründete Pestalozzi-Schule in Buenos Aires gehörte, an der emigrierte deutsche Antifaschisten wie August Siemsen Lehrer waren.[145]
Von einem (völligen) „Abbruch" der Reformpädagogik lässt sich also nur eingeschränkt sprechen, davon betroffen waren vor allem ihre liberalen, demokratischen und sozialistischen Elemente, Einrichtungen und Pädagog/innen. Sie haben allerdings, anders als von der Nohl-Schule und ihren Nachfolgern unterstellt, bereits in der Vorkriegs-, vor allem der Weimarer Zeit ganz wesentlich zu der für die Reformpädagogik als Epoche charakteristischen Vielfalt und Vielgestaltigkeit von Reformansätzen, -konzepten und -modellen beigetragen. Dieses Charakteristikum der deutschen Reformpädagogik ging

---

[143] J.-W. Link, Reformpädagogik zwischen Weimar, Weltkrieg und Wirtschaftswunder. Pädagogische Ambivalenzen des Landschulreformers Wilhelm Kircher (1898-1968), Hildesheim 1999, S.140 u. 551.

[144] Vgl. Ch. Hohmann, Dienstbares Begleiten und später Widerstand. Der nationale Sozialist Adolf Reichwein im Nationalsozialismus, Bad Heilbrunn 2007, S.102-127.

[145] Vgl. H. Feidel-Mertz (Hg.), Schulen im Exil. Die verdrängte Pädagogik nach 1933, Reinbek 1933; Keim, Erziehung unter der Nazi-Diktatur, a.a.O. (Anm. 135), Bd. 2, S.237-251 u.281- 291; zur Pestalozzi-Schule: H. Schnorbach, Für ein „anderes Deutschland" – Die Pestalozzischule in Buenos Aires (1934-1958), Frankfurt/M. 1995.

1933 verloren und konnte nach 1945 weder in West-, noch in Ost-, noch im vereinigten Deutschland wiederbelebt werden; der Abbruch von Teilen der „Bewegung" wie die nazistische Verformung ihrer Reste bedeuteten deshalb tatsächlich das Ende der Reformpädagogik als Epoche. Dies umso mehr, als spätestens mit dem Ende des Zweiten Weltkrieges und der Neuordnung Deutschlands wie Europas der gesellschaftliche und weltanschauliche Zusammenhang, aus dem heraus sich die Reformpädagogik seit der Zeit um 1900, ungeachtet der Zäsur von 1918/19, bis in die frühen 1930er Jahre relativ kontinuierlich entwickelt hatte, endgültig zerbrochen war. Deshalb empfiehlt es sich, die nach 1945 in einem veränderten geistigen und gesellschaftlichen Umfeld erfolgten Versuche, reformpädagogische Traditionen zu reanimieren, als Rezeption und Rezeptionsphasen zu kennzeichnen, damit der inhaltlichen Differenz von „Epoche" und „Wiederaufnahme" sprachlich gerecht zu werden.

c. Forschungsperspektiven
Mit der Skizzierung von Umrissen einer Realgeschichte der Reformpädagogik ist die wissenschaftliche Auseinandersetzung mit der Thematik freilich noch lange nicht an ihr Ende gekommen, sondern sie beginnt – könnte man sagen – jetzt auf einer neuen Ebene. Neben Forschungslücken zu vergessenen Repräsentanten, Richtungen, Modellen und Regionen der Reformpädagogik[146] gibt es eine Reihe grundlegender Forschungsprobleme, von denen hier zumindest drei genannt werden sollen: *erstens* das zuletzt von Jürgen Oelkers aufgegriffene Problem der historischen Praxis reformpädagogischer Einrichtungen[147] als wichtiger Bestandteil einer Realgeschichte der Reformpädagogik, *zweitens* die Frage nach der Singularität der deutschen im Vergleich zur internationalen Reformpädagogik und nicht zuletzt *drittens* die Klärung des Verhältnisses von Reformpädagogik als Epoche zu unterschiedlichen Rezeptionsphasen nach dem Zweiten Weltkrieg.

Die *Frage nach der historischen Praxis von Reformschulen* hat durch das in jüngster Zeit bekannt gewordene System sexueller Gewalt an der Odenwaldschule besondere Aktualität gewonnen und die Erinnerung an Berichte über analoge, lange Zeit wenig beachtete und deshalb noch kaum systematisch aufgearbeitete Vorfälle an anderen Heimen bereits aus deren Entstehungsphase wachgerufen[148]. Entsprechende historische Erfahrungen könnten geeignet sein, das für die Reformpädagogik wichtige Verhältnis von Nähe und Distanz in den Blick zu nehmen. Vergleichbare Informationsdefizite bestehen hinsichtlich vieler anderer Fragen zum Alltag an Reformschulen wie -heimen, vor allem wenn die Praxis quer zu eigentlichen Intentionen liegt oder

---

[146] Vgl die Beiträge von Christa Uhlig, Sven Kluge und Till Kössler in diesem Band.
[147] Vgl. Oelkers, Eros und Herrschaft, a.a.O. (Anm. 51).
[148] Vgl. den Beitrag von Peter Dudek in diesem Band.

diese gar konterkariert: offene oder versteckte Machtausübung und Gewalt bis hin zu körperlicher Züchtigung, die erbrachten Schülerleistungen im Vergleich zur Normalschule, wobei allerdings unterschiedliche Schülerklientele, etwa von Landerziehungsheimen und normalen Gymnasien, mit zu berücksichtigen sind, nicht zuletzt die ökonomische Basis von Reformschulen als Voraussetzung ihrer Existenz[149]. Umgekehrt wäre systematisch zu klären, inwieweit reformpädagogische Schulen jungen Menschen lebensbedeutsame Chancen im Hinblick auf ihre Biographie vermittelt bzw. ihre Identität gestärkt haben. Recherchen zu den „`Langzeitwirkungen´ der Erziehungs- und Unterrichtsrealität" von bereits untersuchten Reformschulen deuten darauf hin, dass eine ausschließlich oder vorwiegend negative Bewertung der an und mit Reformschulen gemachten Erfahrungen diesen ebenso wenig gerecht wird wie Schönfärberei oder gar Verklärung.[150]

International vergleichend müsste vor allem geprüft werden, inwieweit der illiberale und anti-moderne Grundzug weiter Teile der deutschen Reformpädagogik bzw. deren Nähe zu Positionen der Konservativen Revolution Entsprechungen in zeitlich parallelen progressiven Reformströmungen anderer Länder findet, ebenso ob das Nebeneinander tendenziell bürgerlicher *und* sozialistischer Reformpädagogik ausschließlich charakteristisch für Deutschland (und Österreich) war. Der Ressentiment-geladene Charakter der deutschen Reformpädagogik hing nach heutigem Forschungsstand mit ihrer Nähe zu Lebensphilosophie, Lebensreformbewegung, aber auch zu Sozialdarwinismus und den verschiedenen „Transformationen des Religiösen" zusammen, nicht zuletzt mit dem viel zitierten Ungleichgewicht von forciertem Wirtschaftswachstum und verzögerter Demokratisierung seit dem Bismarck-Reich. Interessant wäre deshalb die Frage, ob in Ländern mit entsprechend anderer gesellschaftspolitischer Entwicklung, z.B. England und Frankreich, Reformprozesse in Bildung und Erziehung unter grundsätzlich anderen Vorzeichen stattfanden als in Deutschland. Dazu bedürfte es vermutlich sehr viel differenzierterer, den Reformbegriff operationalisierender Fragestellungen, bei denen Spezifika von Reformprozessen der zu vergleichenden Länder zu berücksichtigen sind. Dass es eine Interdependenz reformpädagogischer Ideen mit jeweils vorgefundenen gesellschaftlichen Bedingungen auch außerhalb Deutschlands gegeben hat, zeigt etwa das Beispiel John Deweys in

---

[149] Vgl. den Beitrag von Klemens Ketelhut in diesem Band.
[150] So resümiert etwa Dietmar Haubfleisch für die Schulfarm Insel Scharfenberg, „daß deutliche `Wirkungen´ auf den weiteren Lebensweg der ehemaligen Schüler der Schulfarm der Weimarer Republik – ihre Persönlichkeitsbildung, ihren beruflichen Werdegang sowie ihr politisches Verhalten, insbesondere auch in der NS-Zeit, – festzustellen sind, daß also das Scharfenberger Ziel, die Schüler zu sozial gesinnten Persönlichkeiten reifen zu lassen, als in einem überdurchschnittlichen Maße erreicht beschrieben werden kann." (Haubfleisch, Schulfarm, a.a.O., Anm. 62, Teil 2, S.1036)

den USA, dessen Konzept einer demokratischen Pädagogik vor dem Hintergrund einer langen Demokratie-Tradition wie damaliger amerikanischer Probleme mit der Integration unterschiedlicher ethnischer Gruppen in die amerikanische Gesellschaft, insbesondere in den großen Städten, gesehen werden kann.[151] Allerdings stehen wir hinsichtlich quellenfundierter internationaler Vergleiche zur Reformpädagogik jenseits der großen Namen und bekannten Konzepte immer noch erst am Anfang; Studien wie die von Marc Depaepe „Zum Wohl des Kindes? Pädologie, pädagogische Psychologie und experimentelle Pädagogik in Europa und den USA, 1890-1940" (Weinheim 1993), von Jürgen Helmchen „Reformpädagogik als pädagogischer Internationalismus? – Eine Untersuchung am Beispiel der Beziehungen der frankophonen éducation nouvelle und der deutschen Reformpädagogik im Zeitraum von 1900 bis 1933" (Oldenburg 1993) oder von Steffi Koslowski „Die New Era der New Education Fellowship. Ihr Beitrag zur Internationalität der Reformpädagogik im 20. Jahrhundert" (Bad Heilbrunn 2013) finden bis heute weder die ihnen gebührende Beachtung noch entsprechende Weiterführungen.

Schließlich könnte es bei der *Abgrenzung der Reformpädagogik als Epoche* von ihren unterschiedlichen Rezeptionsphasen zunächst darum gehen, die für letztere relevanten gesellschaftlichen Kontexte – im Westen die Restaurationsphase der Adenauer-Ära, die Bildungsreformphase der 1970er Jahre oder die Aufbruch-Stimmung nach der Vereinigung – in Beziehung zum Umbruch um 1900 und zur nachfolgenden gesellschaftlichen Entwicklung vor und nach dem Ersten Weltkrieg zu setzen, nach den mit „Reformpädagogik" jeweils verbundenen Bedeutungsinhalten wie dem jeweiligen Korpus von Personen und Institutionen zu fragen. Dabei gilt es, das interessante Phänomen zu beachten, dass die aktuell als „Schulen der Reformpädagogik" nachgefragten Modelle: Jena-Plan, Waldorf und Montessori in der Weimarer Zeit eher eine Randstellung inne hatten und erst nach dem Zweiten Weltkrieg über gezielte Kontakte, Verbindungen und Neugründungen ihren Siegeszug im Westen angetreten haben. Nachzugehen wäre auch den vielfältigen personellen und institutionellen Vernetzungen über die Nazi- und Exilzeit hinweg. Einzelstudien zu diesem Themenkomplex liegen bereits vor[152], systematische Untersuchungen mit entsprechenden Zeitraum-übergreifenden Fragestellungen dagegen noch kaum.

Auch hinsichtlich der Wirkungsgeschichte der Reformpädagogik könnten international vergleichende Untersuchungen erhellend sein, etwa bereits für die Frage nach Phasen und Einschnitten von Reformprozessen, die wiederum

---

[151] Vgl. J. Oelkers, John Dewey und die Pädagogik, Weinheim/Basel 2009.
[152] Vgl. etwa B. Dühlmeier, Und die Schule bewegte sich doch. Unbekannte Reformpädagogen und ihre Projekte in der Nachkriegszeit, Bad Heilbrunn/Obb. 2004.

entscheidend durch Kontinuität und Diskontinuität politischer Systeme beeinflusst worden sind. So haben in der Sowjetunion zentrale Elemente der Reformpädagogik nach der Revolution zunächst die staatliche Schulpolitik nachhaltig bestimmt, doch begann bereits spätestens seit Anfang der 1930er Jahre unter Stalin ihre Verfemung, umgekehrt gab es in den USA wie in England über Jahrzehnte hinweg eine anhaltende Reformdiskussion und ungebrochene Ausstrahlung einzelner Reformschulen, so dass ein englischer Beobachter zu Beginn der 1990er Jahre zu der Feststellung kommen konnte, dass „die Praxis in der Mehrheit der englischen Grundschulen heute ... weitestgehend im Einklang mit dem (steht), wofür sich die Begründer der Reformpädagogik eingesetzt haben"[153].

Auch hier wären im Interesse aussagekräftiger Forschungsergebnisse spezifizierte Fragestellungen vonnöten, wie sie bereits dem in den 1970er Jahren vom Max-Planck-Institut für Bildungsforschung unter Leitung von Saul B. Robinsohn durchgeführten „interkulturellen Vergleich": „Schulreform im gesellschaftlichen Prozeß" zugrundeliegt, der sich auf die Entwicklung von Differenzierungsmaßnahmen im Sekundarbereich in ausgewählten Ländern konzentrierte und dabei den Einfluss spezifischer Faktoren untersuchte.[154]

5. Reformpädagogik-Rezeption und kein Ende?

Zweifellos stellt die Reformpädagogik eine der am längsten und intensivsten rezipierten Epochen der deutschen Erziehungsgeschichte dar. Die Tradierung ihrer auf die 1920er und frühen 30er Jahre zurückreichenden Konstruktionen, die seit den 1970er Jahren begonnene De-Konstruktion ihrer Prinzipien, Motive und Dogmen, schließlich die im selben Zeitraum begonnene Erforschung ihrer historischen Gestalt dauert immer noch an, wie die vielfältigen Publikationen gerade aus jüngster Zeit belegen; ein Ende ist nicht abzusehen. Allerdings zeigt die Erziehungsgeschichte, dass ein solch anhaltendes Interesse am spezifischen Erziehungs- bzw. Bildungsideal einer Epoche keineswegs singulären Charakter hat, wie eindrucksvoll die Idee humanistischer Bildung belegt, die seit der Antike die Erziehungsgeschichte durchzieht und immer wieder de-konstruiert und auf den bildungsgeschichtlichen Kontext unterschiedlicher Epochen hin re-konstruiert worden ist: des Renaissance-Humanismus seit der zweiten Hälfte des 15., des Neuhumanismus an der Wende vom 18. zum 19. oder des sog. Dritten Humanismus in der ersten

---

[153] B. Holmes, Entstehung und Entwicklung der Reformpädagogik in England, in: H. Röhrs/V. Lenhart (Hg.), Die Reformpädagogik auf den Kontinenten. Ein Handbuch, Frankfurt/M. 1994, S.51-72, Zitat S.71.

[154] Vgl. S. B. Robinsohn u.a., Schulreform im gesellschaftlichen Prozeß. Ein interkultureller Vergleich, 2 Bde., Stuttgart 1969/1975.

Hälfte des 20. Jahrhunderts.[155] Bis heute wird ähnlich wie um die Reformpädagogik als einer vermeintlich besonders wertvollen pädagogischen „Denkform und Denkweise" auch um die Bildungs-relevante Aktualität des Humanismus gerungen, nicht selten sogar „humanistische Bildung" gegen „Reformpädagogik" ausgespielt, wobei das eine wie das andere Etikett leer bleibt, solange es nicht mit gesellschaftsgeschichtlich vermittelter Bedeutung gefüllt wird. Weit über 100 Jahre nach der Veröffentlichung von Ellen Keys „Jahrhundert des Kindes" ließen sich nicht nur, aber vor allem für die bildungshistorische Forschung aus der Auseinandersetzung mit der Reformpädagogik produktivere Einsichten gewinnen, betrachtete man sie nicht mit der Erwartung ihrer praktischen Re-Aktualisierung oder dem alle Differenzierungen nivellierenden und allzu simplen Gegensatz von „Für" und „Wider", sondern als eine *vergangene historische* Epoche: mit spezifischen Verankerungen in *ihrer* Zeit, mit interessanten Ansatzpunkten wie problematischen Implikationen, selbstverständlich auch dunklen Seiten und nicht zuletzt *Nachwirkungen* bis in die Gegenwart.

Literaturverzeichnis

Baader, M. S., Erziehung als Erlösung. Transformationen des Religiösen in der Reformpädagogik, Weinheim/München 2005.
Bast, R., Konservative Revolution, in: Keim/Schwerdt, Handbuch der Reformpädagogik in Deutschland, a.a.O., Teil 1, S.109-133.
Bast, R., Kulturkritik und Erziehung. Anspruch und Grenzen der Reformpädagogik, Dortmund 1996.
Bauer, H., Zur Theorie und Praxis der ersten deutschen Landerziehungsheime. Erfahrungen zur Internats- und Ganztagserziehung aus den Hermann-Lietz-Schulen, Berlin 1961.
Bendele, U., Krieg, Kopf und Körper. Lernen für das Leben – Erziehung zum Tod, Frankfurt/M. u.a. 1984.
Benner, D./Kemper, H., Theorie und Geschichte der Reformpädagogik. Teil 1: Die pädagogische Bewegung von der Aufklärung bis zum Neuhumanismus, Weinheim/Basel 2001, Teil 2: Die Pädagogische Bewegung von der Jahrhundertwende bis zum Ende der Weimarer Republik, Weinheim/Basel 2003.
Berg, Ch. (Hg.), Handbuch der deutschen Bildungsgeschichte, Bd. 4: 1870-1918. Von der Reichsgründung bis zum Ende des Ersten Weltkriegs, München 1991.
Beutler, K., Der „Autonomie"-Begriff in der Erziehungswissenschaft und die Frage nach dem gesellschaftlichen Fortschritt, in: Pädagogische Rundschau 23(1969)4, S.195-207.
Beutler, K., Die konservative Pädagogik und ihr Verhältnis zur Politik. Prof. Wolfgang Abendroth zu seinem 60. Geburtstag am 2. Mai gewidmet, in: Blätter für deutsche und internationale Politik 11(1966)5, S.405-413, wieder abgedruckt in: Jahrbuch für Pädagogik 2012, S.151-159.

---

[155] Vgl. als differenzierten und differenzierenden Überblick: E. Wiersing, Einleitung, in: ders. (Hg.), Humanismus und Menschenbildung. Zu Geschichte, Gegenwart und Zukunft der bildenden Begegnung der Europäer mit der Kultur der Griechen und Römer, Essen 2001, S.15-93.

Blätter der Volkshochschule Thüringen (1919-1933). Reprint, hg. u. eingel. v. M. Friedenthal-Haase u. E. Meilhammer, 2 Bde., Hildesheim u.a. 1999.
Blinckmann, Th., Die öffentliche Volksschule in Hamburg in ihrer geschichtlichen Entwicklung, Hamburg 1930.
Böhm, W., Die Reformpädagogik. Montessori, Waldorf und andere Lehren, München 2012.
Bois-Reymond, M. du/Schonig, B. (Hg.), Lehrerlebensgeschichten. Lehrerinnen und Lehrer aus Berlin und Leiden (Holland) erzählen, Weinheim/Basel 1982.
Breuer, St., Anatomie der konservativen Revolution, Darmstadt 1993.
Bruguière, A. u.a., Mentalitäten-Geschichte, hg. v. U. Raulff, Berlin 1987.
Buchholz, K. u.a. (Hg.), Die Lebensreform. Entwürfe zur Neugestaltung von Leben und Kunst um 1900, 2 Bde., Darmstadt 2001.
Büttner, U., Weimar. Die überforderte Republik 1918-1933. Leistung und Versagen in Staat, Gesellschaft, Wirtschaft und Kultur, Stuttgart 2008.
Caruso, M., Enthemmung als Führungsstrategie. Transformationen der Unterrichtskultur in München an der Wende zum 20. Jahrhundert, in: Zeitschrift für Pädagogik 55(2009), S.334-344.
Dehmers, J., Wie laut soll ich denn noch schreien? Die Odenwaldschule und der sexuelle Missbrauch, Reinbek 2011.
Depaepe, M., Zum Wohl des Kindes? Pädologie, pädagogische Psychologie und experimentelle Pädagogik in Europa und den USA, 1890-1940, Weinheim 1993.
Die Reichsschulkonferenz 1920. Ihre Vorgeschichte und Vorbereitung und ihre Verhandlungen. Amtlicher Bericht, erstattet vom Reichsministerium des Innern, Leipzig 1921, Reprint Glashütten/Ts. 1972.
Dräbing, R., Der „Traum vom Jahrhundert des Kindes". Geistige Grundlagen, soziale Implikationen und reformpädagogische Relevanz der Erziehungslehre Ellen Keys, Frankfurt/M. 1990.
Dudek, P., Grenzen der Erziehung im 20. Jahrhundert. Allmacht und Ohnmacht der Erziehung im pädagogischen Diskurs, Bad Heilbrunn/Obb. 1999.
Dudek, P., Jugend als Objekt der Wissenschaften. Geschichte der Jugendforschung in Deutschland und Österreich 1890-1933, Opladen 1990.
Dühlmeier, B., Und die Schule bewegte sich doch. Unbekannte Reformpädagogen und ihre Projekte in der Nachkriegszeit, Bad Heilbrunn/Obb. 2004.
Feidel-Mertz, H. (Hg.), Schulen im Exil. Die verdrängte Pädagogik nach 1933, Reinbek 1983.
Feidel-Mertz, H./Paetz, A., Ein verlorenes Paradies. Das Jüdische Kinder- und Landschulheim Caputh (1931-1938), Frankfurt/M. 1994.
Flitner, W., Die drei Phasen der Pädagogischen Reformbewegung und seine gegenwärtige Lage (1928), in: ders., Die Pädagogische Bewegung, a.a.O., S.232-242.
Flitner, W., Die Pädagogische Bewegung. Beiträge – Berichte – Rückblicke, hg. v. U. Herrmann u.a., Paderborn 1987.
Flitner, W., Die Reformpädagogik und ihre internationalen Beziehungen (1931), in: ders., Die Pädagogische Bewegung, a.a.O., S.290-307.
Flitner, W., Zur Einführung, in: Flitner/Kudritzki, Die deutsche Reformpädagogik, a.a.O., Bd. 1, S.9-36.
Flitner, W./Kudritzki, G. (Hg.), Die deutsche Reformpädagogik, 2 Bde., Düsseldorf/München 1961/62.
Füller, Ch., Die Revolution missbraucht ihre Kinder. Sexuelle Gewalt in deutschen Protestbewegungen, München 2015.
Füller, Ch., Sündenfall. Wie die Reformschule ihre Ideale missbrauchte, Köln 2011.
Gaus, D./Uhle, R., Pädagogischer Eros, in: Keim/Schwerdt, Handbuch der Reformpädagogik, a.a.O., Teil 1, S.559-575.

Geißler, G., Herman Nohl (1879-1960), in: Scheuerl, H. (Hg.), Klassiker der Pädagogik, Bd. II, München 1979, S.225-241.
Götz, M., Die Grundschule in der Zeit des Nationalsozialismus. Eine Untersuchung der inneren Ausgestaltung der vier unteren Jahrgänge der Volksschule auf der Grundlage amtlicher Maßnahmen, Bad Heilbrunn 1997.
Gronert, M./Schraut, A., Sicht-Weisen der Reformpädagogik, Würzburg 2016.
Groppe, C., Stefan George, der George-Kreis und die Reformpädagogik zwischen Jahrhundertwende und Weimarer Republik, in: B. Böschenstein u.a. (Hg.), Wissenschaftler im George-Kreis. Die Welt des Dichters und der Beruf der Wissenschaft, Berlin 2005, S.311-328.
Hackewitz, W. von, Das Gesellschaftskonzept in der Theorie der „Pädagogischen Bewegung". Ein ideologiekritischer Versuch am Werk Herman Nohls, Berlin 1966.
Hagener, D., Radikale Schulreform zwischen Programmatik und Realität. Die schulpolitischen Kämpfe in Bremen vor dem Ersten Weltkrieg und in der Entstehungsphase der Weimarer Republik, Bremen 1973.
Hamann, A., Kunstunterricht, in: Keim/Schwerdt, Handbuch der Reformpädagogik, a.a.O., Teil 2, S.1119-1144.
Hansen-Schaberg, I., Minna Specht – Eine Sozialistin in der Landerziehungsheimbewegung (1918 bis 1951). Untersuchung zur pädagogischen Biographie einer Reformpädagogin, Frankfurt/M. 1992.
Hartnacke, W., Bildungswahn – Volkstod! Vortrag, gehalten am 17. Februar 1932 im Auditorium Maximum der Universität München für die Deutsche Gesellschaft für Rassenhygiene, München 1932.
Haubfleisch, D., Elisabeth Rotten (1882-1964) – eine (fast) vergessene Reformpädagogin, in: I. Hansen-Schaberg (Hg.), „etwas erzählen". Die lebensgeschichtliche Dimension in der Pädagogik. Bruno Schonig zum 60. Geburtstag, Baltmannsweiler 1997, S.114-131.
Haubfleisch, D., Schulfarm Insel Scharfenberg. Mikroanalyse der reformpädagogischen Unterrichts- und Erziehungsrealität einer demokratischen Versuchsschule im Berlin der Weimarer Republik, 2 Teile, Frankfurt/M. 2001.
Helmchen, J., Reformpädagogik als pädagogischer Internationalismus? – Eine Untersuchung am Beispiel der Beziehungen der frankophonen éducation nouvelle und der deutschen Reformpädagogik im Zeitraum von 1900 bis 1933. Oldenburg 1993 (unveröffentl.).
Herbert, U., Geschichte Deutschlands im 20. Jahrhundert, München 2014.
Herrmann, U., Von der Revolution der Schule zur Wiederentdeckung der Grenze. Zur Selbstrevision und Historisierung der deutschen Reformpädagogik in der Weimarer Republik, in: Zeitschrift für Pädagogik 41(1995)1, S.121-136.
Herzog, W., Psychologie, in: Keim/Schwerdt, Handbuch der Reformpädagogik, a.a.O., Teil 1, S.327-359.
Heydorn, H.-J, Über den Widerspruch von Bildung und Herrschaft, Frankfurt/M. 1970, zuletzt in: Werke, hg. v. I. Heydorn u.a., Bd. 3, Liechtenstein 1995.
Hilker, F. (Hg.), Deutsche Schulversuche, Berlin 1924.
Hilker, F., Die Reformpädagogik der zwanziger Jahre in der Sicht von damals und von heute, in: Bildung und Erziehung 19(1966), S.352-375.
Hohmann, Ch., Dienstbares Begleiten und später Widerstand. Der nationale Sozialist Adolf Reichwein im Nationalsozialismus, Bad Heilbrunn 2007.
Holmes, B., Entstehung und Entwicklung der Reformpädagogik in England, in: H. Röhrs/V. Lenhart (Hg.), Die Reformpädagogik auf den Kontinenten. Ein Handbuch, Frankfurt/M. 1994, S.51-72.
Hovorka, H., Republik „Konge". Ein Schwimmbad erzählt seine Geschichte. Das städtische Schwimm-, Sonnen- und Luftbad am Kongreßplatz in Wien-Ottakring 1928-1988, Wien 1988.
Jens, T., Freiwild. Die Odenwaldschule – Ein Lehrstück von Opfern und Tätern, Gütersloh 2011.

Karsen, F. (Hg.), Die neuen Schulen in Deutschland, Langensalza o.J. [1924].
Keim, W., Die Wiener Schulreform der ersten Republik – ein vergessenes Kapitel der europäischen Reformpädagogik, in: Die Deutsche Schule 76(1984)4, S.267-282.
Keim, W., Erwachsenenbildung, in: Keim/Schwerdt, Handbuch der Reformpädagogik, a.a.O, Teil 2, S.877-927.
Keim, W., Erziehung unter der Nazi-Diktatur, 2 Bde., Darmstadt 1995/97
Keim, W., Friedensbewegung, in: Keim/Schwerdt, Handbuch der Reformpädagogik, a.a.O., Teil 1, S.135-167.
Keim, W., Politische Parteien, in: Keim/Schwerdt, Handbuch der Reformpädagogik, a.a.O., Teil 1, S.39-83.
Keim, W., Unterrichtsgestaltung im Nationalsozialismus, in: E. Kiel/K. Zierer (Hg.), Geschichte der Unterrichtsgestaltung. Basis Unterrichtsgestaltung Bd. 1, Baltmannsweiler 2011, S.133-144.
Keim, W./Schwerdt, U. (Hg.), Handbuch der Reformpädagogik in Deutschland, Teil 1: Gesellschaftliche Kontexte, Leitideen und Diskurse, Teil 2: Praxisfelder und pädagogische Handlungssituationen, Frankfurt/M. 2013.
Keim, W./Schwerdt, U., Schule, in: dies., Handbuch der Reformpädagogik, a.a.O., Teil 2, S.657-775.
Kersting, Ch., Frauenbewegung in: Keim/Schwerdt, Handbuch der Reformpädagogik, a.a.O., Teil 1, S.169-214.
Koebner, Th. u.a. (Hg.), „Mit uns zieht die neue Zeit". Der Mythos Jugend, Frankfurt/M. 1985.
Koerrenz, R. Reformpädagogik. Studien zur Erziehungsphilosophie, Jena 2004.
Konrad, F.-M., Grenzen der Erziehung? Zur „Revision der pädagogischen Bewegung" in den Erziehungsdebatten der Weimarer Republik, in: Neue Sammlung 33(1993), S.575-599.
Konrad, F.-M., Sozialpädagogik, in: Keim/Schwerdt, Handbuch der Reformpädagogik, a.a.O, Teil 2, S.835-876.
Konrad, F.-M., Von der „Zukunftspädagogik" und der „Reformpädagogischen Bewegung". Zur Konstitution einer Epoche in ihrer Zeit, in: Zeitschrift für Pädagogik 41(1995)5, S.803-825.
Konrad, F.-M., Vorschulerziehung, in: Keim/Schwerdt, Handbuch der Reformpädagogik, a.a.O, Teil 2, S.629-655.
Kontze, A., Der Reformpädagoge Prof. Dr. Ludwig Gurlitt (1855-1931) – bedeutender Schulreformer oder „Erziehungsanarchist"? Ein Lebensbild als Beitrag zur Historiographie der Reformpädagogik, Göttingen 2001.
Koslowski, St., Die New Era der New Education Fellowship. Ihr Beitrag zur Internationalität der Reformpädagogik im 20. Jahrhundert, Bad Heilbrunn 2013.
Kuhlmann, C., Erbkrank oder erziehbar? Jugendhilfe als Vorsorge und Aussonderung in der Fürsorgeerziehung in Westfalen 1933-1945, Weinheim/München 1989.
Kunert, H., Deutsche Reformpädagogik und Faschismus, Hannover 1973.
Langewiesche, D./Tenorth, H.-E. (Hg.), Handbuch der deutschen Bildungsgeschichte, Bd. V: Die Weimarer Republik und die nationalsozialistische Diktatur, München 1989.
Lehberger, R., Einflüsse der Reformpädagogik auf das Hamburger Regelschulwesen in der Weimarer Republik, in: Lorent, H.-P. de /Ullrich, V. (Hg.), Der Traum von der freien Schule. Schule und Schulpolitik in Hamburg während der Weimarer Republik, Hamburg 1988.
Lehmann, R., Die pädagogische Bewegung der Gegenwart, Bd.1: Ihre Ursprünge und ihr Charakter, München 1922.
Link, J.W., Reformpädagogik zwischen Weimar, Weltkrieg und Wirtschaftswunder. Pädagogische Ambivalenzen des Landschulreformers Wilhelm Kircher (1898-1968), Hildesheim 1999.
Litt, Th., Die gegenwärtige pädagogische Lage und ihre Forderungen, in: Ried, Moderne Kultur, a.a.O., S.1-11.

Litt, Th., „Führen" oder „Wachsenlassen". Eine Erörterung des pädagogischen Grundproblems, Leipzig/Berlin 1927, 1929², (mit Anhang) 1931³, (in erweiterter Form) Stuttgart 1949⁴, 1967¹³, Nachdruck bis 1976¹⁵.
Litt, Th., Offener Brief, in: Die Neue Erziehung 6(1924), S.369-374.
Löwenstein, K., Das Kind als Träger der werdenden Gesellschaft, Wien 1924, wieder abgedruckt in: ders., Sozialismus und Erziehung. Eine Auswahl aus den Schriften 1919-1933, hg. v. F. Brandecker u. H. Feidel-Mertz, Berlin/Bonn-Bad Godesberg 1976, S.89-211.
Lütgert, W., Die Rezeption des Jenaplans und der Petersen-Pädagogik in der Bundesrepublik zwischen 1952 und 1990, in: Fauser, P. u.a. (Hg.), Peter Petersen und die Jenaplan-Pädagogik. Historische und aktuelle Perspektiven, Stuttgart 2012, S.409-426.
Messer, A., Pädagogik der Gegenwart, Berlin 1926, Leipzig 1931².
Michael, B./Schepp, H.-H. (Hg.), Politik und Schule von der Französischen Revolution bis zur Gegenwart. Eine Quellensammlung zum Verhältnis von Gesellschaft, Schule und Staat im 19. und 20. Jahrhundert, 2 Bde., Frankfurt/M. 1973, Bd.1, S.482-487.
Milberg, H., Schulpolitik in der pluralistischen Gesellschaft. Die politischen und sozialen Aspekte der Schulreform in Hamburg 1890-1935, Hamburg 1970.
Mogge, W., Jugendbewegung, in: Keim/Schwerdt, Handbuch der Reformpädagogik, a.a.O., Teil 1, S.215-256.
Nipperdey, Th., Probleme der Modernisierung in Deutschland (1979), in: ders., Nachdenken über die deutsche Geschichte. Essays, München 1986, S.44-59.
Nohl, H., Die deutsche Bewegung. Vorlesungen und Aufsätze zur Geistesgeschichte von 1770-1830, hg. v. O. F. Bollnow u. F. Rodi, Göttingen 1970.
Nohl, H., Die Grundlagen der nationalen Erziehung (Vorlesung 1933/34), als Faksimile und Abschrift in: B. Ortmeyer (Hg.), Herman Nohls Schriften und Artikel in der NS-Zeit. Dokumente 1933-1945, 2. Forschungsbericht ad fontes, Universität Frankfurt/M. o. J. [2006], S.143-365.
Nohl, H., Die neue deutsche Bildung (1920), in: ders., Pädagogik aus dreißig Jahren, a.a.O., S.9-20.
Nohl, H., Die pädagogische Bewegung in Deutschland, in: Nohl, H./Pallat, L. (Hg.), Handbuch der Pädagogik, Bd. 1, Langensalza 1933, S.302-374.
Nohl, H., Die pädagogische Bewegung in Deutschland und ihre Theorie, Frankfurt/M. 1935², 1949³, 2002¹¹.
Nohl, H., Pädagogik aus dreißig Jahren, Frankfurt/M. 1949.
Oelkers, J., Eros und Herrschaft. Die dunklen Seiten der Reformpädagogik, Weinheim/Basel 2011.
Oelkers, J., John Dewey und die Pädagogik, Weinheim/Basel 2009.
Oelkers, J., Pädagogik, Elite, Missbrauch. Die Karriere des Gerold Becker, Weinheim 2016.
Oelkers, J., Reformpädagogik. Eine kritische Dogmengeschichte, Weinheim/München 1989, 2005⁴.
Oestreich, P., Antwort, in: ders. (Hg.), Entschiedene Schulreform. Vorträge, gehalten auf der Tagung entschiedener Schulreformer am 4. und 5. Oktober 1919 im „Herrenhause" zu Berlin, Berlin 1920, S.8f.
Oestreich, P., Offene Antwort, in: Die Neue Erziehung 6(1924), S.374-378.
Paulsen, F., Alte und neumodische Erziehungsweisheit (1908), in: ders., Gesammelte Pädagogische Abhandlungen, hg. v. E. Spranger, Stuttgart/Berlin 1912, S.593-603.
Pehnke, A., Zur Reformpädagogik-Rezeption in der SBZ (1945-49), der DDR (1949-1990) und den neuen deutschen Bundesländern (seit 1990), in: Korte, P. (Hg.), Kontinuität, Krise und Zukunft der Bildung. Analyse und Perspektiven, Münster 2004, S.313-326.

Pehnke, A./Uhlig, Ch., Der Leipziger Lehrerverein – Spiegelbild fortschrittlicher Lehrerbewegung in Deutschland, in: Jahrbuch für Erziehungs- und Schulgeschichte 28/1988, Berlin (Ost) 1988, S.107-123.
Petersen, P., Die Neueuropäische Erziehungsbewegung, Weimar 1926.
Peukert, D.J.K., Sozialpädagogik, in: Langewiesche/Tenorth, Handbuch, a.a.O., S.307-335.
Pfoser, A., Literatur und Austromarxismus, Wien 1980.
Radde, G., Fritz Karsen. Ein Berliner Schulreformer der Weimarer Zeit, Berlin 1973, Erweiterte Neuausgabe. Mit dem „Bericht über den Vater" von Sonja Karsen, Frankfurt/M. 1999.
Radde, G., Verfolgt, verdrängt und (fast) vergessen. Der Reformpädagoge Fritz Karsen, in: ders., Karsen, Erweiterte Neuausgabe, a.a.O., S. 359-388.
Rang, A., Der politische Pestalozzi, Frankfurt/M. 1967.
Raulff, U., Vorwort. Mentalitäten-Geschichte, in: Bruguière u.a., Mentalitäten-Geschichte, a.a.O., S. 7-17.
Reimers, B. I., Gefängnispädagogik, in: Keim/Schwerdt, Handbuch der Reformpädagogik, a.a.O, Teil 2, S. 929-946.
Reyer, J., Alte Eugenik und Wohlfahrtspflege. Entwertung und Funktionalisierung der Fürsorge vom Ende des 19. Jahrhunderts bis zur Gegenwart, Freiburg/Brsg. 1991.
Reyer, J., Macht und Grenzen der Erziehung, in: Keim/Schwerdt, Handbuch der Reformpädagogik, a.a.O., Teil 1, S.577-604.
Ried, G., Die moderne Kultur und das Bildungsgut der deutschen Schule. Bericht über den Pädagogischen Kongreß des Deutschen Ausschusses für Erziehung und Unterricht, Leipzig 1927.
Robinsohn, S. B. u.a., Schulreform im gesellschaftlichen Prozeß. Ein interkultureller Vergleich, 2 Bde., Stuttgart 1969/1975.
Rödler, K., Vergessene Alternativschulen. Geschichte und Praxis der Hamburger Gemeinschaftsschulen 1919-1933, Weinheim/München 1987.
Rohkrämer, Th., Eine andere Moderne? Zivilisationskritik, Natur und Technik in Deutschland 1880-1933, Paderborn 1999.
Röhrs, H. (Hg.), Die Schulen der Reformpädagogik heute. Handbuch reformpädagogischer Schulideen und Schulwirklichkeit, Düsseldorf 1986.
Röhrs, H., Die Reformpädagogik des Auslands, Düsseldorf/München 1965.
Röhrs, H., Die Reformpädagogik. Ursprung und Verlauf in Europa, Hannover 1980, unter dem Titel: Reformpädagogik. Ursprung und Verlauf unter internationalem Aspekt, Stuttgart 2001[6].
Roth, G., Die kulturellen Bestrebungen der Sozialdemokratie im kaiserlichen Deutschland, in: H.-U. Wehler (Hg.), Moderne deutsche Sozialgeschichte, Köln/Berlin 1966, S.342-365.
Rülcker, T./Oelkers, J. (Hg.), Politische Reformpädagogik, Bern u.a. 1998.
Sachße, Ch., Friedrich Siegmund-Schultze, die „Soziale Arbeitsgemeinschaft" und die bürgerliche Sozialreform in Deutschland, in: E.J. Krauß u.a. (Hg.), Soziale Arbeit zwischen Ökonomisierung und Selbstbestimmung, Kassel 2007, S.231-256.
Scheibe, W., Die Reformpädagogische Bewegung 1900-1932. Eine einführende Darstellung, Weinheim u.a. 1969. Mit einem Nachwort v. H. E. Tenorth, Weinheim/Basel 1994[10], Tb. 2010[3].
Schmitt, H., Zur Realität der Schulreform in der Weimarer Republik, in: Rülcker/Oelkers, Politische Reformpädagogik, a.a.O., S.619-643.
Schnorbach, H., Für ein „anderes Deutschland" – Die Pestalozzischule in Buenos Aires (1934-1958), Frankfurt/M. 1995.
Schonig, B., Irrationalismus als pädagogische Tradition. Die Darstellung der Reformpädagogik in der pädagogischen Geschichtsschreibung, Weinheim/Basel 1973.
Schonig, B., Krisenerfahrung und pädagogisches Engagement. Lebens- und berufsgeschichtliche Erfahrungen Berliner Lehrerinnen und Lehrer 1914-1961, Frankfurt/M. 1994.

Schonig, B., Reformpädagogik – Bücherweisheit oder Schulrealität? Anmerkungen zu zwei historisch-pädagogischen Ansätzen, sich mit der Pädagogik in der Weimarer Republik auseinanderzusetzen, in: Arbeitsgruppe Pädagogisches Museum e.V., Heft Nr. 42/1994, S.79-88.

Schulz, H., Die Schulreform der Sozialdemokratie, Dresden 1911, 2. [veränderte] Aufl. Berlin 1919.

Schwerdt, U., Heilpädagogik, in: Keim/Schwerdt, Handbuch der Reformpädagogik, a.a.O, Teil 2, S.801-834.

Schwerdt, U., Martin Luserke (1880-1968). Reformpädagogik im Spannungsfeld von pädagogischer Innovation und kulturkritischer Ideologie. Eine biographische Rekonstruktion, Frankfurt/M. 1993.

Schwerdt, U., Unterricht, in: Handbuch der Reformpädagogik, a.a.O, Teil 2, S.949-1009.

Schwitalski, E., „Werde, die du bist". Pionierinnen der Reformpädagogik. Die Odenwaldschule im Kaiserreich und in der Weimarer Republik, Bielefeld 2004.

Skiera, E., Reformpädagogik in Geschichte und Gegenwart. Eine kritische Einführung, München 2003.

Sturm, K. F., Deutsche Erziehung im Werden. Von der pädagogischen Reformbewegung zur völkischen und politischen Erziehung, Osterwieck/Harz u. Berlin 1938[4].

Sturm, K. F., Die pädagogische Reformbewegung der jüngsten deutschen Vergangenheit, ihr Ursprung und Verlauf. Sinn und Ertrag, Osterwieck/Harz 1930.

Tenorth, H.-E. u.a. (Hg.), Friedrich Siegmund-Schultze (1885-1969). Ein Leben für Kirche, Wissenschaft und soziale Arbeit, Stuttgart 2007.

Tenorth, H.-E., „Reformpädagogik". Erneuter Versuch, ein erstaunliches Phänomen zu verstehen, in: Zeitschrift für Pädagogik 40(1994)3, S.585-604.

Tenorth, H.-E., Erziehungsutopien zwischen Weimarer Republik und Drittem Reich, in: W. Hardtwig, Utopie und politische Herrschaft im Europa der Zwischenkriegszeit, München 2003, S.175-198.

Tenorth, H.-E., Erziehungswissenschaft – Kontext und Akteur reformpädagogischer Bewegungen, in: Keim/Schwerdt, Handbuch der Reformpädagogik, a.a.O., Teil 1, S.293-326.

Tenorth, H.-E., Natur, in: Keim/Schwerdt, Handbuch der Reformpädagogik, a.a.O., Teil 1, S.425-448.

Tenorth, H.-E., Zur deutschen Bildungsgeschichte 1918-1945. Probleme, Analysen und politisch-pädagogische Perspektiven, Köln/Wien 1985.

Tews, J., Großstadtpädagogik. Vorträge, gehalten in der Humboldt-Akademie zu Berlin, Leipzig 1911.

Titze, H., Lehrerbildung und Professionalisierung, in: Berg, Handbuch, Bd. 4, a.a.O, S.345-370.

Uhlig, Ch. (Hg.), Reformpädagogik und Schulreform. Diskurse in der sozialistischen Presse der Weimarer Republik. Quellenauswahl aus den Zeitschriften Die Neue Zeit/Die Gesellschaft und Sozialistische Monatshefte (1919-1933), Frankfurt/M. 2008.

Uhlig, Ch. (Hg.), Reformpädagogik: Rezeption und Kritik in der Arbeiterbewegung. Quellenauswahl aus den Zeitschriften Die Neue Zeit (1883-1918) und Sozialistische Monatshefte (1895/97-1918), Frankfurt/M. 2006.

Uhlig, Ch., Arbeiterbewegung, in: Keim/Schwerdt, Handbuch der Reformpädagogik, a.a.O., Teil 1, S.85-108.

Uhlig, Ch., Gab es eine Chance? – Reformpädagogik in der DDR, in: Pehnke, A. (Hg.), Ein Plädoyer für unser reformpädagogisches Erbe. Protokollband der internationalen Reformpädagogik-Konferenz am 24. September 1991 an der PH Halle-Köthen, Neuwied u.a. 1992, S.139-151.

Uhlig, Ch., Pädagogische Berufsverbände, in: Keim/Schwerdt, Handbuch der Reformpädagogik, a.a.O., Teil 1, S.257-291.

Uhlig, Ch., Reformpädagogik contra Sozialistische Pädagogik – Aspekte der reformpädagogischen Diskussion in den vierziger und fünfziger Jahren, in: Hoffmann, D. /Neumann, K. (Hg.), Erziehung und Erziehungswissenschaft in der BRD und der DDR, Bd. 1: Die Teilung der Pädagogik (1945-1965), Weinheim 1994, S.251-274.

Uhlig, Ch., Zur Rezeption der Reformpädagogik in der DDR in den 70er und 80er Jahren vor dem Hintergrund der Diskussion um Erbe und Tradition, in: Cloer, E./ Wernstedt, R. (Hg.), Pädagogik in der DDR. Eröffnung einer notwendigen Bilanzierung, Weinheim 1994, S.134-151.

Ullrich, H., Die Reformpädagogik. Modernisierung der Erziehung oder Weg aus der Moderne?, in: Zeitschrift für Pädagogik 36(1990)6, S.893-918.

Ullrich, H., Religiosität/Spiritualität, in: Keim/Schwerdt, Handbuch der Reformpädagogik, a.a.O., Teil 1, S.499-532.

Ullrich, H., Rudolf Steiner. Leben und Lehre, München 2011.

Vovelle, M., Serielle Geschichte oder „case-studies": ein wirkliches oder nur ein Schein-Dilemma?, in: Bruguière u.a., Mentalitäten-Geschichte, in: a.a.O., S.114-126.

Wehler, H.-U., Bismarck und der Imperialismus, Köln/Berlin 1969.

Wehler, H.-U., Das Deutsche Kaiserreich 1871-1918, Göttingen 1973, 1994[7].

Wehler, H.-U., Deutsche Gesellschaftsgeschichte, 5 Bde., München 1987/2008.

Wehler, H.-U., Modernisierungstheorie und Geschichte, Göttingen 1975.

Wiersing, E., Einleitung, in: ders. (Hg.), Humanismus und Menschenbildung. Zu Geschichte, Gegenwart und Zukunft der bildenden Begegnung der Europäer mit der Kultur der Griechen und Römer, Essen 2001, S.15-93.

Wilkending, G., Volksbildung und Pädagogik „vom Kinde aus". Eine Untersuchung zur Geschichte der Literaturpädagogik in den Anfängen der Kunsterziehungsbewegung, Weinheim/Basel 1980.

Zeidler, K., Die Wiederentdeckung der Grenze. Beiträge zur Formgebung der werdenden Schule, Jena 1926, Reprint mit Kommentar u. pragmatischer Bibliographie v. U. Sandfuchs, Hildesheim/New York 1985.

Zimmer, H., Die Hypothek der Nationalpädagogik. Herman Nohl, der Nationalsozialismus und die Pädagogik nach Auschwitz, in: Jahrbuch für Pädagogik 1995, S.87-114.

Zimmer, H., Pädagogische Intelligenz und Neuanfang 1945. „Die Sammlung" im Kontext der Faschismus- und Neuordnungsdiskussion 1945-1949, in: Keim, W. u.a., Erziehungswissenschaft und Nationalsozialismus – Eine kritische Positionsbestimmung, Marburg 1990, S.101-122.

2. Neue Zugänge und Fragestellungen

Carola Groppe

Reformpädagogik und soziale Ungleichheit

1. Einleitung

Es ist schon erstaunlich, wie wenig in der historiographischen Literatur zur Reformpädagogik von sozialen Fragen die Rede ist. Das gilt sowohl für die ältere als auch für die neuere bildungshistorische Forschung. Erschöpfte sich die ältere Forschungsliteratur in teils verklärender Paraphrase, so setzte die neuere auf kritische Analyse des (Miss-)Verhältnisses von Diskurs und Praxis und – die Analyse der Schatten- und Nachtseiten reformpädagogischer Erziehungswirklichkeit, die von Machtbegehren und Machtmissbrauch bis zu sexueller Gewalt an Schülerinnen und Schülern reichte.[1] Kaum eine Rolle spielten dabei allerdings Fragen der sozialen Herkunft der Schülerinnen und Schüler oder der sozialen Auswirkungen und Funktionen reformpädagogischer Programmatiken und Schulversuche.[2] Dazu kam in der neueren Forschungsgeschichte, dass sich die in den 1990er Jahren einsetzende kulturhistorische Forschung dezidiert als Gegenentwurf zur Sozialgeschichte verstand. Die damit verbundene zunehmende Marginalisierung sozialgeschichtlicher Zugänge führte dazu, dass die sozialhistorische Erforschung der Reformpädagogik gleichsam übersprungen wurde. Allerdings hatte die sozialhistorische Forschung die reformpädagogische Bewegung selbst ebenfalls kaum in den Blick genommen.

In meinen folgenden Ausführungen soll es daher um eine sozialhistorische Perspektive auf das Phänomen Reformpädagogik gehen. Auf eine knappe

---

[1] Vgl. hierzu exemplarisch P. Dudek, „Liebevolle Züchtigung". Ein Mißbrauch der Autorität im Namen der Reformpädagogik, Bad Heilbrunn 2012; J. Oelkers, Eros und Herrschaft. Die dunklen Seiten der Reformpädagogik, Weinheim u.a. 2011.

[2] Vgl. zur Kritik auch C. Uhlig, Reformpädagogik: Rezeption und Kritik in der Arbeiterbewegung. Quellenauswahl aus den Zeitschriften *Die Neue Zeit* (1883-1918) und *Sozialistische Monatshefte* (1895/97-1918), Frankfurt/M. 2005, S.36f.; H. Schmitt, Topographie der Reformschulen in der Weimarer Republik: Perspektiven ihrer Erforschung, in: U. Amlung. u.a. (Hg.), „Die alte Schule überwinden". Reformpädagogische Versuchsschulen zwischen Kaiserreich und Nationalsozialismus, Frankfurt/M. 1992, S.9-31, S.10f.

Forschungsbilanz folgen im Hauptteil Beispiele und Überlegungen, mit deren Hilfe Thesen für die Untersuchung der sozialen Dimensionen der Reformpädagogik entwickelt werden sollen. Der Beitrag schließt mit einem kurzen Ausblick auf sozialhistorische Forschungsthemen zur Reformpädagogik.

2. Eine Forschungsbilanz aus Sicht der sozialhistorischen Bildungsforschung

Seit ihrem Beginn in den 1970er Jahren hatten sich sozialhistorische Studien in der Bildungsgeschichte überwiegend Fragen der Bildungssystementwicklung und ihrer gesamtgesellschaftlichen Bedeutung gewidmet.[3] So wurden z.B. in dem DFG-Forschungsprojekt „Qualifikationskrisen und Strukturwandel des Bildungssystems" (QUAKRI) mit zwei Arbeitsgruppen in Bochum und Göttingen in den 1980er Jahren Systemstrukturanalysen vorgenommen und Schülerfrequenzen und deren Entwicklung analytisch darauf bezogen.[4] Quantitative Randphänomene wie die reformpädagogischen Schulgründungen spielten für diese Analysen keine Rolle; die geringe Zahl von Schülerinnen und Schülern, welche die reformpädagogischen Anstalten besuchten, machten diese Anstalten zusätzlich zu einem aus Sicht der Sozialgeschichte vernachlässigbaren Phänomen. Somit blieben sozialhistorische Analysen zur Reformpädagogik in den 1970er und 1980er Jahren aus.

Parallel und weitgehend ohne Berührung mit den sozialhistorischen Fragestellungen und Forschungen hielt sich aber eine Historiographie, die reformpädagogische Einzelschulen oder Konzepte einzelner Reformpädagogen untersuchte. So erfuhr man viele Details über Schulen wie die Freie Schulgemeinde Wickersdorf, die Odenwaldschule, die Lietzschen Landerziehungsheime oder die Hauslehrerschule Berthold Ottos und viele andere mehr sowie über deren Protagonisten, aber dies waren keine Analysen, die von einem übergeordneten allgemeinen Erkenntnisinteresse wie dem sozialhistorischen getragen worden wären.[5] Auch wenn manche dieser Analysen in deut-

---

[3] Vgl. exemplarisch D. K. Müller, Sozialstruktur und Schulsystem. Aspekte zum Strukturwandel des Schulwesens im 19. Jahrhundert, Göttingen 1977.

[4] Vgl. D. K. Müller/B. Zymek (unter Mitarb. von U. G. Herrmann), Sozialgeschichte und Statistik des Schulsystems in den Staaten des Deutschen Reiches 1800-1945. Datenhandbuch zur deutschen Bildungsgeschichte. Bd. II, 1. Teil, Göttingen 1987. H. Titze (unter Mitarb. von H.-G. Herrlitz u.a.), Das Hochschulstudium in Preußen und Deutschland 1820-1944. Datenhandbuch zur deutschen Bildungsgeschichte. Bd. I, 1. Teil, Göttingen 1987. Vgl. auch P. Lundgreen u.a., Bildungschancen und soziale Mobilität in der städtischen Gesellschaft des 19. Jahrhunderts, Göttingen 1988.

[5] Vgl. als Literaturübersicht W. Keim/U. Schwerdt, Reformpädagogik in Deutschland (1890-1933) – zur Einführung, in: W. Keim/U. Schwerdt (Hg.), Handbuch der Reformpädagogik in Deutschland (1890-1933). Teil 1, Frankfurt/M. 2013, S.9-35.

lich kritischer Absicht verfasst wurden, blieb doch das Erkenntnisinteresse grundsätzlich betrachtet gleich: nämlich ein Phänomen, eine Einzelschule, einen Pädagogen bekannt (und dadurch in manchen Arbeiten auch kritisier- und hinterfragbar) zu machen.[6] Eine Ausnahme stellen hier die Forschungen von Jürgen Oelkers dar, die – wie in „Eros und Herrschaft – die dunklen Seiten der Reformpädagogik" (2011) oder bereits in seiner frühen Monographie „Reformpädagogik – eine kritische Dogmengeschichte" (1989) – systematisch die Erzählung von einer einheitlichen, pädagogisch vorbildhaften Bewegung demontierten.[7]

Es ist inzwischen bekannt, dass sich das historische Phänomen Reformpädagogik, das im vorliegenden Beitrag für die Zeit des Kaiserreichs und der Weimarer Republik in den Blick genommen wird, nicht auf wenige Landerziehungsheime reduzieren lässt, sondern in vielen, z.T. kurzlebigen Schul- und Internatsgründungen existierte. So gab es im Kaiserreich und besonders in der Weimarer Republik eine Vielzahl privater und öffentlicher reformpädagogischer Versuchsschulen, sowohl auf dem Land als auch in den Großstädten. In den Großstädten wurde in der Weimarer Republik insbesondere auch die Volksschulebene Teil reformpädagogisch inspirierter staatlicher Schulversuche.[8] So bleibt trotz einer wachsenden Zahl von Einzelstudien[9] das Phänomen Reformpädagogik in seiner Breite noch unausgeleuchtet. Dies gilt sogar für die etwa drei Dutzend Landerziehungsheime[10] zwischen 1900 und dem Ende der Weimarer Republik, weil auch hier immer wieder die ‚Big Five', d.h. die ersten drei Lietzschen Gründungen Ilsenburg, Haubinda und

---

[6] Vgl. mit kritischer Absicht P. Dudek, „Versuchsacker für eine neue Jugend" – Die Freie Schulgemeinde Wickersdorf 1906-1945, Bad Heilbrunn 2009. Oder auch ders., „Wir wollen Krieger sein im Heere des Lichts": Reformpädagogische Landerziehungsheime im hessischen Hochwaldhausen 1912-1927, Bad Heilbrunn 2013.

[7] Jürgen Oelkers' Monographie hatte zudem den Epochencharakter der Reformpädagogik dekonstruiert, indem Vorläufer und Kontinua sichtbar gemacht wurden (vgl. J. Oelkers, Reformpädagogik. Eine kritische Dogmengeschichte, Weinheim/München 2005⁴, S.27ff.). Zugleich wurde die Zuschreibung als eine Avantgarde ‚guter Pädagogik' problematisiert, denn: „Generell wird ‚Schulreform' mit Hilfe sehr stabiler Motive und Themen konzipiert, an die die Schulreformdiskussion nach 1890 anschließt, ohne sie zu prüfen und zu verändern. Es sind einfach fortlaufende Assoziationsketten, die immer neu aktiviert werden können, ohne auf die Veränderungen der Praxis zu achten." Ebd., S.40.

[8] Vgl. Schmitt, Topographie, a.a.O. (Anm. 2), S.9-31; Keim/Schwerdt, Schule, in: dies., Reformpädagogik, a.a.O. (Anm. 5), Teil 2, S.657-775, S.730.

[9] Vgl. exemplarisch M. Näf, Paul und Edith Geheeb-Cassirer. Gründer der Odenwaldschule und der Ecole d'Humanité. Deutsche, internationale und schweizerische Reformpädagogik 1910-1961, Weinheim 2006; D. Haubfleisch, Schulfarm Insel Scharfenberg. Mikroanalyse der reformpädagogischen Unterrichts- und Erziehungsrealität einer demokratischen Versuchsschule im Berlin der Weimarer Republik. 2 Bde., Frankfurt/M. 2001.

[10] Vgl. U. Schwerdt, Landerziehungsheimbewegung, in: J. Reulecke/D. Kerbs (Hg.), Handbuch der Lebensreformbewegungen 1880-1933, Wuppertal 1998, S.395-409, S.395ff.

Bieberstein sowie die Freie Schulgemeinde Wickersdorf und die Odenwaldschule herangezogen werden, wobei sich die beiden Letztgenannten als Sezessionen dezidiert gegen das pädagogische Konzept von Herrmann Lietz stellten.
Dass noch viele weitere Einzelstudien fehlen, ist aber nur die eine Seite. Die andere Seite ist, dass mit weiteren Einzelstudien zunächst noch nicht viel gewonnen ist, denn die bildungshistorische Forschung erfasst das Phänomen Reformpädagogik bislang kaum unter übergeordneten Erkenntnisinteressen wie z.b. einem sozialhistorischen. So bleibt die systematische Forschungstätigkeit hauptsächlich darauf bezogen, was man unter ‚Reformpädagogik' verstehen könnte,[11] nicht aber darauf, welche Funktion Reformpädagogik z.b. im Rahmen einer Analyse von Sozialstruktur und sozialer Mobilität bzw. Reproduktion in einer bestimmten Epoche besessen hat.[12] Dass dies so ist, liegt zum einen an der Uneinheitlichkeit des Phänomens selbst. *Die* Reformpädagogik gibt es nicht. Die durch Autoren der Geisteswissenschaftlichen Pädagogik wie insbesondere Herman Nohl und Wilhelm Flitner postulierte und propagierte Einheitlichkeit einer ‚pädagogischen Bewegung' ist dementsprechend eine forschungsgeschichtlich machtvolle Chimäre[13] und konnte durch verschiedene Studien bis in die 1990er Jahre aufrechterhalten werden.[14] Diese Publikationen verstärkten argumentativ einen Diskurs, der – angestoßen von diversen Reformpädagogen zwischen der Jahrhundertwende 1900 und den 1920er Jahren und aufgegriffen durch die Geisteswissenschaftliche Pädagogik – Pädagogik und Prozesse des Aufwachsens sowie deren Bewertung normativ an spezifische Prinzipien und Kategorien wie ‚vom Kinde aus', ‚Gemeinschaft', ‚Charakter' usw. binden wollte.
Ich nehme die Frage, was denn prinzipiell mit einer „Reformpädagogischen Bewegung" bezeichnet werden könnte, in diesem Beitrag insofern auf, als ich

---

[11] Dies ist auch letztlich die Intention des zweibändigen Handbuchs von W. Keim und U. Schwerdt, Reformpädagogik, a.a.O. (Anm. 5).

[12] In dieser Richtung C. Groppe, Die Macht der Bildung. Das deutsche Bürgertum und der George-Kreis 1890-1933, Köln u.a. 1997, S.341ff.

[13] Vgl. H. Nohl, Die pädagogische Bewegung in Deutschland und ihre Theorie, Frankfurt a.M. 1970[7]; H. Nohl, Die Deutsche Bewegung. Vorlesungen und Aufsätze zur Geistesgeschichte von 1770-1830, Göttingen 1970. Nohls Texte stammen überwiegend aus den 1930er Jahren. Die ‚deutsche Bewegung' z.B. wurde 1939 als Manuskript verfasst, die ‚pädagogische Bewegung' 1933/35. Vgl. auch W. Flitner/G. Kudritzki (Hg.), Die deutsche Reformpädagogik. 2 Bde., Stuttgart 1961 und 1982; W. Flitner, Die pädagogische Bewegung. Beiträge, Berichte, Rückblicke. Gesammelte Werke Bd. 4, Paderborn u.a. 1987.

[14] In dieser Tradition stehen z.B. Darstellungen wie die von Wolfgang Scheibe (zuerst 1969 und dann immer wieder aufgelegt) und Hermann Röhrs (1986, ebenfalls immer wieder aufgelegt), beide selbst Flitner-Schüler. Vgl. W. Scheibe, Die reformpädagogische Bewegung 1900-1932: eine einführende Darstellung, Weinheim u.a. 1969; H. Röhrs, Die Reformpädagogik. Ursprung und Verlauf unter internationalem Aspekt, Weinheim 1986.

davon ausgehe, dass sich die Verbindung zwischen konzeptionell äußerst heterogenen pädagogischen Ansätzen nicht durch deren zwangsweise inhaltliche Homogenisierung ergibt, sondern durch ihre gemeinsame Zugehörigkeit zu einer neuen, bürgerlichen ‚Episteme' (Michel Foucault).[15] Diese neuen Episteme sehe ich in einer emotionalen, erlebnishaft-emphatischen Grundeinstellung zur Welt, mit der Pädagogik und kindliche Entwicklungsprozesse an der Jahrhundertwende konzipiert und begrifflich suggestiv aufgeladen wurden. Ich komme im Verlauf dieses Beitrags darauf zurück. An dieser Stelle ist zunächst festzuhalten, dass ich meinen Begriff von Reformpädagogik an das Vorhandensein einer solchen Episteme binde, was die Integration inhaltlich sehr unterschiedlicher pädagogischer Konzepte zulässt. Ich sehe das Gemeinsame also nicht primär in inhaltlichen Aussagen, sondern in der Form der Rede und in einer besonderen Form der Emotionalisierung, Emphatisierung und auch Pathetisierung von Pädagogik.

Der zu erwartende Erfolg der reformpädagogischen Bewegung wurde in den Texten der Reformpädagogen aus ihrer ‚guten' Idee abgeleitet, an der sich nicht nur die Pädagogik aller anderen Institutionen zu messen habe, sondern die auch umstandslos als bestehende Praxis in den entsprechenden Landerziehungsheimen oder Reformschulen ausgegeben wurde.[16] Das emphatisch-pathetische Sprechen ersetzte dabei das Argument und den empirischen Nachweis. Gerold Becker, langjähriger Schuldirektor der Odenwaldschule und der vielfältigen sexuellen Gewalt an seinen Schülern überführt, demonstrierte dies noch 2007 für die Odenwaldschule. Dieser wird die „überzeitliche Aufgabe" zugewiesen, die „Entwicklung der Kinder zu Menschen und zur Menschheit" ins Werk zu setzen. Damit dies gelingt, bedarf es einzig der richtigen Gesinnung: „Der Weg zu diesem Ziel war dadurch bestimmt, dass Paul und Edith Geheeb Kinder bedingungslos ernstnahmen und ein fast unbegrenztes Vertrauen in ihre Entwicklungs- und Lernmöglichkeiten hatten."[17]

---

[15] Vgl. zum Begriff der Episteme M. Foucault, Die Ordnung der Dinge. Eine Archäologie der Humanwissenschaften, Frankfurt/M. 1974; H. R. Jauß, Der literarische Prozeß des Modernismus von Rousseau bis Adorno, in: ders., Studien zum Epochenwandel der ästhetischen Moderne, Frankfurt/M. 1989, S.67-103, S.71ff. Foucault spricht vom „epistemologischen Raum" von Epochen (S.11). Hier geht es um Voraussetzungen und Rahmungen von Erkenntnisprozessen, als das „positive Unbewußte des Wissens" (ebd.). „Die fundamentalen Codes einer Kultur, die ihre Sprache, ihre Wahrnehmungsschemata, ihren Austausch, ihre Techniken, ihre Werte, die Hierarchie ihrer Praktiken beherrschen, fixieren gleich zu Anfang für jeden Menschen die empirischen Ordnungen, mit denen er zu tun haben und in denen er sich wiederfinden wird." (S.22). Vgl. auch Groppe, Macht der Bildung, a.a.O. (Anm. 12), S.68f. und passim.
[16] Vgl. J. Oelkers, Landerziehungsheime und Reformpädagogik, in: D. Miller/J. Oelkers (Hg.), Reformpädagogik nach der Odenwaldschule – wie weiter? Weinheim/Basel 2014, S.197-204, S.200f.
[17] Zitate n. Oelkers, Landerziehungsheime, a.a.O. (Anm. 16), S.201.

Die – trotz durchaus unterschiedlicher pädagogischer Konzepte, z.B. zwischen Wickersdorf und der Odenwaldschule, den Lietzschen Landerziehungsheimen und den Waldorfschulen, der Ottoschen Hauslehrerschule und den Hamburger Versuchsschulen – überwiegend gleiche Begrifflichkeit und die neue Episteme einer emotionalisiert-emphatischen Grundhaltung zur Welt ermöglichten dann, dass die aus jugendbewegten und reformpädagogischen Kreisen stammenden ersten Lehrstuhlinhaber der Pädagogik in der frühen Bundesrepublik eine Traditionslinie aufbauten, welche die Reformpädagogik zwischen Jahrhundertwende und Nationalsozialismus zu einer machtvollen, pädagogisch durchweg positiv zu bewertenden Bestrebung innerhalb deutscher Staaten voller Schulkasernen, autoritärer Lehrer, freudlosen Frontalunterrichts und Wissensmassen in Kaiserreich und Weimarer Republik verklärte, ihr also einen emanzipatorischen Charakter zuschrieben.

In der lange Zeit unhinterfragten Übernahme zentraler Aussagen dieser Traditionslinie entstand aber zugleich eine sozial indifferente Geschichtsschreibung, denn sie war weit davon entfernt, soziale Zusammenhänge, seien es soziale Voraussetzungen oder soziale Konsequenzen der reformpädagogischen Bestrebungen, einzubeziehen. Im Gegenteil: In den reformpädagogischen Programmschriften wurde eine universale pädagogische (Er)Lösung propagiert, unabhängig von sozialen Voraussetzungen und Kontexten. Die argumentative Kunstfigur des Kindes als sozial unberührte anthropologische Konstante überdeckte alle sozialen Differenzen.[18] Die affirmative Interpretationslinie im Mainstream der Geschichtsschreibung der Reformpädagogik folgte dieser Programmatik, die kritische destruierte sie, nahm aber gleichzeitig die Leerstelle des Sozialen nicht als Forschungsthema auf.

3. Sozialgeschichtliche Bildungsforschung und Reformpädagogik: Beispiele und Thesen

Ich schließe in meinen Ausführungen an die Definition von Sozialgeschichte an, welche die sogenannte ‚Bielefelder Schule' um Hans-Ulrich Wehler in den 1970er Jahren entwickelt hat und der im Großen und Ganzen auch die sozialhistorische Bildungsforschung gefolgt ist. Grundsätzlich handelt es sich dabei um eine Konzeption, die den ‚objektiven Verhältnissen': d. s. Sozialstruktur, Institutionen, Ökonomie und materielle Lagen, quasi-determinieren-

---

[18] Vgl. zur abstrakten Figur ‚des Kindes' und zur Idee seines organischen Wachstums in der Reformpädagogik G. Kluchert, Die Schule des Kaiserreichs, in: H. Becker/G. Kluchert, Die Bildung der Nation. Schule, Gesellschaft und Politik vom Kaiserreich zur Weimarer Republik, Stuttgart 1993, S.1-143, S.140f. Hier auch Hinweise auf die mangelnde Sensibilität der Reformpädagogen für soziale Fragen jenseits einer pauschalen und radikalen Kulturkritik.

minierende Wirkungen auf individuelle Persönlichkeitsentwicklungen und kollektive Bewusstseinslagen sowie auf das politische und gesellschaftliche Handeln zuschreibt. Damit wird die Bedeutung von einzelnen Biographien und Handlungen, seien es auch die ‚großer Männer', erst einmal ebenso in Frage gestellt wie die Bedeutung historischer Akteure generell. Institutionen wie das Bildungssystem werden von politischen Konstellationen und gesellschaftlichen Interessenlagen her interpretiert und die historischen Subjekte in die Funktionslogik der Institutionen und Strukturen eingeordnet.[19] Der Erklärung sozialer Ungleichheit und der Funktion des Bildungssystems in diesem Zusammenhang kam in der sozialhistorischen Bildungsforschung eine große Bedeutung zu. Bildungssystemanalysen und Prozessanalysen mit seriellen Quellen und unter Erstellung von Datenreihen[20] sollten dies aufklären, Klassenschulsysteme in ihren institutionellen Mechanismen und bildungspolitischen Zielsetzungen durchsichtig werden. Detlef K. Müllers Monographie „Sozialstruktur und Schulsystem" von 1977 trägt diese Programmatik im Titel.[21]

Interessanterweise wurden sozialhistorische Fragestellungen und entsprechende forschungsmethodische Zugriffe in den 1970er Jahren nicht auf die Analyse der Reformpädagogik übertragen. Im Gegenteil ignorierte die sozialhistorische Bildungsforschung die Reformpädagogik vollständig. Meine Hypothese ist, dass dies geschah (neben der quantitativen Bedeutungslosigkeit der Reformpädagogik), weil die Geschichtsschreibung der Reformpädagogik eine andere pädagogische ‚Schule' repräsentierte: eine ältere, normativ und biographisch orientierte Ideengeschichte, die insbesondere durch ältere Lehrstuhlinhaber vertreten wurde. Es war im Kampf um Anerkennung und Platzierung im wissenschaftlichen Feld offenbar erfolgversprechender, neue Forschungsfragen und -objekte zu etablieren, als sich an alten konkurrenzbelastet abzuarbeiten.[22] Gleichwohl ist damit ein sozialhistorisches Erkenntnis-

---

[19] Vgl. T. Mergel, Kulturgeschichte – die neue „große Erzählung"? Wissenssoziologische Bemerkungen zur Konzeptualisierung sozialer Wirklichkeit in der Geschichtswissenschaft, in: H.-U. Wehler/W. Hardtwig (Hg.), Kulturgeschichte heute, Göttingen 1996, S.41-77; P. Maeder u.a. (Hg.), Wozu noch Sozialgeschichte? Eine Disziplin im Umbruch, Göttingen 2012, insb. die Einleitung der Herausgeber, S.7-24.

[20] Vgl. Müller u.a., Datenhandbuch, a.a.O. (Anm. 4); Titze u.a., Datenhandbuch (Anm. 4); Lundgreen u.a., Bildungschancen, a.a.O., (Anm. 4).

[21] Vgl. Müller, Sozialstruktur, a.a.O. (Anm. 3).

[22] Vgl. M. Dehnavi u.a., Gedächtnispolitik in den Geisteswissenschaften. Wissenspfade und Wissenskonflikte am Beispiel der Geschichtswissenschaft, Erziehungswissenschaft und Germanistik in den 1960er und 1970er Jahren, in: K. Amos u.a. (Hg.), Erinnern, Umschreiben, Vergessen. Die Stiftung des disziplinären Gedächtnisses als soziale Praxis, Weilerswist 2015 (im Erscheinen).

interesse an den reformpädagogischen Bestrebungen nicht erledigt und kann nicht ohne Verluste durch kulturhistorische Analysen ersetzt werden. Im Rahmen des kulturgeschichtlichen Ansatzes spielen Fragen der Bedeutung von Erzählungen, Ritualen und Symbolen für den Zusammenhalt von Gesellschaften und für die Entwicklung individueller und kollektiver Weltdeutungen und Identitäten eine zentrale Rolle sowie die damit in Zusammenhang stehenden Handlungen einzelner Akteure oder Kollektive.[23] Dabei wird in kulturhistorisch orientierten Forschungsarbeiten aber zu wenig reflektiert, in welchem Verhältnis Symbolsysteme und Handlungen zu sozialen Strukturen und Institutionen stehen. Auch wenn ‚Kultur' als ein Deutungsrahmen begriffen wird, durch den Ereignisse, Institutionen und Verhaltensweisen erst beschreib- und verstehbar werden, muss doch geklärt werden, wie die Handlungsorientierungen und die Sinnelemente der Welt- und Selbstdeutung der Akteure entstehen, auf welche Weise sie historisch verstetigt oder verändert werden und warum sie gruppenspezifisch variieren können.[24] Mit der Kulturgeschichte einher ging daher eine analytische Vernachlässigung sozialer Fragen, die sich z.B. in der vielfach anzutreffenden begrifflichen Verschiebung von ‚Differenz' zu ‚Diversität', von sozial relevanter Ungleichheit zu Verschiedenheit, widerspiegelt.[25] Gleichzeitig fehlte der sozialhistorischen Bildungsforschung eine differenzierte Sicht auf die Tätigkeit der Subjekte und auf die mikro- und makrohistorische Bedeutung ihrer individuellen und kollektiven Handlungen, wie sie die kulturhistorische Herangehensweise betont. Am ehesten traten die historischen Subjekte in der sozialhistorischen Bildungsforschung noch in Gestalt von gesellschaftlichen Interessengruppen oder von Eliten auf,[26] die gesellschaftliche Strukturen und Institutionen, z.B. das Bildungssystem, für sich zu gestalten und zu nutzen verstanden. So war der Staat – und hier blieb die Sozialgeschichte eine sozialhistorisch inspirier-

---

[23] Vgl. dazu A. Reckwitz, Die Transformation der Kulturtheorien. Zur Entwicklung eines Theorieprogramms, Weilerswist 2000.
[24] Vgl. dazu Mergel, Kulturgeschichte, a.a.O. (Anm. 19), S.60 und S.70f.
[25] Vgl. dazu G. Kluchert u.a., Bildung und Differenz in historischer Perspektive. Facetten des Themas, Stand der Forschung, Trends und Ausblicke, in: C. Groppe u.a. (Hg.), Bildung und Differenz. Historische Analysen zu einem aktuellen Problem, Wiesbaden 2016, S.1-17. Andreas Reckwitz weist darauf hin, dass in der Kulturtheorie (in ihrer Bedeutung als neue Sozialtheorie) zwei verschiedene Ansätze verfolgt werden. Der eine begreift die Wissensordnungen und Symbolsysteme als die entscheidende Größe, um Gesellschaft bzw. das Handeln der Akteure zu verstehen, die andere geht von den Akteuren aus, die diese Wissensordnungen erst konstituieren. Vgl. Reckwitz, Kulturtheorien, a.a.O. (Anm. 23), S.548.
[26] Vgl. exemplarisch D. K. Müller, Qualifikationskrise und Schulreform, in: Zeitschrift für Pädagogik, 14. Beiheft 1977, S.13-35. Vgl. in der Fachhistorie Wehlers berühmte ‚alte Eliten', z.B. in ders., Das deutsche Kaiserreich 1871-1918, Göttingen 1973, S.53ff. sowie ders., Deutsche Gesellschaftsgeschichte Band 3, 1849-1914, München 1995, S.805ff., S.843ff.

te Politikgeschichte[27] – immer auch Agent sozial privilegierter Klassen oder Gruppen, auch wenn sie letztlich funktional im Sinne der vorgegebenen Strukturen handelten. Der Sozialgeschichtsschreibung klassischer Provenienz werde ich dementsprechend nicht folgen. Das genannte Problem der Einseitigkeit der sozial- oder kulturhistorischen Perspektiven ist nämlich dann überwindbar, wenn Sozial- und Kulturgeschichte als sich ergänzende Aspekte verstanden werden, in diesem Beitrag als eine kulturhistorisch inspirierte Sozialgeschichte, die Fragen sozialer Ungleichheit möglichst komplex nachgehen will und dazu das Handeln von Akteuren und symbolische Ordnungen durch Texte, Räume, Bilder usw. einbezieht.

Ich halte zunächst fest: Die Geschichtsschreibung zur Reformpädagogik hat sich seit ihrer älteren, hagiographischen Linie stark weiterentwickelt. Sie hat die Heterogenität des Phänomens erfasst, sie hat eine Vielzahl von Einzelschulen in ihrer Programmatik und Geschichte dargestellt, Gründerfiguren kritisch hinterfragt, die Machtfrage gestellt[28] und die Divergenz von Theorie und Praxis entlarvt. Soziale Zusammenhänge, insbesondere im Sinne sozialer Ungleichheit, sind dabei aber nur vereinzelt angesprochen und nicht als konkreter Analysekontext oder als dezidierte Forschungsperspektive entwickelt worden. So wurde zwar dargestellt, dass z.B. viele der großstädtischen Versuchsschulen in Berlin oder Hamburg in den 1920er Jahren eine Klientel avisierten, die als sozial schwächer eingestuft wurde, während die Landerziehungsheime durchweg eine vermögende bürgerliche Klientel ansprachen.[29]

---

[27] Vgl. Maeder, a.a.O. (Anm. 19), S. 13ff.
[28] Vgl. M. Caruso, Biopolitik im Klassenzimmer. Zur Ordnung der Führungspraktiken in den Bayerischen Volksschulen (1869-1918), Weinheim 2003, S.379ff.
[29] Vgl. S. Reh, „Der aufmerksame Beobachter des modernen großstädtischen Lebens wird zugeben, dass die Familie heute leider nicht mehr den erzieherischen Wert früherer Tage besitzt." Defizitdiagnosen zur Familie als wiederkehrendes Motiv in deutschen reformpädagogischen Schulentwürfen und Schulreformdiskursen im ersten Drittel des 20. Jahrhunderts, in: J. Ecarius u.a. (Hg.), Familie und öffentliche Erziehung. Theoretische Konzeptionen, historische und aktuelle Analysen, Wiesbaden 2009, S.159-182, S.169f.
Gleichzeitig blieb in den Landerziehungsheimen die soziale Herkunft der Schüler in gewisser Weise präsent. Hier wurde sie aber immer nur dann bemüht, wenn die Integration oder die erwartete Entwicklung der Schüler im Sinne der Schule zu scheitern drohten. Dann war die Umwelt schuld, die Eltern, z.T. auch die jüdische Herkunft (Lietz, Wyneken), die vorherigen Sozialisationserfahrungen in der Großstadt usw., welche die reine Kindesnatur bereits deformiert hätten. Die Eltern mussten bei der Anmeldung in den Lietzschen Landerziehungsheimen ein vierseitiges Formular ausfüllen, das „erstmals in der Geschichte der deutschen Schule" nach der Abstammung fragte und als mögliche Antworten „indogermanisch" und „semitisch" vorgab. D. K. Müller, Schulkritik und Jugendbewegung im Kaiserreich (eine Fallstudie), in: ders. (Hg.), Pädagogik, Erziehungswissenschaft, Bildung. Eine Einführung in das Studium, Köln u.a. 1994, S.191-222, S.215f.

Auch welche Rolle die Herkunftsmilieus der Schülerschaft in den großstädtischen Versuchsschulen spielten, z.B. in Berlin oder Hamburg vor und nach dem Ersten Weltkrieg, d.h. wie Lehrerschaft und Schulbehörde Elternarbeit leisteten, um diese für eine Erziehungsarbeit im Sinne der Reformschulen zu gewinnen, ist verschiedentlich untersucht worden.[30] Aber es fehlt doch eine sozialhistorische Fragestellung, die dezidiert nach der Bedeutung der Sozialstruktur und der sozialen Milieus für die diversen reformpädagogischen Schulversuche sowie nach den sozialen Effekten reformpädagogischer Überzeugungen und Praktiken wie z.B. sozialer Reproduktion fragt.

Ich werde im folgenden Teil des Beitrags anhand einiger Beispiele Thesen entwickeln, die einer weiteren empirischen Überprüfung bedürfen. Ziel ist es darzustellen, dass die sozialhistorische Perspektive in ihrer kulturhistorischen Erweiterung neue Ergebnisse hinsichtlich des Phänomens Reformpädagogik erzielen kann.

Max Weber hatte – im kulturkritisch-fatalistischen Duktus seiner Zeit – auf die Problematik wachsender Institutionalisierung in der Industriegesellschaft des Kaiserreichs hingewiesen: Das „stahlharte Gehäuse"[31] sei mit der Konsequenz der „Entzauberung der Welt und [der] Verlegung des Weges zum Heil ... in die aktiv asketische Weltbearbeitung"[32] verbunden. Weber schien dieser Weg unausweichlich, die individuelle Freiheit der Lebensführung werde zugunsten sozialer Rollenwahrnehmung in einer verwalteten Welt eliminiert. In ähnlicher Weise hatten auch Georg Simmel, Ernst Troeltsch, die Mitglieder des George-Kreises, Paul de Lagarde, die Jugendbewegung u.v.a. das moderne Individuum nur noch als Schnittpunkt sozialer Rollen charakterisiert.[33] Die jungen, bereits in der Zeit des Kaiserreichs geborenen bürgerlichen Generationen an der Jahrhundertwende hielten dementsprechend die von ihrer Elterngeneration als Errungenschaft empfundenen Normen, Werte und lebensweltlichen Veränderungen – Säkularisierung und Rationalisierung der Lebensführung, Ausdifferenzierung und Autonomisierung der sozialen Felder, technischer Fortschritt – für eine naive, die Probleme der Industriegesellschaft verkennende Haltung und deren Wertschätzung für eine die Prob-

---

[30] Vgl. Reh, Beobachter, a.a.O. (Anm. 29); R. Lehberger, „Schule als Lebensstätte der Jugend". Die Hamburger Versuchs- und Gemeinschaftsschulen in der Weimarer Republik, in: Amlung, Schule, a.a.O. (Anm. 2), S.32-64.

[31] Vgl. M. Weber, Die protestantische Ethik. Eine Aufsatzsammlung, hg. von Johannes Winckelmann, Tübingen 1965, S.188.

[32] M. Weber, Die Wirtschaftsethik der Weltreligionen, in: ders., Gesammelte Aufsätze zur Religionssoziologie I, Tübingen 1963⁵, S.237-573, S.262f.

[33] Vgl. Groppe, Macht der Bildung, a.a.O. (Anm. 12), S.156ff.

leme nicht lösende, sondern verschärfende Sichtweise.[34] Lebensphilosophische und lebensreformerische Konzepte aller Art waren dann Ausdruck von Bestrebungen, in denen nicht eine kritische Durchdringung der neuen gesellschaftlichen Entwicklungen dominierte, sondern eine erlebnishaftemphatische, nach Synthesen suchende Grundeinstellung zur Welt, die bis in die Texte und Reden der Arbeiterschaft reichte. Insgesamt handelte es sich um einen tiefgreifenden und grundlegenden Wandel im Bewusstsein und in der Haltung zur Gesellschaft. Daher kann man in diesem Zusammenhang von einem neuen Welt- und Selbstverständnis, einer neuen ‚Episteme' sprechen.[35] Die neue Episteme war dementsprechend nicht auf die sprachliche Fassung beschränkt, so dass dann in der historischen Analyse ein darunter verborgener rationaler Kern herausgearbeitet werden könnte, sondern die erlebnisorientierte Emphase und die synthetisierenden und emotionalisierten, pathetischen Sprachformen und -formeln *waren* der Inhalt. Die neue Episteme war zugleich konstitutiver Bestandteil symbolischer, auch habituell neu konturierter Interaktionen in dafür eingerichteten reformpädagogischen Arenen. Suggestive Leerformeln wie „Die neue Selbstentfaltung des Lebens heißt Jugend"[36] oder „Größe, Schönheit und Adel"[37] waren deren diskursive Rahmung. So wird in den programmatischen Texten zumeist etwas ‚Verschüttetes' entdeckt; eine bislang verborgene Wahrheit, die durch bereits wissende und begreifende Pädagogen ans Licht gebracht wird, ihre Wirkung nun gleichsam naturgesetzlich entfaltet (begleitet durch eine auf diese natürlichen Prozesse bezogene neue Pädagogik) und sich am Gelingen der kindlichen und jugendlichen Entwicklung bewährt:

„An Einzelreformen und in persönlichen Einzelerscheinungen wächst das Ahnen von einer grundstürzenden Umwandlung der Erziehung; ... Die es nicht hören wollen, mögen es sehen, wie die Jugend sich heute zum Bewußtsein ihres Wesens ringt ... Wir wollen die Jugend nicht modeln; wir wollen mit ihr leben, wir wollen ihr leben. ... Uns ist nun nach der Schranke zwischen Leben und Schule auch die

---

[34] Vgl. C. Groppe, Kulturkritik und ‚Geistesgeschichte' als Kanonisierung. Debatten und Konflikte in den Geistes- und Sozialwissenschaften im Kaiserreich und in der Weimarer Republik, in: J. Ecarius/J. Bilstein (Hg.), Standardisierung und Kanonisierung. Erziehungswissenschaftliche Reflexionen, Wiesbaden 2009, S.31-52.
[35] Vgl. M. Foucault, Die Ordnung der Dinge, a.a.O. (Anm. 15) sowie die Ausführungen in Anm. 15.
[36] G. Wyneken, Die Freie Schulgemeinde Wickersdorf, in: G. Porger (Hg.), Neue Schulformen und Versuchsschulen, Bielefeld/Leipzig 1925, S.14-58, S.27.
[37] Durch neue – nach Wickersdorfer Konzept errichtete – Schulen sollte die Jugend Träger des ‚Kulturfortschritts' werden, dazu befähigt durch die „Kultivierung ihrer eigenen besten Instinkte". G. Wyneken, Jugendkultur (1914), in: ders., Ein Kampf für die Jugend. Gesammelte Aufsätze, Jena 1919, S.122-127, S.125.

Schranke zwischen Leben und Kind endlich gefallen. Dieses Maß seiner selbst, dieses Kind ist ganze, unzerlegbare Natur ..."[38]

Im emphatisch-pathetischen Diskurs der Reformpädagogik eröffnete dann der pädagogische Raum der öffentlichen Versuchsschulen und privaten Landerziehungsheime jenseits aller sozialen Voraussetzungen die Entwicklung ‚des Kindes' oder ‚der Jugend' als anthropologisch unwandelbare und nicht sozial konnotierte Lebensphase, so dass die Reformschulen wie einzelne Arche Noahs auf einem Meer entfremdender Gesellschaftsentwicklungen und diese stützender Bildungseinrichtungen erschienen. Bildung konnte für die reformpädagogischen Protagonisten daher auch nicht mehr in einem curricular geplanten Prozess in den Regelschulen erworben, sondern nur noch in einer gleichdenkenden Gemeinschaft durch ‚Erlebnisse' angestoßen werden. „Wer Menschheit sagt, will betrügen", heißt es bei Carl Schmitt.[39] De facto gab es unterhalb der universalen Programmatik partikularistische Interessen. Wie sich bürgerliches Denken seit dem späten 18. Jahrhundert immer als universal gültiges programmatisch platziert hatte, so auch hier. Universale Kategorien, hier ‚das Kind', ‚die Jugend', ‚die Pädagogik', bestimmten die Texte, so dass sich an der gymnasialen ‚Schulkaserne' mit ihren Lern- und Leistungsanforderungen leidende Kinder des höheren Bürgertums und ihre Eltern ebenso angesprochen fühlen konnten[40] wie Eltern der Arbeiterschicht, in deren Wohnvierteln staatliche Versuchsvolksschulen gegründet wurden. Auf diese Weise konnten auch die Bestrebungen der Arbeiterschaft in den politisch-weltanschaulichen Diskurs der Reformpädagogik eingebunden werden.[41] Als Ziel der Arbeiterbewegung wurde aber nicht deren soziale

---

[38] J. Gläser, Vom Kinde aus, in: Porger, Schulformen, a.a.O. (Anm. 36), S.203-216, S.203ff.
[39] C. Schmitt, Der Begriff des Politischen. Text von 1932 mit einem Vorwort und drei Corollarien, Berlin 1963, S.55. Schmitt formulierte den Satz im Zusammenhang mit Kriegsbegründungen, die „im Namen der Menschheit geführt werden", durch den aber ein Staat de facto „einen universalen Begriff zu okkupieren sucht". (ebd.).
[40] Vgl. Groppe, Macht der Bildung, a.a.O. (Anm. 12), S.34ff.
[41] So beschrieb z.B. Fritz Karsen zwar recht deutlich die Divergenz von Arbeiterleben und bürgerlicher Existenz (S.104ff.) und forderte auch die Selbstorganisation der Arbeiterschaft, endete dann aber doch in lebensreformerischer Gemeinschaftsromantik: „Bewußtsein und Sein – oder vielmehr Werden – der Arbeiterbewegung finden sich. Dieses Bewußtsein ist kein Denken über eine Wirklichkeit, über ein Sein, über eine tote Materie, die in logischen Gegensätzen analysiert werden kann, sondern es ist das Erlebnis gestaltender Kräfte, Schau des Lebens in der Einheit seines Werdens ... Leben also ist nur als Arbeit am Werk der Kultur ... Gemeinschaft endlich ist das intensivste Erlebnis in der Arbeit..." F. Karsen, Deutsche Versuchsschulen der Gegenwart und ihre Probleme, Leipzig 1923, S.109ff. Karsen fand dann im Verlauf der 1920er Jahre zu einer Distanz vom emphatisch-pathetischen pädagogischen Diskurs.

Emanzipation formuliert, sondern eine von sozialen Ansprüchen deutlich entschärfte ‚Erziehung zu Neuen Menschen'.[42] Dieses Ziel bestimmte in sendungsbewusstem und sozialromantischem Duktus auch die Texte der Hamburger Schulreformer in den 1920er Jahren. Die sogenannten Versuchs- oder Gemeinschaftsschulen, die in Hamburg am Beginn der Weimarer Republik von der Hamburger Oberschulbehörde auf Volksschulebene eingerichtet wurden, besaßen Lehrplanfreiheit, ein nicht amtlich bestelltes, sondern nach individueller Arbeitsplatzwahl der Lehrkräfte zusammengestelltes Kollegium, waren vom Bezirkszwang befreit wie von der Verpflichtung, vorgegebene Lernziele am Ende der Grund- und der Volksschule erreichen zu müssen.[43] Die vier von der Oberschulbehörde zugelassenen Versuchsvolksschulen „Tieloh-Süd", „Telemannstraße 10", „Berliner Tor" und „Wendeschule" wurden, wenn auch nicht ausschließlich, durch Kinder der Arbeiterschaft und des unteren Mittelstandes besucht.[44] In Abwehr einer insinuierten geringeren Leistungsfähigkeit und defizitären Charakterentwicklung der Schülerinnen und Schüler heißt es in den Schulberichten zur Wendeschule:

„... seht euch nur einen Teil unserer Jungen und Mädchen an und ihr werdet vielleicht ahnen, daß hier eine Generation aufwächst, die mit einer viel strengeren und härteren Lebensauffassung durchs Leben geht als unsere Generation sie jemals besessen hat. Müssen wir erst erwähnen, daß ein Teil unserer Schulentlassenen sich ohne unsere Beeinflussung Abstinenzbewegungen anschließt?"[45]

Zur Schule Tieloh-Süd heißt es in diesem Zusammenhang:

---

[42] Das sah ein Teil der Arbeiterbewegung zwar durchaus kritisch, insbesondere der sozialistische Teil; hier wurde insbesondere die mangelnde politische Dimension und Emanzipation in der Reformpädagogik kritisiert. Dennoch gab es auch hier eine positive Haltung zur bürgerlichen Reformpädagogik, sowohl im Kaiserreich als auch in der Weimarer Republik. Clara Zetkin hielt die Landerziehungsheime für die „reifste, höchste Frucht der bürgerlichen Pädagogik", die aber in der bürgerlichen Gesellschaft nicht zu ihrer Entfaltung kommen könne. C. Zetkin, Rede zur Gründung einer sozialistischen Jugendorganisation 1908. Zit. n. C. Uhlig (Hg.), Reformpädagogik und Schulreform. Diskurs in der sozialistischen Presse der Weimarer Republik, Frankfurt/M. u.a. 2008, S.94, vgl. auch ebd., S.57ff.
[43] Vgl. K. Rödler, Vergessene Alternativschulen. Geschichte und Praxis der Hamburger Gemeinschaftsschulen 1919-1933, Weinheim/München 1987, S.150f.
[44] Vgl. Rödler, Alternativschulen, a.a.O. (Anm. 43), S.156f. Aus den Berichten der Hamburgischen Schul- und Gemeinschaftsschulen, in: Porger, Schulformen, a.a.O. (Anm. 36), S.217-233, S.222.
[45] Aus den Berichten der Hamburgischen Schul- und Gemeinschaftsschulen, in: Porger, Schulformen, a.a.O. (Anm. 36), S.225f.

„Wir sind also gegenüber der auf äußeren Zwang gestellten Schule ein Neues ... Was beide Schultypen [die Regelschule und die Versuchsschule, CG] hauptsächlich unterscheidet, ist der Geist, der in Lehrern, Kindern und Eltern lebt."[46]

Und Fritz Karsen hielt programmatisch fest:

„Gemeinschaftsschule [d.i. Versuchsschule, CG] ist die vom Leben der zur Gemeinschaft strebenden Gesellschaft durchdrungene, ihre werdende Wirklichkeit mit ihr und durch sie lebende Schule."[47]

Die Erziehung zur ‚Schulgemeinde' (im religiös-bekenntnishaften Sinn) war nicht nur Programm der Landerziehungsheime, sondern auch der städtischen Versuchsvolksschulen in Hamburg, die eine sozial deutlich schwächere Klientel avisierten, wobei die Schulgemeinde in beiden Fällen als ein Wert an sich erscheint.[48] Schulen sollten „Lebensstätten" sein,[49] Eltern, Lehrer und Kinder sich dort in frohem Spielen und Lernen vereinen. So heißt es zur Schule Tieloh-Süd:

„Welche Normalschule auch bietet neben dem gemeinsamen Gruppenleben eine so überreiche Auswahl von besonderen Arbeitsgemeinschaften ...? 25 Volksschullehrer, 5 Akademiker, 1 Techniker, 9 praktische Mütter oder Väter und 3 Jugendliche sind die Leiter der zahlreichen wissenschaftlichen, sprachlichen, technischen, künstlerischen Arbeitsgemeinschaften."[50]

Statt aber die soziale Stratifikation durch Schulabschlüsse zu thematisieren oder sich soziale Emanzipation dezidiert zur Aufgabe zu machen, wurden auch die reformorientierten Volksschulen in Hamburg zu ‚Heimen' verklärt, in denen Alternativwelten für Kinder und ihre Eltern entstehen sollten.[51]

---

[46] Aus den Berichten der Hamburgischen Schul- und Gemeinschaftsschulen, in: Porger, Schulformen, a.a.O. (Anm. 36), S.229.

[47] Karsen, Versuchsschulen, a.a.O. (Anm. 41), S.115.

[48] Vgl. „Der *Aufbau* der Schule oder besser der Jugendgemeinschaft vollzieht sich so natürlich wie der Aufbau des Menschen, der nicht bewußt gelehrt wird, was andere wissen, sondern aus innerem Bedürfnis zeugen muß, was ihn befreit ... Die Fachgemeinschaft für die spezielle theoretische oder praktische Weiterbildung löst im Organismus der Jugendstätte die volle Lebensgemeinschaft ab, ohne sie aufzuheben." Karsen, Versuchsschulen, a.a.O. (Anm. 41), S.123 (Hervorh. i. O.).

[49] A. Heyn, Die Gartenarbeitsschule Neukölln (1924), zit. n. Reh, Beobachter, a.a.O. (Anm. 29), S.172.

[50] Aus den Berichten der Hamburgischen Schul- und Gemeinschaftsschulen, in: Porger, Schulformen, a.a.O. (Anm. 36), S.230. Fast gleichlautend zur Wendeschule ebd., S.225. Von der Schule Telemannstraße 10 wird berichtet, dass dort regelmäßig „Gemeinschaftsstunden" in der Oberstufe abgehalten wurden, welche die Schülerinnen und Schüler so sehr prägten, dass sich Schulentlassene zu einer „Jungschar" zusammenschlossen, um den „Geist der Gemeinschaftsstunden" aufrechtzuerhalten. Ebd., S.218.

[51] Gläser, Vom Kinde aus, a.a.O. (Anm. 38); Vgl. auch den Bericht der Schule Tieloh-Süd, der vom Kollegium abgefasst wurde und von der 480 Personen zählenden Elternversammlung

Auch wenn dies vielleicht nicht beabsichtigt war: Temporäre Erlösung in der ‚Schulgemeinde' statt gezielter sozialer Emanzipation kennzeichneten die pädagogischen Verlautbarungen der Hamburger Versuchsvolksschulen und prägten damit auf der Diskursebene die Bedeutung der Schulen auch für die Schülerinnen und Schüler und deren Eltern.[52]

Auf bürgerlicher Seite konnte der reformpädagogische Universalismus ebenfalls sozial indifferent aufgenommen werden und damit eigene Privilegien und Ansprüche bewusst oder unbewusst verschleiern. Die Sozialistin Lily Braun, 1865 geborene Tochter eines adeligen preußischen Offiziers, beschrieb in ihren 1911 erschienenen Memoiren die Jahrhundertwende als Aufbruch in eine unbekannte Zukunft, deren Träger eine neue Jugend sein sollte:

„Aus dem Bettchen droben, wo es mit heißen Augen schlief, nahm ich mein Kind und trug es hinunter. Im Licht der Lampen schlug es die strahlenden Augen auf. Ich hatte es jubelnd emporheben wollen, nun aber drückte ich es zärtlich ans Herz und flüsterte leise ...: ‚Dein ist das Jahrhundert'."[53]

Ihren Sohn Otto schickte sie folgerichtig mit zehn Jahren in die Freie Schulgemeinde Wickersdorf, den Ort, den Gustav Wyneken als Gründer und Schulleiter nicht als ein banales Landerziehungsheim, sondern analog „einer Wikingergründung, entstanden als die Ansiedelung eines Führers und seiner Gefolgschaft"[54] verstand:

„Ich sah ihn dann im Kreise der Kameraden auf der grünen Wiese, im Tannenwald: wie er seine Kräfte an den ihren maß. ... Und als ich am nächsten Vormittag dem Unterricht beiwohnte, in Klassen, wo kaum mehr als zehn Kinder beieinandersaßen und der Lehrer imstande war, sich mit jedem einzelnen zu beschäftigen, auf seine Interessen und Fähigkeiten einzugehen,– da dachte ich an die überfüllten städtischen Gymnasien mit all ihrem Gefolge von Krankheit und Laster und Stumpfsinn."[55]

---

einstimmig unterstützt wurde, der u.a. folgende Aussage enthält: „...wie Galilei gefoltert ... und wie tausend andere Träger des Fortschritts verfolgt, verbannt und verbrannt wurden und doch alle zur Anerkennung kamen, so wird auch die Gemeinschaftsschule sich aus allen Gehässigkeiten und Kleinlichkeiten ... doch sieghaft durchsetzen." Ebd., S.228. Vgl. generell: Aus den Berichten der Hamburgischen Schul- und Gemeinschaftsschulen, in: Porger, Schulformen, a.a.O. (Anm. 36).

[52] Vgl. Aus den Berichten der Hamburgischen Schul- und Gemeinschaftsschulen, in: Porger, Schulformen, a.a.O. (Anm. 36), S.219f. Gläser, Vom Kinde aus, a.a.O. (Anm. 38), S.214. Vgl. auch Reh, Beobachter, a.a.O. (Anm. 29), S.174.
[53] L. Braun, Memoiren einer Sozialistin. Bd. 2, Kampfjahre, München 1911, S.234.
[54] G. Wyneken, Die Freie Schulgemeinde Wickersdorf, in: Porger, Schulformen, a.a.O. (Anm. 36), S.14-58, S.38.
[55] Braun, Memoiren, a.a.O. (Anm. 53), S.619.

Und ihr Sohn schrieb ihr in einem Brief aus Wickersdorf, die Konsequenzen der dortigen sozial indifferenten Anthropologisierung von Kindheit und Jugend unverblümt und im Rahmen der neuen bürgerlichen Episteme erlebnishaft-emphatisch und pathetisch wiedergebend:

„... ich arbeite jetzt sehr viel außer der Schule, besonders dichte ich, ... immer in der leisen Hoffnung, daß endlich der Tag kommen möchte, an dem ich mir mein Brot verdienen kann, und im stillen beneide ich die armen Fabrikkinder, welche sich schon selber ihr Leben fristen. ... O, wenn ich doch schon kämpfen, erwerben könnte! ... Ich glaube, daß ich am heutigen Tage einen Schritt aufwärts gestiegen bin auf dem Lebenspfade, und zwar zu dem Punkte, wo man rein und wahr lieben lernt."[56]

Wenn Klaus Mann, selbst zeitweise Schüler der Odenwaldschule, 1928 euphorisch von der Vorstellung eines „geistigen Menschen" sprach, „welcher Marx liest und sich trotzdem als George-Anhänger weiß",[57] so fasste er damit implizit die Konsequenzen der neuen erlebnishaft-emphatischen Episteme unbewusst zusammen, nämlich die politische Entschärfung von sozialer Ungleichheit durch allgemeines Menschheitspathos.

Praktisch und unausgesprochen wurde dieses Pathos aber auf unterschiedlichen sozialen Ebenen und mit unterschiedlichem Bildungsanspruch praktiziert. Die Lehrer der reformorientierten Volksschulen nahmen sich eher die ländliche Natur, die Märchen und das an Natur und Göttlichkeit orientierte Kindheitsideal der Romantik zum Vorbild,[58] in den bürgerlichen Landerziehungsheimen dominierten als kultureller Kontext und Unterrichtsstoff die Antike oder die Dichter der deutschen Klassik und Gegenwart bis hin zum elitären Konzept eines Reichs des Geistes, wie es Stefan George entwickelt hatte.[59] Die Idee eines Unterrichts ‚vom Kinde aus' verschleierte dabei die implizite soziale Konnotation ‚kindgerechter' Bildungsstoffe ebenso wie die Rede von der ‚organischen Entwicklung' und ‚Selbsttätigkeit' des Kindes die familialen Sozialisationserfahrungen verbarg, die diese Entwicklung entscheidend mitbestimmten. Die emphatische Erlebnispädagogik war demnach durchaus sozial bestimmt und ihre Bildungsinhalte waren sozial differenziert; nur wurde diese soziale Konnotation im Diskurs nicht deutlich. Soziale Zu-

---

[56] Otto Braun an die Mutter aus Wickersdorf im Frühjahr 1908, Brief abgedruckt in: J. Vogelstein (Hg.), Otto Braun. Aus nachgelassenen Schriften eines Frühvollendeten, Berlin 1921, S.22f.
[57] K. Mann, Stefan George – Führer der Jugend, in: R.-R. Wuthenow (Hg.), Stefan George in seiner Zeit. Dokumente zur Wirkungsgeschichte Bd.1, Stuttgart 1980, S.231-237, S.236.
[58] Vgl. Aus den Berichten der Hamburgischen Schul- und Gemeinschaftsschulen, in: Porger, Schulformen, a.a.O. (Anm. 36), S.220. U. Schwerdt, Unterricht, in: Keim/Schwerdt, Reformpädagogik, a.a.O. (Anm. 5), Teil 2, S.949-1009, S.964f.
[59] Vgl. Groppe, Macht der Bildung, a.a.O. (Anm. 12), S.341ff.

sammenhänge wurden in den reformpädagogischen Bestrebungen durch das Streben nach Einfachheit und Echtheit in der Erziehung ersetzt und im individuellen Lebensvollzug der Erzogenen zur ‚Wahrhaftigkeit' stilisiert, als Ausdruck persönlicher Überzeugung und Haltung, die sich als ‚Charakter' des/der Erzogenen zeigten.[60] Dies kann ein Arbeiterjugendlicher – in seiner sozialen Umgebung – dann ebenso erreichen wie der bürgerliche Jugendliche in seiner.

Insgesamt lassen sich die Praktiken der Reformbewegungen, auch über die Reformpädagogik hinaus, als ‚Kulturen der Nähe' kennzeichnen. Diese ‚Kulturen der Nähe' konstituierten sich explizit über eine anti-institutionelle Haltung. Mitgliedschaft beruhte in den Kulturen der Nähe auf intuitiver Übereinstimmung. Die Kulturen der Nähe sicherten damit sowohl die mentale Formierung der jeweiligen Anhängerschaft wie sie zugleich den bürgerlichen Habitus des Maßes, der Angemessenheit, der sparsamen Gestik, der Leistungs- und Anstrengungsbereitschaft und der Rationalität in einen Habitus der Expression, der Empathie, des Willens- und Gefühlsäußerung transformierten.[61] Eine emphatische Erlebniskultur war daher zentraler Bestandteil der Kulturen der Nähe, diskursiv gerahmt durch die neue Episteme. Durch den gemeinsam erlebten ‚hohen Augenblick', z.B. in den Kapellen und Morgenandachten in den Landerziehungsheimen und reformpädagogischen Internaten oder in den „Gemeinschaftsstunden" der Hamburger Versuchsvolksschulen, wurden darüber hinaus Ansprachen, Feiern und künstlerische Darbietungen zur Grundlage eines Gemeinschaftsbewusstseins, das die Teilnehmer von der Masse der Schülerinnen und Schüler unterschied und eine besondere Wir-Identität formte.[62] Dies galt in herausgehobener Weise für die

---

[60] Vgl. K. Buchholz, Begriffliche Leitmotive der Lebensreform, in: ders. u.a. (Hg.), Die Lebensreform. Entwürfe zur Neugestaltung von Leben und Kunst um 1900, Bd. 1, Darmstadt 2001, S.41-43. Aus den Berichten der Hamburgischen Schul- und Gemeinschaftsschulen, in: Porger, Schulformen, a.a.O. (Anm. 36), S.228.

[61] Vgl. C. Groppe, Erziehungsräume, in: A.-M. Nohl/C. Wulf (Hg.), Mensch und Ding. Die Materialität pädagogischer Prozesse. Sonderheft der Zeitschrift für Erziehungswissenschaft 2013, S.59-74, S.71ff.

[62] Vgl. „Unvergessen blieb Reiners Morgensprache vom 6. Mai 1923 auf dem Ellen-Key-Platz [der Freien Schulgemeinde Wickersdorf, CG] hinter der Schule, wo sich die Jugend in der Sonne auf dem Boden gelagert hatte, während der Wind durch die Tannen strich. Ohne besondere Einführung wurde das ganze *Vorspiel* zum *Teppich des Lebens* in der seltsam suggestiven Sprechweise vorgelesen." A. Ehrentreich, Stefan George in der Freien Schulgemeinde Wickersdorf, in: Castrum Peregrini 101, 1972, S.62-79, S.71f. Zur Hamburger Versuchsschule Telemannstraße 10 heißt es zu den Gemeinschaftsstunden: „Die vier Oberklassen versammeln sich allwöchentlich zu einer Gemeinschaftsstunde unter Leitung eines Kollegen im Zeichensaal. Zur Behandlung kommen Fragen aus dem Schulleben ... Daneben Darbietungen: Gedicht, Lied, Musik, Erzählung, Tanz, Aufsatz, Theateraufführungen. ... 40 Schulentlassene haben sich zu einer Jungschar zusammengeschlossen, um den Geist unserer Gemeinschaftsstunden,

Schülerinnen und Schüler der reformpädagogischen Landerziehungsheime und Internate, die nach dem Willen der Schulgründer Lietz, Wyneken, Geheeb, Hahn u.v.a. später als Avantgarde eine neue Gesellschaft herbeiführen sollten. Die Schülerinnen und Schüler der Hamburger Versuchsvolksschulen dagegen wurden in den Texten weniger als avantgardistische Gesellschaftselite angesprochen denn als zu errettende Kinder und Jugendliche:

> „Wer etwa ein völlig unsympathisches Mädchen in seine Gruppe nimmt mit der Hoffnung, sie von dem scheinbar vorgezeichneten Wege eines Straßenmädchens durch den guten Einfluß seiner Gemeinschaft abzubringen, bei dem entscheidet nicht der ‚Eros'. Eros und *Charitas* sind uns seit je Tatsache und Aufgabe;" (Hervorh. i. O.).[63]

In allen Landerziehungsheimen und reformpädagogischen Internaten und auch in den Hamburgischen Versuchsvolksschulen stand die ‚Charaktererziehung' im Vordergrund. Der Salemer Abschlussbericht („Salemer Reife") an die Eltern, den z.b. die Tochter des Architekten Mies van der Rohe 1933 erhielt, enthielt u.a. folgende Punkte:

> „Gemeinsinn: Dorothea hat als Mädchenhelfer mit ganzem Herzen für die gemeinsame Sache gelebt. Sie hat die Aufgaben ihres Amtes ganz erfaßt und sich mit der Sache der Schule identifiziert, ohne je von ihrer Eigenart etwas aufzugeben. ... *Fähigkeit, das als recht Erkannte durchzusetzen:* Sehr gut. Dorothea hat fortreißenden Schwung, ganz von selber fällt ihr die Führung zu (Hervorh. i. O.)."[64]

Diese empirisch nicht überprüfbaren Kriterien und Urteile spiegeln eine Pädagogik, die auf individueller Intuition und Inspiration beruhte. Auch die Hamburger Versuchsvolksschulen erstellten sogenannte „Charakteristiken", die generell (bis auf die Schulentlassungszeugnisse) anstelle von Zeugnissen an die Eltern übermittelt wurden:

> „... die Schüler werden durch das Eingehen auf ihre Individualität, insbesondere durch das Hervorheben des Positiven angeregt und ermutigt. ... Die liebevolle Beschäftigung mit dem einzelnen Kind, die sich in der eingehenden Beschreibung spiegelt, erhöht das Vertrauen der Elternschaft."[65]

---

unserer Schule weiter zu pflegen." Aus den Berichten der Hamburgischen Schul- und Gemeinschaftsschulen, in: Porger, Schulformen, a.a.O. (Anm. 36), S.218. Vgl. dazu M. S. Baader, Aulen, Kapellen und Weiheräume. Sakrale Spuren der reformpädagogischen Gestaltung des Raums, in: F.-J. Jelich/H. Kemnitz (Hg.), Die pädagogische Gestaltung des Raums. Geschichte und Modernität, Bad Heilbrunn/Obb. 2003, S.431-445.

[63] Aus den Berichten der Hamburgischen Schul- und Gemeinschaftsschulen, in: Porger, Schulformen, a.a.O. (Anm. 36), S.226.
[64] G. van der Rohe, La donna è mobile. Mein bedingungsloses Leben, Berlin 2002², S.51f.
[65] Aus den Berichten der Hamburgischen Schul- und Gemeinschaftsschulen, in: Porger, Schulformen, a.a.O. (Anm. 36), S.217f. Vgl. auch Reh, Beobachter, a.a.O. (Anm. 29), S.173.

Soziale Differenzen und die Selektions- und Allokationsfunktion der Schule wurden durch die Beurteilungen verschleiert und gegenüber einer Erziehung ‚vom Kinde aus' unbedeutend. Während die Beurteilungen der Schüler der Landerziehungsheime – schon aufgrund ihrer großbürgerlichen Herkunft – ihre mentale Formierung als Elite sicherte, die als Gesinnungsaristokratie die Reform der Gesellschaft in Angriff nehmen sollte, schufen sie für die Schülerinnen und Schüler in den Versuchsvolksschulen von Vergleich und Selektion entlastete Räume, bevor für die meisten von ihnen die harten Anforderungen des Arbeiter- und Handwerkeralltags begannen. Die bürgerlichen ‚Meisterdenker' (Ute Frevert) der reformpädagogischen Konzepte verhielten sich damit nach Bourdieu in aller Unschuld wie die „Fische im Wasser".[66] Die Ignoranz gegenüber konkreten sozialen Bedingungen, die Schulbesuchsmöglichkeiten ebenso eröffnen oder einschränken wie sie als Sozialisationskontexte die Persönlichkeitsentwicklung mit bestimmen, schuf aus dem Universalismus der Rede die Illusion der sozial kontextfreien pädagogischen Praxis und damit letztlich einen Partikularismus des Nutzens. Noch 2009 hatte Hartmut von Hentig die Besonderheit des Landerziehungsheims Birklehof darin gesehen, dass es eine „wunderbar humane Schule" gewesen sei; die soziale Homogenität durch den Besuch von Kindern der oberen sozialen Milieus wurde zwar als Vorteil benannt, aber nicht problematisiert.[67] Unausgesprochen suggerierten solche Reden Folgendes: Nicht die soziale Lage oder gar die soziale Emanzipation sind entscheidend, sondern die beispielgebende Existenz solcher ‚wunderbar humanen Schulen'. Überall kann das Projekt der Menschheitserlösung pädagogisch vorangebracht werden. Manche Schulen – wie die Landerziehungsheime – erziehen eine gesellschaftliche Elite, andere, wie die Hamburger Versuchsvolksschulen, machen Arbeit vor Ort im Kleinen und erziehen die Kinder der Arbeiterschaft und des unteren Mittelstands zu ‚neuen Menschen'.

---

[66] Vgl.: „Viele Handlungsbereiche, besonders wenn dort das *Leugnen* von Eigennutz und jeder Art von Berechnung große Bedeutung hat, wie im Bereich der kulturellen Produktion [oder der Pädagogik, CG] ... gewähren nur denjenigen volle Anerkennung – und damit die Weihe, die den Erfolg definiert –, die sich durch den unmittelbaren Konformismus ihrer Investitionen hervortun und damit ihre *Aufrichtigkeit* und ihre Verbundenheit mit den jeweils geltenden grundlegenden Prinzipien unter Beweis stellen. ... Die Unschuld ist das Privileg derer, die in ihrem Bereich wie Fische im Wasser sind..." (Hervorh. i. O.). P. Bourdieu, Ökonomisches, kulturelles und soziales Kapital, in: R. Kreckel (Hg.), Soziale Ungleichheiten, Göttingen 1983, S.183-198, S.195.
[67] Vgl. H. v. Hentig, Mein Leben bedacht und bejaht (2009), zit. n. Oelkers, Landerziehungsheime, a.a.O. (Anm. 16), S.198.

4. Ausblick

Es wäre eine lohnende Aufgabe, die reformpädagogischen Schulen mit dem Erkenntnisinteresse der Sozialgeschichte und unter Integration kulturhistorischer Analyseperspektiven differenziert zu untersuchen. Hier ginge es zunächst um Bedingungen und Prozesse sozialer Reproduktion durch Idee, Diskurs und Praxis der Reformschulen, auch mit der Frage nach einem impliziten ‚Cooling Out' sozialer Ambitionen durch ebendiese Ideen, Diskurse und Praktiken. Genauer analysiert werden müssten auch die vorausgehend vorgestellte neue Episteme der Emphase, des Pathos und des intuitiven, emotionalen Zugangs zur Welt und die Kulturen der Nähe (inklusive der durch sie erzeugten neuer Habitualisierungen, die auf Expression, Empathie und auf spontane Willens- und Gefühlsäußerung gerichtet waren). Diese stellten, wie thesenhaft entwickelt wurde, nicht nur für die von Kindern des Bürgertums besuchten reformpädagogischen Landerziehungsheime und Internate, sondern auch für die von Arbeiterkindern und Kindern der unteren Mittelschicht besuchten Versuchsschulen auf Volksschulebene jeweils spezifische kollektive Identitäten eines ‚Wir sind anders' bereit. So wurden, eingebettet in einen größeren idealistischen Zusammenhang, Wir-Identitäten als reformpädagogische Gemeinschaften geschaffen, wodurch soziale Fragen und Problemlagen resp. soziale Privilegien, so eine weitere These, eher verschleiert als bewusst gemacht wurden. Und es ist eine bildungspolitische Frage, ob nicht genau diese diskursiven Konstellationen und kulturellen Praktiken implizit in den Schulbehörden eine Offenheit für reformpädagogische Versuchsschulen erzeugten, weil sich deren Protagonisten zwar emphatisch-revolutionär gerierten und inszenierten, die Revolution aber auf kleine pädagogische Inseln, eben die Versuchsschulen, beschränkt blieb. So konnten Regierungen risikolos ‚modern' und dem Neuen aufgeschlossen erscheinen. Und schließlich, bezogen auf die reformpädagogischen Landerziehungsheime und Internate: Wie und unter welchen Voraussetzungen konnte dort ein (allgemeines?) Bewusstsein entstehen, das sich vom bürgerlichen Bewusstsein sozialer Vorrangstellung nochmals elitär abhob? So formulierte Otto Braun 1907 während seines Aufenthalts in der Freien Schulgemeinde Wickersdorf in sein Tagebuch: „Das Befehlen ist mir angeboren. Ich fühle, ich werde einmal etwas Großes werden."[68]

---

[68] Tagebucheintragung vom 13. Januar 1907, abgedruckt in: Vogelstein, Otto Braun, a.a.O. (Anm. 56), S.21.

Literaturverzeichnis

Aus den Berichten der Hamburgischen Schul- und Gemeinschaftsschulen, hg. von N. Henningsen (Juni 1921), in: G. Porger (Hg.), Neue Schulformen und Versuchsschulen, Bielefeld/Leipzig 1925, S.217-233.

Baader, M. S., Aulen, Kapellen und Weiheräume. Sakrale Spuren der reformpädagogischen Gestaltung des Raums, in: F.-J. Jelich/H. Kemnitz (Hg.), Die pädagogische Gestaltung des Raums. Geschichte und Modernität, Bad Heilbrunn/Obb. 2003, S.431-445.

Bourdieu, P., Ökonomisches, kulturelles und soziales Kapital, in: R. Kreckel (Hg.), Soziale Ungleichheiten, Göttingen 1983, S.183-198.

Braun, L., Memoiren einer Sozialistin. Bd. 2, Kampfjahre, München 1911.

K. Buchholz, Begriffliche Leitmotive der Lebensreform, in: ders. u.a. (Hg.), Die Lebensreform. Entwürfe zur Neugestaltung von Leben und Kunst um 1900, Bd. 1, Darmstadt 2001, S.41-43.

Caruso, M., Biopolitik im Klassenzimmer. Zur Ordnung der Führungspraktiken in den Bayerischen Volksschulen (1869-1918), Weinheim 2003.

Dehnavi, M. u.a., Gedächtnispolitik in den Geisteswissenschaften. Wissenspfade und Wissenskonflikte am Beispiel der Geschichtswissenschaft, Erziehungswissenschaft und Germanistik in den 1960er und 1970er Jahren, in: K. Amos u.a. (Hg.), Erinnern, Umschreiben, Vergessen. Die Stiftung des disziplinären Gedächtnisses als soziale Praxis, Weilerswist 2015 (im Erscheinen).

Dudek, P., „Liebevolle Züchtigung". Ein Mißbrauch der Autorität im Namen der Reformpädagogik, Bad Heilbrunn 2012.

Dudek, P., „Versuchsacker für eine neue Jugend" – Die Freie Schulgemeinde Wickersdorf 1906-1945, Bad Heilbrunn 2009.

Dudek, P., „Wir wollen Krieger sein im Heere des Lichts": Reformpädagogische Landerziehungsheime im hessischen Hochwaldhausen 1912-1927, Bad Heilbrunn 2013.

Ehrentreich, A., Stefan George in der Freien Schulgemeinde Wickersdorf, in: Castrum Peregrini 101, 1972, S.62-79.

Flitner, W., Die pädagogische Bewegung. Beiträge, Berichte, Rückblicke. Gesammelte Werke Bd. 4, Paderborn u.a. 1987.

Flitner, W./Kudritzki, G. (Hg.), Die deutsche Reformpädagogik. 2 Bde., Stuttgart 1961 und 1982.

Foucault, M., Die Ordnung der Dinge. Eine Archäologie der Humanwissenschaften, Frankfurt/M. 1974.

Gläser, J., Vom Kinde aus, in: G. Porger (Hg.), Neue Schulformen und Versuchsschulen, Bielefeld/Leipzig 1925, S.203-216.

Groppe, C., Die Macht der Bildung. Das deutsche Bürgertum und der George-Kreis 1890-1933, Köln u.a. 1997.

Groppe, C., Erziehungsräume, in: A.-M. Nohl/C. Wulf (Hg.), Mensch und Ding. Die Materialität pädagogischer Prozesse. Sonderheft der Zeitschrift für Erziehungswissenschaft 2013, S.59-74.

Groppe, C., Kulturkritik und ‚Geistesgeschichte' als Kanonisierung. Debatten und Konflikte in den Geistes- und Sozialwissenschaften im Kaiserreich und in der Weimarer Republik, in: J. Ecarius/J. Bilstein (Hg.), Standardisierung und Kanonisierung. Erziehungswissenschaftliche Reflexionen, Wiesbaden 2009, S.31-52.

Haubfleisch, D., Schulfarm Insel Scharfenberg. Mikroanalyse der reformpädagogischen Unterrichts- und Erziehungsrealität einer demokratischen Versuchsschule im Berlin der Weimarer Republik. 2 Bde., Frankfurt/M. 2001.

Jauß, H. R., Der literarische Prozeß des Modernismus von Rousseau bis Adorno, in: ders., Studien zum Epochenwandel der ästhetischen Moderne, Frankfurt/M. 1989, S.67-103.

Karsen, F., Deutsche Versuchsschulen der Gegenwart und ihre Probleme, Leipzig 1923.

Keim, W./Schwerdt, U., Reformpädagogik in Deutschland (1890-1933) – zur Einführung, in: W. Keim/U. Schwerdt (Hg.), Handbuch der Reformpädagogik in Deutschland (1890-1933). Teil 1, Frankfurt/M. 2013, S.9-35.

Kluchert, G. u.a., Bildung und Differenz in historischer Perspektive. Facetten des Themas, Stand der Forschung, Trends und Ausblicke, in: C. Groppe u.a. (Hg.), Bildung und Differenz. Historische Analysen zu einem aktuellen Problem, Wiesbaden 2016, S.1-17.

Kluchert, G., Die Schule des Kaiserreichs, in: H. Becker/G. Kluchert, Die Bildung der Nation. Schule, Gesellschaft und Politik vom Kaiserreich zur Weimarer Republik. Stuttgart 1993, S.1-143.

Lehberger, R., „Schule als Lebensstätte der Jugend". Die Hamburger Versuchs- und Gemeinschaftsschulen in der Weimarer Republik, in: Amlung. u.a (Hg.), „Die alte Schule überwinden". Reformpädagogische Versuchsschulen zwischen Kaiserreich und Nationalsozialismus, Frankfurt/M. 1992, S.32-64.

Lundgreen, P. u.a., Bildungschancen und soziale Mobilität in der städtischen Gesellschaft des 19. Jahrhunderts, Göttingen 1988.

Maeder, P. u.a. (Hg.), Wozu noch Sozialgeschichte? Eine Disziplin im Umbruch, Göttingen 2012.

Mann, K., Stefan George – Führer der Jugend, in: R.-R. Wuthenow (Hg.), Stefan George in seiner Zeit. Dokumente zur Wirkungsgeschichte Bd.1, Stuttgart 1980, S.231-237.

Mergel, T., Kulturgeschichte – die neue „große Erzählung"? Wissenssoziologische Bemerkungen zur Konzeptualisierung sozialer Wirklichkeit in der Geschichtswissenschaft, in: H.-U. Wehler/W. Hardtwig (Hg.), Kulturgeschichte heute, Göttingen 1996, S.41-77.

Müller, D. K., Qualifikationskrise und Schulreform, in: Zeitschrift für Pädagogik, 14. Beiheft 1977, S.13-35.

Müller, D. K., Schulkritik und Jugendbewegung im Kaiserreich (eine Fallstudie), in: ders. (Hg.), Pädagogik, Erziehungswissenschaft, Bildung. Eine Einführung in das Studium, Köln u.a. 1994, S.191-222.

Müller, D. K., Sozialstruktur und Schulsystem. Aspekte zum Strukturwandel des Schulwesens im 19. Jahrhundert, Göttingen 1977.

Müller, D. K./Zymek, B. (unter Mitarb. von Herrmann, U. G.), Sozialgeschichte und Statistik des Schulsystems in den Staaten des Deutschen Reiches 1800-1945. Datenhandbuch zur deutschen Bildungsgeschichte. Bd. II, 1. Teil, Göttingen 1987.

Näf, M., Paul und Edith Geheeb-Cassirer. Gründer der Odenwaldschule und der Ecole d'Humanité. Deutsche, internationale und schweizerische Reformpädagogik 1910-1961, Weinheim 2006.

Nohl, H., Die Deutsche Bewegung. Vorlesungen und Aufsätze zur Geistesgeschichte von 1770-1830, Göttingen 1970.

Nohl, H., Die pädagogische Bewegung in Deutschland und ihre Theorie, Frankfurt a.M. 19707.

Oelkers, J., Eros und Herrschaft. Die dunklen Seiten der Reformpädagogik, Weinheim u.a. 2011.

Oelkers, J., Landerziehungsheime und Reformpädagogik, in: D. Miller/J. Oelkers (Hg.), Reformpädagogik nach der Odenwaldschule – wie weiter? Weinheim/Basel 2014, S.197-204.

Oelkers, J., Reformpädagogik. Eine kritische Dogmengeschichte, Weinheim/München 2005[4].

Reckwitz, A., Die Transformation der Kulturtheorien. Zur Entwicklung eines Theorieprogramms, Weilerswist 2000.

Reh, S., „Der aufmerksame Beobachter des modernen großstädtischen Lebens wird zugeben, dass die Familie heute leider nicht mehr den erzieherischen Wert früherer Tage besitzt." Defizitdiagnosen zur Familie als wiederkehrendes Motiv in deutschen reformpädagogischen Schulentwürfen und Schulreformdiskursen im ersten Drittel des 20. Jahrhunderts, in: J. Ecarius u.a. (Hg.), Familie und öffentliche Erziehung. Theoretische Konzeptionen, historische und aktuelle Analysen, Wiesbaden 2009, S.159-182.

Rödler, K., Vergessene Alternativschulen. Geschichte und Praxis der Hamburger Gemeinschaftsschulen 1919-1933, Weinheim/München 1987.
Röhrs, H., Die Reformpädagogik. Ursprung und Verlauf unter internationalem Aspekt, Weinheim 1986.
Scheibe, W., Die reformpädagogische Bewegung 1900-1932: eine einführende Darstellung, Weinheim u.a. 1969.
Schmitt, C., Der Begriff des Politischen. Text von 1932 mit einem Vorwort und drei Corollarien, Berlin 1963.
Schmitt, H., Topographie der Reformschulen in der Weimarer Republik: Perspektiven ihrer Erforschung, in: U. Amlung. u.a. (Hg.), „Die alte Schule überwinden". Reformpädagogische Versuchsschulen zwischen Kaiserreich und Nationalsozialismus, Frankfurt/M. 1992, S.9-31.
Schwerdt, U., Landerziehungsheimbewegung, in: J. Reulecke/D. Kerbs (Hg.), Handbuch der Lebensreformbewegungen 1880-1933, Wuppertal 1998, S.395-409.
Schwerdt, U., Unterricht, in: W. Keim/U. Schwerdt (Hg.), Handbuch der Reformpädagogik in Deutschland (1890-1933). Teil 2, Frankfurt/M. 2013, S.949-1009.
Titze, H. (unter Mitarb. von Herrlitz, H.-G. u.a.), Das Hochschulstudium in Preußen und Deutschland 1820-1944. Datenhandbuch zur deutschen Bildungsgeschichte. Bd. I, 1. Teil, Göttingen 1987.
Uhlig, C. (Hg.), Reformpädagogik und Schulreform. Diskurs in der sozialistischen Presse der Weimarer Republik, Frankfurt/M. u.a. 2008.
Uhlig, C., Reformpädagogik: Rezeption und Kritik in der Arbeiterbewegung. Quellenauswahl aus den Zeitschriften Die Neue Zeit (1883-1918) und Sozialistische Monatshefte (1895/97-1918), Frankfurt/M. 2005.
van der Rohe, G., La donna è mobile. Mein bedingungsloses Leben, Berlin 20022.
Vogelstein, J., (Hg.), Otto Braun. Aus nachgelassenen Schriften eines Frühvollendeten, Berlin 1921.
Weber, M., Die protestantische Ethik. Eine Aufsatzsammlung, hg. von Johannes Winckelmann, Tübingen 1965.
Weber, M., Die Wirtschaftsethik der Weltreligionen, in: ders., Gesammelte Aufsätze zur Religionssoziologie I, Tübingen 19635, S.237-573.
Wehler, H.-U., Das deutsche Kaiserreich 1871-1918, Göttingen 1973.
Wehler, H.-U., Deutsche Gesellschaftsgeschichte. Dritter Band: Von der „Deutschen Doppelrevolution" bis zum Ende des Ersten Weltkrieges 1849-1914, München 1995.
Wyneken, G., Die Freie Schulgemeinde Wickersdorf, in: G. Porger (Hg.), Neue Schulformen und Versuchsschulen, Bielefeld/Leipzig 1925, S.14-58.
Wyneken, G., Jugendkultur (1914), in: ders., Ein Kampf für die Jugend. Gesammelte Aufsätze, Jena 1919, S.122-127.

Ulrich Schwerdt

Reformpädagogik und Behinderung
– Überlegungen zu einem kaum beachteten Forschungsfeld

Das Thema Reformpädagogik und Behinderung hat in der bildungsgeschichtlichen Forschung keine Tradition. Wie in vielen anderen Fällen wirkte Herman Nohls Standardwerk aus den 1930er Jahren auch hier prägend, indem es die innovativen heilpädagogischen Debatten und Praxisversuche des Kaiserreichs und der Weimarer Republik nicht in den Kanon der von ihm beschriebenen pädagogischen Bewegungen aufnahm.[1] Die Historiographie der Heil- bzw. Sonderpädagogik entdeckte reformpädagogische Ansätze sehr spät: Erst 1994 publizierte Clemens Hillenbrand seine grundlegende Studie zum Zusammenhang von Reform- und Heilpädagogik, in deren Mittelpunkt die Darstellung reformpädagogischer Versuche im heilpädagogischen Feld sowie die Rezeption reformpädagogischer Motive durch die Heilpädagogik stand.[2] Der

---

[1] In gleicher Weise auch die nach 1945 entstandenen Überblicksdarstellungen von W. Scheibe, Die reformpädagogische Bewegung 1900-1932. Eine einführende Darstellung, Weinheim 1969 und H. Röhrs, Die Reformpädagogik. Ursprung und Verlauf in Europa, Hannover 1980, die kritischen Analysen von J. Oelkers Reformpädagogik. Eine kritische Dogmengeschichte, Weinheim/München 1989, 4., vollst. überarb. u. erw. Aufl., Weinheim/München 2005, R. Bast, Kulturkritik und Erziehung. Anspruch und Grenzen der Reformpädagogik, Dortmund 1996, D. Benner/H. Kemper, Theorie und Geschichte der Reformpädagogik, Teil 2: Die Pädagogische Bewegung von der Jahrhundertwende bis zum Ende der Weimarer Republik, Weinheim/Basel 2003 sowie E. Skiera, Reformpädagogik in Geschichte und Gegenwart. Eine kritische Einführung, München u.a. 2003 und die jüngsten Einführungen von W. Böhm, Die Reformpädagogik. Montessori, Waldorf und andere Lehren, München 2012 und R. Koerrenz, Reformpädagogik. Eine Einführung, Paderborn 2014 sowie die in der DDR entstandenen Gesamtdarstellungen (vgl. z.B. K. H. Günther u.a., Geschichte der Erziehung, Berlin/Ost 1987). Eine Ausnahme W. Keim/U. Schwerdt (Hg.), Handbuch der Reformpädagogik in Deutschland (1890-1933), Teil 2: Praxisfelder und pädagogische Handlungssituationen, Frankfurt/M. u.a. 2013.

[2] Vgl. auch C. Hillenbrand, Lernförderung in Reformschulen. Zur Geschichte der „Integration", in: G. Wachtel/S. Dietze (Hg.), Heil- und Sonderpädagogik – auch im 21. Jahrhundert eine Herausforderung. Aktuelle Denkansätze in der Heilpädagogik und ihre historischen Wurzeln, Weinheim 2001, S.118-141; C. Hillenbrand, Reformpädagogik und Lernförderung, in: U. Heimlich/F. B. Wember (Hg.), Didaktik des Unterrichts im Förderschwerpunkt Lernen. Ein

sehr viel grundsätzlicher angelegten Frage, wie die historische Reformpädagogik insgesamt das Phänomen Behinderung begriff und welche Konsequenzen diese Deutung für pädagogische Konzepte und Praktiken besaß, ist bisher jedoch nicht systematisch nachgegangen worden. Dies erscheint jedoch wünschenswert; nicht nur, um eine offensichtliche Forschungslücke zu schließen, sondern auch, weil aktuelle Konzepte einer inklusiven Schule die Bedeutung reformpädagogischer Vorbilder immer wieder betonen.[3]

Der Beitrag vermittelt zunächst einen knappen Überblick über aktuelle historische Forschungsansätze zum Thema Behinderung. Auf der Basis einiger begrifflicher Orientierungen werden anschließend mögliche Perspektiven für die Erforschung der Reformpädagogik skizziert.

1. Historische Forschungen zum Thema Behinderung

Der Versuch, Behinderung geschichtswissenschaftlich zu untersuchen, stößt auf ein doppeltes Problem: Zum einen gibt es für den Begriff Behinderung bis heute keine allgemein anerkannte Definition. Seine Verwendung variiert in den medizinischen, psychologischen, soziologischen, pädagogischen sowie bildungs- und sozialpolitischen Kontexten, in denen er verwendet wird, erheblich und ist aus unterschiedlichen Gründen hoch umstritten. Zum anderen handelt es sich um einen Terminus, der sich im allgemeinen wie im wissenschaftlichen Sprachgebrauch in Deutschland erst seit den 1960er Jahren als abstrakte Generalisierung für „jegliche Art von Einschränkung oder Hemmnis"[4] durchsetzte und damit die an verschiedenen Schädigungen, Dysfunktionen oder Beeinträchtigungen orientierten Vorläuferbezeichnungen (Idioten, Schwachsinnige, Schwererziehbare, Krüppel, Blinde etc.) miteinander verband. Er ist also, wendet man ihn auf die Geschichte vor dem Zweiten Weltkrieg an, ein ahistorischer Begriff.[5]

Handbuch für Studium und Praxis, Stuttgart 2007, S.27-40. A. Möckel, Geschichte der Heilpädagogik oder Macht und Ohnmacht der Erziehung, 2., völlig überarb. Neuaufl., Stuttgart 2007; ders., Geschichte der besonderen Grund- und Hauptschule, 4., erw. Aufl., Heidelberg 2001; S.L. Ellger-Rüttgardt, Geschichte der Sonderpädagogik. Eine Einführung, München/Basel 2008. Vgl. zusammenfassend: U. Schwerdt, Heilpädagogik, in: Keim/Schwerdt, Handbuch, Teil 2, a.a.O., S. 801-834.

[3] Vgl. unter didaktischer Perspektive z.B. U. Heimlich, Gemeinsamer Unterricht im Rahmen inklusiver Didaktik, in: U. Heimlich/F.B. Wember (Hg.), Didaktik des Unterrichts im Förderschwerpunkt Lernen. Ein Handbuch für Studium und Praxis, Stuttgart 2007, S.69-80; S. Seitz, Inklusive Didaktik: Die Frage nach dem 'Kern der Sache', in: Zeitschrift für Inklusion, www.inklusion-online.net/index.php/inklusion-online/article/view/184/184> (1.8.2015).

[4] K. Bundschuh u.a. (Hg.), Wörterbuch Heilpädagogik, 2. Aufl., Bad Heilbrunn 2002, S.38.

[5] H.-W. Schmuhl, Exklusion und Inklusion durch Sprache. Zur Geschichte des Begriffs Behinderung, Berlin 2010.

Trotz dieser Schwierigkeiten ist das epistemische Objekt Behinderung in den letzten drei Jahrzehnten auch in Deutschland als Thema der historischen Forschung entdeckt und mit zunehmender Intensität bearbeitet worden. Ein besonderer Fokus richtete sich hierbei auf den Nationalsozialismus und seine Vorgeschichte, wobei Fragen der Eugenik, Rassenhygiene, Zwangssterilisation und Tötung Behinderter in ideen- und realgeschichtlicher Perspektive untersucht wurden. In den vergangenen Jahren sind zunehmend aber auch unterschiedliche Traditionen der „Behindertenbewegung" vor und nach dem Zweiten Weltkrieg in den Blick gekommen. Diese Arbeiten konnten zeigen, dass Behinderte in der Geschichte durchaus nicht nur passive Objekte oder Opfer der Medizin, der Pädagogik oder der Politik waren, sondern auch „eigensinnige, und eigenwillige historische Akteure, die der fürsorglichen Belagerung von Staat und Gesellschaft ... widerständiges Verhalten entgegensetzten, ihre eigene Politik machten, ihre Interessen vertraten und dabei manchmal ... auch gegeneinander agierten."[6] In einem aktuellen Überblick unterscheidet der Bielefelder Historiker Hans-Walter Schmuhl folgende Forschungszugänge.[7]

1. *Disziplingeschichtliche Studien* aus der Pädagogik und der Medizin, die sich mit ihren je spezifischen historischen Modi der Wissensproduktion, der Professionalisierung und der pädagogischen bzw. therapeutischen Praxis befassen.
2. *Sozialgeschichtlich angelegte Untersuchungen*, in denen vor allem die Entstehung und historische Entwicklung der institutionalisierten Behindertenhilfe und Rehabilitation im Zusammenhang der Sozialpolitik und der Entfaltung des Sozialstaats im 19. und 20. Jahrhundert untersucht wird.
3. *Institutionengeschichtliche Arbeiten* zu einzelnen medizinischen und heilpädagogischen Einrichtungen.
4. *Biographiegeschichtliche Ansätze*, die sich sowohl mit bekannten historischen Persönlichkeiten beschäftigen als auch Lebensgeschichten unbekannter Sterilisations- und „Euthanasie"-Opfer sowie Familiengeschichten Behinderter untersuchen.
5. Eine breite Palette von Forschungszugängen aus der *neueren Kulturgeschichte*, die den *kulturellen Konstruktionen von Behinderung* in medialen Repräsentationen (Spielfilmen, Bildender Kunst, literarischen Texten)

---

[6] H.-W. Schmuhl, Einführung, in: ders/U. Winkler (Hg.), Welt in der Welt. Heime für Menschen mit geistiger Behinderung in der Perspektive der Disability History, Stuttgart 2013, S.11f.
[7] Vgl. ebd., S.9. Dort auch eine ausführliche Literaturübersicht.

bzw. gesellschaftspolitischen Diskursen nachgehen und Codierungs- und Inszenierungsmuster des „Anderen" zu identifizieren versuchen.
6. Studien zur *Begriffsgeschichte der Behinderung*, in denen nach „sprachpolitischen Strategien und Praktiken"[8] gefragt wird, die der Benennung von „verkörperten Andersheiten" zugrunde liegen.
7. Forschungszugänge aus der *Körpergeschichte*, bei denen zuletzt einige Arbeiten über „Kriegsversehrte" und „Krüppel" des Ersten Weltkrieges entstanden sind, aber auch sexual- und biopolitische Diskurse in den Blick kommen.

Die Übersicht lässt erkennen, wie vielgestaltig die Ansätze der historischen Forschung inzwischen sind, aber auch, wie unterschiedlich sich ihre theoretischen Bezüge und forschungsmethodischen Zugriffe darstellen. Besondere Bedeutung für die Ausrichtung der historischen Forschung besitzt das den jeweiligen Studien zugrunde liegende Behinderungsverständnis. Kennzeichnend für einige der älteren Forschungsansätze der Disziplin-, Professions- und Institutionengeschichte ist ein traditionelles *medizinisches Behinderungsmodell*, in dem Behinderung als Merkmal eines Individuums begriffen wird, das aufgrund von Verletzung, Krankheit oder anderer angeborener bzw. erworbener Defekte in der Regel irreversibel geschädigt ist. Therapeutische und heilpädagogische Maßnahmen dienen nach dieser Vorstellung der Kompensation im Idealfall sogar der Korrektur dieser Defizite. Behinderung erscheint in diesen Studien dann folgerichtig als ein individueller Mangel und Makel. In ähnlicher Weise fassen auch zahlreiche frühe Arbeiten zur Geschichte von Heimen und Schulen in kirchlicher Trägerschaft Behinderung als eine dem Einzelnen zuzuschreibende „naturwüchsige Not", derer sich katholische oder protestantisch-erweckliche Milieus „in tätiger Nächstenliebe"[9] annahmen.

An diesem defizit-orientierten, medizinisch geprägten Behinderungsverständnis wird seit den 1960er Jahren mit dem Argument des Reduktionismus intensiv Kritik geübt. Ausgehend von *soziologischen Modellen* unterschiedlichster Herkunft – zu nennen sind vor allem interaktionistische, materialistische und systemtheoretische Ansätze – wird stattdessen die Abhängigkeit des Phänomens Behinderung von je spezifischen gesellschaftlichen Kontexten betont.[10] Die zunehmende Berücksichtigung sozialer und gesellschaftlicher

---

[8] Ebd., S.12.
[9] Ebd.
[10] Bahnbrechend E. Goffman, Stigma. Über Techniken der Bewältigung beschädigter Identität, Frankfurt/M. 2005 (engl. Original 1963, dt. Erstauflage 1975). Vgl. den sehr instruktiven Überblick bei M. Dederich, Behinderung als sozial- und kulturwissenschaftliche Kategorie, in: M. Dederich/W. Jantzen (Hg.), Behinderung und Anerkennung, Stuttgart 2009, S.15-39.

Aspekte bei dem Versuch wissenschaftlicher Beschreibungen von Behinderung hat in den 1980er Jahren Eingang in das internationale Klassifikationssystem der Weltgesundheitsorganisation (WHO) gefunden, das eine Unterscheidung dreier Dimensionen von Behinderung vornahm: „Impairment" (Schädigung) – „Disability" (Funktionseinschränkung) – „Handicap" (soziale Beeinträchtigung). Behinderung wird hier in seinen materiellen Aspekten erfasst, vor allem aber verstanden als Resultat unzureichenden Zugangs zu Ressourcen, mangelnder Teilhabe sowie Folge von Zuschreibungen, Etikettierungen und Stigmatisierungen. In den Blick der historischen Forschung rücken unter dieser erweiterten Perspektive vor allem sozioökonomische Strukturen sowie politische Interessen, die den Aufbau eines Systems der Behindertenhilfe und Rehabilitation bestimmen, und nicht zuletzt Prozesse der gesellschaftlichen Ausgrenzung und des Ausschlusses behinderter Menschen in verschiedenen historischen Epochen (z.B. im Mittelalter oder der Zeit des Nationalsozialismus).

Neue Impulse verdankt die Forschung zuletzt dem *kulturwissenschaftlichen Verständnis* von Behinderung, das zunächst in England und den USA, seit etwa 15 Jahren auch im deutschsprachigen Raum vor allem mit dem Forschungsansatz der „Disability Studies" verbunden wird.[11] Behinderung wird hier noch radikaler als in älteren soziologischen Ansätzen in ihrer Abhängigkeit von diskursiven und sozialen Praktiken gedeutet. Gefragt wird nicht mehr nur danach, wie Gesellschaften mit „Erscheinungsformen gesundheitsrelevanter Differenz"[12] verfahren und in welchen Lebenslagen sich behinderte Menschen befinden, sondern nach den Konstruktionsmustern des „Normalen" und des „Abweichenden":

„Wie wird das ‚Abweichende' vom ‚Normalen' abgegrenzt? Welche wissenschaftlichen Diskurse, politischen und sozialstaatlichen Interventionen wie auch institutionellen Kontrollmechanismen bestimmen den historischen Prozess der Entstehung einer Kategorie Behinderung? Welche Rolle spielen Machtverhältnisse und das

---

[11] Vgl. D.T. Mitchell/S.L. Snyder (Ed.), The Body and the physical Difference. Discourses of Disability, Ann Arbor 1997; P.K. Longmore/L. Umansky (Ed.), The New Disability History. American Perspectives, New York/London 2001. Für die deutsche Debatte: A. Waldschmidt (Hg.), Kulturwissenschaftliche Perspektiven der Disability Studies. Tagungsdokumentation, Kassel 2003; M. Dederich, Körper, Kultur und Behinderung. Eine Einführung in die Disability Studies, Bielefeld 2007; E. Bösl u.a. (Hg.), Disability History. Konstruktionen von Behinderung in der Geschichte – eine Einführung, Bielefeld 2010; O. Musenberg (Hg.), Kultur – Geschichte – Behinderung, Die kulturwissenschaftliche Historisierung von Behinderung, Oberhausen 2013. Die Disability Studies stehen allerdings in einer längeren Tradition kulturvergleichender und phänomenologischer Arbeiten; vgl. z.B. D. Neubert/G. Cloerkes, Behinderung und Behinderte in verschiedenen Kulturen. Eine vergleichende Analyse ethnologischer Studien, Heidelberg 1987; B. Waldenfels, Der Stachel des Fremden, Frankfurt/M. 1990.

[12] E. Bösl u.a., Disability History: Einleitung, in: dies. u.a., a.a.O., S.7.

(human-)wissenschaftliche Wissen? Welche Einstellungsdeterminanten und Stigmatisierungsformen beeinflussen den Umgang mit behinderten Menschen? Wie werden subjektive und kollektive Identitäten – beispielsweise des ‚Irren', des ‚Trisomie-Kindes', des ‚Kleinwüchsigen' oder des ‚Contergangeschädigten' – hergestellt? Welche (widerständigen) Formen der Subjektkonstitution lassen sich feststellen? Welche Repräsentationen, Codierungen und Performanzen werden wirksam? Und wie konstruiert die Mehrheitsgesellschaft im und durch das Entwerfen einer bestimmten Ikonografie von Abweichungen ihre Normalität."[13]

Behinderung dient in diesem Verständnis nicht mehr nur als Gegenstand historischer Forschung im Sinne einer „Geschichte der Behinderung bzw. der Behinderten", sondern als grundlegende Analysekategorie für die Deutung gesellschaftlicher Ordnungssysteme und tritt damit neben Differenzkategorien wie Klasse, Geschlecht und Ethnizität. Als Dis/ability History postuliert dieser Ansatz, so die Kölner Soziologin und Heilpädagogin Anne Waldschmidt, die Notwendigkeit, nicht nur eine „Geschichte *der* Behinderung", sondern „*mit* Behinderung die allgemeine Geschichte neu zu schreiben."[14] Innovative Studien sind aus diesem Umfeld in den vergangenen Jahren vor allem auf der Grundlage körpergeschichtlicher und diskursanalytischer Zugänge entstanden.[15]

Im Folgenden werde ich der Frage nachgehen, in welcher Weise einige dieser Ansätze Impulse für eine Erforschung des Zusammenhangs von Reformpädagogik und Behinderung vermitteln können. Aus pragmatischen Gründen werde ich mich dabei auf drei Perspektiven konzentrieren.

2. Behinderte Kinder und Jugendliche in Schulen der Reformpädagogik

Die Frage, ob behinderte Kinder und Jugendliche bei der Entwicklung von Konzepten reformpädagogischer Schulen vor und nach dem Ersten Weltkrieg mitgedacht wurden, hat in der schulpädagogischen wie der bildungshistorischen Forschung bisher fast keinerlei Rolle gespielt. Zu klären wäre für den hier interessierenden Zusammenhang zunächst einmal ganz schlicht, ob in den reformpädagogischen Alternativeinrichtungen die Aufnahme von Schülerinnen und Schülern, die den üblichen Anforderungen der Regelschule nicht entsprachen, überhaupt erörtert wurde und wenn ja, mit welchen Argumenten

---

[13] Ebd., S.8.
[14] A. Waldschmidt, Warum und wozu brauchen die Disability Studies die Disability History? Programmatische Überlegungen, in: Bösl u.a., a.a.O, S.23.
[15] Vgl. M. Dederich, Körper, Kultur und Behinderung, a.a.O; A. Waldschmidt, Macht – Wissen – Körper. Anschlüsse an Michel Foucault in den Disability Studies, in: dies./W. Schneider, Disability Studies, Kultursoziologie und Soziologie der Behinderung. Erkundungen in einem neuen Forschungsfeld, Bielefeld 2007, S.55-78.

und zu welchen Ergebnissen diese Diskussion gelangte. Angesichts der enormen Vielfalt reformpädagogischer Schulversuche zwischen 1890 und 1933 müssen an dieser Stelle einige wenige Beispiele genügen.[16]

a) Die Lietz'schen Landerziehungsheime

Die prominentesten reformpädagogischen Schulgründungen in der Zeit des wilhelminischen Kaiserreichs sind zweifellos die Landerziehungsheime. Hermann Lietz, 1898 Gründer des ersten Internats in Ilsenburg im Harz, bezog in dieser Frage sehr eindeutig Stellung: Vorbedingung für die Aufnahme ins Landerziehungsheim war die „ärztlich bestätigte organische Gesundheit des Kindes" sowie seine „körperliche, sittliche und intellektuelle Normalität"[17]. Für „geistig schwächere" und „psychopathisch veranlagte Schüler"[18] empfahl er heilpädagogische Spezialeinrichtungen.[19] Dem schon im Gründungsaufruf des ersten Heims formulierten Anspruch folgend, die ihm anvertrauten Kinder zu „deutschen Jünglingen" zu erziehen, „die an Leib und Seele gesund und stark, die praktisch, wissenschaftlich und künstlerisch tüchtig sind, die klar und scharf denken, warm empfinden, stark wollen",[20] sollten die Landerziehungsheime ausdrücklich „keine Stätten für geistig oder sittlich Minderwertige oder Zurückgebliebene irgendwelcher Art"[21] sein.

Einige kurze Zitate aus Programmschriften und Werbebroschüren, deren Sprache heute nur noch Befremden auslösen kann, reichen natürlich nicht aus, eine Denkweise historisch angemessen zu erfassen. Für eine aussagekräftige historische Deutung wäre es notwendig, anhand der Veröffentlichungen von Lietz differenziert zu rekonstruieren, in welcher Weise er diese Vorstellungen von „Minderwertigkeit" und „Zurückgebliebenheit" füllt, wie er sie weltanschaulich rahmt und welche Funktion diese Ausgrenzung für das pädagogische Konzept besitzt. Ein wichtiger Untersuchungsgegenstand könnte hierbei

---

[16] Vgl. die Übersicht bei W. Keim/U. Schwerdt, Schule, in: dies., Handbuch, Teil 2, S.657-775.
[17] H. Lietz, Deutsche Land-Erziehungs-Heime. Grundsätze und Einrichtungen, Leipzig 1913, S.47.
[18] H. Lietz, Ein Rückblick auf Entstehung, Eigenart und Entwicklung der Deutschen Land-Erziehungsheime nach 15 Jahren ihres Bestehens, in: ders., Das fünfzehnte Jahr in Deutschen Land-Erziehungs-Heimen. Beiträge zur Schulreform, Leipzig 1913, S.21f.
[19] Hier zeitweise ausdrücklich die Sophienhöhe Johannes Trüpers in Jena, bei dem Lietz selbst – ebenso wie der Gründer der Odenwaldschule, Paul Geheeb – zuvor kurzfristig gearbeitet hatte. Vgl. zur reformpädagogischen Ausrichtung der Sophienhöhe: Hillenbrand, a.a.O., S.69-96, in umfassenderem Rahmen A. Schotte, Heilpädagogik als Sozialpädagogik. Johannes Trüper und die Sophienhöhe bei Jena, Jena 2010.
[20] H. Lietz, Der Gründungsaufruf von 1898, zit. n. T. Dietrich, Die Landerziehungsheimbewegung, Bad Heilbrunn 1967, S.15.
[21] H. Lietz, Die ersten drei Deutschen Land-Erziehungsheime, 2. Aufl., Veckenstedt/Harz 1920, S.16.

das von den Landerziehungsheimen propagierte Körperideal sein. Auch in der traditionellen Landerziehungsheim-Historiographie ist unbestritten, dass gerade der asketische, kraftvolle und gesunde Körper für die Lietz-Pädagogik von zentraler Bedeutung ist.[22] Es wäre zu untersuchen, wie der schwache, in seiner Funktion gestörte, nach gängigen Regeln nicht ästhetische „außerordentliche Körper"[23] codiert wird und welche Rolle er für die Ausformulierung eines pädagogischen Körper-Ideals spielt.[24] Dass es sich hierbei nicht um eine historische Marginalie handelt, belegt z.b. die Aussage Peter Petersens, der Lietz' historische Bedeutung gerade darin erkennt, ein „Ideal neuer junger Menschen" hinterlassen zu haben, „die Entschlußkraft mit rege anpackendem Geist besitzen, rein und gesund an Leib und Seele".[25] Lietz' Großstadtkritik, die für die Legitimation seines Schulkonzepts bekanntermaßen fundamental ist, bietet hier eine Reihe von Anknüpfungspunkten; der Hinweis auf einige wenige kulturkritische Chiffren wie „Entkräftigung", „Schlaffheit", „Nervenzerrüttung" muss an dieser Stelle genügen.[26] Unvollständig bliebe die Interpretation gesundheitsrelevanter Erscheinungsformen von Differenz im Rahmen der Lietz'schen Landerziehungsheim-Konzeption allerdings ohne die Berücksichtigung weiterer Differenzkategorien. Lietz setzt sich bereits vor dem Ersten Weltkrieg dafür ein, seine Heime ausschließlich auf „Kinder, welche von Eltern der indogermanischen Rasse und der christlichen Religion abstammen"[27], zu beschränken, und bemüht sich um die Begrenzung der Zahl von Mädchen. Für Kinder nicht deutscher Herkunft werden zeitweise um 50%

---

[22] Vgl. E. Meissner, Asketische Erziehung. Hermann Lietz und seine Pädagogik. Ein Versuch kritischer Überprüfung, Weinheim 1965; F. Wild, Askese und asketische Erziehung als pädagogisches Problem. Zur Theorie und Praxis der frühen Landerziehungsheimbewegung in Deutschland zwischen 1898 und 1933, Frankfurt/M. 1997.

[23] R. Garland-Thomson, Extraordinary Bodies. Figuring physical disability in American culture and literature, New York 1997.

[24] Theoretische Anregungen hierzu bei J. Bilstein/M. Brumlik (Hg.), Die Bildung des Körpers, Weinheim/Basel 2013.

[25] P. Petersen, Die Stellung des Landerziehungsheims im Deutschen Erziehungswesen des 20. Jahrhunderts. Ein typologischer Versuch, in: E. Huguenin, Die Odenwaldschule, Weimar 1926, S.XXVI.

[26] Die hier zitierten Begriffe stammen aus einem Vortrag, den Lietz 1913 auf der Hauptversammlung des Deutschen Vereins für Schulgesundheitspflege hielt: H. Lietz, Die Bedeutung des Landerziehungsheims vom hygienischen und pädagogischen Standpunkt, in: Zeitschrift für Schulgesundheitspflege (1913) Beiheft, S.93-101.

[27] H. Lietz, Deutsche Land-Erziehungsheime. Erziehungsgrundsätze und Einrichtungen, Osterwieck/H. o.J. (1912), zit. n. I. Hansen-Schaberg (Hg.), Landerziehungsheim-Pädagogik, 2. Aufl., Baltmannsweiler 2012, S.131. Grundsätzlich „Zur Rassenfrage" in seiner 1919 veröffentlichten Schrift „Des Vaterlandes Not und Hoffnung. Gedanken und Vorschläge zur Sozialpolitik und Volkserziehung", abgedruckt in R. Koerrenz, Hermann Lietz. Einführung mit zentralen Texten, Paderborn u.a. 2011, S.192-194.

erhöhte Schulgelder verlangt.²⁸ Sein pädagogisches Denken zielt, so meine Interpretation, auf die Herstellung von „Übersichtlichkeit" und damit darauf, das vermeintlich „Fremde", „Fremdartige" oder „Befremdende" im sozialen Raum des Landerziehungsheims soweit wie möglich zu reduzieren oder ganz auszugrenzen.²⁹ Das schließt einen „Reichtum an Individualitäten" und (zumindest in der Anfangszeit der Heime) auch eine „gewisse Mannigfaltigkeit in Konfession und Rasse" nicht aus; „vorausgesetzt, dass ein herrschender Grundtypus nicht verloren geht"³⁰; und der ist in den Lietz-Heimen zweifellos männlich, arisch, christlich und – körperlich, sittlich und intellektuell „normal".

b) Der reformpädagogische Einheitsschuldiskurs
Erstaunlicher als die Position des für biologistische Denkmuster offenen Lietz ist die Tatsache, dass auch innerhalb des der Sozialdemokratie nahestehenden reformpädagogischen Einheitsschuldiskurses die Frage der schulischen Förderung behinderter Schülerinnen und Schüler eine absolut untergeordnete Rolle spielte. Interessant ist in diesem Zusammenhang vor allem die Positionierung der Befürworter der Einheitsschule innerhalb der Hilfsschuldebatte, welche mit der Gründung der ersten Hilfsschulen seit den 1880er Jahren und dem sich anschließenden Ausbau eines gesonderten Hilfsschulsystems zunehmend an Bedeutung gewonnen hatte.³¹
In der für die Schulpolitik der SPD vor 1914 grundlegenden Publikation „Sozialdemokratie und Schule" trat deren führender Bildungspolitiker Heinrich Schulz ausdrücklich für die Errichtung eigenständiger Hilfsschulen ein und reproduzierte in seiner Begründung vollständig die Legitimationsmuster der zeitgenössischen Hilfsschulpädagogik:

> „Werden solche bedauernswerten Kinder mit normalen Kindern gemeinsam erzogen, so werden sie selbst leicht zum Gespött der Mitschüler und außerdem wirken sie für Lehrer und Schüler als Hemmschuh. Da der Lehrer sich ihnen nicht in dem nötigen Maße widmen kann, bleiben sie zurück und werden schließlich unbrauch-

---

²⁸ Vgl. Lietz, Deutsche Landerziehungsheime, a.a.O., S.132.
²⁹ Ein interessanter Versuch, die räumliche Struktur des Landerziehungsheims auf der Grundlage von Foucaults Disziplinierungsthese zu interpretieren: J. Yamana, Die Struktur der „Übersichtlichkeit" des Landerziehungsheims Haubinda. Zur Interpretation des „Schulstaat"-Konzepts von Hermann Lietz, in: Zeitschrift für Pädagogik 47(1996)3, S.407-421.
³⁰ Hermann Lietz, Das dritte Jahr im D.L.E.H. Haubinda in Thüringen, in: Das sechste Jahr in Deutschen Landerziehungsheimen, Leipzig 1904, S.6f, zit. n. Koerrenz, Hermann Lietz, a.a.O., S.186f.
³¹ Vgl. Möckel, Geschichte der besonderen Grund- und Hauptschule, a.a.O.; hierzu kritisch: D. Hänsel, D./J. Schwager, Die Sonderschule als Armenschule. Vom gemeinsamen Unterricht zur Sondererziehung nach Braunschweiger Muster, Bern 2004 und V. Moser, Kontroversen behindertenpädagogischer Geschichtsschreibung, in: Musenberg, a.a.O., S.83-99.

bare Mitglieder der bürgerlichen Gesellschaft. Wenn sie aber in Gemeinschaft mit ihren Leidensgenossen besonderen Unterricht von besonders dazu vorgebildeten Lehrern erhalten, so werden sie – wenn nicht ganz von ihren Leiden geheilt – doch so gefördert, daß sie der menschlichen Gesellschaft später nicht zur Last fallen, sondern ihr noch wertvolle Dienste leisten können."[32]

Das in diesen Sätzen zum Ausdruck kommende individuumszentrierte, medizinisch geprägte Behinderungsverständnis ist umso bemerkenswerter, als der sozial selektierende Charakter der Hilfsschulen als Einrichtungen, an denen sich die Kinder aus sozial randständigen Milieus sammelten, auch von Zeitgenossen nicht übersehen wurde und der Hinweis auf den Klassencharakter der Schule mit Blick auf die Trennung von niederem und höheren Schulwesen in den Publikationen der sozialistischen Arbeiterbewegung zum Kernbestand bildungstheoretischer und schulpolitischer Argumentation gehörte.[33]

Auch nach der Revolution von 1918/19 veränderte sich der Mainstream der Einheitsschuldebatte im Kern nicht. Kennzeichnend für diesen Tatbestand ist der Befund, dass während der Reichsschulkonferenz (RSK) von 1920, auf der die Frage der Einheitsschule im Mittelpunkt der Erörterungen stand, das Problem der Beschulung behinderter Kinder beinahe vollkommen unberücksichtigt blieb. Georg Kerschensteiner (1854-1932) und Fritz Karsen (1885-1951), die als Protagonisten des liberal-konservativen bzw. sozialdemokratischen Flügels auf der RSK auftraten und heute zu den wichtigsten reformpädagogischen Schulreformern gezählt werden, gingen in den von ihnen vorgelegten Leitsätzen zum Schulaufbau auf Schülerinnen und Schüler mit Behinderungen nicht ein.[34] In der anschließenden umfangreichen Debatte nahm allein der Vertreter des Verbandes der Hilfsschulen, Julius Grote, ausführlich zur Frage der Beschulung behinderter Kinder Stellung und betonte hierbei unwidersprochen, in der „günstigen Lage" zu sein, „hier kein Kampfobjekt

---

[32] H. Schulz, Sozialdemokratie und Schule, Berlin 1907, S.49f.
[33] Vgl. zum sozialen Auslesecharakter der Hilfsschule Ellger-Rüttgardt, Geschichte der Sonderpädagogik, a.a.O., S.156-158. Zur Kritik des Klassencharakters des wilhelminischen Schulsystems: Ch. Uhlig, Reformpädagogik: Rezeption und Kritik in der Arbeiterbewegung. Quellenauswahl aus den Zeitschriften Die Neue Zeit (1883-1918) und Sozialistische Monatshefte (1895/97-1918), Frankfurt/M. u.a. 2006 und dies. (Hg.), Reformpädagogik und Schulreform. Diskurse in der sozialistischen Presse der Weimarer Republik, Frankfurt/M. u.a. 2008.
[34] Vgl. Die Reichsschulkonferenz 1920. Ihre Vorgeschichte und Vorbereitung und ihre Verhandlungen, unver. Nachdruck der Erstauflage von 1921, Glashütten i.T. 1972, S.114-129 und S.98-113. Johannes Tews als Vertreter des Deutschen Lehrervereins einer der prominentesten Vertreter eines liberalen Einheitsschulkonzepts („Freie Bahn jedem Tüchtigen") setzte sich dagegen ausdrücklich für gesonderte Schulen für „blinde, taubstumme, schwerhörige, sprachleidende, schwachsinnige, schwach befähigte, krankhaft veranlagte, sittlich gefährdete Kinder sowie für Krüppelkinder" ein, die er unter dem Oberbegriff „Hilfsschule" zusammenfasste (ebd., S.152f.).

behandeln zu müssen" und ein „wirklich humanes, ganz neutrales Werk" zu vertreten, „dem jede Partei, jede Konfession und Weltanschauung ohne weiteres zustimmen muß".[35] In der Sache folgte Grote dann allerdings dem Einheitsschulkonzept Kerschensteiners, das ein einheitliches Schulsystem mit einer frühzeitigen äußeren Differenzierung nach „Begabungsrichtungen" vorsah, plädierte bei den behinderten Kindern allerdings für eine möglichst frühzeitige Aussonderung noch aus der Grundschule, mit dem Ziel, die Regelschule zu entlasten. Durch die heilpädagogischen Schulen geschehe, so Grote,

> „die erste Aussonderung der Kinder, damit jedes Kind auf den Platz gestellt wird, an dem es am besten erzogen und für das wirtschaftliche Leben brauchbar gemacht werden kann, die erste Aussonderung, damit die normal Begabten einen ruhigen und ungehemmten Fortschritt in der Grundschule und den weiteren Zweigen der Einheitsschule erfahren können. Denn wenn alle diejenigen Kinder, die in den heilpädagogischen Schulen unterrichtet werden oder unterrichtet werden müßten, in der Grundschule verblieben, so würden sie ein Hemmnis bilden, das den Fortschritt ganz erheblich verlangsamen und die Kraft des Lehrers ungebührlich in Anspruch nehmen würde."[36]

Im Ausschuss für „Jugendwohlfahrt" wurde anschließend einstimmig ein Leitsatz für den zukünftigen Aufbau des Schulwesens verabschiedet, der „besondere Schul- und Fortbildungseinrichtungen" für „bildungsfähige blinde, schwachsichtige, taubstumme, schwachbefähigte, schwerhörige, sprachleidende, schwachsinnige, verkrüppelte oder sonstwie körperlich oder geistig gebrechliche Kinder" vorsah.[37]

Fasst man die Einheitsschul-Debatte der Reichsschulkonferenz zusammen, kann festgehalten werden, dass auch sozialistische Reformpädagogen, wenn es um behinderte Kinder ging, das Feld gänzlich der Hilfsschullehrerschaft überließen und in ungewohnter Übereinstimmung mit ihren konservativen Kontrahenten den Ausbau eines von der Regelschule abgesonderten Systems unterstützten. Wie es zu dieser aus heutiger Sicht erstaunlichen Positionierung kam, lässt sich anhand der Protokolle der RSK nicht klären. Hier wären weitere Forschungen notwendig, die die Entwicklung des Einheitsschuldiskurses seit den 1880er Jahren mit Blick auf behinderte Schülerinnen und Schüler genauer untersuchten. Zu vermuten ist, dass insbesondere der Einfluss medizinisch geprägter Deutungsmuster von Behinderung, die vor allem über die neu entstehende wissenschaftliche Disziplin der Kinder- und Jugendpsychiatrie Eingang in die pädagogische Debatte fanden, eine erhebliche Rolle gespielt haben dürfte.

---

[35] Ebd., S.521f.
[36] Ebd., S.521.
[37] Ebd., S.871.

c) Reformpädagogische Gemeinschaftsschulen nach dem Ersten Weltkrieg

Angesichts der auf der Reichsschulkonferenz deutlich gewordenen Konstellation ist es nicht verwunderlich, dass sich jenseits des politischen wie pädagogischen Konflikts vor allem die Hilfsschule in der Weimarer Republik rasant weiterentwickelte. Zwischen 1913 und 1928 stieg die Zahl der Kommunen, die über eine Hilfsschule verfügten, von 320 auf 750, die Schülerzahl wuchs im gleichen Zeitraum von 43.000 auf über 70.000.[38] Weitgehend unbekannt ist bis heute, wie in den reformpädagogisch geprägten Versuchsschulen der Weimarer Republik die Aufnahme von Kindern mit Behinderungen bzw. die „Abschulung" in die Hilfsschule gehandhabt wurde. Auch ihre Zahl war erheblich: Anfang der 1930er Jahre existierten mindestens 200 reformpädagogische Schulen in Deutschland, davon 99 städtische Volks- und 62 ländliche Versuchsschulen. Hinzu kamen weit über 1.000 Versuchsklassen mit mehr als 40.000 Schülerinnen und Schülern in über 20 deutschen Städten.[39] Hier gibt es erheblichen Forschungsbedarf.

Kenntnis haben wir zumindest von drei prominenten reformpädagogischen Gemeinschaftsschulen im deutschsprachigen Raum, in denen Kinder und Jugendliche mit Lern- und Verhaltensproblemen ausdrücklich nicht ausgeschlossen wurden: die Hamburger Versuchsschule Berlinertor, die Jenaplan-Schule Peter Petersens und die Individualpsychologische Versuchsschule in Wien.[40]

Petersens kritische Bewertung der Hilfsschule, die er als typisches Produkt der „alten Schule" charakterisierte, ist bekannt.[41] Ähnlich argumentierten aber auch die Wiener und Hamburger Schulreformer. So hieß es 1922 in der Schulzeitung der Berlinertor-Schule:

---

[38] Vgl. A. Henze, Hilfsschule für geistesschwache Kinder, in: H. Nohl/L. Pallat (Hg.), Handbuch der Pädagogik, Bd. 4: Die Theorie der Schule und der Schulaufbau, Langensalza 1928, S.147; N. Myschker, Der Verband der Hilfsschulen Deutschlands und seine Bedeutung für das Sonderschulwesen, Hamburg 1969, S.70.

[39] Vgl. H. Schmitt, Zur Realität der Schulreform in der Weimarer Republik, in: T. Rülcker/J. Oelkers (Hg.), Politische Reformpädagogik, Bern 1998, S.619-643.

[40] Vgl. K. Rödler, Vergessene Alternativschulen. Geschichte und Praxis der Hamburger Gemeinschaftsschulen 1919-1933, Weinheim 1987; H. Retter, Der Jenaplan Peter Petersens. Perspektiven der Integrationspädagogik, in: R.W. Keck (Hg.), Didaktik im Zeichen der Ost-West-Annäherung, Münster 1999, S.176-196; L. Wittenberg, Geschichte der individualpsychologischen Versuchsschule in Wien. Eine Synthese aus Reformpädagogik und Individualpsychologie, Wien 2002. Alle drei Schulen verfolgten ihren nicht-aussondernden Anspruch allerdings nicht konsequent; vgl. zusammenfassend Schwerdt, Heilpädagogik, a.a.O., S.818-827.

[41] Vgl. z.B. P. Petersen, Der Kleine Jena-Plan einer freien allgemeinen Volksschule, 63. Aufl., Weinheim/Basel 2007, S.13f.

„Wir trennen unsere Schüler nicht in ‚Begabte' und ‚Unbegabte', soll heißen: für ausschließlich geistige Arbeiten begabte und unbegabte. Wir haben erfahren, daß die ‚Unbegabten', die Sitzenbleiber, *auch* Kräfte haben. Wir möchten, daß die Kinder gerade darum beieinander bleiben, weil sie *verschiedene* Begabungen haben, weil der eine hat, was dem anderen fehlt. Nicht der Wetteifer mit dem Ähnlichbegabten ist uns das wichtigere, sondern dies: seine Kraft helfend in den Dienst der Gruppe, der Andersbegabten stellen. Je vielseitiger die Begabungen in der Gruppe, desto reicher sind die Arbeitsmöglichkeiten. Wir sehen die Einheitsschule darin, daß *alle* Kinder, die ‚Begabten' und ‚Unbegabten', während ihrer ganzen Schulzeit eine *Einheit* bilden, die durch keinerlei äußere Maßnahmen getrennt werden dürfte."[42]

Während am Berlinertor Schulpraktiker tätig waren, die ihre Reformarbeit kaum theoretisch begründen konnten, kennzeichnet es die beiden übrigen Schulen, dass sie sich um eine differenzierte konzeptionelle Fundierung bemühten. Bei Petersen ist vor allem der philosophisch umfassend hergeleitete Begriff der „Gemeinschaft" grundlegend, während für die Wiener Versuchsschule die individualpsychologischen Annahmen Alfred Adlers handlungsleitend wurden. Beide Konzepte wären im Hinblick auf ihre Deutung von Behinderung und „Normalität" noch systematisch zu untersuchen. Von der Quellenlage ist abhängig, inwieweit auch die integrative pädagogische Praxis der drei Schulen noch historisch rekonstruierbar ist.[43]

3. „Vom Kinde aus"? Die Konstruktion des reformpädagogischen Kindheitsbildes und das behinderte Kind

In Abgrenzung zu Positionen konservativen Erziehungsdenkens wird in der bildungshistorischen Forschung als Spezifik reformpädagogischen Denkens immer wieder seine Orientierung am Kind und seinen Bedürfnissen betont.[44] Die Forderung, „vom Kinde aus" zu erziehen, gilt als eines der zentralen, bis

---

[42] Unsere Schule. Blätter der Schulgemeinde Berlinertor 29, 2(1922)2, unpag.
[43] Vgl. in diesem Zusammenhang die Anregungen von Sabine Reh zu einer theoretisch fundierten historischen Analyse „pädagogischer Praktiken": Can we discover something new by looking at practices? Practice theory and the history of education, Encounters/Encuentros/Rencontres on Education 15(2014), p.183-207. Exemplarisch und anregend für den hier interessierenden Zusammenhang: dies., Der „Kinderfehler" Unaufmerksamkeit. Deutungsmuster zwischen Kulturkritik und professionellen Handlungsproblemen im Schulsystem in Deutschland um 1900, in: dies. u.a. (Hg.), Aufmerksamkeit. Geschichte – Theorie – Empirie, Wiesbaden 2015.
[44] Vgl. zusammenfassend H. Ullrich, Kindorientierung, in: Keim/Schwerdt, Handbuch, Teil 1, a.a.O., S.379-405; dort zahlreiche weitere Literaturhinweise.

heute gültigen Anliegen der klassischen Reformpädagogik.[45] Im hier behandelten Zusammenhang wäre zu klären, wie sich die reformpädagogischen Kindheitsvorstellungen zum behinderten Kind verhalten, das den optimistischen Annahmen einer auf Selbsttätigkeit und Kreativität setzenden Pädagogik – zumindest mit Blick auf die im zeitgenössischen Jargon als „schwachsinnig" bzw. „erziehungsschwierig" Bezeichneten – nicht entspricht. Auch zu dieser Frage gibt es bisher kaum systematisch angelegte Studien. Eine erfreuliche Ausnahme bilden zwei jüngere Arbeiten, die sich mit der pädagogischen Anthropologie Maria Montessoris bzw. Ellen Keys befasst haben.[46] Insbesondere Montessori ist hier interessant, da sie als gute Kennerin des zeitgenössischen heilpädagogischen Diskurses eingeschätzt werden kann.

a) Das „normalisierte" Kind

Montessori hat in der Rückschau auf die Genese ihrer Pädagogik immer wieder betont, dass diese wesentlich auf Erfahrungen zurückgeht, die sie „in der Ausübung der ärztlichen Tätigkeit in der Umgebung kranker Kinder" sammelte, „die man pflegen und zur körperlichen Gesundheit zurückführen mußte"; diese Kinder seien „durch ihre Konstitution zu dauernder geistiger Minderwertigkeit verurteilt" gewesen, „wie sie sich bei Idioten, Epileptikern und Nervenkranken"[47] zeige. Montessoris Folgerung aus dem Umgang mit behinderten Kindern war die Forderung nach einer neuen Erziehung, die „vom Kinde" und nicht von Vorgaben eines Lehrplans auszugehen habe:

> „Bei diesen anormalen Kindern ergaben sich psychologische Tatsachen, die zeigen, daß der Lehrer, wenn er wirklich fördern will, dem Kinde nachgehen, sein eignes Handeln, sein Vorgehen vom Kinde abhängig machen muß, nicht umgekehrt".[48]

In weiten Teilen der Montessori-Rezeption ist diese Forderung lange Zeit verkürzt als Anspruch auf Individualisierung von Lernprozessen verstanden worden, während die Rede von „geistige(r) Minderwertigkeit" und „anormalen Kindern" als zeitbedingt kaum ernst genommen wurde. Die neueren Studien zur pädagogischen Anthropologie Montessoris machen jedoch deutlich,

---

[45] Vgl. exemplarisch A. Flitner, Reform der Erziehung. Impulse des 20. Jahrhunderts München u.a. 1992, S.30-53. Zur Kritik z.B. Oelkers, Reformpädagogik 2005, a.a.O., S.113-130; W. Einsiedler, Geschichte der Grundschulpädagogik, Bad Heilbrunn 2015, S. 200-204.
[46] Ch. Hofer, Die pädagogische Anthropologie Maria Montessoris – oder: Die Erziehung zum neuen Menschen, Würzburg 2001; M. Reiß, Kindheit bei Maria Montessori und Ellen Key. Disziplinierung und Normalisierung, Paderborn u.a. 2012.
[47] M. Montessori, Das Werk des Kindes, in: Die Neue Erziehung, 8(1926)9, S.642.
[48] Ebd.

dass die in diesen Formulierungen zum Ausdruck kommenden Vorstellungen zum Kern ihres Kindheitsverständnisses gehören. Ein wesentliches Element von Maria Montessoris Kindheitsbild ist der Gedanke der „Normalisierung".[49] Hofer und Reiß können zeigen, dass „Normalisierung" bei Montessori nicht nur als individueller Prozess einer verbesserten Selbstorganisation verstanden werden darf, sondern zugleich als Maßstab für gesellschaftliche Verhaltensnormen (Normalitätserwartungen) und mit ihnen verbundenen Hierarchisierungen dient: „Der ‚normale' Mensch, das ‚normale' Kind verfügt über ganz spezifische Verhaltensweisen (ruhig, diszipliniert, gehorsam etc.)"; Abweichungen vom normativen Leitbild sind ein Zeichen „von ungesundem und unnatürlichem Wachstum und müssen durch richtige wissenschaftliche Erziehung eliminiert oder vermindert werden."[50] Der folgende Auszug aus einem der Vorträge Montessoris, die in ihrem Buch „Das kreative Kind" zusammengefasst wurden, bringt diese Tendenz zur Pathologisierung nicht normalisierten Verhaltens sehr prägnant zum Ausdruck:
Auf der Abbildung

„sehen wir in der Mitte einen schwarzen Kreis, das Zentrum der Vollkommenheit; daran schließt sich eine graue Fläche an, die die Kategorie der starken und normalen Menschen darstellt. Die darumliegende weiße Fläche steht für die große Masse der Menschen, die – in verschiedenen Graden – keine normale Entwicklung erreicht haben. An der Peripherie sehen wir einen angedunkelten Kreis mit kleinerem Flächeninhalt, der die Kategorie derer darstellt, die sich außerhalb der normalen Menschheit befinden – die sehr wenigen Extra-Sozialen oder Anti-Sozialen (die Extra-Sozialen sind die Geistesschwachen oder Geisteskranken, und die Anti-Sozialen sind die Verbrecher). Die Kriminellen und die Geisteskranken haben sich nicht an die Gesellschaft anpassen können; alle anderen haben sich mehr oder weniger angepaßt. Das Problem der Erziehung bezieht sich daher auf die, die es verstanden haben, bis zu einem gewissen Punkt in den Grenzen der Anpassung zu bleiben. ...
Der graue Kreis umfaßt die, die sich der Vollkommenheit am nächsten befinden; sie sind stärker, weil sie größere Lebensenergien aufweisen und auf bessere Umweltbedingungen getroffen sind, während die im weißen Kreis mit schwächeren Lebensenergien ausgestattet sind oder größeren Hindernissen begegnet sind. ... Die ersten fühlen eine natürliche Anziehung zur Vollkommenheit hin (schwarzes Zentrum), die zweiten neigen zum Anti- und Extra-Sozialen. Diese begegnen auf ihrem

---

[49] Vgl. zur begrifflichen Klärung und zu aktuellen Forschungszugängen: H. Kelle/A. Tervooren (Hg.), Ganz normale Kinder. Heterogenität und Standardisierung kindlicher Entwicklung, Weinheim/München 2008; H. Kelle/J. Mierendorff (Hg.), Normierung und Normalisierung der Kindheit, Weinheim/Basel 2013.
[50] Hofer, a.a.O., S.208. Vgl. in diesem Sinne auch J. Labede, Aufmerksamkeit als Praxis. Pädagogische Beobachtungen Maria Montessoris, in: S. Reh/u.a (Hg.), Aufmerksamkeit, Wiesbaden 2015, S.95-114.

Weg vielen Versuchungen. ... Es ist eine unwiderstehliche Anziehung wie die Schwerkraft und verlangt ständig Kampf und Verteidigung. ... Im grauen Kreis befinden sich die stärkeren Personen, die zur Vollkommenheit neigen: Hier besteht keine Schwerkraft, sondern der wahre Wunsch, sich dem Besseren zu nähern."[51]

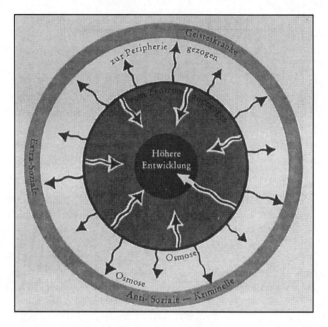

Abb. 1: M. Montessori, Kreise der Anziehung zu den höheren und niederen Typen[52]

In der Logik Montessoris macht die Ausgrenzung der „Extra-Sozialen", der „Geistesschwachen und Geisteskranken" aus dem Kreis der „normalen Menschheit" Erfahrungen des Scheiterns der neuen Erziehung erklärbar: Kinder, die sich dem Prozess der Normalisierung entziehen, sind – so der Zirkelschluss – aufgrund ihrer psychischen Konstitution oder problematischer Bedingungen des Aufwachsens letztlich nicht erziehbar. Das mit der neuen Erziehung aufwachsende, normalisierte Kind ist dagegen in der Lage, seine „devianten Verhaltensweisen" und „infantilen Defekte" abzulegen; es entwickelt sich laut Montessori ein „überaus einheitlicher Typ des Kindes": „arbeitsame und ruhige,

---

[51] M. Montessori, Das kreative Kind. Der absorbierende Geist, hg. und eingel. v. P. Oswald/G. Schulz-Benesch, 2. Aufl., Freiburg u.a. 1973, S.187ff.
[52] Ebd., S.188.

disziplinierte" Kinder, „voll von Liebe und Interesse, explosiv in ihren Eroberungen".[53]
Heiner Ullrich hat in einer zusammenfassenden Darstellung der reformpädagogischen Leitidee der Kindorientierung überzeugend herausgearbeitet, wie breit das Spektrum reformpädagogischer Kindheitsvorstellungen gewesen ist.[54] Es wäre daher verfrüht, Montessori als repräsentativ für „die" Reformpädagogik zu charakterisieren. Vielmehr wäre zu prüfen, ob ähnliche präskriptiv-normierende Kindheitsbilder auch in den Erziehungsvorstellungen anderer Reformpädagogen nachzuweisen sind und inwieweit sie behinderte Kinder ausdrücklich einbeziehen. Lohnend wäre eine systematische Analyse vor allem für solche Positionen, die – wie etwa bei Dewey, Petersen oder der erst in den letzten Jahren verstärkt in den Blick der Forschung gekommenen Anna Siemsen[55] – theoretisch umfassend fundiert sind und sich in ihren anthropologischen und gesellschaftstheoretischen Prämissen von denen der in ihrem Menschenbild durch den wissenschaftlichen Positivismus des 19. Jahrhunderts geprägten Maria Montessori unterscheiden. Interessante Einsichten verspricht aber auch die vergleichende Interpretation mit der heilpädagogischen Literatur, insbesondere zum Hilfsschulkind.

b) Das Gegenbild des „Genius im Kinde" – das Hilfsschulkind

Von den Vertretern der Hilfsschule wurde die Besonderheit des Hilfsschulkindes gegenüber dem „Normalkind" immer wieder betont und die „anthropologische Sonderexistenz des Hilfsschulkindes"[56] als zentrale Legitimation für eine gesonderte Beschulung bzw. den „Eigencharakter der Hilfsschule"[57] genutzt. Die Behauptung einer Sonderanthropologie des behinderten Kindes findet sich also nicht nur im reformpädagogischen, sondern auch im heilpädagogischen Umfeld. Untersucht man den zeitgenössischen Diskurs der Hilfsschulpädagogik in Deutschland so fällt auf, dass das Bild des „schwachsinnigen Kindes" geradezu als Gegenentwurf zum reformpädagogischen Kindheitsverständnis des „Genius im Kinde" zu lesen ist: kennzeichnendes Merkmal des Hilfsschulkindes ist „das Nichtkönnen".[58] Der Charlottenburger

---

[53] M. Montessori, Deviation und Normalisation (1934), zit. n. W. Böhm, Maria Montessori. Einführung mit zentralen Texten, Paderborn 2010, S.127.
[54] Vgl. Ullrich, a.a.O.
[55] Vgl. Ch. Sänger, Anna Siemsen. Bildung und Literatur, Frankfurt/M. u.a. 2011; M. Jungbluth, Anna Siemsen – eine demokratisch-sozialistische Reformpädagogin, Frankfurt/M. u.a. 2012; A. Bauer, Das Leben der Sozialistin Anna Siemsen und ihr pädagogisch-politisches Wirken. Eine historisch-systematische Studie zur Erziehungswissenschaft, Frankfurt/M. u.a. 2012.
[56] Ellger-Rüttgardt, Geschichte der Sonderpädagogik, a.a.O., S.156.
[57] So der Titel einer breit rezipierten Publikation von Erich Beschel noch 1960.
[58] Vgl. A. Möckel, Geschichte der besonderen Grund- und Hauptschule, a.a.O., S.104f. und Schwerdt, Heilpädagogik, S.814-817. Vgl. etwa die einflussreichen Arbeiten von Arno Fuchs,

Hilfsschulrektor und Verbandsvertreter Wilhelm Raatz (1868-1932) etwa betonte, dass „Schwachsinnige ... psychisch anders organisiert" seien „als die Normalen": „Durch die mangelhafte Entwickelung der apperzeptiven Fähigkeiten, die einseitige Ausbildung einzelner Teilgedächtnisse, die Beschränkung des Gefühlslebens vornehmlich auf dem Gebiet der Sinnlichkeit" würden „psychische Zustände bedingt", die „keinen unmittelbaren Vergleich mit dem Seelenleben normaler Kinder zulassen."[59]

> „Was Schwachsinnige ohne Anleitung tun, gelingt ihnen entweder gar nicht, oder es bleibt ein Konglomerat von mehr Falschem als Richtigem, oder es stellt sich als zusammenhangloses Stückwerk dar. Körperliche und geistige Mängel stellen sich hemmend in den Weg".[60]

Ähnlich auch der Frankfurter Stadtschulrat und Hilfsschulfunktionär August Henze in einem Beitrag des renommierten „Handbuchs der Pädagogik", in dem er aufgrund der spezifischen Merkmale ihres „Schülermaterials"[61] für die Hilfsschule eine Pädagogik der „Zucht und Ordnung" propagierte:

> „Was die erzieherliche Beeinflussung der Hi.(lfsschul)kinder anbelangt, so hat diese zu kämpfen mit der leichten Beeinflußbarkeit und Verführbarkeit, der geringen Willenskraft, der Flüchtigkeit der Eindrücke, der geringen Einsichts- und Urteilskraft, mit Eigenheiten und Unarten in Rede und Tun bei den Kindern ... . Je weniger zu erwarten ist, daß der Hi.(lfsschul)zögling einmal durch verständige Überlegung und Einsicht in der Welt Lauf die Notwendigkeit der Unterordnung unter andere Personen, der Befolgung gesetzlicher Vorschriften erkennen werde, umsomehr gilt es, in der Hi.(lfsschule) vom ersten bis zum letzten Tage als wichtigstes Erziehungsmittel unablässige zielbewußte Gewöhnung durchzuführen und so nach Möglichkeit zu erreichen, daß den Kindern Unterordnung unter menschliche Autorität, Achtung vor Recht und Gesetz sozusagen in Fleisch und Blut übergeht, die Tugenden der Sauberkeit, Ordnung, Pünktlichkeit, des Fleißes, der Hilfsbereitschaft, des Mitleids, der Wahrheitsliebe und der Ehrlichkeit anerzogen werden. Daraus folgt, daß bei aller Rücksichtnahme auf die Schwäche der Kinder doch auch in der Hi.(lfsschule) straffe Zucht und Ordnung herrschen muß, damit der labile Wille durch fortgesetzte Betätigung in gleicher Richtung allmählich gestärkt werde. ... . Dazu bedarf es allerdings einer genauen Kenntnis der Kinderseele und der Verhältnisse, in denen das Kind lebt, um vorhandene Neigung zum Lügen und Stehlen, zu

---

z.B.: Schwachsinnige Kinder. Ihre sittliche und intellektuelle Rettung – eine Analyse und Charakteristik, nebst theoretischer und praktischer Anleitung zum Unterricht und zur Erziehung schwachsinniger Naturen, Gütersloh 1899; eine Generation später: Fritz Rössel, Das Hilfsschulkind, Halle/S. 1925.

[59] W. Raatz, Prinzipien in der Schwachsinnigenerziehung der Hilfsschule, in: Zeitschrift für Kinderforschung 29(1924)5, S.455.
[60] Ebd., S.458.
[61] Henze, a.a.O., S.148.

Unsauberkeit und Unpünktlichkeit, zur Bosheit und Zerstörung, zu Neid und Mißgunst, zu Schamlosigkeit im Reden und Verhalten zu bekämpfen."[62]

Es ist auffällig, dass die Ausbreitung der Hilfsschule in Deutschland historisch exakt mit der Epoche der klassischen Reformpädagogik zwischen 1890 und 1933 zusammenfällt.[63] Die erstaunliche Komplementarität von reformpädagogischer Idealisierung und heilpädagogischer Inferiorisierung des Kindes lässt es lohnend erscheinen, der Frage nachzugehen, ob die reformpädagogischen Vorstellungen vom kreativen, phantasiebegabten, eigentätigen Kind dazu beitrugen, die durch ihr Verhalten im Unterricht Störenden, die „Schulverweigerer" und „Schulversager" aus dem Kreis der „Normalkinder" auszugrenzen und der Forderung nach eigenen Schulen für diese „Schwachsinnigen" besondere Plausibilität zu vermitteln. Um mehr als eine Hypothese kann es sich hierbei allerdings gegenwärtig angesichts fehlender systematisch angelegter Studien nicht handeln.[64] Weiterführend erscheinen etwa diskursanalytisch angelegte Untersuchungen auf der Grundlage volks- und hilfsschulpädagogischer Publikationen; wobei nicht zuletzt international vergleichende Arbeiten klären könnten, ob es sich um mehr als eine historische Koinzidenz handelt.

4. Reformpädagogik und Eugenik

Zahlreiche Untersuchungen haben in den vergangenen Jahren gezeigt, dass eugenisches und rassenhygienisches Gedankengut seit dem Ende des 19. Jahrhunderts in verschiedenen wissenschaftlichen Diskurszusammenhängen kontrovers erörtert und in den 1920er Jahren – also lange vor dem Machtantritt der Nationalsozialisten – in Deutschland auf einer Reihe von Feldern der Medizin, der Familien- und Gesundheitspolitik sowie der Sozialverwaltung

---

[62] Ebd., S.152f.
[63] Noch 1893/94 hatte die Zahl der Kommunen mit einer Hilfsschule bei nur 32 gelegen, die Zahl der Schülerinnen und Schüler bei 2290 (vgl. ebd., S.146f.).
[64] Einen ersten Beitrag in dieser Richtung stellt der Ansatz Vera Mosers dar, die – weit über den pädagogischen Rahmen hinausgehend – in einer machtanalytischen Perspektive das symbolische Bild des Schwachsinnigen im Anschluss an Foucault als das des „korrekturbedürftigen Monströsen" deutet. Moser stellt diese Interpretation in den Zusammenhang der Bearbeitung der Sozialen Frage entlang des Dispositivs der „Normalisierung" bzw. einer Regulierung der „Randzonen des Normalen"; vgl. Moser, a.a.O. Die Analyse der Texte Maria Montessoris bietet aus meiner Sicht für diese Deutung eine Vielzahl von Anknüpfungspunkten. Nicht zuletzt lässt sich der starke Einfluss der Idee des „mittleren Menschen" („homme moyen") des belgischen Statistikers Adolphe Quételet, auf den sich Foucault ausdrücklich bezieht, bei Montessori sehr präzise nachweisen (vgl. Hofer, a.a.O., S.127-143).

Fuß fassen konnte.⁶⁵ Dies gilt nicht zuletzt für die Pädagogik, auch wenn diese, im Vergleich zu anderen Professionen und wissenschaftlichen Disziplinen, offenbar skeptischer auf die aus den Bio-Wissenschaften kommenden Deutungs- und Handlungsansprüche reagierte.⁶⁶ Dennoch ist an einigen Beispielen inzwischen deutlich geworden, dass reformpädagogisches und eugenisches Gedankengut durchaus vereinbar waren.

Das prominenteste unter ihnen ist sicherlich Ellen Key (1849-1926) und ihr epochemachendes Werk „Das Jahrhundert des Kindes".⁶⁷ In diesem reformpädagogischen Bestseller formulierte die Verfasserin in ausgesprochener Deutlichkeit die Vorstellung von der genetischen Vervollkommnung des Menschen. Den Ausgangspunkt ihrer Hoffnungen, einen „neuen Typus Mensch" schaffen zu können, bildete der an die Evolutionstheorie Darwins anknüpfende Gedanke der Entwicklung:⁶⁸

> „Der Entwickelungsgedanke wirft nicht nur Licht auf einen hinter uns liegenden, durch Millionen von Jahren fortgesetzten Verlauf, dessen schließlicher Höhepunkt der Mensch ist. Er erhellt auch den Weg, den wir zu wandern haben: er zeigt uns, daß wir physisch und psychisch noch immer im Werden begriffen sind. Während der Mensch früher als eine physisch und psychisch unverrückbare Erscheinung betrachtet wurde, die zwar in ihrer Art vervollkommnet, aber nicht umgestaltet wer-

---

[65] Vgl. aus der umfangreichen Forschungsliteratur: J. Peter, Der Einbruch der Rassenhygiene in die Medizin. Auswirkung rassenhygienischen Denkens auf Denkkollektive und medizinische Fachgebiete von 1918 bis 1934. Frankfurt/M. 2004; M. Kappeler, Der schreckliche Traum vom vollkommenen Menschen. Rassenhygiene und Eugenik in der Sozialen Arbeit, Marburg 2000; J. Reyer, Alte Eugenik und Wohlfahrtspflege. Entwertung und Funktionalisierung der Fürsorge vom Ende des 19. Jahrhunderts bis zur Gegenwart, Freiburg/Br. 1991; D.J.K. Peukert, Grenzen der Sozialdisziplinierung – Aufstieg und Krise der deutschen Jugendfürsorge 1878-1932, Köln 1986.

[66] Vgl. zu verschiedenen Phasen und Positionen bis 1933: J. Reyer, Eugenik und Pädagogik. Erziehungswissenschaft in einer eugenisierten Gesellschaft, Weinheim/München 2003, S.41-162.

[67] Als Auswahl von zahlreichen kritischen Analysen der vergangenen Jahre: J. Weisser, Das heilige Kind. Über einige Beziehungen zwischen Religionskritik, materialistischer Wissenschaft und Reformpädagogik im 19. und zu Beginn des 20. Jahrhunderts, Würzburg 1995; S. Andresen/M.S. Baader, Wege aus dem Jahrhundert des Kindes. Tradition und Utopie bei Ellen Key, Neuwied 1998; T. Rülcker, Das Jahrhundert des Kindes? Ellen Key, die deutsche Pädagogik und ihre widersprüchliche Realität von Kindheit im 20. Jahrhundert, in: K. Ch. Lingelbach/H. Zimmer (Red.), Jahrbuch für Pädagogik 1999: Das Jahrhundert des Kindes, Frankfurt/M. u.a. 2000, S.17-32; M.S. Baader u.a. (Hg.), Ellen Keys reformpädagogische Vision. „Das Jahrhundert des Kindes" und seine Wirkung, Weinheim/Basel 2000; J. Oelkers, Erziehung als Perfektionierung des Menschen, in: E. Kubli/A.K. Reichardt (Hg.), Die Perfektionierung des Menschen, Bern u.a. 2001, S.43-68; K. Mann, Pädagogische, psychologische und kulturanalytische Traditionen und Perspektiven im Werk Ellen Keys, Diss. Berlin 2003; T. Damberger, Menschen verbessern! Zur Symptomatik einer Pädagogik der ontologischen Heimatlosigkeit, Darmstadt 2012; Reiß, a.a.O.

[68] Vgl. E. Weiß, Entwicklung, in: Keim/Schwerdt, Handbuch, Teil 1, a.a.O., S.363-378.

den könne, weiß man nun, dass er imstande ist, sich zu erneuern; anstatt eines gefallenen Menschen sieht man einen unvollendeten, aus dem durch unzählige Modifikationen in einem unendlichen Zeitraum ein neues Wesen werden kann. ... . Wer heute erklärt, daß ‚die Menschennatur sich immer gleich bleibt' – d.h. so, wie sie sich in den ärmlichen Jahrtausenden gezeigt, in denen unser Geschlecht sich seiner selbst bewußt war –, verrät dadurch, daß er auf derselben Höhe der Reflexion steht, wie z.B. ein Ichthyosaurus der Juraperiode, der vermutlich auch nicht den Menschen als eine Zukunftsmöglichkeit ahnte!
Wer hingegen weiß, daß der Mensch unter unablässigen Umgestaltungen das geworden, was er nun ist, sieht auch die Möglichkeit ein, seine zukünftige Entwicklung in solcher Weise zu beeinflussen, daß sie einen höheren Typus Mensch hervorbringt."[69]

Bedauernd stellte Key fest, dass der menschliche Wille „bei der Züchtung neuer und höherer Arten in der Tier- und Pflanzenwelt" entscheidend Einfluss genommen habe, „in bezug auf unser eigenes Geschlecht, auf die Erhöhung des Menschentypus, die Veredlung der menschlichen Rasse" hingegen noch immer „der Zufall in schöner oder häßlicher Gestalt" herrsche.[70] Die Nietzscheanerin Ellen Key forderte eine „neue Ethik", die „kein anderes Zusammenleben zwischen Mann und Weib unsittlich" nennen werde als das, „welches Anlaß zu einer schlechten Nachkommenschaft" gebe und „schlechte Bedingungen für die Entwicklung dieser Nachkommenschaft" hervorrufe;[71] wobei die „zehn Gebote über diesen Gegenstand" zukünftig „nicht vom Religionsstifter, sondern vom Naturforscher" geschrieben werden müssten.[72]
Eugenik und eine erneuerte Pädagogik – so die Hoffnung Keys am Beginn des „Jahrhunderts des Kindes" – sollten bei der Evolution der Gattung und der Schaffung eines „neuen Menschen" zusammenwirken. Zu den von ihr eingeklagten Rechten des Kindes zählte zuallererst, „körperlich und geistig gesund zu sein, gutes Erbmaterial zu besitzen, das ein gelingendes Leben wahrscheinlich" mache.[73] Daher befürwortete sie sowohl Gesundheitszeugnisse als Voraussetzung für die Erlaubnis zur Eheschließung[74] als auch die ärztlich vorgenommene Tötung „psychisch und physisch unheilbar kranke(r) und mißgestaltete(r)" Kinder.[75] Letztlich – und hier beginnt für Key die Aufgabe der Pädagogik – müsse die neue Ethik von den Menschen jedoch verinnerlicht und selbst getragen werden – als quasireligiöse Überzeugung von der

---

[69] E. Key, Das Jahrhundert des Kindes, neu hg. und mit einem Nachwort von U. Herrmann, Weinheim/Basel, 2. Aufl. 2002, S.12f.
[70] Ebd., S.13.
[71] Ebd., S.18.
[72] Ebd.
[73] Damberger, a.a.O., S.127.
[74] Key, a.a.O., S.45.
[75] Ebd., S.30.

„Heiligkeit der Generation"[76] und der „Heiligkeit des Kindes"[77]. Mit Bewunderung berichtete sie von Selbsttötungen und von Beispielen freiwilligen Verzichts auf die Ehe, aus Sorge, ein „schlechtes Erbe"[78] weiterzugeben. Noch aber seien dies Einzelfälle:

> „Es bedarf der Entwicklung vieler Generationen, bis es der Frau zum Instinkte wird – zum unwiderstehlichen gebieterischen Instinkt –, keinen physisch oder psychisch verkommenen oder entarteten Mann zum Vater ihrer Kinder zu machen. .... Die Frau hat in dieser Hinsicht nur eine Pflicht, eine unumstößliche, eine, gegen die jede Übertretung eine Sünde ist, die, daß das neue Wesen, dem sie das Leben gibt, in Liebe und Reinheit gezeugt und empfangen sei, in Gesundheit und Schönheit, in voller wechselseitiger Harmonie, vollem gemeinsamen Willen, vollem gemeinsamen Glück – niemals im Rausche, in stumpfer Gewohnheit, in Überdruß, mit geteiltem, mit aufrührerischem Sinn. Bis die Frauen diese ihre Pflicht nicht einsehen, wird die Erde noch immer von Wesen bevölkert sein, die im Augenblicke des Entstehens schon um die besten Voraussetzungen der Lebensfreude und Lebenstauglichkeit betrogen worden sind. Zuweilen zeigen sie früh und offenkundig die Zeichen der Degeneration und der Disharmonie. Zuweilen scheinen sie lange blühende und kräftige Menschenexemplare zu sein – bis sie in irgendeinem entscheidenden Augenblicke zusammenbrechen, durch jenes unzureichende Maß physischer und psychischer Widerstandskraft, die durch ihren Ursprung selbst verursacht ist."[79]

Das „heilige Kind", so Marcus Reiß, entpuppt sich in einer der zentralen Programmschriften der Reformpädagogik als „eugenisches Imaginat".[80]
Auch im Umfeld reformpädagogisch inspirierter Heil- und Sozialpädagogik in Deutschland fanden eugenische Argumentationsmuster bereits vor dem Ersten Weltkrieg ihren Niederschlag. In der vom Leiter der Sophienhöhe, Johannes Trüper (1855-1921), gegründeten Zeitschrift „Der Kinderfehler"[81] wurden regelmäßig erbbiologisch angelegte Studien publiziert.[82] Einer ihrer Mitherausgeber war für ein Jahrzehnt Karl Wilker (1885-1980), der mit der reformpädagogischen Fürsorgeeinrichtung „Lindenhof" und als Mitbegründer der deutschsprachigen Sektion des „Weltbundes für die Erneuerung der Erziehung" bekannt wurde. 1914 fungierte Wilker als Übersetzer und Herausgeber der genealogischen Untersuchung „Die Familie Kallikak" von Hen-

---

[76] Ebd., S.12.
[77] Ebd., S.21.
[78] Ebd., S.39.
[79] Ebd., S.40.
[80] Reiß, a.a.O., S.178.
[81] Ab 1900 unter dem Titel „Zeitschrift für Kinderforschung".
[82] Vgl. zu erbbiologischen Studien an Hilfsschülern während der Weimarer Republik W. Brill, Pädagogik der Abgrenzung. Die Implementierung der Rassenhygiene im Nationalsozialismus durch die Sonderpädagogik, Bad Heilbrunn 2011, S.30-36.

ry Herbert Goddard.⁸³ Goddard beschrieb in seiner „Studie über die Vererbung des Schwachsinns" den Stammbaum einer Familie, bei der er das häufige Auftreten von Alkoholismus, Kriminalität, Prostitution, „moralischem Schwachsinn" etc. auf ein Stammelternpaar glaubte zurückführen zu können, und propagierte die Sterilisation „Schwachsinniger".⁸⁴ Wilker selbst war zuvor bereits mit zahlreichen Arbeiten zur Alkoholfrage hervorgetreten, in denen er auf der Grundlage empirischer Daten Ursachen und Folgen des Alkoholmissbrauchs nachgegangen war.⁸⁵ Hierbei betonte er als Pädagoge die zentrale Bedeutung einer Erziehung zur Abstinenz und hielt sich im Hinblick auf die Sterilisationsfrage in der Regel zurück.⁸⁶ Allerdings bediente er sich vor 1914 immer wieder erbbiologischer Beweisführungen (vgl. Abb. 2) und der im eugenischen Diskurs üblichen Kosten-Nutzen-Rechnungen im Hinblick auf die Betreuung Behinderter. So in einem Vortrag während der internationalen Hygiene-Ausstellung 1911 in Dresden, in dem er gängige Muster bediente, wenn er zu bedenken gab, „welche Summen heute schon für die Abnormen-Pädagogik aufgewendet werden", „daß mit der erhöhten Aufmerksamkeit, die man dieser Frage widmet, noch größere Summen dafür aufgewendet werden müssen" und „daß diese großen Summen der Erziehung und dem Unterricht sozial tüchtiger Wesen zu gute kommen würden, wenn wir nicht mit der Masse der unbrauchbaren zu rechnen hätten."⁸⁷

---

[83] H.H. Goddard, Die Familie Kallikak, in: Zeitschrift für Kinderforschung 19(1914)1-5. Bezeichnenderweise 1934 in 2. Auflage als Monographie herausgebracht mit einem schon im Schweizer Exil verfassten Vorwort von Wilker, in dem er auf das „Gesetz zur Verhütung erbkranken Nachwuchses" vom Juli 1933 ausdrücklich Bezug nimmt. Zur aufschlussreichen Rezeption der Studie: J.D. Smith, Minds Made Feeble: The Myth and Legacy of the Kallikaks, Rockville 1985.
[84] Vgl. vor allem a.a.O., S.271-282.
[85] Vgl. besonders seine bei Wilhelm Rein entstandene Dissertation „Die Bedeutung und Stellung der Alkoholfrage in der Erziehungsschule" (München 1909) sowie K. Wilker, Alkoholismus, Schwachsinn und Vererbung in ihrer Bedeutung für die Schule, Langensalza 1912. Zur Verschränkung des Alkoholismus- und des Eugenikdiskurses vor 1914: C. Wolfisberg, Heilpädagogik und Eugenik. Zur Geschichte der Heilpädagogik in der deutschsprachigen Schweiz (1800-1950), Zürich 2002.
[86] Zwei Ausnahmen, die eine grundsätzlich befürwortende Einschätzung nahelegen: die Anmerkung Wilkers in Goddard, a.a.O., S.275f.; Wilker, Alkoholismus, a.a.O., S.31.
[87] Wilker, Alkoholismus, a.a.O., S.32f. Noch während seines Exils in der Schweiz stellte sich Wilker 1935 allerdings ausdrücklich kritisch zu „Rassenfanatikern" und dem „ganzen unwissenschaftlichen Mythos-Gebräme" (K. Wilker, Probleme der Vererbungsforschung, in: Schweizer Erziehungs-Rundschau [1935]12, S.320). Er plädierte dafür, „in bevölkerungspolitischen Nutzanwendungen" der Vererbungsforschung „vorsichtig und bedächtig zu sein und nicht politisch-agitatorischem Fanatismus zu verfallen" (ebd., S.321). Damit näherte sich Wilker Auffassungen, die etwa für die Debatte in den USA oder Schwedens als „reformeugenisch" gekennzeichnet worden sind; vgl. S. Kühl, „Die Deutschen schlagen uns mit unseren eigenen Waffen". Die Unterstützung der nationalsozialistischen Rassenpolitik durch amerika-

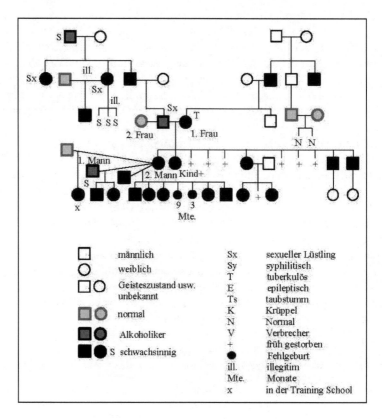

Abb. 2: Karl Wilker, Alkoholismus, Schwachsinn und Vererbung in ihrer Bedeutung für die Schule (1912)

Der Frage, wie weit verbreitet solche Argumentationsfiguren innerhalb des reformpädagogischen Diskurses waren, ist bisher nicht zu beantworten.[88] Die

nische Eugeniker, in: H. Kaupen-Haas/Ch. Rothmaler (Hg.), Moral, Biomedizin. und Bevölkerungskontrolle, Frankfurt/M. 1997, S.115-133.

[88] Ein prominentes Beispiel aus dem wissenschaftlichen Umfeld der Reformpädagogik ist der bereits mehrfach erwähnte Herman Nohl, in dessen sechsbändigem „Handbuch der Pädagogik" der Eugenik-Diskurs der Weimarer Republik nicht aufgenommen wurde (vgl. Reyer, a.a.O., S.150-154). Nach dem Machtwechsel jedoch baute Nohl rassenhygienisches Gedankengut an zentraler Stelle in seine Erziehungstheorie ein, setzte sich für die Sterilisation von „Erbkranken" und für die Bevorzugung „erbgesunder Familien" im Rahmen der Fürsorgearbeit ein. Vgl. vor allem seine inzwischen publizierte Göttinger Vorlesung über die „Grundlagen der nationalen Erziehung" aus dem Wintersemester 1933/34 (Herman Nohls Schriften und

hier genannten Beispiele sowie der inzwischen breit belegte Befund, dass Eugenik und Rassenhygiene innerhalb der zeitgenössischen Arbeiter- und Frauenbewegung, ja selbst in katholischen Milieus vehemente BefürworterInnen fanden,[89] legen allerdings die Vermutung nahe, dass dieser Frage in der historischen Forschung zur Reformpädagogik bisher zu wenig Aufmerksamkeit gewidmet wurde. Auch hier wäre es wünschenswert, internationale Entwicklungen einzubeziehen, zumal eugenische Debatten seit dem 19. Jahrhundert weit über Deutschland hinaus stattfanden und entsprechende politische Maßnahmen u.a. in den USA und in der Schweiz lange vor der NS-Zeit, in Schweden, Norwegen und Finnland etwa zeitgleich, realisiert wurden. Von besonderem Interesse wäre neben der Analyse einschlägiger Diskurse die Untersuchung reformpädagogischer Praktiken, die etwa die Sexualpädagogik (z.B. im Bereich der reformpädagogisch orientierten Heilpädagogik), aber auch die Leibesübungen/den Sport in den Blick nehmen könnte.[90] Eine komparativ angelegte Eugenikforschung steht auch in anderen Disziplinen allerdings bisher erst am Anfang.[91]

Artikel in der NS-Zeit. Dokumente 1933-1945, Fachbereich Erziehungswissenschaften Goethe-Universität Frankfurt am Main, Dokumentation ad fontes II, Frankfurt/M. o.J.) sowie H. Zimmer, Von der Volksbildung zur Rassenhygiene: Herman Nohl, in: T. Rülcker/J. Oelkers (Hg.), Politische Reformpädagogik, Berlin u.a. 1998, S.515-540; B. Ortmeyer, Mythos und Pathos statt Logos und Ethos. Zu den Publikationen führender Erziehungswissenschaftler in der NS-Zeit: Eduard Spranger, Herman Nohl, Erich Weniger und Peter Petersen, Weinheim/Basel 2009.

[89] Vgl. u.a. M. Schwartz, Sozialistische Eugenik. Eugenische Sozialtechnologien in Debatten und Politik der deutschen Sozialdemokratie 1890-1933, Bonn 1995; U. Manz, Bürgerliche Frauenbewegung und Eugenik in der Weimarer Republik, Königstein/Ts. 2007; I. Richter, Katholizismus und Eugenik in der Weimarer Republik und im Dritten Reich. Zwischen Sittlichkeitsreform und Rassenhygiene, Paderborn 2001.

[90] So war es in Österreich der Reformpädagoge Karl Gaulhofer („Natürliches Turnen"), der im Bundesministerium für Unterricht bereits 1928 die Rassenhygiene als Teil des Lehrplans für körperliche Übungen in der Mittelschule durchsetzte; vgl. T. Mayer, Gesunde Gene im gesunden Körper? Die Kooperation von Eugenik und Turnreform am Beispiel des österreichischen Reformers Karl Gaulhofer (1885-1941), in: M. Krüger (Hg.), Mens sana in corpore sano. Gymnastik, Turnen, Spiel und Sport als Gegenstand der Bildungspolitik vom 18. bis zum 21. Jahrhundert, Hamburg 2008, S.115-126. Vgl. für Schweden, wo die Hilfsschulpädagogik durch zahlreiche reformpädagogische Einflüsse geprägt war und nach intensiver politischer Debatte 1934 ein Sterilisationsgesetz verabschiedet wurde: T. Barow, Kein Platz im Volksheim? Die "Schwachsinnigenfürsorge" in Schweden 1916-1945, Bad Heilbrunn 2009. Das 1941 novellierte Sterilisationsgesetz hatte in Schweden bis 1975 Bestand.

[91] Vgl. R. Wecker u.a. (Hg.), Wie nationalsozialistisch ist die Eugenik? What is National Socialist about Eugenics? Internationale Debatten zur Geschichte der Eugenik im 20. Jahrhundert. International Debates on the History of Eugenics in the 20th Century, Wien 2009.

Literaturverzeichnis

Andresen, S./Baader, M.S., Wege aus dem Jahrhundert des Kindes. Tradition und Utopie bei Ellen Key, Neuwied 1998.
Baader, M.S. u.a. (Hg.), Ellen Keys reformpädagogische Vision. „Das Jahrhundert des Kindes" und seine Wirkung, Weinheim/Basel 2000.
Barow, T., Kein Platz im Volksheim? Die "Schwachsinnigenfürsorge" in Schweden 1916-1945, Bad Heilbrunn 2009.
Bast, R., Kulturkritik und Erziehung. Anspruch und Grenzen der Reformpädagogik, Dortmund 1996.
Bauer, A., Das Leben der Sozialistin Anna Siemsen und ihr pädagogisch-politisches Wirken. Eine historisch-systematische Studie zur Erziehungswissenschaft, Frankfurt/M. u.a. 2012.
Benner D./Kemper, H., Theorie und Geschichte der Reformpädagogik, Teil 2: Die Pädagogische Bewegung von der Jahrhundertwende bis zum Ende der Weimarer Republik, Weinheim/Basel 2003.
Beschel, E., Der Eigencharakter der Hilfsschule, Weinheim 1960.
Bilstein, J./Brumlik, M. (Hg.), Die Bildung des Körpers, Weinheim/Basel 2013.
Böhm, W., Die Reformpädagogik. Montessori, Waldorf und andere Lehren, München 2012.
Bösl, E. u.a., Disability History: Einleitung, in: dies. u.a., a.a.O., S.13-27.
Bösl, E. u.a. (Hg.), Disability History. Konstruktionen von Behinderung in der Geschichte – eine Einführung, Bielefeld 2010.
Brill, W., Pädagogik der Abgrenzung. Die Implementierung der Rassenhygiene im Nationalsozialismus durch die Sonderpädagogik, Bad Heilbrunn 2011.
Bundschuh, K. u.a. (Hg.), Wörterbuch Heilpädagogik, 2. Aufl., Bad Heilbrunn 2002.
Damberger, T., Menschen verbessern! Zur Symptomatik einer Pädagogik der ontologischen Heimatlosigkeit, Darmstadt 2012.
Dederich, M., Behinderung als sozial- und kulturwissenschaftliche Kategorie, in: M. Dederich/W. Jantzen (Hg.), Behinderung und Anerkennung, Stuttgart 2009, S.15-39.
Dederich, M., Körper, Kultur und Behinderung. Eine Einführung in die Disability Studies, Bielefeld 2007.
Die Reichsschulkonferenz 1920. Ihre Vorgeschichte und Vorbereitung und ihre Verhandlungen, unver. Nachdruck der Erstauflage von 1921, Glashütten i.T. 1972.
Einsiedler, W., Geschichte der Grundschulpädagogik, Bad Heilbrunn 2015.
Ellger-Rüttgardt, S.L., Geschichte der Sonderpädagogik. Eine Einführung, München/Basel 2008.
Flitner, A., Reform der Erziehung. Impulse des 20. Jahrhunderts, München u.a. 1992.
Fuchs, A., Schwachsinnige Kinder. Ihre sittliche und intellektuelle Rettung – eine Analyse und Charakteristik, nebst theoretischer und praktischer Anleitung zum Unterricht und zur Erziehung schwachsinniger Naturen, Gütersloh 1899.
Garland-Thomson, R., Extraordinary Bodies. Figuring physical disability in American culture and literature, New York 1997.
Goddard, H.H., Die Familie Kallikak. Eine Studie über die Vererbung des Schwachsinns, in: Zeitschrift für Kinderforschung 19(1914)1-5.
Goddard, H.H., Die Familie Kallikak. Eine Studie über die Vererbung des Schwachsinns, 2. Aufl., Langensalza 1934.
Goffman, E., Stigma. Über Techniken der Bewältigung beschädigter Identität, Frankfurt/M. 2005.
Günther, K. H. u.a., Geschichte der Erziehung, Berlin/Ost 1987.
Hänsel, D./Schwager, J., Die Sonderschule als Armenschule. Vom gemeinsamen Unterricht zur Sondererziehung nach Braunschweiger Muster, Bern 2004.

Heimlich, U., Gemeinsamer Unterricht im Rahmen inklusiver Didaktik, in: U. Heimlich/F.B. Wember (Hg.), Didaktik des Unterrichts im Förderschwerpunkt Lernen. Ein Handbuch für Studium und Praxis, Stuttgart 2007, S.69-80.

Henze, A., Hilfsschule für geistesschwache Kinder, in: H. Nohl/L. Pallat (Hg.), Handbuch der Pädagogik, Bd. 4: Die Theorie der Schule und der Schulaufbau, Langensalza 1928, S.145-156.

Herman Nohls Schriften und Artikel in der NS-Zeit. Dokumente 1933-1945, Fachbereich Erziehungswissenschaften Goethe-Universität Frankfurt am Main, Dokumentation ad fontes II, Frankfurt/M. o.J.

Lietz, H., Das dritte Jahr im D.L.E.H. Haubinda in Thüringen, in: Das sechste Jahr in Deutschen Landerziehungsheimen, Leipzig 1904, S.6f., zit. n. Koerrenz, Hermann Lietz, a.a.O., S.186f.

Hillenbrand, C., Lernförderung in Reformschulen. Zur Geschichte der „Integration", in: G. Wachtel/S. Dietze (Hg.), Heil- und Sonderpädagogik – auch im 21. Jahrhundert eine Herausforderung. Aktuelle Denkansätze in der Heilpädagogik und ihre historischen Wurzeln, Weinheim 2001, S.118-141.

Hillenbrand, C., Reformpädagogik und Lernförderung, in: U. Heimlich/F.B. Wember (Hg.), Didaktik des Unterrichts im Förderschwerpunkt Lernen. Ein Handbuch für Studium und Praxis, Stuttgart 2007, S.27-40.

Hofer, Ch., Die pädagogische Anthropologie Maria Montessoris – oder: Die Erziehung zum neuen Menschen, Würzburg 2001.

Jungbluth, M., Anna Siemsen – eine demokratisch-sozialistische Reformpädagogin, Frankfurt/M. u.a. 2012.

Kappeler, M., Der schreckliche Traum vom vollkommenen Menschen. Rassenhygiene und Eugenik in der Sozialen Arbeit, Marburg 2000.

Keim, W./Schwerdt, U. (Hg.), Handbuch der Reformpädagogik in Deutschland (1890-1933), Teil 1: Gesellschaftliche Kontexte, Leitideen und Diskurse, Frankfurt/M. u.a. 2013.

Keim, W./Schwerdt, U. (Hg.), Handbuch der Reformpädagogik in Deutschland (1890-1933), Teil 2: Praxisfelder und pädagogische Handlungssituationen, Frankfurt/M. u.a. 2013.

Keim, W./Schwerdt, U., Schule, in: dies., Handbuch, Teil 2, S.657-775.

Kelle, H./Mierendorff, J. (Hg.), Normierung und Normalisierung der Kindheit, Weinheim/Basel 2013.

Kelle, H./Tervooren A. (Hg.), Ganz normale Kinder. Heterogenität und Standardisierung kindlicher Entwicklung, Weinheim/München 2008.

Key, E., Das Jahrhundert des Kindes, neu hg. und mit einem Nachwort von Ulrich Herrmann, Weinheim/Basel, 2. Aufl. 2002.

Koerrenz, R., Hermann Lietz. Einführung mit zentralen Texten, Paderborn u.a. 2011, S.192-194.

Koerrenz, R., Reformpädagogik. Eine Einführung, Paderborn 2014.

Kühl, S., „Die Deutschen schlagen uns mit unseren eigenen Waffen". Die Unterstützung der nationalsozialistischen Rassenpolitik durch amerikanische Eugeniker, in: H. Kaupen-Haas/Ch. Rothmaler (Hg.), Moral, Biomedizin. und Bevölkerungskontrolle, Frankfurt/M. 1997, S.115-133.

Labede, J., Aufmerksamkeit als Praxis. Pädagogische Beobachtungen Maria Montessoris, in: S. Reh u.a (Hg.), Aufmerksamkeit, Wiesbaden 2015, S.95-114.

Lietz, H., Der Gründungsaufruf von 1898, zit. n. T. Dietrich, Die Landerziehungsheimbewegung, Bad Heilbrunn 1967, S.15-17.

Lietz, H., Des Vaterlandes Not und Hoffnung. Gedanken und Vorschläge zur Sozialpolitik und Volkserziehung, Gotha 1919.

Lietz, H., Deutsche Land-Erziehungsheime. Erziehungsgrundsätze und Einrichtungen, Osterwieck/H. o.J. (1912), zit. n. I. Hansen-Schaberg (Hg.), Landerziehungsheim-Pädagogik, 2. Aufl., Baltmannsweiler 2012, 112-135.

Lietz, H., Deutsche Land-Erziehungs-Heime. Grundsätze und Einrichtungen, Leipzig 1913.

Lietz, H., Die Bedeutung des Landerziehungsheims vom hygienischen und pädagogischen Standpunkt, in: Zeitschrift für Schulgesundheitspflege (1913) Beiheft, S.93-101.

Lietz, H., Die ersten drei Deutschen Land-Erziehungsheime, 2. Aufl., Veckenstedt/Harz 1920.

Lietz, H., Ein Rückblick auf Entstehung, Eigenart und Entwicklung der Deutschen Land-Erziehungsheime nach 15 Jahren ihres Bestehens, in: ders., Das fünfzehnte Jahr in Deutschen Land-Erziehungs-Heimen. Beiträge zur Schulreform, Leipzig 1913, S.7-24.

Longmore, P.K./Umansky, L. (Ed.), The New Disability History. American Perspectives, New York/London 2001.

Mann, K., Pädagogische, psychologische und kulturanalytische Traditionen und Perspektiven im Werk Ellen Keys, Diss. Berlin 2003.

Manz, U., Bürgerliche Frauenbewegung und Eugenik in der Weimarer Republik, Königstein/Ts. 2007.

Mayer, T., Gesunde Gene im gesunden Körper? Die Kooperation von Eugenik und Turnreform am Beispiel des österreichischen Reformers Karl Gaulhofer (1885-1941), in: M. Krüger (Hg.), Mens sana in corpore sano. Gymnastik, Turnen, Spiel und Sport als Gegenstand der Bildungspolitik vom 18. bis zum 21. Jahrhundert, Hamburg 2008, S. 115-126.

Meissner, E., Asketische Erziehung. Hermann Lietz und seine Pädagogik. Ein Versuch kritischer Überprüfung, Weinheim 1965.

Mitchell, D.T./Snyder, S.L. (Ed.), The Body and the physical Difference. Discourses of Disability, Ann Arbor 1997.

Möckel, A., Geschichte der besonderen Grund- und Hauptschule, 4., erw. Aufl., Heidelberg 2001.

Möckel, A., Geschichte der Heilpädagogik oder Macht und Ohnmacht der Erziehung, 2., völlig überarb. Neuaufl., Stuttgart 2007.

Montessori, M., Das kreative Kind. Der absorbierende Geist, hg. und eingel. v. P. Oswald/G. Schulz-Benesch, 2. Aufl., Freiburg u.a. 1973.

Montessori, M., Das Werk des Kindes, in: Die Neue Erziehung 8(1926)9, S.641f.

Montessori, M., Deviation und Normalisation (1934), zit. n. W. Böhm, Maria Montessori. Einführung mit zentralen Texten, Paderborn 2010, S.126-138.

Moser, V., Kontroversen behindertenpädagogischer Geschichtsschreibung, in: Musenberg, a.a.O., S.83-99.

Musenberg, O. (Hg.), Kultur – Geschichte – Behinderung, Die kulturwissenschaftliche Historisierung von Behinderung, Oberhausen 2013.

Myschker, N., Der Verband der Hilfsschulen Deutschlands und seine Bedeutung für das Sonderschulwesen, Hamburg 1969.

Neubert, D./Cloerkes, G., Behinderung und Behinderte in verschiedenen Kulturen. Eine vergleichende Analyse ethnologischer Studien, Heidelberg 1987.

Oelkers, J., Erziehung als Perfektionierung des Menschen, in: E. Kubli/A.K. Reichardt (Hg.), Die Perfektionierung des Menschen, Bern u.a. 2001, S.43-68.

Oelkers, J., Reformpädagogik. Eine kritische Dogmengeschichte, Weinheim/München 1989; 4., vollst. überarb. u. erw. Aufl., Weinheim/München 2005.

Ortmeyer, B., Mythos und Pathos statt Logos und Ethos. Zu den Publikationen führender Erziehungswissenschaftler in der NS-Zeit: Eduard Spranger, Herman Nohl, Erich Weniger und Peter Petersen, Weinheim/Basel 2009.

Peter, J., Der Einbruch der Rassenhygiene in die Medizin. Auswirkung rassenhygienischen Denkens auf Denkkollektive und medizinische Fachgebiete von 1918 bis 1934, Frankfurt/M. 2004.

Petersen, P., Der Kleine Jena-Plan einer freien allgemeinen Volksschule, 63. Aufl., Weinheim/Basel 2007.

Petersen, P., Die Stellung des Landerziehungsheims im Deutschen Erziehungswesen des 20. Jahrhunderts. Ein typologischer Versuch, in: E. Huguenin, Die Odenwaldschule, Weimar 1926, S.V-XLIX.
Peukert, D.J.K., Grenzen der Sozialdisziplinierung – Aufstieg und Krise der deutschen Jugendfürsorge 1878-1932, Köln 1986.
Raatz, W., Prinzipien in der Schwachsinnigenerziehung der Hilfsschule, in: Zeitschrift für Kinderforschung 29(1924)5, S.454-459.
Reh, S., Can we discover something new by looking at practices? Practice theory and the history of education, Encounters/Encuentros/Rencontres on Education 15(2014), p.183-207.
Reh, S., Der „Kinderfehler" Unaufmerksamkeit. Deutungsmuster zwischen Kulturkritik und professionellen Handlungsproblemen im Schulsystem in Deutschland um 1900, in: dies. u.a. (Hg.), Aufmerksamkeit. Geschichte – Theorie – Empirie, Wiesbaden 2015, S.71-93.
Reiß, M., Kindheit bei Maria Montessori und Ellen Key. Disziplinierung und Normalisierung, Paderborn u.a. 2012.
Retter, H., Der Jenaplan Peter Petersens. Perspektiven der Integrationspädagogik, in: R.W. Keck (Hg.), Didaktik im Zeichen der Ost-West-Annäherung, Münster 1999, S.176-196.
Reyer, J., Alte Eugenik und Wohlfahrtspflege. Entwertung und Funktionalisierung der Fürsorge vom Ende des 19. Jahrhunderts bis zur Gegenwart, Freiburg/Br. 1991.
Reyer, J., Eugenik und Pädagogik. Erziehungswissenschaft in einer eugenisierten Gesellschaft, Weinheim/München 2003.
Richter, I., Katholizismus und Eugenik in der Weimarer Republik und im Dritten Reich. Zwischen Sittlichkeitsreform und Rassenhygiene, Paderborn 2001.
Rödler, K., Vergessene Alternativschulen. Geschichte und Praxis der Hamburger Gemeinschaftsschulen 1919-1933, Weinheim 1987.
Röhrs, H., Die Reformpädagogik. Ursprung und Verlauf in Europa, Hannover 1980.
Rössel, F., Das Hilfsschulkind, Halle/S. 1925.
Rülcker, T., Das Jahrhundert des Kindes? Ellen Key, die deutsche Pädagogik und ihre widersprüchliche Realität von Kindheit im 20. Jahrhundert, in: K.Ch. Lingelbach/H. Zimmer (Red.), Jahrbuch für Pädagogik 1999: Das Jahrhundert des Kindes, Frankfurt/M. u.a. 2000, S.17-32.
Sänger, Ch., Anna Siemsen. Bildung und Literatur, Frankfurt/M. u.a. 2011.
Scheibe, W., Die reformpädagogische Bewegung 1900-1932. Eine einführende Darstellung, Weinheim 1969.
Schmitt, H., Zur Realität der Schulreform in der Weimarer Republik, in: T. Rülcker/J. Oelkers (Hg.), Politische Reformpädagogik, Bern 1998, S.619-643.
Schmuhl, H.-W., Einführung, in: ders/U. Winkler (Hg.), Welt in der Welt. Heime für Menschen mit geistiger Behinderung in der Perspektive der Disability History, Stuttgart 2013, S.9-19.
Schmuhl, H.-W., Exklusion und Inklusion durch Sprache. Zur Geschichte des Begriffs Behinderung, Berlin 2010.
Schotte, A., Heilpädagogik als Sozialpädagogik. Johannes Trüper und die Sophienhöhe bei Jena, Jena 2010.
Schulz, H., Sozialdemokratie und Schule, Berlin 1907.
Schwartz, M., Sozialistische Eugenik. Eugenische Sozialtechnologien in Debatten und Politik der deutschen Sozialdemokratie 1890-1933, Bonn 1995.
Schwerdt, U., Heilpädagogik, in: Keim/Schwerdt, Handbuch, Teil 2, a.a.O., S.801-834.
Seitz, S., Inklusive Didaktik: Die Frage nach dem 'Kern der Sache' Zeitschrift für Inklusion, www.inklusion-online.net/index.php/inklusion-online/article/view/184/184> (1.8.2015).
Skiera, E., Reformpädagogik in Geschichte und Gegenwart. Eine kritische Einführung, München u.a. 2003.
Smith, J.D., Minds Made Feeble: The Myth and Legacy of the Kallikaks, Rockville 1985.

Uhlig, Ch. (Hg.), Reformpädagogik und Schulreform. Diskurse in der sozialistischen Presse der Weimarer Republik, Frankfurt/M. u.a. 2008.

Uhlig, Ch., Reformpädagogik: Rezeption und Kritik in der Arbeiterbewegung. Quellenauswahl aus den Zeitschriften Die Neue Zeit (1883-1918) und Sozialistische Monatshefte (1895/97-1918), Frankfurt/M. u.a. 2006.

Ullrich, H., Kindorientierung, in: Keim/Schwerdt, Handbuch, Teil 1, a.a.O., S.379-405.

Unsere Schule. Blätter der Schulgemeinde Berlinertor 29, 2(1922)2.

Waldenfels, B., Der Stachel des Fremden, Frankfurt/M. 1990.

Waldschmidt, A. (Hg.), Kulturwissenschaftliche Perspektiven der Disability Studies. Tagungsdokumentation, Kassel 2003.

Waldschmidt, A., Macht – Wissen – Körper. Anschlüsse an Michel Foucault in den Disability Studies, in: dies./W. Schneider, Disability Studies, Kultursoziologie und Soziologie der Behinderung. Erkundungen in einem neuen Forschungsfeld, Bielefeld 2007, S.55-78.

Waldschmidt, A., Warum und wozu brauchen die Disability Studies die Disability History? Programmatische Überlegungen, in: Bösl u.a., a.a.O, S.13-27.

Wecker, R. u.a. (Hg.): Wie nationalsozialistisch ist die Eugenik? What is National Socialist about Eugenics? Internationale Debatten zur Geschichte der Eugenik im 20. Jahrhundert. International Debates on the History of Eugenics in the 20th Century, Wien 2009.

Weiß, E., Entwicklung, in: Keim/Schwerdt, Handbuch, Teil 1, a.a.O., S.363-378.

Weisser, J., Das heilige Kind. Über einige Beziehungen zwischen Religionskritik, materialistischer Wissenschaft und Reformpädagogik im 19. Und zu Beginn des 20. Jahrhunderts, Würzburg 1995.

Wild, F., Askese und asketische Erziehung als pädagogisches Problem. Zur Theorie und Praxis der frühen Landerziehungsheimbewegung in Deutschland zwischen 1898 und 1933, Frankfurt/M. 1997.

Wilker, K., Alkoholismus, Schwachsinn und Vererbung in ihrer Bedeutung für die Schule, Langensalza 1912.

Wilker, K., Die Bedeutung und Stellung der Alkoholfrage in der Erziehungsschule, München 1909.

Wilker, K., Probleme der Vererbungsforschung, in: Schweizer Erziehungs-Rundschau (1935)12, S.320f.

Wittenberg, L., Geschichte der individualpsychologischen Versuchsschule in Wien. Eine Synthese aus Reformpädagogik und Individualpsychologie, Wien 2002.

Yamana, J., Die Struktur der "Übersichtlichkeit" des Landerziehungsheims Haubinda. Zur Interpretation des "Schulstaat"-Konzepts von Hermann Lietz, in: Zeitschrift für Pädagogik 47(1996)3, S.407-421.

Zimmer, H., Von der Volksbildung zur Rassenhygiene: Herman Nohl, in: Rülcker/Oelkers, a.a.O., S.515-540.

Peter Dudek

Sexualisierte Gewalt in reformpädagogischen Kontexten als Gegenstand erziehungshistorischer Forschung. Eine Fallstudie aus der Freien Schulgemeinde Wickersdorf

1. Einleitung

Seit die Öffentlichkeit im Jahre 2010 nach dem erneuten Bekanntwerden der jahrelangen skandalösen Praktiken an der Odenwaldschule für das Thema der pädosexuellen Gewalt sensibilisiert worden ist, steht in Teilen der pädagogischen Zunft auch „die Reformpädagogik" als angebliche „Deckideologie"[1] für solche kriminellen Übergriffe zur Disposition. Seit 1999 waren diese Vorwürfe gegen die Schule zwar bekannt, aber sie stießen kaum auf öffentliche Resonanz. Die Berichte hatten seinerzeit zwar dazu geführt, dass der langjährige Schulleiter und Haupttäter Gerold Becker und die Odenwaldschule ihre Verbindungen lösten, aber nachhaltig ist den Opferberichten damals weder intern noch extern nachgegangen worden. Denn sie passten und passen wohl nicht in das idyllisch-moderne Selbstbild, das die privat betriebenen Landerziehungsheime im 21. Jahrhundert noch immer von sich entwerfen. Aber Landerziehungsheime und andere Internate – seien sie weltlicher oder kirchlicher Prägung – bieten als „totale Institutionen" „besondere Ermöglichungsbedingungen für sexuelle Gewalt gegenüber Kindern und Jugendlichen".[2] Das ist ein Problem, das in der Struktur solcher Institutionen liegt, ob es sich nun um Gefängnisse, Fürsorgeerziehungsheime oder eben geschlossenen Anstalten jeglicher Couleur handelt. Sie alle ziehen offenkundig pädophile Erwachsene an, die hier den Kontakt mit ihren potentiellen Opfern suchen und finden. Wie die Geschichte der reformpädagogischen Landerziehungsheime zwischen 1890 und 1933 erahnen lässt, war dies hier nicht anders. Dies ist eigentlich auch keine neue Erkenntnis, wird aber wohl seit 2010

---

[1] J. Oelkers, Reformpädagogik und Schulentwicklung in historischer Perspektive, in: http://www.ife.uzh.ch/research/emeriti/oelkersjuergen/vortraegeprofoelkers/vortraege2011/Stuttgart Reformpaedagogikdef.pdf, S.1.

[2] U. Herrmann, Reformpädagogik: Impulse und Wirksamkeit im 20. Jahrhundert – neue Herausforderungen im 21. Jahrhundert, in: Pädagogische Rundschau 68(2014), S.693.

offenbar als eine neue Herausforderung für künftige Forschungen verstärkt wahrgenommen.
Hinzu kommt: Die oft diffusen, von der Ablehnung der Staatsschulen geprägten, Profile der reformpädagogischen Internate zwischen 1890 und 1933 implizierten vor allem auch eine Neudefinition der Lehrerrolle. Lehrer und Erzieher sollten danach nicht einfach nur Unterrichtsbeamte oder Vermittler von Kenntnissen sein, sondern in erster Linie verständnisvolle Kameraden und Helfer, manchmal auch charismatische Führer. Das tägliche Zusammenleben auf diesen pädagogischen Inseln, die emotionale Nähe des Lehrer-Schüler-Mikrokosmos „Familie" oder „Kameradschaft" war und ist anstrengend, herausfordernd und für professionelle Pädagogen risikobehaftet. Die dadurch entstehende Rollendiffusion von Erziehern und Lehrern, verknüpft mit einem nicht selten hypertrophen, sich selbst maßlos überschätzenden, meist weltanschaulich aufgeladenen pädagogischen Selbstverständnis, das jeglicher Außenkontrolle entzogen war und ist, schafft ja erst die Möglichkeitsräume für sexuelle und körperliche Grenzüberschreitungen. Die von vielen Reformpädagogen arg strapazierte Rede vom Widerspruch zwischen Schule und Leben stand und steht hier ebenso Pate wie das Versprechen, ihn aufheben zu können. Gerade dieser angebliche Widerspruch motivierte seit Ende des 19. Jahrhunderts ja Scharen pädagogischer Reformer das wirkliche Leben gegen die Künstlichkeit der Schule auszuspielen und die Schule für das „Leben" zu öffnen.
Risikobehaftet war diese erwartete und gesuchte emotionale Nähe in der Geschichte der Landerziehungsheime immer und insofern lässt sich ihre Geschichte ohne die Verweise auf die Praxis sexuellen Missbrauchs heute eigentlich nicht mehr schreiben. Diese Geschichte steht noch immer aus, aber sie ist schwierig zu schreiben, weil in der Regel verlässliche Quellen fehlen und der Verdacht allein kein wissenschaftlich redlicher Indikator ist. Reformpädagogische Landerziehungsheime oder kirchliche Einrichtungen nach den jüngsten Erkenntnissen nun unter Generalverdacht zu stellen, das wäre jedoch fahrlässig. Die Fälle als Einzelfälle abzutun aber ebenso. Der Zusammenhang ist also weder zufällig noch zwangsläufig. Genau darin besteht jedoch die grundsätzliche Problematik, mit der sich künftige bildungshistorische Forschungen zu diesem Aufgabenfeld beschäftigen müssen.

2. Befunde – Desiderata – Probleme

Wenn es um sexualisierte Gewalt in katholischen Internaten und Priesterseminaren geht, ist noch bislang niemand ernsthaft auf die Idee gekommen, den Zölibat oder gar das katholische Glaubensdogma als pädophile „Deckideologie" für einschlägige Gewalttäter verantwortlich zu machen. Im Fall „der Reformpädagogik" wird dies offensichtlich von einigen Bildungshistorikern anders gesehen. Mir scheint dieser Ansatz wenig zielführend zu sein, allenfalls mit Blick auf den schillernden Begriff des „pädagogischen Eros". Allerdings haben vor allem die Studien von Sabine Seichter – aber nicht nur von die ihr – gezeigt, dass man sich hier auf einem schwierigen Terrain bewegt.[3] Nun war auch schon zeitgenössisch das Thema sexualisierte Gewalt in pädagogischen Einrichtungen in der Öffentlichkeit und in den Kultusbehörden nicht ganz unbekannt. Mitte der zwanziger Jahre gab z.B. das Preußische Kultusministerium eine entsprechende Studie über solche Vorfälle in öffentlichen Schulen in Auftrag, die von dem bekannten Hamburger Psychologen William Stern (1871-1938) und dem Leipziger Jugendrichter Walter Hoffmann (1884-1944) durchgeführt wurde.[4] William Stern schrieb damals, sexuelle Gewalt von Lehrern an ihren Schülern betreffe vornehmlich die Volks- und Dorfschulen. Allerdings fügte er dann ergänzend hinzu:

> „Daß aber doch auch für die höhere Schule die Frage nicht ganz irrelevant ist, beweisen mehrere Prozesse, die in den letzten Jahren viel Staub aufgewirbelt haben, und die sich gegen Leiter von privaten Internatschulen richteten. Es ist wohl kein Zufall, daß gerade in Internaten, in denen neben der rein fachlichen Unterrichtsbeziehung auch eine persönliche Gemütsbindung zwischen Lehrern und Schülern entstehen kann, die Grenzen zwischen Kameradschaft und erotisch betonten Zärtlichkeiten leichter flüssig werden als in der normalen Schulform."[5]

Bereits 1925 hatte sich William Stern in einem Aufsatz zu diesem Thema geäußert. Anlass waren die einschlägigen Diskussionen innerhalb der Hamburger Gemeinschaftsschulbewegung und die Broschüre eines ihrer Protagonisten, nämlich die des dortigen Reformpädagogen Kurt Zeidler (1889-1982). Stern führte hier eine Unterscheidung zwischen erotischer und sozialer Liebe ein, um dann festzuhalten:

---

[3] Vgl. S. Seichter, Pädagogische Liebe. Erfindung, Blütezeit und Verschwinden eines pädagogischen Deutungsmusters, Paderborn 2007. Dies., „Einen Menschen zu gebrauchen, heißt ihn zu missbrauchen." Zur Problematik von Person und Sache angesichts sexueller Gewalt in pädagogischen Institutionen, in: W. Thole u.a. (Hg.), Sexualisierte Gewalt, Macht und Pädagogik, Opladen 2012, S.151-162. Vgl. auch D. Gaus/R. Uhle, Pädagogischer Eros, in: W. Keim/U. Schwerdt (Hg.), Handbuch der Reformpädagogik in Deutschland (1890-1933), Teil 1, Frankfurt/M. 2013, S.559-575. Einen instruktiven Einblick in das Thema bietet auch D. Gaus, Wie der pädagogische Eros erfunden wurde. Eine Geschichte von Männerphantasien und Machtspielen, in: E. Drieschner/D. Gaus (Hg.), Liebe in Zeiten pädagogischer Professionalisierung, Wiesbaden 2011, S.29-74. Eher ideengeschichtlich, aber doch aufschlussreich angelegt ist: M. Klinger, Pädagogischer Eros. Erotik in Lehr-, Lernbeziehungen aus kontextanalytischer und ideengeschichtlicher Perspektive, Berlin 2011.

[4] Vgl. W. Hoffmann, W. Stern, Sittlichkeitsvergehen an höheren Schulen und ihre disziplinare Behandlung, hrg. vom Preußischen Ministerium für Wissenschaft, Kunst und Bildung, Leipzig 1928.

[5] Ebd. S.88.

„Hier gilt es festzustellen, daß dieser soziale Gesellungstrieb und auch die etwa damit verbundene soziale Liebe nicht identisch ist mit dem, was wir Erotik nennen. Deshalb ist auch die eigentümliche pädagogische Liebe nicht zu identifizieren mit Erotik. Sie kennen gewiss die Schrift des Hamburger Lehrers Zeidler ‚Vom erziehenden Eros', wo behauptet wird, daß die Liebe, die der Lehrer seinen Schülern entgegenbringt, Erotik sei. Ja, wenn sie das wäre in dem Sinne, in dem wir Erotik verstehen, dann würde es bedeuten, daß der Lehrer gegen einen oder einige seiner Schüler eine besondere Zärtlichkeit empfände. Die pädagogische Liebe aber gilt der Jugend überhaupt, dem werdenden Menschen; sie umfaßt die ganze Schulklasse auch einschließlich der weniger sympathischen Schüler."[6]

Die damalige akademische Pädagogik hatte sich des Problems aus naheliegenden, wissenschaftsgeschichtlich aufzuklärenden, Gründen nicht gestellt. Denn für sexualisierte Gewalt war weder in einer geistesgeschichtlich orientierten noch in einer empirisch ausgerichteten und auf Unterricht fixierten pädagogischen Theoriebildung Platz – sei es auch nur im Sinne eines möglichen Gefährdungspotentials. Dies unterschied sie von der vielfältigen Publizistik der Lehrerverbände, in der Themen wie sexuelle Übergriffe und körperliche Züchtigungen im Schulwesen durchaus ausführlich und kontrovers thematisiert worden waren.

Dass sich die bildungs- und erziehungshistorische Forschung auch nach 1945 der Problematik bislang eher zögerlich angenommen hat, darüber nachzudenken, müsste einer eigenen Untersuchung vorbehalten bleiben, die vermutlich folgende Überlegungen zu diskutieren hätte. Historische Pädagogik war bis in die siebziger Jahre des 20. Jahrhunderts traditionell ideengeschichtlich oder schulgeschichtlich angelegt. In beiden Aufmerksamkeitsrichtungen kommt pädosexuelle Gewalt nicht in den Blick, weil sie weder in den zeitgenössischen Programmschriften oder Studien zur „Reformpädagogischen Bewegung" vorkommt noch in Untersuchungen zu Unterrichts- und Lehrplanreformen. Zum zweiten lehrt die Erfahrung, dass bei sexueller Gewalt in der Regel sowohl Täter als auch die Opfer schweigen, es somit kaum belastbare Quellen gibt, es sei denn, einzelne Fälle sind vor den Gerichten verhandelt worden und die Prozessakten existieren noch. Angesichts der durchaus schwierigen Quellenlage wird man sich der Thematik wohl nur über Fallstudien annähern können, wenn man nicht generell „die Reformpädagogik" unter Generalverdacht stellen will, wie das zeitweise in der moralischen Skandalisierung im Kontext der Ereignisse an der Odenwaldschule und anderen Landerziehungsheimen seit 2010 geschehen ist und noch immer ge-

---

[6] W. Stern, Erotik und Sexualität der reifenden Jugend, in: H. Küster (Hg.), Erziehungsprobleme der Reifezeit, Leipzig 1925, S.59. Vgl. K. Zeidler, Vom erziehenden Eros, Hamburg 1919. Zu Zeidler als Hamburger Reformpädagoge P. Dudek, „Vom Schulmeister zum Menschen". Max Tepp – ein jugendbewegter Reformpädagoge, Schriftsteller und Pädagoge, Bad Heilbrunn 2014, S.63ff.

schieht. Zum dritten hat die Erziehungswissenschaft generell und traditionell eine Abwehr entwickelt „gegenüber dem Schmuddeligen, dem allzu oft repressiv Prekären, dem Hilflosen und Sinnlosen, dem oft Schädlichen der faktischen Erziehung. Wer sich mit diesen Formen der Erziehung beschäftigt, blickt nicht auf den Glanz der pädagogischen Praxis."[7] Sie gilt es nun auch in bildungshistorischer Perspektive aufzubrechen, denn Studien zu sexueller Gewalt, ihrer Prävention und ihrer Folgen in pädagogischen Institutionen liegen inzwischen, d.h. speziell seit 2010, in einer kaum mehr überschaubaren Vielzahl vor.[8]

Dass es auch in reformpädagogischen Internaten zwischen 1890 und 1933 sexualisierte Gewalt gegen Schüler und Schülerinnen gegeben hat, war zeitgenössisch schon bekannt und Thema nicht nur, aber eben auch, in der damaligen belletristischen Literatur, auf die hier schon aus Platzgründen nicht eingegangen werden kann. Die bisher bekannt gewordenen prominentesten Fälle waren die des studentischen Hauslehrers Andreas Dippold[9], dann der „Eros-Prozess" gegen Gustav Wyneken[10] und schließlich der spektakuläre Prozess gegen den Direktor des angeblich reformpädagogischen Landerziehungsheims Zossen.[11] Weniger bekannt waren damals die sexuellen Übergriffe eines ehemaligen verheirateten Wickersdorfer Lehrer an einer oder an mehreren seiner Schülerinnen, der mit Unterstützung von Thomas Mann und des Marburger Philosophen Paul Natorp 1912 im hessischen Hochwaldhausen die „Freie Schulgemeinde Dürerschule" gegründet hatte. Eine von ihm schwanger gewordene Schülerin beging in ihrer Situation Selbstmord. Die Schüler machten den Fall öffentlich, der zwischenzeitlich nach Südamerika geflohene Schulgründer wurde dort aufgespürt, verhaftet und später in Gießen zu einer langjährigen Zuchthausstrafe verurteilt.[12]

---

[7] A. Gruschka, „Erregte Aufklärung" – ein pädagogisches und publizistisches Desaster – *in memoriam Katharina Rutschky*, in: Pädagogische Korrespondenz (2010)42, S.17.
[8] Vgl. stellvertretend für viele: S. Andresen (Hg.), Zerstörerische Vorgänge. Mißachtung und sexuelle Gewalt gegen Kinder und Jugendliche in Institutionen, Weinheim, Basel 2012. M. Gründer/M. Stemmer-Lück, Sexueller Missbrauch in Familie und Institutionen. Psychodynamik, Intervention und Prävention, Stuttgart 2013. J. M. Fegert (Hg.), Kompendium „Sexueller Missbrauch in Institutionen". Entstehungsbedingungen, Prävention und Intervention, Weinheim, Basel 2015.
[9] Vgl. M. Hagner, Der Hauslehrer. Die Geschichte eines Kriminalfalls. Erziehung, Sexualität und Medien um 1900, Frankfurt/M. 2010.
[10] Vgl. P. Dudek, „Versuchsacker für eine neue Jugend". Die Freie Schulgemeinde Wickersdorf 1906-1945, Bad Heilbrunn 2009, S.276ff.; T. Maasen, Pädagogischer Eros. Gustav Wyneken und die Freie Schulgemeinde Wickersdorf, Berlin 1995.
[11] Vgl. P. Dudek, „Liebevolle Züchtigung". Ein Mißbrauch der Autorität im Namen der Reformpädagogik, Bad Heilbrunn 2012.
[12] Vgl. P. Dudek, „Wir wollen Krieger sein im Heere des Lichts." Reformpädagogische Landerziehungsheime im hessischen Hochwaldhausen 1912-1927, Bad Heilbrunn 2013.

Im Folgenden soll der Blick auf die „Freie Schulgemeinde" (FSG) Wickersdorf gerichtet werden, um im Anschluss einen neuen Fall von sexualisierter Gewalt gegen einen damals 15-jährigen Schüler der FSG vorzustellen, der sich 1920 ereignet hatte. Das Internat stand schon zeitgenössisch in der Kritik, galt allerdings auch reformorientierten Kreisen als ein leuchtendes Beispiel erfolgreicher reformpädagogischer Arbeit, die ausstrahlen sollte auf grundlegende Reformen des staatlichen Schulsystems. Ob zu Recht, lässt sich aus verschiedenen Gründen durchaus bezweifeln.

3. Sexualisierte Gewalt am Beispiel der Freien Schulgemeinde Wickersdorf

Die 1906 von Paul Geheeb und Gustav Wyneken gegründete „Freie Schulgemeinde" nimmt in der Geschichte der Landerziehungsheimbewegung insofern eine Sonderstellung ein, weil das Internat weder ein Landerziehungsheim sein wollte noch sich selbst der „Reformpädagogischen Bewegung" zurechnete. Ihr Selbstverständnis war im Sinne Wynekens vielmehr anmaßender. Sie sollte der „geometrische Ort" (Wyneken) einer neuen Jugendkultur werden, an dem sich die Sozialbeziehungen zwischen Schülern und Erziehern über den „pädagogischen Eros" definierten bzw. definieren sollten. Dieses pädagogisch hochproblematische Konstrukt beschwor schon zeitgenössisch Kritik herauf, und spätestens nach Wynekens Verurteilung wegen sexuellen Missbrauchs an Schutzbefohlenen durch das Landgericht Rudolstadt im Oktober 1921 machte in den Reihen der Kritiker schnell das Wort von der „Homosexuellenschule" die Runde. Gustav Wyneken selbst wurde daraufhin die Leitung der Schule entzogen. Im Oktober 1931 musste er auf Betreiben des Thüringischen Kultusministeriums dann Wickersdorf endgültig verlassen, weil erneut und massiv der Vorwurf erhoben worden war, Wyneken unterhalte weiterhin homosexuelle Beziehungen zu einem bzw. mehreren seiner Schüler.[13] Fast zeitgleich wurden von dem neuen Schulleiter Jaap Kool mehrere Lehrern und Lehrerinnen überraschend entlassen. Diese Entlassungen hingen, so ein Inspektionsbericht des Thüringischen Kultusministeriums, „mit sexuellen Verfehlungen zusammen, wenn sie auch nach außen anders begründet wurden."[14] Ebenfalls im Oktober 1931 verließ auch der jugendbewegte Lehrer Joachim Georg Boeckh[15] Wickersdorf. Ob sein Weggang da-

---

[13] Dudek, Versuchsacker, a.a.O., S.318ff.
[14] Inspektionsbericht von Oberregierungsrat Dr. Freysoldt vom 13. 05. 1932, in: Thüringisches Hauptstaatsarchiv B 3464/256.
[15] Joachim Georg Boeckh (1899-1968) war Leiter eines Bibelkreises (BK) in Cannstatt. 1917 Soldat, ab 1919 Studium der Medizin, Philosophie und Theologie an der Universität Tübingen. 1919 Mitglied des BK-Treuebundes, 1920 Mitbegründer des Köngener Bundes. 1923 Vikar. Ab Ostern 1926 bis 1928 Lehrer an den Landerziehungsheimen Haubinda und Etters-

mals ebenso mit „sexuellen Verfehlungen" zusammenhing, wissen wir nicht. Boeckh behauptete später jedoch, er habe „freiwillig meine Stellung in Wickersdorf aufgegeben."[16] Feststeht jedoch, dass er Anfang 1953 wegen Sexualverbrechen an Minderjährigen angeklagt und verurteilt wurde, was zum Verlust seiner Professur an der Humboldt-Universität führte. Im Oktober 1953 informierte der Generalstaatsanwalt der DDR den Dekan der Philosophischen Fakultät, Prof. Dr. Walter Ruben, über den Stand des Verfahrens. Offenkundig hatte sich die Universität Mitte Juli 1953 um eine „bedingte Strafaussetzung" bemüht. In seinem Schreiben teilte der Generalstaatsanwalt Walter Ruben lapidar mit: „Vom Kreisgericht Potsdam wurde Boeckh am 3. 2. 1953 wegen schwerer Unzucht mit jungen Menschen im Alter von 14-18 Jahren zu einer Zuchthausstrafe von 2 Jahren verurteilt. Nach Prüfung der Akten kann Boeckh z. Zt. eine bed. Strafaussetzung noch nicht in Aussicht gestellt werden."[17] Es sollte weder der erste noch der letzte Fall von „sexuellen Verfehlungen" in und um die FSG Wickersdorf gewesen sein.

Bereits im Oktober 1927 schrieb der Wickersdorfer Schüler und spätere Schriftsteller Ulrich Becher (1910-1990) kurz vor dem Abitur an seine Eltern zum Thema pädosexuelle Gewalt in Wickersdorf:

„Für einen Menschen wie mich ist W. ganz gut, es hebt mein Selbstbewußtsein angesichts dieser Menge an Spießbürgerlichkeit, Banalität, Geschmackslosigkeit, Conventionalität, es hebt mein Selbstbewußtsein als – ich glaube – ziemlich unbürgerlicher Mensch und es hebt mein Selbstbewußtsein als normal veranlagtes Sexualwesen angesichts dieser Menge an Homosexualität. (Nach meiner letzten Statistik 60% der Lehrerschaft, inklusive Lesbiertum). Jaja, wenn man sich langweilt, wird man sogar noch, wie ich, Sexualforscher eines Lehrerkollegiums."[18]

---

burg. Von Ostern 1928 bis Oktober 1931 Lehrer an der FSG Wickersdorf. Danach bis 1933 Dozent für deutsche Sprache in der UdSSR. Ab 1934 Lektor im Potsdamer Voggenreiter-Verlag; Oktober 1935 Verhaftung wegen „bündischer Umtriebe" und sechs Monate Gefängnis. Freilassung wegen Mangels an Beweisen. 1937 bis 1944 Lehrer an der Odenwaldschule, ab Januar 1940 als Unterrichtsleiter. Im Februar 1942 holte er seine Lehramtsexamina an der Universität Gießen nach. Von 1945 bis 1949 war Boeckh Direktor des Collegium Academicum der Universität Heidelberg. Ende Januar 1949 Nervenzusammenbruch. 1949 Professor für Germanistik an der Landeshochschule Potsdam, 1951-52 Professor für Literaturgeschichte an der Humboldt-Universität. Ab 1954 Mitarbeiter der Akademie der Wissenschaften in Ost-Berlin; von 1956 bis 1961 Leiter der Arbeitsstelle für Literaturgeschichte an der Akademie. Danach Mitarbeiter auf Honorarbasis.

[16] Lebenslauf Joachim Georg Boeckh vom 07. 10. 1952, in: VA-PA Joachim Boeckh, Archiv der Berlin-Brandenburgischen Akademie der Wissenschaften, Bl. 4.
[17] Schreiben des Generalstaatsanwalts der DDR an Prof. Dr. Ruben vom 28. 09. 1953, in: VA-PA Joachim Boeckh, Archiv der Berlin-Brandenburgischen Akademie der Wissenschaften, Bl. 46.
[18] U. Becher, Ich lebe in der Apokalypse. Briefe an die Eltern, Wien 2012, S. 31f.

Der damals reichsweit bekannte Spitzensportler Otto Peltzer[19] etwa musste Ende Oktober 1933 das Internat und gleichzeitig den Aufsichtsrat der GmbH verlassen, weil er zwei Schüler sexuell missbraucht haben sollte, unter ihnen auch Arnold Fanck (1919-1994), ein Sohn des gleichnamigen berühmten Pioniers des Bergfilm-Genres. Das von dem Aufsichtsratmitglied Jaap Kool und dem damaligen neuen nationalsozialistischen Schulleiter Paul Döring[20] unterzeichnete Protokoll vom 26. Oktober 1933 hielt die Beschuldigungen der beiden Schüler fest. Danach sagte Arnold Fanck u.a. aus:

„Dr. Peltzer liess mich wiederholt zum Kaffee zu sich kommen, bewirtete mich und veranlasste, dass ich mich auszog. Als ich dies zögernd tat, öffnete er meinen Gürtel und knöpfte mir selbst die Kleidungsstücke auf. Mit einem Metermass maß er dann meine Glieder, Arme, Beine, Füße, Brust usw. Daraufhin massierte er mich, legte dabei besonderen Wert auf die Massage des Bauches. Er küsste mich auf Arme, Schultern usw. Dann griff er nach meinem Geschlechtsteil und steckte mein Glied in den Mund. Es war mir dies alles furchtbar unangenehm, ich stieß ihn auch wiederholt weg. Aber er liess nicht ab."[21]

Ähnlich äußerte sich auch der zweite betroffene Schüler, der seiner Aussage anfügte:

---

[19] Otto Peltzer (1900-1970) war einer der schillerndsten Figuren, die in der FSG Wickersdorf als Lehrer gearbeitet haben. Er, schon zeitgenössisch in Sportlerkreisen „Otto der Seltsame" genannt, war 1925/26 Weltrekordhalter über 500, 800 und 1500 m, Bezwinger des damaligen Wunderläufers Paavo Nurmi, zwischen 1922 und 1933 vielfacher deutscher Meister und Rekordhalter. 1926 lehnte er einen Profi-Vertrag in den USA ab und begann auf Initiative Peter Suhrkamps ohne pädagogische Ausbildung seine Tätigkeit in der FSG Wickersdorf. Hier unterrichtete er in den unteren Klassen die Fächer Biologie, Geschichte, Geographie und Sport. Wegen seiner Homosexualität wurde er seit 1933 mehrfach verhaftet und von 1941 bis 1945 im KZ Mauthausen inhaftiert.
[20] Paul Döring (1903-1998) wurde am 01. 05. 1933 als Studienassessor an der „Schulgemeinde" Wickersdorf mit den Fächern Deutsch, Geschichte und Religion eingestellt. Döring galt als „alter Parteigenosse", da er bereits am 01. 06. 1932 in die NSDAP eingetreten war [Mitgliedsnummer 111619] [BA Berlin ehemals BDC: NSDAP-Gaukartei]. Am 01. 05. 1933 wurde er Mitglied des NSLB. In Wickersdorf gründete Döring Mitte Mai 1933 die Ortsgruppe der NSDAP und übernahm auch die Funktion des Ortsgruppenleiters. Am 02. 04. 1940 wurde er parallel zu seiner Stelle in Wickersdorf zum Leiter der Staatlichen Oberschule Bad Liebenstein ernannt. Seit Beginn der fünfziger Jahre arbeitete Döring als Deutsch- und Geschichtslehrer an der Oberschule für Jungen in Hamburg-Harburg. Günter Dammann (Jg. 1941), dessen Klassenlehrer Paul Döring damals war, danke ich für diese Information.
[21] Thüringisches Hauptstaatsarchiv B 3465/215. Arnold Fanck bestand 1939 sein Abitur in Wickersdorf und wollte wie sein Vater Kameramann werden. Im August 1934 berichtete eine „Parteigenossin" und verwitwete Mutter zweier ehemaliger Wickersdorfer Schüler im Rahmen einer längeren Beschwerde an das Ministerium: „Nun war ich im Herbst 33 dort – um Beschwerde über Dr. Peltzer zu führen –, der mit allen jüngeren Schülern Unzucht trieb." Brief Grete Österreich an das Ministerium vom 14. 08. 1934, in: Thüringisches Hauptstaatsarchiv B 3465/142. Ihre Söhne Eckart und Lothar besuchten Wickersdorf von April 1932 bis Ende März 1934.

"Ich brach mein Ehrenwort, da ich Dr. Peltzer vorher schon mein Wort gegeben hatte, über die Angelegenheit zu schweigen. Jetzt habe ich nichts mehr mit Dr. Peltzer zu tun. Wir haben uns beide verkracht. Ich bin überrascht, dass Dr. Peltzer diesbezügliche Liebesverhältnisse auch mit anderen meiner Kameraden gepflogen hat".[22]

Der Aufsichtsrat wollte den Fall – vor allem gegenüber dem Ministerium und der Öffentlichkeit – diskret behandeln, doch ohne Erfolg. Die Vermutung des Wyneken getreuen Aufsichtsratsvorsitzenden Erwin Fischer (1904-1996), der neue nationalsozialistische Schulleiter Paul Döring habe Peltzer im Ministerium „denunziert", wies Sascha Gerhardi (1895-1977), wirtschaftlicher Leiter und Aufsichtsratsmitglied in Wickersdorf, jedoch als unbegründet zurück.

„Die Sache war und ist hier so bekannt, dass es ein Wunder ist, dass man nicht laut in aller Welt darüber redet und dass der Staatsanwalt nicht längst eingegriffen hat. Wir [die Geschäftsführer, P.D.] können nichts tun, um irgendetwas zu ‚unterdrücken', es steht nicht in unserer Macht. Wir haben in der Schule nichts zu sagen. Auch können wir nicht D. Vorschriften machen wie er sich zu verhalten hat. Als alter Parteigenosse weiss er was seine Pflicht ist und was er tun muss. Soweit wir es feststellen können, hat er durch sein Handeln der Schule unendliche Dienste geleistet, indem er eine Unterredung mit dem Minister erreichte und der Minister es anordnete an alle Pressestellen Deutschlands, dass über Wickersdorf in Bezug auf P. in der nächsten Zeit keinerlei Berichte erscheinen dürfen. Denn sonst wäre es mit Wickersdorf diesmal wohl wirklich aus."[23]

Wegen dieser und weiterer sexueller Übergriffe an Mitgliedern seiner Berliner Trainingsgruppe wurde Peltzer mehrfach verhaftet. Die Oberstaatsanwaltschaft in Berlin zog die Ermittlungen gegen ihn an sich und erhob Anklage wegen des Verstoßes gegen § 175 StGB vor dem Landgericht Berlin. Otto Peltzer wurde von der 2. Großen Strafkammer „wegen Sittlichkeitsverbrechen" in acht Fällen zu einer Freiheitsstrafe von 18 Monaten ohne Bewährung verurteilt. Er wurde jedoch später vor allem wegen der bevorstehenden Olympischen Spiele und seiner internationalen Popularität vorzeitig entlassen.[24] Die Beispiele ließen sich fortsetzen. Also: Die hier genannten Fälle von sexualisierter Gewalt in der FSG Wickersdorf waren keine Einzelfälle; die Dunkelziffer scheint extrem groß zu sein.

Recht unverblümt beschwerte sich z.B. die Wickersdorfer Lehrerin Hedda Korsch (1890-1982) Anfang 1917 ausgerechnet bei Gustav Wyneken über ihren Wickersdorfer Kollegen Ernst Schertel (1884-1958), der kurz zuvor das

---

[22] Ebd. Thüringisches Hauptstaatsarchiv B 3465/215. Bei dem zweiten Opfer handelte es sich um den Schüler Algirdas Sawickis (Jg. 1917), Sohn eines litauischen Gesandten in Stockholm, der das Internat in Wickersdorf von September 1930 bis Dezember 1935 besuchte.

[23] Brief Sascha Gerhardi an Erwin Fischer vom 05. 11. 1933, in: Nachlass Wyneken Nr. 1242.

[24] Vgl. V. Kluge, Otto der Seltsame. Die Einsamkeit eines Mittelstreckenläufers: Otto Peltzer (1900-1970), Berlin 2000.

Internat verlassen hatte. Schertel war nicht nur ein glühender Anhänger des Dichters Stefan George, sondern auch der Autor eines homoerotisch gefärbten und autobiographisch angelegten Romans.²⁵ 1934 wurde er wegen „Verbreitung unzüchtiger Schriften" zu einer siebenmonatigen Gefängnisstrafe verurteilt.

In Wickersdorf, wo er von 1914 bis 1916 unterrichtete, trat Schertel nicht nur als ein Verfechter der Nacktkultur in Erscheinung, sondern auch durch seine Vorlieben für fernöstliche Mystik und sein Bekenntnis zum „pädagogischen Eros". Hedda Korsch, die einige Schüler aus Schertels ehemaliger Kameradschaft in ihre aufgenommen hatte, schrieb über deren Verhalten an Wyneken. Bei allen pädagogischen Verdiensten, die sich Ernst Schertel in Wickersdorf erworben habe und die sie würdige, habe er in einigen Dingen „wirklichen Schaden" unter ihren Schülern angerichtet, besonders bei „Stella und Adolf".

„Er hat sie bis zu einem Grade auf Sensation gestellt, der, wie mir scheint, ihre Kraft und innere Form ernsthaft angreift. Der Freudkultus, und die Traumpsychologie besonders, wirkt in dieser Richtung mit. Ihre Phantasie ist so mit den primitivsten Rohstoffen der Erotik beschäftigt, dass ihr Intellekt und ihre Begeisterungsfähigkeit ernstlich darunter leidet. Sie sind, auch durch die Überzeugung von der menschenbildenden und kulturfördernden Macht der mannmännlichen Liebe, mit etwas erfüllt worden, wofür sie noch kein genügend festes Gefäß sind und was sie zu zerbröckeln droht. Wieweit sie auch körperlich vielleicht über das hinausgehen, was ihre Jugend bewältigen kann, weiß ich nicht; aber Stellas schwere nervöse Erscheinungen und Adolfs Blässe und dauernde Abgespanntheit drängen mir den Gedanken an einen Zusammenhang mit diesen Dingen auf."²⁶

„Schwere nervöse Erscheinungen", „Blässe", „Abgespanntheit" waren Begriffe, die in der zeitgenössischen Diskussion als Indizien für eine ausschweifende onanistische Praxis standen. Hedda Korsch verdächtigte also damals Schertel, dafür direkt oder indirekt verantwortlich zu sein. Auch solche Beispiele ließen sich verlängern, was jedoch schon aus Platzgründen an dieser Stelle unterbleiben muss.

Manche der mutmaßlichen Täter haben sich noch im hohen Alter auf den „pädagogischen Eros" berufen wie der nun folgende – bislang noch unbekannte – Fall eines langjährigen Wickersdorfer Schülers belegt, der ebenfalls Opfer sexualisierter Gewalt durch einen seiner damaligen Lehrer wurde.

---

²⁵ Vgl. G. Meyer, „Verfehmter Nächte blasser Sohn" – Ein erster Blick auf Ernst Schertel, in: M. Farin (Hg.), Phantom Schmerz. Quellentexte zur Begriffsgeschichte des Masochismus, München 2003, S.496f. Zu Schertel vgl. auch z.B. E. Schertel, Nacktheit als Kultur, Leipzig 1927. Ders., Der Flagellantismus in Literatur und Bildnerei, 12 Bände, Stuttgart 1957.

²⁶ Brief Hedda Korsch an Wyneken vom 28. 01. 1917, in: NL Wyneken Nr. 1053. Stella: Der Schüler Hermann Klein (Jg. 1901) besuchte Wickersdorf von 1914 bis 1919 und kehrte anschließend nach Argentinien zurück. Adolf: Der Schüler Adolf Jerosch (Jg. 1900) besuchte Wickersdorf von 1913 bis 1917 und ging dann an eine „Presse".

4. Eine Fallstudie: Der Wickersdorfer Schüler Kalistros Thielicke

a) Das Opfer[27]

Kalistros Max Thielicke (1905-1944) wurde im Oktober 1905 als unehelicher Sohn der ledigen Schneiderin Camilla Thielicke (1883-1930) in Berlin geboren. Schon der ungewöhnliche Vorname lässt eine ebenso ungewöhnliche Biographie erahnen. Der leibliche Vater war ein verheirateter Zigarettenfabrikant, der 1905 eine Zigarette der Marke „Kalistros" produzierte und vertrieb. Die junge Mutter wollte das Kind nicht, und als es geboren war, wollte sie es mit niemandem teilen. Sie ließ ihren Sohn in dem Glauben aufwachsen, dass sein Vater tot sei. Als Kalistros im schulpflichtigen Alter war, musste die Mutter erst durch Druck der Schulbehörden dazu bewegt werden, ihn in die benachbarte Gemeindeschule zu schicken. Mit zahlreichen Finessen gelang es ihr, das so unregelmäßig wie möglich zu erlauben. Dennoch gelang Kalistros überraschend der Übergang in das örtliche Gymnasium, wo er allerdings am Ende der Quinta Ostern 1917 nicht versetzt wurde. Der nächste Schulbesuch fand ein Jahr später für drei Monate von Anfang April bis Anfang Juli 1918 an der Odenwaldschule statt. Wegen einer langwierigen Erkrankung – vermutlich ein von der Mutter vorgeschobener Grund – kehrte Kalistros nach den Sommerferien nicht mehr in das Internat zurück, obwohl die Mutter mehrfach seine Rückkehr in Briefen an Paul Geheeb angekündigt hatte. Von Ostern 1919 bis zum Schuljahresende besuchte er dann eine „Presse" im schlesischen Hirschberg und wechselte dann durch Vermittlung des Schriftstellers und Lektors Moritz Heimann (1868-1925) an die FSG Wickersdorf.

Im August 1919 kam Kalistros in Wickersdorf an und blieb dort bis zum Mai 1923. Doch von einem geregelten Schulbesuch konnte man auch hier nicht sprechen. Er wurde nämlich weitgehend vom Unterricht befreit, denn

> „in den Fächern: Biologie, Deutsch, Geschichte, Geografie und Sprachen sowie Religionsgeschichte war ich gut, in Physik und Chemie nicht und mit Mathematik war es katastrophal. Ich wurde schließlich von letzteren Fächern wie von Geografie dispensiert, ersteres wegen absoluter Untauglichkeit, letzteres aus Gegenteil. Dafür arbeitete ich sozial und zuletzt an verschiedenen Fremdsprachen. (Mittelhochdeutsch, sanskrit, hebräisch, russisch). 1923 zu Ostern ging ich von der Schule und

---

[27] Ausführlich dargestellt wird die tragische Biographie des Wickersdorfers Schülers Kalistros Thielicke in: P. Dudek, „Der Ödipus vom Kurfürstendamm". Ein Wickersdorfer Schüler und sein Muttermord 1930, Bad Heilbrunn 2015. Im Folgenden wird nur die sexualisierte Gewalttat seines Lehrers gegen Kalistros Thielicke thematisiert, nicht aber seine Schulzeit an der Odenwaldschule und an der FSG Wickersdorf, auch nicht die komplexen Gründe für seinen Muttermord im August 1930.

trat in eine Buchhandlung als Lehrling ein. Da blieb ich bis Ostern 1924. Ich ging dann nach Berlin" (S.24).[28]

Kalistros verließ Wickersdorf also ohne Schulabschluss. Allerdings vertiefte er sich in diesen Jahren in seine Passion für indianisches Leben und indianische Kultur. Das war für ihn mehr als ein intellektuelles Interesse. Er „lebte" diese Kultur, sprach verschiedene indianische Dialekte und trug stets als Zeichen einen indianischen Dolch an seinem Gürtel. Seine Rückkehr nach Berlin bedeutete für ihn auch wieder seine Rückkehr in die emotionale und finanzielle Abhängigkeit von seiner inzwischen mit einem neuen Mann liierten Mutter. Die Konflikte sollten eskalieren. Alle seine Bemühungen, sich als „Schriftsteller" zu profilieren, schlugen ebenso fehl, wie sein Versuch, an der „Deutschen Hochschule für Politik" einen akademischen Abschluss zu erreichen.

Im Laufe der Jahre entwickelte sich die Beziehung Kalistros' zu seiner Mutter zu einer ausgeprägt ambivalenten und konfliktreichen Struktur, die von Liebe und Hass, von Demütigungen für Kalistros und Kontrollobsessionen durch seine Mutter, sowie von gegenseitigen Tötungsabsichten bestimmt war. Diese konfliktreiche Beziehung endete Anfang August 1930, da Kalistros seine in der Badewanne sitzende nackte Mutter mit 15 Messerstichen umgebracht hatte. In einem Sensationsprozess wurde er im Juni 1931 zu zehn Jahren Zuchthaus verurteilt. Im Sommer 1932 aus der Irrenanstalt in Plötzensee geflohen, aber einige Wochen später in der Tschechoslowakei aufgegriffen, musste er seine Haftstrafe bis Sommer 1940 verbüßen. Danach wurde er der SS-Sondereinheit „Wilddiebkommando" des berüchtigten, gerichtlich verurteilten, Kinderschänders und SS-Obersturmführers Oskar Dirlewanger (1895-1945) zugewiesen, eine seiner diversen SS-Sondereinheiten, die während des Zweiten Weltkriegs in Polen und Weißrussland unter Dirlewangers brutaler Führung ihr mörderisches Unwesen trieben. Seine Einheiten galten als besonders skrupellos im Umgang mit Zivilisten und mit vermeintlichen Partisanen. Kalistros Thielicke wird als Angehöriger dieses Strafbataillons nicht tatenlos abseits gestanden haben können, wenn die Sondereinheiten

---

[28] Kalistros Thielicke: Lebenserinnerungen, in: Landesarchiv Berlin Bestand A Pr. Br. Rep. 030-03 Tit. 198 B Nr. 1829, S.27f. Zitate aus diesen Lebenserinnerungen werden mit Seitenangaben nachgewiesen [S.]. Sein Lebensbericht liegt teilweise in maschinenschriftlicher, in einigen längeren Passagen allerdings auch in einer handschriftlicher Fassung vor. Beide Textfassungen sind nicht identisch, sondern behandeln unterschiedliche Phasen seiner Lebenserinnerungen. Für die Transkription wurden sie von mir in eine Textvorlage integriert. Da weder Thielickes Paginierung noch die des Archivs übereinstimmen und beide in sich nicht stimmig sind, beziehen sich die Seitenangaben [S.] aus pragmatischen Gründen auf meine eigene Transkriptionsvorlage.

Dirlewangers zu ihren Mordzügen ausrückten.[29] Dennoch machte er hier keine militärische Karriere. Er starb im August 1944 während der Kämpfe um die Niederschlagung des Warschauer Aufstandes als einfacher SS-Sturmmann an den Folgen einer Kopfverwundung.
Während seiner Untersuchungshaft in Moabit verfasste der Muttermörder 1930 seinen „Lebensbericht", in dem er auch auf seine Wickersdorfer Jahre eingegangen war. Ihm ist die folgende Passage entnommen, in der Kalistros den an ihm begangenen sexuellen Übergriff durch seinen Lehrer „P" geschildert hatte. Bereits an der Odenwaldschule erlebte er im Frühjahr 1918 sexuelle Übergriffe innerhalb der Schülerschaft. So heisst es in seinem Lebensbericht an einer Stelle:

> „Doch selbst der schönste Maiskuchen verliert eines Tages seinen Reiz, wenn sonny boys unter infanalischen (sic!) Gelächter durchaus ein Opfer auf die ‚Schlachtbank' schleppen wollen, um ihn dort die Grundlagen der Masturbation beizubringen. Für entrüstete Osoianer (Odenwaldschule Odenwald) und Berufspädagogen sei gesagt, dass so etwas als ‚Probe' und ‚Einweihung' galt!"[30]

b) Die Tat: „Eine höchst hässliche und einschneidende Geschichte"
Während seiner Wickersdorfer Zeit wurde Kalistros Thielicke – wie erwähnt – das Opfer sexueller Gewalt durch einen seiner Lehrer. Die Übergriffe fanden allerdings nicht im Wickersdorfer Internat selbst statt, sondern während der Ferien 1920 in Berlin. In der entsprechenden Passage heißt es in seinem Lebensbericht.

> „Übrigens passierte in den Jahren 1919/20 eine höchst hässliche und einschneidende Geschichte. Ich war mit 13 Jahren schon reif und hatte die entscheidende Pubertätserscheinung mit 14 Jahren hinter mir. Nun ist es eine allbekannte Erscheinung, dass Landerziehungsheime etc. stets eine Stätte der Homosexualität sind. Davon machte auch Wickersdorf keine Ausnahme und auch ich geriet in die Abhängigkeit eines Lehrers. Zu einem intimen Verhältnis kam es erst in Berlin. P., so hieß der Lehrer, besuchte uns öfters und bat schließlich auch um die Erlaubnis, bei ihm zu übernachten. Er bekam sie und ich übernachtete dort. Er war freundlich und gut, hatte reichlich zu essen und schmeichelte mir mit gewandten Manieren, bis es zu einer Onanie durch ihn kam. Im Übrigen schliefen wir getrennt. Bei dem zweiten Besuch musste ich in sein Bett, er hatte eine Art scherzhaften Zwang, den er mit ungeheuren Muskelkräften Geltung zu verschaffen wusste. Ich revoltierte, war aber der physisch Unterlegene. Am nächsten Tag klagte ich es im Lauf des Gesprächs meiner Mutter, denn ich weigerte mich, wieder hinzugehen. Meine Mutter wollte unbedingt, dass ich hingehe. Ich weigerte mich hartnäckig, wieder zu gehen. Sie

---

[29] Vgl. H.-P. Klausch, Antifaschisten in SS-Uniform. Schicksal und Widerstand der deutschen politischen KZ-Häftlinge, Zuchthaus- und Wehrmachtgefangenen in der SS-Sonderformation Dirlewanger, Bremen 1993.
[30] A.a.O., S.22.

drohte mir im Laufe der Tage und besonders als eine Karte von ihm kam, mich selbst hinzuschaffen und sich wegen mich (sic!) zu entschuldigen und es spricht für meine Erziehung, dass ich letzteres weit schlimmer fand. Als ich ihr nun sagte, er sei so und so und wolle dies und das, zeigte sie keine Verwunderung, sondern sagte, dass sie das sehr natürlich fände und dass es von mir von großer Undankbarkeit zeige, dass ich mich für sein Essen sowenig erkenntlich zeige. Man müsse überall auf der Welt für Annehmlichkeiten zahlen, das sei natürlich. Auf meinen Hinweis, dass es verboten und unmoralisch wäre, entgegnete sie, dass sie genau davon wüsste und dass sie es billige, weil ‚es besser sei als sich mit dreckigen Weibern abzugeben'."[31]

Für Kalistros Thielicke war dieser sexuelle Übergriff eine ebenso „einschneidende Geschichte" wie die skandalöse Reaktion seiner Mutter, die diesen pädosexuellen Übergriff durch seinen Lehrer in seiner Wahrnehmung noch gebilligt hatte. Deshalb soll an dieser Stelle nun ein Blick den mutmaßlichen Täter „P." gerichtet werden, der in der Geschichte der FSG Wickersdorf zeitweise eine nicht ganz unwichtige Rolle gespielt hatte, und der Kalistros Thielicke wohl zeit seines Lebens mehr als nur „eine höchst hässliche und einschneidende Geschichte" in unangenehmer Erinnerung geblieben ist. Jedenfalls hatte er im krassen Gegensatz zu seiner nymphomanen und emotional sehr sprunghaften Mutter eine sehr konservative Einstellung zu Sexualität, Familie und Treue entwickelt, die er mit seiner indianischen Lebensweise begründete.

Vor diesem Hintergrund erstaunt es nicht, dass Kalistros seinen Lehrer „P." nach dessen sexuellem Übergriff später einmal mit seinem Dolch attackiert hatte, wie er am ersten Verhandlungstag seines Prozesses dem Gericht schilderte. Den Grund für diese Attacke hatte er damals allerdings für sich behalten und offenkundig haben die Richter auch nicht nachgefragt. Jedenfalls spielte das Thema der pädosexuellen Gewalt in einem reformpädagogischen Internat vor dem Moabiter Gericht, das über den Muttermörder zu urteilen hatte, keine Rolle, die von manchem medizinischen Sachverständigen vermutete Inzestbeziehung seiner Mutter zu ihm auch nur eine sehr untergeordnete Rolle, weil sie sich nicht eindeutig beweisen ließ, und Kalistros diesen Verdacht stets energisch bestritten hatte.[32] Für ihn war seine Mutter eine „Sexualbestie"[33], die zeitweise sogar ein sexuelles Verhältnis mit einem seiner besten Wickersdorfer Freunde und Mitschüler eingegangen war.

---

[31] A.a.O., S.27.
[32] Vgl. W. Weimann, Diagnose Mord. Die Enthüllungen eines Gerichtsmediziners, München 1967, S.145ff.
[33] Vgl. Frankfurter Zeitung vom 19. 06. 1931 [2. Morgenausgabe].

c) Der mutmaßliche Täter

Es gab 1919/20 nur einen Lehrer in der Freien Schulgemeinde Wickersdorf, dessen Nachname mit dem von Kalistros erwähnten Buchstaben „P" begann, nämlich Dr. Fernand Camille Petit-Pierre (1879-1972). Der im August 1879 in Murten [Schweiz] geborene Petit-Pierre – Sohn eines Schweizer Industriellen und der Tochter einer alten Basler Gelehrtenfamilie – besuchte das Gymnasium in Burgdorf bei Bern, begann nach dem Abitur ein Lehrerstudium in Neuchatel, Genf und Bern. 1914 promovierte er an der Universität Bern. Seine erste Anstellung hatte er an der Privatschule Athenäum in Zürich. Danach war Petit-Pierre Hauslehrer auf dem großen Gut der Söhne Leo Tolstois und unterrichtete zeitweise auch in Sankt Petersburg. Anschließend wurde er Lehrer an der Pestalozzischule in Zürich, danach Dozent für französische Sprache und Literatur in Düsseldorf. Von September 1915 bis Ende März 1922 und von 1926 bis 1931 unterrichtete Petit-Pierre Französisch und andere Fremdsprachen an der FSG Wickersdorf. 1929/30 war er dort sogar kurzzeitig kommissarischer Schulleiter. Nach seinem Weggang aus Wickersdorf arbeitete Petit-Pierre zunächst an einer „Presse", dann bis 1935 an einer städtischen höheren Schule, die er aber freiwillig verließ, „weil ich die Monotonie dieses unvermeidlich Kasernenmässige bei aller gutgemeinten Verschönerung nicht mehr aushalten konnte."[34]

Seit den späten dreißiger Jahren war Petit-Pierre dann bis 1962 als Sprachlehrer an der Züricher Privatschule Juventus tätig – danach noch einige Jahre mit Lehrauftrag an der gleichen Schule, um die älteren Schüler auf die Abiturprüfungen vorzubereiten. Eine Erfüllung war ihm diese Tätigkeit nicht, aber sie half ihm gegen seine zunehmende Vereinsamung anzukämpfen. In diesem Sinne schrieb er im Februar 1962 an Wyneken.

„Was mich betrifft, arbeite ich immer noch im Institut, man will mich nicht gehen lassen. Und wohin ginge ich auch. Meine gesparten Mittel würden mir erlauben, sorglos irgendwo zu leben; aber was finge ich mit der vielen leeren Zeit an? Ich habe leider kein Hobby, das ist mein Unglück. Am wichtigsten bleiben mir natürlich gewisse Menschen; wenn man die aber nicht hat, was dann? Darum arbeite ich noch, nur um von mir abgelenkt zu werden, denn ich bin selber mein gefährlichster Feind."[35]

Unter dem Pseudonym René Lermite veröffentlichte Petit-Pierre in den dreißiger und vierziger Jahren einige homoerotisch angehauchte Gedichtbände und Novellen; die sich um die „Renaissance des Menschen" – gemeint war

---

[34] Brief Fernand Petit-Pierre an Wyneken vom 24. 12. 1937, in: Nachlass Wyneken Nr. 769. Briefe Petit-Pierres an Wyneken befinden sich in diesem Bestand, Wynekens Gegenbriefe sind im Nachlass Petit-Pierres, der sich in der Universitätsbibliothek Göttingen befindet, nicht mehr erhalten.
[35] Brief Fernand Petit-Pierre an Wyneken vom 24.02. 1962, in: a.a.O.

die des Mannes – aus dem Geist der griechischen Antike drehten.[36] Sie spielen an dieser Stelle keine Rolle. Er zählte zu den ergebenen Anhängern Gustav Wynekens, dem er sich bis zu dessen Tod verbunden fühlte und mit ihm in engem Kontakt stand. Das hatte mehrere Gründe. Zum einen verklärte er die gemeinsame Zeit in Wickersdorf, aber das taten andere ehemalige Wickersdorfer Lehrer auch. Zum zweiten war er ein Apostel des „pädagogischen Eros", der glaubte, in einem besonderen Verhältnis zu Wyneken gestanden zu haben, denn er fühlte sich als seiner wenigen Auserwählten, die in einer „tieferen Beziehung" zu ihm standen, „die sowohl er wie ich als unser Geheimnis hüteten, und die unsern Bund von allen seinen Freundschaften trennten."[37] An Otto Steckhan (1898-1968), der nach Wynekens Tod dessen Nachlass ordnete, schrieb er im gleichen Brief vertraulich:

> „Ich will hier nicht weiter ausführen, bei welcher Gelegenheit er mich beinah heftig in seine Arme schloss (es muss wohl in jener schweren Zeit um 1920 herum gewesen sein, wo ich auch noch presentabler (sic!) aussah und mich auf die Lippen küsste, indem er sagte: Sie sind der Einzige! Was er damit meinte, weiss ich noch heute nicht. [...] So standen wir einander nah und blieben doch getrennt, die eingangs erwähnte Kluft liess sich nicht schließen. Nur einmal, auch wieder in einer schweren Zeit nach dem Prozess, ein paar Monate wohl nach jenem kurz von mir vorhin enthüllten Kuss, nahm er spät, ich war eben zu Bett gegangen, Zuflucht zu mir, er kam mir vor wie ein Gehetzter, was mich sofort innerlich öffnete. Endlich liessen seelische Qual und aufgepeitschte Sinne ihn den eisernen Ring seines Intellekts sprengen. So drang er in mein Land. Und als er mich, ich glaube im Jahre 48, bat, ihm die damals noch schwierige Reise zu ermöglichen, um für etwa eine Woche zu mir zu kommen, weil er sich nach mir sehnte, einte uns jene dionysische Nacht wieder, aber mit einem melancholischen Schimmer, als ginge es für uns beide um ein stilles Abschiednehmen von einem Einmaligem und niemand Bekannten, das die Erde wohl bald mit Schweigen zudecken würde" (ebda.). Einige Tage später ermahnte er Otto Steckhan, er möge nicht vergessen, dass seine Mitteilung sehr vertraulich ge-

---

[36] Zu biographischen Hinweisen auf Petit-Pierre vgl. das Lehrerbuch der FSG Wickersdorf [Kreisarchiv Saalfeld] und sein unveröffentlichtes Manuskript: vgl. R. Lermite, Heimat des Menschen? Utopische Betrachtungen zur Neugestaltung Europas. Ein Vermächtnis, Zürich 1968 [masch. Manuskript im Archiv der deutschen Jugendbewegung, Witzenhausen]. Petit-Pierres überschaubarer Nachlass, der sich durch Vermittlung eines seiner ehemaligen Schüler seit Mitte der siebziger Jahre in der Universitätsbibliothek Göttingen befindet, enthält nur einige Werkmanuskripte, aber keinerlei Briefe. Vermutlich hatte Petit-Pierre sie vor seinem Tode bewusst vernichtet. Denn schon am 02. 01. 1948 schrieb er an Gustav Wyneken: „Nichts soll von mir übrig bleiben als die 3 kleinen Bändchen, von denen das dritte noch nicht gedruckt ist.", a.a.O. Petit-Pierre sah sich selbst als „poète maudit", als verfemter Dichter, der keine Gegenwart und auch keine Zukunft habe. Brief Petit-Pierre an Gustav Wyneken vom 29. 06. 1947, a.a.O.

[37] Brief Fernand Petit-Pierre an Otto Steckhan vom 15. 01. 1965, in: Nachlass Steckhan Nr. 38 [Archiv der deutschen Jugendbewegung].

wesen sei, und er möge berücksichtigen, „dass der Gequälte damals im besten Alter, voll gestauter Dränge war."[38]

Man muss — wie häufig in solchen Fällen — wohl zwischen den Zeilen lesen, um zu verstehen, was wirklich gemeint war. Es wäre jedoch naiv, zu glauben, dass ehemalige Täter sich in ihren Briefwechseln über ihre pädosexuellen Taten oder Vorlieben ausgetauscht hätten. Man gab sich — jedenfalls im Kreis um Wyneken — philosophischer und mit zunehmendem Alter auch resignierter und pessimistischer; so auch der mutmaßliche Täter Fernand Petit-Pierre, der 1964 aus heutiger Sicht geradezu zynisch an Wyneken schrieb:

> „Körperlich könnte ich mich über allerlei beklagen, aber geistig bin ich zum Glück noch so leistungsfähig, dass man mich immer noch vom Institut aus zu Hilfe ruft, wenn Not an Mann. Aber die Welt hat sich verändert seit unserer Zeit. Statt des Kultivierten herrscht heute das Vulgäre, und die Inflation der zum Sex degradierten Liebe macht alles noch widerlicher. Sie brauchen sich nicht beklagen, wenn Ihnen vieles in der Gegenwart entgeht. Sie haben dabei nichts verloren. Bleiben wir trotz allem oder gerade wegen dem allen unsern alten Göttern treu."[39]

Mit der Treue zu „unsern alten Göttern" war wohl das Bekenntnis zum „pädagogischen Eros" und der Verherrlichung des Griechentums gemeint. Die sexuelle Gewalt gegen Kalistros Thielicke hatte für Fernand Petit-Pierre auch noch im hohen Alter nichts mit Sex und gewaltsamem Übergriff zu tun, sondern war für ihn durchaus ein Akt des „Kultivierten" im Sinne der dorischen Knabenliebe. Petit-Pierres umfangreicher Briefwechsel mit Gustav Wyneken dokumentiert zudem auch die erschreckende Realitätsferne eines verkannten Dichters, der seine pädagogische Arbeit als „seelenlose Berufsarbeit" empfand und zugleich fatalistisch als sein Schicksal hinnahm, nämlich,

> „dass ich erniedrigt & freudlos leben soll, wie es mein Glaube ist, dass ich geknechtet & im Schatten meiner Tage abwickeln muss, damit was von mir dereinst übrig bleibt [...]."[40]

Es war wohl auch kein Zufall, dass Petit-Pierre nach 1945 wieder engen Kontakt mit Otto Peltzer pflegte, der zeitweise in dessen Züricher Wohnung lebte. Denn Peltzer hielt sich 1947/48 in der Schweiz auf und arbeitete ausgerechnet als Erzieher am Voralpinen Knabeninstitut Montana auf dem Zugerberg, einem katholischen Internat in der Nähe von Zug. Da er aber keine Arbeitserlaubnis besaß, verlängerten die Schweizer Behörden dann seine Aufenthaltsgenehmigung im Sommer 1948 nicht mehr, und er musste im Dezember des gleichen Jahres nach Deutschland zurückkehren. Vor diesem Hintergrund überrascht es nicht, dass der mutmaßliche Täter Petit-Pierre

---

[38] Brief Fernand Petit-Pierre an Otto Steckhan vom 31. 01. 1965, in: Nachlass Steckhan Nr. 38.
[39] Brief Fernand Petit-Pierre an Wyneken vom 15. 07. 1964, in: Nachlass Wyneken Nr. 769.
[40] Brief Fernand Petit-Pierre an Wyneken vom 01. 01. 1948, in: Nachlass Wyneken Nr. 769.

nicht nur zu dem einschlägig vorbestraften Otto Peltzer in engerem Kontakt stand, sondern eben auch zu Gustav Wyneken, dem in Wickersdorf häufig präsenten Schriftsteller Erich Ebermayer sowie dem ehemaligen Wickersdorfer Lehrer Carl Maria Weber.[41] Auch andere ehemalige Wickersdorfer Lehrer sorgten sich um Peltzer, wohl wissend, dass er ein pädosexueller Straftäter war. „Ob man etwas tun kann für Dr. Peltzer?", fragte etwa der jugendbewegte Christian Papmeyer (1889-1972) im Dezember 1945 Gustav Wyneken.[42] Petit-Pierre konnte.

Daraus jedoch, wie im „Fall Gerold Becker" und der Odenwaldschule geschehen, ein pädophiles Netzwerk zu konstruieren, wäre der Problematik wohl nicht angemessen. Nichts in den noch vorhandenen Briefwechseln lässt darauf schließen. Aber das ist auch nicht verwunderlich, denn über private sexuelle Präferenzen und Erfahrungen schwieg man sich in der Regel aus. Die beiden oben zitierten Briefe Petit-Pierres an Otto Steckhan bilden hier eine seltene Ausnahme. Der mutmaßliche Täter teilte im Alter mit seinen wenigen Briefpartnern aus gemeinsamen Wickersdorfer Zeiten allerdings eines: sie alle fühlten sich vereinsamt, sie standen der heranwachsenden Jugend der fünfziger und sechziger Jahre des 20. Jahrhunderts ebenso verständnislos gegenüber wie der gesellschaftspolitischen Situation der Nachkriegs-

---

[41] Carl Maria Weber (1890-1953), homosexueller Schriftsteller [Pseudonym: Olaf] und Vertreter expressionistischer Lyrik. Geboren am 6. September 1890 in Düsseldorf als Sohn eines Lehrers. 1912 bis 1914 Studium der Germanistik und Literaturgeschichte an der Universität Bonn. Seit 1914 befreundet mit dem Schriftsteller Kurt Hiller; Mitarbeiter an dessen Ziel-Jahrbüchern. 1919 schloss sich der überzeugte Pazifist einer Wandervogelgruppe an. 1920 Mitglied der Gruppe der „Werkleute auf Haus Nyland" in Sonneberg. Juni 1921 bis 1926 Lehrer an der FSG Wickersdorf für die Fächer Deutsch, Geschichte und Mathematik; in Wickersdorf war er Führer einer Kameradschaft und Leiter einer Theatergruppe der jüngeren Schüler. Der nachträgliche Eintrag im Lehrerbuch der FSG, Weber sei „unter Hitler hingerichtet" worden, stammte von der ehemaligen Wickersdorfer Schülerin Grete Mende-Hacks. Er ist ebenso falsch wie der nachträgliche Eintrag, Weber habe die FSG 1922/23 verlassen. 1928 holte Weber sein Lehrerexamen nach und unterrichtete an verschiedenen Privatschulen: ab 1930 in Walter Fränzels „Lichtschulheim Lüneburger Land" in Glüsingen, anschließend an einer Schule in Müden in der Lüneburger Heide, dann an einer Presse in Schlesien und schließlich ab Ostern 1937 an dem von Hermann Harless (1887-1961) begründeten LSH Marquartstein, das im Mai 1943 verstaatlicht wurde. Um vom Staat als Beamter übernommen zu werden, trat Weber 1941 aus taktischen Gründen der NSDAP bei. 1945 wurde er von der amerikanischen Militärregierung wegen seiner Partei-Mitgliedschaft entlassen, lebte danach aber weiterhin in Marquartstein. Am Ende seines Entnazifizierungsverfahrens wurde er als Mitläufer eingestuft. Völlig verarmt und vergessen starb Weber am 15. 08. 1953 an einem hungerbedingten Herzinfarkt im benachbarten Prien am Chiemsee. Ende 1944 hatte Weber wieder Kontakt zu Wyneken aufgenommen, mit dem er ebenso wie mit Erich Ebermayer, Fernand Petit-Pierre und mit Christian Papmeyer bis zu seinem Tod in brieflicher und persönlicher Verbindung stand.

[42] Brief Christian Papmeyer an Gustav Wyneken vom 15. 12. 1945, in: Nachlass Wyneken Nr. 766.

zeit. Was ihnen blieb, war die Erinnerung an ihre „alten Götter" aus hellenistischer Zeit.

5. Nachwort

Kalistros Thielicke war ein Opfer und ein Täter zugleich, der eine bedrückende Lebensgeschichte aufzuweisen hatte: uneheliche Geburt, einerseits prekäre soziale Verhältnisse, in denen er aufwuchs, andererseits Kontakte zum Berliner Bildungsbürgertum, etwa zu Gerhart Hauptmann und Moritz Heimann, Schriftsteller und Lektor im S. Fischer-Verlag, dann wiederum gescheiterte Erfahrungen in zwei damals renommierten reformpädagogischen Internaten, schließlich Muttermörder und am Ende Massenmörder. Er lebte in der ersten Hälfte des „Zeitalters der Extreme" (Hobsbawm). Dieses Zeitalter der Extreme bündelte sich wie in einem Brennglas auch in seinem kurzen Leben.
Dennoch gibt es keine Kausalität, die in diesem Fall auf einen Zusammenhang zwischen „der Reformpädagogik" und pädophiler Gewalt an schutzbefohlenen Schülern hinweist. Andererseits ist der Einwand Manfred Kappelers nicht von der Hand zu weisen. „Es gibt Zusammenhänge zwischen dem Gewalthandeln pädosexueller PädagogInnen und den Binnenstrukturen der Einrichtungen, in denen sie arbeiten und die sind nicht unabhängig von den Theorien und Sichtweisen, aus denen diese Einrichtungen ihre pädagogischen Konzepte herleiten."[43] Das ist eine Beschreibung des Problems, aber nicht seine Lösung. Denn ein Reformpädagoge wie Kurt Zeidler hatte unter dem Begriff des „erziehenden Eros" etwas völlig anderes verstanden als der Kreis um Gustav Wyneken unter „pädagogischem Eros".
Vermutlich war die FSG Wickersdorf in diesem Punkt – nach heutigem Erkenntnisstand – trotzdem kein Extrembeispiel, sondern nur die Spitze eines Eisberges, dessen Dimensionen wir nicht kennen. Was nun die künftige bildungshistorische Forschung zu dieser Thematik betrifft, so scheint eines auf der Hand zu liegen: Nötig ist vor allem eine Historisierung sexualisierter Gewalt im Allgemeinen und speziell in pädagogischen Institutionen. Beachtet werden muss allerdings auch: Zur Geschichte der sexualisierten Gewalt „gehört nicht allein ihr Verbalisieren, Verschriftlichen, Vertonen oder Verbildlichen, sondern auch ihr (quellenmäßig nur schwer erschließbares) Verschweigen. Deswegen ist die Frage, welche Gewalt in welcher Öffentlichkeit artikulierbar oder nicht artikulierbar ist, welche Diskurse als performativ

---

[43] Vgl. M. Kappeler, Ambivalenzen in der „Neuen Erziehung". Versuch einer historischen Analyse, in: W. Thole u.a. (Hg.): Sexualisierte Gewalt, Macht und Pädagogik, Opladen, Berlin, Toronto 2012, S.60.

geführt werden, für eine Historisierung der Gewalt wesentlich."⁴⁴ Das ist eine nicht einfache Herausforderung. Jenseits aller berechtigten moralischen Empörung und Skandalisierung des Themas sexualisierter Gewalt gegenüber Schutzbefohlenen wäre eine Historisierung der Thematik eine Chance für größere Distanz, Objektivität und zugleich Sensibilisierung gegenüber jeglicher Gewaltpraxis in Erziehungsprozessen, nämlich etwa anzuknüpfen an die Forschungen zur historischen Gewaltforschung. Gleichwohl lässt sich damit eine grundlegende Problematik nicht wegdiskutieren. Sexualisierte Gewalt – nicht nur in reformpädagogischen Einrichtungen, sondern eben auch in allen pädagogischen Institutionen – ist aus historischer Perspektive nur schwer belegbar, weil das kommunikative Beschweigen beider oder mehrerer Beteiligter – Täter und Opfer – der Regelfall war und noch immer ist. Vermutlich nur die seltensten Fälle sexualisierter Gewalt in pädagogischen Institutionen sind wohl auch in historischen Kontexten publik, aktenkundig und/oder gerichtsnotorisch geworden.

Was bedeutet das für künftige bildungshistorische Forschungen? Bescheiden formuliert doch nur: sensibel zu werden und zu sein für die Thematik und sich zunächst weiterhin auf Fallstudien zu kaprizieren, ohne der Illusion zu erliegen, es handele sich dabei um Einzelfälle. Fast völlig offen ist gegenwärtig, inwieweit sich die Thematik künftig aus bildungshistorischer Sicht auch institutionengeschichtlich seriös, d.h. theoretisch anspruchsvoll und empirisch fundiert, bearbeiten lässt, etwa mit dem theoretischen Blick auf „totale Institutionen". Hier scheint ein plausibler Zugriff vorzuliegen, den Christoph Maeder kürzlich überzeugend näher vorgestellt hat.⁴⁵ Aber das ist nur eine von mehreren denkbaren Möglichkeiten. Sie eröffnet jedoch die Chance, sexuelle Gewalt gegenüber Schutzbefohlenen in pädagogischen Institutionen – Internaten, Heimen, Gefängnisse oder auch während Ferienfreizeiten – analytisch näher in den Blick zu nehmen. Die bisher bekannten aktuellen wie historischen Fälle sind – wie eingangs erwähnt – weder zufällig noch zwangsläufig. Diesem Dilemma müssen sich künftige Forschungen stellen, nämlich dass es keine monokausalen Erklärungen für sexuelle Gewalt in (reform)pädagogischen Institutionen gibt. Man nähert sich der Problematik jedoch nicht dadurch an, davon bin ich nach meinem gegenwärtigen Kenntnisstand überzeugt, dass man in ideengeschichtlichen klugen Reflexionen den „pädagogischen Eros" pauschal als Deckideologie oder „die" aktuelle und/oder „historische Reformpädagogik" mit ihrer geschichtlich durchaus

---

[44] Vgl. F. Loetz, Sexualisierte Gewalt 1500-1850. Plädoyer für eine historische Gewaltforschung, Frankfurt/New York 2012, S.218.

[45] Vgl. Ch. Maeder, Die Riskanz der Organisationswahl in der Reformpädagogik, in: D. Miller/J. Oelkers (Hg.), Reformpädagogik nach der Odenwaldschule – Wie weiter? Weinheim/Basel 2014, S.122-137.

nachvollziehbaren Betonung der Liebe zum Kind nun plötzlich und ex post für sexuelle Gewaltübergriffe an Schutzbefohlenen verantwortlich macht.

Literaturverzeichnis

Andresen, S. (Hg.), Zerstörerische Vorgänge. Missachtung und sexuelle Gewalt gegen Kinder und Jugendliche in Institutionen, Weinheim/Basel 2012.
Becher, U., Ich lebe in der Apokalypse. Briefe an die Eltern, Wien 2012.
Dudek, P., „Versuchsacker für eine neue Jugend". Die Freie Schulgemeinde Wickersdorf 1906-1945, Bad Heilbrunn 2009.
Dudek, P., „Liebevolle Züchtigung". Ein Mißbrauch der Autorität im Namen der Reformpädagogik, Bad Heilbrunn 2012.
Dudek, P., „Wir wollen Krieger sein im Heere des Lichts." Reformpädagogische Landerziehungsheime im hessischen Hochwaldhausen 1912-1927, Bad Heilbrunn 2013.
Dudek, P., „Vom Schulmeister zum Menschen." Max Tepp – ein jugendbewegter Reformpädagoge, Schriftsteller und Pädagoge, Bad Heilbrunn 2014.
Dudek, P., „Der Ödipus vom Kurfürstendamm". Ein Wickersdorfer Schüler und sein Muttermord 1930, Bad Heilbrunn 2015.
Fegert, J. M. (Hg.), Kompendium „Sexueller Missbrauch in Institutionen". Entstehungsbedingungen, Prävention und Intervention, Weinheim/Basel 2015.
Gaus, D., Wie der pädagogische Eros erfunden wurde. Eine Geschichte von Männerphantasien und Machtspielen, in: E. Drieschner/D. Gaus (Hg.), Liebe in Zeiten pädagogischer Professionalisierung, Wiesbaden 2011, S.29-74.
Gaus, D./Uhle, R., Pädagogischer Eros, in: W. Keim/U. Schwerdt (Hg.), Handbuch der Reformpädagogik in Deutschland (1890-1933), Frankfurt/M. 2013, S.559-575.
Gründer, M./Stemmer-Lück, M., Sexueller Missbrauch in Familie und Institutionen. Psychodynamik, Intervention und Prävention, Stuttgart 2013.
Gruschka, A., „Erregte Aufklärung" – ein pädagogisches und publizistisches Desaster – in memoriam Katharina Rutschky, in: Pädagogische Korrespondenz (2010)42, S.5-22.
Herrmann, U., Reformpädagogik: Impulse und Wirksamkeit im 20. Jahrhundert – neue Herausforderungen im 21. Jahrhundert, in: Pädagogische Rundschau 68(2014), S.693-708.
Hoffmann, W./Stern, W., Sittlichkeitsvergehen an höheren Schulen und ihre disziplinare Behandlung, hrg. vom Preußischen Ministerium für Wissenschaft, Kunst und Bildung, Leipzig 1928.
Kappeler, M., Ambivalenzen in der „Neuen Erziehung". Versuch einer historischen Analyse, in: W. Thole u.a. (Hg.), Sexualisierte Gewalt, Macht und Pädagogik, Opladen/Berlin/Toronto 2012, S.58-83.
Klausch, H.-P., Antifaschisten in SS-Uniform. Schicksal und Widerstand der deutschen politischen KZ-Häftlinge, Zuchthaus- und Wehrmachtgefangenen in der SS-Sonderformation Dirlewanger, Bremen 1993.
Klinger, M., Pädagogischer Eros. Erotik in Lehr-, Lernbeziehungen aus kontextanalytischer und ideengeschichtlicher Perspektive, Berlin 2011.
Kluge, V., Otto der Seltsame. Die Einsamkeit eines Mittelstreckenläufers: Otto Peltzer (1900-1970), Berlin 2000.
Lermite, R., Heimat des Menschen? Utopische Betrachtungen zur Neugestaltung Europas. Ein Vermächtnis, Zürich 1968 [maschinenschriftliches Manuskript im Archiv der deutschen Jugendbewegung, Witzenhausen].
Loetz, F., Sexualisierte Gewalt 1500-1850. Plädoyer für eine historische Gewaltforschung, Frankfurt/New York 2012.

Maasen, T., Pädagogischer Eros. Gustav Wyneken und die Freie Schulgemeinde Wickersdorf, Berlin 1995.
Maeder, Ch., Die Riskanz der Organisationswahl in der Reformpädagogik, in: D. Miller/J. Oelkers (Hg.), Reformpädagogik nach der Odenwaldschule – Wie weiter? Weinheim/Basel 2014, S.122-137.
Meyer, G., „Verfehmter Nächte blasser Sohn" – Ein erster Blick auf Ernst Schertel, in: M. Farin (Hg.), Phantom Schmerz. Quellentexte zur Begriffsgeschichte des Masochismus, München 2003, S.488-505.
Oelkers, J., Reformpädagogik und Schulentwicklung in historischer Perspektive, in: www.ife.uhz.ch/research/emeriti/oelkersjuergen/vortraegeprofoelkers/vortraege2011/StuttgartReformpaedagogikdef.pdf (2011).
Schertel, E., Nacktheit als Kultur, Leipzig 1927.
Schertel, E., Der Flagellantismus in Literatur und Bildnerei, 12 Bände, Stuttgart 1957.
Seichter, S., Pädagogische Liebe. Erfindung, Blütezeit und Verschwinden eines pädagogischen Deutungsmusters, Paderborn 2007.
Seichter, S., „Einen Menschen zu gebrauchen, heißt ihn zu missbrauchen." Zur Problematik von Person und Sache angesichts sexueller Gewalt in pädagogischen Institutionen, in: W. Thole u.a. (Hg.), Sexualisierte Gewalt, Macht und Pädagogik, Opladen u.a. 2012, S.151-162.
Stern, W., Erotik und Sexualität der reifenden Jugend, in: H. Küster (Hg.), Erziehungsprobleme der Reifezeit, Leipzig 1925, S.57-73.
Weimann, W., Diagnose Mord. Die Enthüllungen eines Gerichtsmediziners, München 1967.
Zeidler, K., Vom erziehenden Eros. Hamburg 1919.

Elija Horn

Indienmode und Tagore-Hype: Reformpädagogik in der Weimarer Republik in der Perspektive des Orientalismus

1. Einleitung und Problemaufriss

Zu den Stichworten Orientalismus und Reformpädagogik fallen einem am ehesten Maria Montessori oder Rudolf Steiner ein[1]. Das als esoterisch einzustufende Interesse der Genannten an indischen Glaubenskonzepten oder dem, was sie dafür hielten, ist weitestgehend bekannt, wird jedoch nicht selten belächelt und als sonderbar oder irrelevant abgetan[2]. Dass sich auch Gustav Wyneken eingehend mit der *Bhagavad Gita* befasste, dass in der reformpädagogischen Zeitschrift *Das Werdende Zeitalter* begeisterte Rezensionen von indischen Publikationen zu finden sind oder dass an der Odenwaldschule nicht nur Paul Geheeb bis zum heutigen Tag ein profundes Interesse am Indischen nachgesagt wird, sondern mehrere Mitarbeiterinnen dieser Einrichtung, nebst der Mitbegründerin Edith Geheeb-Cassirer, intensive Kontakte zu Inderinnen und Indern pflegten, das wurde in bildungshistorischen Publikationen bislang bestenfalls am Rande erwähnt. Indien und andere Regionen des sogenannten Orients begegnen einem jedoch beim Sichten deutscher reformpädagogischer Quellen der Weimarer Jahre immer wieder – verwunderlicherweise, denn was ausgerechnet Reformpädagoginnen und -pädagogen daran faszinierte, erschließt sich nicht auf den ersten Blick.

---

[1] Montessori hielt sich 1939 bis 1946 in Indien auf und entwickelte dort ihr Konzept der „Kosmischen Erziehung"; Steiner griff für die Ausformulierung seiner als „Geisteswissenschaft" bezeichneten Lehre und der darauf basierenden Waldorfpädagogik teils auf indische Begriffe zurück.
[2] Ausnahmen für Steiner stellen dar u.a. M. Gebhardt, Rudolf Steiner, München 2011; H. Ullrich, Rudolf Steiner, München 2011; H. Zander, Anthroposophie in Deutschland, Göttingen 2007; für Montessori u.a. E. Eckert, Maria und Mario Montessoris Kosmische Erziehung, Berlin 2007 und R. Kramer, Maria Montessori, New York 1976.

Die Analyse von Reformpädagogik unter dem Gesichtspunkt von Orientalismus ist bislang ein Desiderat. Im folgenden Beitrag[3] gehe ich daher der Frage nach, welche Möglichkeiten und Grenzen die Untersuchung der historischen Reformpädagogik mithilfe des Theorems Orientalismus bietet, wobei ich mich auf die im Rahmen meiner Dissertation gewonnenen Forschungsergebnisse stütze. Zunächst wird knapp erklärt, was unter Orientalismus zu verstehen ist, anschließend widme ich mich der Frage, wie Reformpädagogik und Orientalismus historisch verbunden sind. Für diesen Zweck skizziere ich einige orientalistische Diskurse, die ins 18. Jahrhundert zurückreichen und bis in reformpädagogische Kontexte des 20. Jahrhunderts hinein wirksam gewesen sind. Anschließend verorte ich anhand von exemplarischen Quellen aus der Odenwaldschule und deren weiterem Umfeld, wie dortige Akteure diese Diskurse aufgriffen und weiterführten. Ich konzentriere mich dabei auf die Beschäftigung mit Indien.

Im Folgenden begreife ich Reformpädagogik als ein im Wesentlichen kulturgeschichtliches Phänomen und gehe im Anschluss an Oelkers[4] davon aus, dass es sich nicht um *eine* pädagogische Epoche zwischen Ende des 19. Jahrhunderts und den 1930er Jahren mit einer einheitlichen pädagogischen Agenda handelt. Ungeachtet dessen weisen insbesondere reformpädagogische Schriften aus dem deutschsprachigen Raum rhetorische und kanonische Gemeinsamkeiten auf. Was die von mir untersuchten Akteure eint, ist die häufig als utopisch zu bezeichnende Dimension in ihren pädagogischen Konzepten, die als Gegenentwürfe zu den gesellschaftlichen Gegebenheiten gelesen werden können. Auch im Rückgriff auf Denkweisen der Romantik strebten sie die Erneuerung und die Überwindung der als krisenhaft wahrgenommenen Zustände ihrer Gegenwart an; mithilfe reformierter Erziehung wollten sie einen „neuen Menschen" schaffen und so zu einer in ihren Augen besseren Welt beitragen. Die Vorstellungen davon blieben im Einzelnen jedoch so vage wie unterschiedlich. Ein weiteres Merkmal, auf das ebenfalls Oelkers[5] aufmerksam macht, ist die Notwendigkeit einer bestimmten Form der Selbstinszenierung, vor allem der Landerziehungsheime. Um überhaupt bestehen zu können, mussten sie sich auf dem Markt der Privatschulen behaupten – dazu bedurfte es einer möglichst originellen öffentlichen Selbstdarstellung, mit der man sich auch von anderen reformpädagogischen Einrichtungen absetzen konnte. Reformpädagogik kann mithin als umkämpftes Konzept

---

[3] Der vorliegende Text bündelt eine Auswahl an Forschungsergebnissen meiner im Abschluss befindlichen Dissertation mit Titel „Indien als Erzieher. Orientalismus bei Akteuren der deutschen Reformpädagogik und Jugendbewegung, 1914-1933".
[4] Vgl. J. Oelkers, Reformpädagogik, 4. Aufl., Weinheim 2005, S.17.
[5] Vgl. J. Oelkers, Eros und Herrschaft, Weinheim 2011, S.20f.

gelten: alle Beteiligten benötigten starke Argumente, um ihren Ideen Geltung zu verleihen. Wie ich zeigen werde, ist „Indien" eines der Argumente, mithilfe derer reformpädagogische Konzepte begründet und die Attraktivität der eigenen Einrichtung bzw. pädagogischen Haltung erhöht wurden.

Meine Analysen konzentrieren sich auf ein protestantisch-bildungsbürgerliches und sich liberal positionierendes Milieu innerhalb der deutschen Reformpädagogik, denn lediglich unter deren Vertreterinnen und Vertretern finden sich Formen der Beschäftigung mit Indien oder indischem Gedankengut bzw. Kontakte zu Inderinnen und Indern. Sowohl Angehörige des Katholizismus als auch des Judentums zeigten keine bzw. eine deutlich geringere Affinität zu Indischem[6]. Die folgenden Ausführungen sind demzufolge einer weiteren Ausdifferenzierung von Reformpädagogik als heterogenem, kulturgeschichtlichem Phänomen dienlich.

2. Das Konzept Orientalismus und dessen Historisierung im Kontext von Erziehung

Das Theorem Orientalismus wurde 1978 von Edward Said, einem palästinensisch-US-amerikanischen Literaturwissenschaftler, entwickelt[7]. Seine These ist, dass durch die wissenschaftliche und literarische Erforschung des Raumes, der als Orient[8] bezeichnet wird, westliche Gelehrte die Deutungsmacht über jenes Gebiet hergestellt und damit „den Orient" diskursiv hervorgebracht hätten. Zentral seien dabei Zuschreibungen gewesen: Exotisierung, Essentialisierung und Enthistorisierung des Orients. Das heißt, dass das kulturell sehr heterogene Gebiet, das als Orient gilt, als „das Andere" des eigenen Selbst begriffen und so fälschlicherweise vereinheitlicht wurde; historischen Fortschritt sprach man dem Orient ab. Dies alles sei, so Said, unter den

---

[6] In jüdischen und vor allem zionistischen Zusammenhängen gab es vielmehr ein Interesse an Palästina, was in gewisser Weise auch als Orientalismus gefasst werden kann. Diese Konstellation ist jedoch insofern komplexer, als die jüdische Gemeinde in Deutschland, insbesondere im Zuge der Etablierung der sogenannten Orientwissenschaften im 19. Jahrhundert, selbst Objekt von orientalisierenden Zuschreibungen war, die zusammen mit dem etwa zeitgleich einsetzenden Rassedenken antisemitische Ressentiments verstärkten, siehe dazu u.a S. Marchand, German Orientalism in the Age of Empire, Cambridge 2010. Auf eine orientalistische Ästhetik in der jüdischen Jugendbewegung macht Ulrike Pilarczyk aufmerksam, vgl. U. Pilarczyk, Gemeinschaft in Bildern, Göttingen 2009, S.18ff.

[7] E. Said, Orientalism. New York 1979.

[8] Die Anschauungen darüber, was zum Orient zu zählen sei und was nicht, gehen teils weit auseinander. Unter dem Begriff Orient, abgeleitet von lat. *oriens* (Osten), wurden zunächst vor allem die arabisch-persische Region des Nahen und Mittleren Ostens subsumiert. Laut Said gehörte spätestens zu Beginn des 19. Jahrhunderts auch Indien zum Orient (vgl. Said 1979). Während der 1920er Jahre wurden sogar fernöstliche Länder bis hin zu Japan dazu gezählt.

Verhältnissen von Kolonialismus und Imperialismus nicht nur möglich, sondern auch notwendig gewesen, um die Machtansprüche und Missionierungsaktivitäten der europäischen Kolonialmächte zu legitimieren. In dieser Konstellation diente das Sprechen über „den Orient" gleichzeitig zur Herstellung und Affirmation der eigenen westlichen Identität, wozu „der Osten" als in der Regel inferiores Gegenbild von sich selbst benötigt worden sei.

Hervorheben möchte ich folgende zwei Aspekte. Zum einen können Prozesse der Exotisierung, Essentialisierung und Enthistorisierung des Orients auf unterschiedliche Weise vollzogen werden: mithilfe orientophober oder orientophiler Zuschreibungen. In jedem Fall werden dafür Stereotype bemüht und dem gleichen Zweck dienstbar gemacht: das eigene Selbstverständnis angesichts bzw. auch gegenüber dem Orient zu festigen sowie die eigene Überlegenheit über den Orient zu zementieren. Das ist möglich durch ein *Othering*, das auf die Abwertung des Anderen abzielt, aber auch durch solche Prozesse, die Ausdruck jenes Begehrens sind, welches exotisierenden Zuschreibungen innewohnt[9]. Kurz: die Praktiken des Orientalismus können in sich widersprüchlich sein und ambivalent erscheinen. Zum anderen gibt es angesichts der Umfänglichkeit, in der Said sein Verständnis von Orientalismus postuliert, nahezu keine Möglichkeit, über den Orient zu sprechen, ohne orientalistische Diskurse zu (re)produzieren. Oder wie der Historiker Kris Manjapra es zugegebenermaßen etwas drastisch ausdrückt: „Three decades of postcolonial scholarship in the Foucauldian and Saidian veins have taught us about the origin and scope of the imperial discourses of science and Orientalism, which supposedly engulfed all subjects and societies, and states in the modern period like poison gas."[10]

Kurz: dem Orientalismus, so wie Said ihn entwirft, ist nicht zu entkommen. Damit ist – lapidar gesagt – die Frage beantwortet, wie Reformpädagogik und Orientalismus zusammen gehen. Wenn orientalistische Diskurse alle gesellschaftlichen Sphären durchdringen, dann auch jene der Reformpädagogik. Das anhand von Quellen nachzuweisen, ist nicht schwer. Allerdings ist das nur bedingt aufschlussreich. Viel interessanter ist die Frage: warum beschäftigt man sich in der Reformpädagogik überhaupt mit dem Orient, was ist so attraktiv daran? Oder anders gefragt: Was sind die Verwendungszusammenhänge von Orientalismus in reformpädagogischen Kontexten?

Bevor ich mich diesen Fragen näher widme, erlaube ich mir einen Exkurs in die Epoche der deutschen Romantik, wo ein Großteil der Ursprünge von – teils bis heute virulenten – orientalistischen Indien-Diskursen liegt. Zudem

---

[9] Siehe dazu: C.-M. Danielzik und D. Bendix, Exotismus, 2010, URL: http://www.freiburg-postkolonial.de/Seiten/2010-Danielzik-Bendix-Exotismus.htm (letzter Zugriff: 30.9.2013).

[10] K. Manjapra, Age of Entanglement, Cambridge 2014, S.7.

finden sich dort auch dezidierte Bezüge zu Fragen von Erziehung, Bildung und Kindheit. Einblicke darin, wie beides bereits um 1800 miteinander vermengt wurde, helfen zu verstehen, wovon das Denken in den 1920er und 30er Jahre geprägt war. Ein anschauliches Beispiel für ein romantisches Sprechen über Kindheit und Erziehung im Zusammenhang mit Indien ist die *Geschichte eines Braminen* der Karoline von Günderode aus dem Jahr 1803. Der Ich-Erzähler, Almor, beschreibt darin seinen Lebensweg, beginnend mit der Zeit seiner Kindheit, die er als lieblos behandelter Sohn eines französischen Kaufmanns erlebt, über sein Erwachsenenleben als gleichsam emotional unterkühlter und vor allem auf sinnlichen Genuss erpichter Händler in London, bis hin zu seinem Sinneswandel angesichts des Todes seines Vaters und seiner anschließenden Sinnsuche in Indien. Die Geschichte beginnt wie folgt:

„Mein Vater, ein Franzose und reicher Kaufmann [...], behandelte mich, so selten ich auch vor ihm erschien, kalt und unfreundlich, und meine Mutter war vor meiner Erinnerung gestorben. Ich fühlte mich recht verlassen [...]. Kinder, wenn sie schon anfangen, das Leben mit den Augen ihres Geistes zu betrachten, werden von den Gewohnheiten, Verhältnissen und Forderungen der menschlichen Gesellschaft beängstigt, [...]. Durch die Eltern spricht die Natur zuerst zu den Kindern. Wehe den armen Geschöpfen, wenn diese erste Sprache kalt und lieblos ist!"[11]

Almor erscheint diese Erziehung als schädlich, die Umgebung seiner Kindheit als bedrohlich. Die Nachwirkungen davon kann er überwinden, als er nach Indien reist, dort von einem Brahmanen, also einem Angehörigen der Priester-Kaste, aufgenommen und durch ihn in religiöse und philosophische Lehren eingewiesen wird. Diese Einblicke geben den letzten Ausschlag dafür, dass es Almor schließlich gelingt, zu seinem wahren Selbst zu finden. Kurz bevor dieser Brahmane, der eine Art Vaterersatz für Almor darstellt, stirbt, überträgt er Almor die Aufgabe, sich um seine eigene Tochter Lasida zu kümmern, die zu jenem Zeitpunkt sieben Jahre alt ist. Den Beginn kontrastierend heißt es knapp am Ende der Erzählung: „Ich blieb in Lasidas Haus, lebte wie ein Bramin und erzog das Mädchen sehr wenig, ich überließ es vielmehr seiner eigenen schönen Natur."[12]

Günderode reproduziert hier ein Bild vom Kind, das typisch für die Romantik ist. Wie verschiedentlich analysiert wurde, sind Kinder in der Romantik zum Sonderfall des Menschen stilisiert und als „das Andere" der sich als leidend empfindenden bürgerlichen Gesellschaft idealisiert worden. Kindheit steht so für Ganzheit, Vollkommenheit und Unschuld, oder, wie Meike Baader kon-

---

[11] Karoline von Günderode. Geschichte eines Braminen. in: Sämtliche Werke und ausgewählte Studien, W. Morgenthaler (Hg.), Bd. 1, Frankfurt a. M., 2006, S.303.
[12] Günderode, a.a.O., S.313.

statiert: „[...] Kinder [...] werden von den Deformationen der Moderne freigesprochen."[13] Dass diese Unschuld und Reinheit insbesondere im modernen Europa bedroht ist, macht Günderode zu Beginn des Textes am Beispiel von Almors Kindheit deutlich. Einer ihrer Hauptbezugspunkte dürfte Jean-Jacques Rousseaus *Emile* (1762) gewesen sein. In der romantischen Lesart dieser Schrift wurde Rousseau so verstanden, dass die beste Erziehung jene sei, in der man das Kind, das sich prinzipiell in einem „Naturzustand" befinde, sich entwickeln ließe, ohne zu viel Einfluss zu nehmen. Aspekte in Ellen Keys romantisch geprägtem Bild vom Kind verweisen ebenfalls auf Parallelen zum Konzept von Orientalismus und den in entsprechenden Diskursen auftretenden Zuschreibungsprozessen. „In Nietzsches Formulierung liegt der Ort der Utopie im unentdeckten fernen Land der Kinder und damit in der Zukunft. Bereits Rousseau hatte die Kindheit als unbekannten Kontinent, »den man nicht kenne«, beschrieben. Der Blick auf das Kind als kleinen Wilden, als Bewohner einer fernen Ethnie in der eigenen Welt – diese Exotisierung des Kindes analog zum guten Wilden hat im 18. Jahrhundert bei Rousseau und Herder, der ethnologischen Anthropologie und ihrem Primitivismus seinen Ausgang genommen."[14]

Key gilt bis heute als eine der wichtigsten Stichwortgeberinnen für die Reformpädagogik. Andresen und Baader lokalisieren sie und ihre Erziehungsvorstellungen in der Tradition Rousseaus und Nietzsches[15]: ähnlich diesen Philosophen exotisiert auch die Schwedin Kindheit und Kindsein. Zugleich verweisen sie auf das Begehren, das der Exotisierung inne wohnt[16]. Das, was der Vernunft nicht sogleich zugänglich ist, sei für Key „das Verlockende und Gute"[17] gewesen. Das indische Kind, in diesem Fall Lasida, kann so als Beispiel für eine doppelte Exotisierung gelesen werden, und als Synthese der bei Günderode reproduzierten Bilder von Kindsein und von Indien, die reformpädagogischen Konzepten durchaus zupass gekommen sein dürften.

Demgegenüber steht das abendländisch geprägte Elternhaus Almors für lieblose Erziehung wie überhaupt für erkaltete und auf Funktionalität beschränkte zwischenmenschliche Beziehungen. Die hier von Günderode eingeflochte-

---

[13] M. S. Baader, Die romantische Idee des Kindes und der Kindheit, 1996, S.7.
[14] S. Andresen/M. S. Baader, Wege aus dem Jahrhundert des Kindes, Neuwied 1998, S.15f.
[15] Dass Nietzsche nicht nur von Schopenhauer und dessen Überlegungen zur indischen Philosophie beeinflusst war, sondern selbst Übersetzungen verschiedener Sanskrittexte studierte, sei hier nur am Rande erwähnt. Vgl. u.a. D. T. McGetchin, Indology, Indomania, and Orientalism, Madison 2009 oder C. Tzoref-Ashkenazi, Der romantische Mythos vom Ursprung der Deutschen, Göttingen 2009.
[16] Siehe zur charakteristischen Verflechtung von Exotismus und Begehren siehe Danielzik/Bendix, a.a.O.
[17] Andresen/Baader, a.a.O., S.45.

ne Kritik spiegelt ein in der Romantik häufig aufgerufenes Selbstbild des Westens von sich selbst wider: die vermeintlich durch die Aufklärung entfesselte Rationalisierung von Welt und Leben erschien gerade den Romantikern als ein degenerativer, in den Abgrund führender und also beklagenswerter Prozess. Während der Jahre, die Almor als Kaufmann in einer großen Stadt Europas verbringt, setzt er das Leben seines Vaters fort und trachtet nach materiellem Gewinn. Erst dessen Tod veranlasst Almor zu einem Sinneswandel und schließlich zur Abkehr von diesem Leben, in dem „Reichtümer und Vergnügen der Sinne die einzigen wünschenswerten Güter"[18] sind. Almor wendet sich nun den „unbekannten Tiefen meines eigenen Gemüts" zu: „eine gewisse Sehnsucht trieb mich, Indien zu sehen"[19]. Das Morgenland, und insbesondere Indien, steht gegenüber dem Abendland als Symbol für Harmonie, Güte, Einheit mit dem Göttlichen und Nähe zur Natur. Der Brahmane, der diese Eigenschaften – quasi Indien personifizierend – in sich vereint, weiht Almor in seine Weisheit ein. Dieser kann so schließlich seinen inneren Frieden finden.

Was mit diesen Ausführungen verdeutlicht werden soll, ist, dass ganz ähnlich wie bei der Konstruktion des romantischen Bildes vom Kind, auch Indien „von den Deformationen der Moderne freigesprochen" wird: es befindet sich, der romantischen Imagination entsprechend, in einem unschuldigen und natürlichen Zustand. Wenn Almor am Ende erwähnt, dass er die Tochter des Brahmanen ihrer „eigenen schönen Natur" überlässt und sie kaum erzieht, dann vereinigen sich in ihr die romantischen Bilder vom Kind und von Indien.

Der positiv konnotierte Topos von den kindgleichen Menschen Indiens[20] ist bereits bei Johann Gottfried Herder zu finden, der diese als unschuldige Wesen beschreibt.

„Die Hindus sind der sanftmütigste Stamm der Menschen. Kein Lebendiges beleidigen sie gern; sie [...] nähren sich mit der unschuldigsten Speise, der Milch, dem Reis, den Baumfrüchten, den gesunden Kräutern, die ihnen ihr Mutterland darbeut. [...] Mäßigkeit und Ruhe, ein sanftes Gefühl und eine stille Tiefe der Seele bezeichnen ihre Arbeit und ihren Genuß, ihre Sittenlehre und Mythologie, ihre Künste und selbst ihre Duldsamkeit unter dem äußersten Joch der Menschheit. Glückliche

---

[18] Dieses sowie das folgende Zitat: Günderode, a.a.O., S.304.
[19] Günderode, a.a.O., S.311.
[20] Andere kolonisierte Völker wurden ebenfalls mit Kindern, teils sogar mit Tieren verglichen. Obwohl Herder die europäische Kultur als der indischen überlegen ansah, äußert er sich vergleichsweise wertschätzend über letztere. In anderen Fällen standen derartige Kind-Vergleiche beispielsweise im Zeichen einer kolonialen Zivilisierungsmission, wurden als Primitivität gedeutet oder ähnliches. Siehe hierzu H. Fischer-Tiné/M. Mann, Colonialism as Civilizing Mission, London 2004.

Lämmer, warum könnt Ihr nicht auf eurer Aue der Natur ungestört und sorglos weiden?"[21]

Zwar vergleicht Herder die Inder nicht dezidiert mit Kindern (sondern in diesem Fall mit Tieren), aber die von ihm aufgeführten Eigenschaften zeigen enorme Ähnlichkeiten mit jenen, die Kindern zugesprochen werden, bzw. Ähnlichkeiten zu idealisierten Kinderbildern romantischer Provenienz. Trotz seiner wohlwollenden Einstellung gegenüber dem indischen Volk ist Herders Sprechen über Indien machtvoll: er lokalisiert Indien auf einer unteren, quasi naturbelassenen Entwicklungsstufe. Ähnlich Rousseau[22] ruft er aus: „Wie glücklich könnte Indostan sein, wenn nicht Menschenhände sich vereinigt hätten, den Garten der Natur zu verwüsten […]."[23] In der ab 1818 akademisch verankerten Indologie bezieht man sich häufig auf Herders Schriften. Die deutschen Vertreter des Faches werden im Laufe des Jahrhunderts zur Speerspitze in ihrem Gebiet und sind an der Hervorbringung und wissenschaftlichen Begründung orientalisierter Indienbilder wesentlich beteiligt. Ihre Schriften werden später auch die in reformpädagogischen Kreisen virulenten Imaginationen Indiens prägen[24]. Es kann also konstatiert werden, dass in der Zeit um 1800, vornehmlich durch Schriften von Vertreterinnen und Vertretern der Romantik, Diskurse über Kindheit und über Indien entstanden, die nicht nur Ähnlichkeiten miteinander haben, sondern wechselseitig aufeinander verweisen. Ohne die Historisierung dieser orientalistischen Diskurse bleibt die Beschäftigung von Akteuren der Reformpädagogik mit indischem Gedankengut unverständlich.

3. Indienbezogener Orientalismus in reformpädagogischen Kontexten während der Weimarer Republik

Akteure der Reformpädagogik haben während der Weimarer Jahre romantisch geprägte Imaginationen Indiens als Projektionsfläche eigener Bestrebungen verwendet, als utopisches Ideal, dem es nachzustreben gilt. Nicht selten nutzte man diese Bilder auch als Referenz, um eigene Positionen zu stärken oder sie legitimer erscheinen zu lassen, häufig als etwas Exotisches,

---

[21] J. G. Herder, Ideen zur Philosophie der Geschichte der Menschheit, Frankfurt a.M. 1989 [1782-88], S.222f.
[22] Vgl. „Alles ist gut, wenn es aus den Händen des Schöpfers hervorgeht. Alles entartet unter den Händen der Menschen.", J.-J. Rousseau, Emile, Braunschweig 1789, S.27.
[23] Herder a.a.O., S.222.
[24] Auf diesen Aspekt gehe ich in diesem Aufsatz nicht näher ein und verweise auf meine Dissertation.

das Aufmerksamkeit erregt und so attraktivitätssteigernd wirkt[25]. Ein Phänomen in reformpädagogischen Kontexten der 1920er bis 30er Jahre ist beispielsweise die Stilisierung von Indern zu idealen Erziehern[26], entsprechend der jeweils eigenen pädagogischen Position. Paul Natorp sieht 1921 in Rabindranath Tagore[27] die Blaupause von verwirklichtem Menschentum, welches er zugleich als Ziel der von ihm befürworteten Erziehung postuliert.[28] Dafür greift er auf Stereotype romantischer Provenienz zurück: Er stellt den indischen Dichter als Verkörperung von Weisheit, Natürlichkeit, kindlicher Unschuld und Ganzheitlichkeit dar. Besonders betont Natorp dabei die vermeintlich zutiefst im Inder verwurzelte Religiosität, er stilisiert Tagore regelrecht zum Heiland.[29] Religiosität, so Baader, materialisiere sich in weiten Teilen der Reformpädagogik in der Gleichsetzung von Erziehung und Erlösung.[30]

Am Beispiel eines Ereignisses in der Odenwaldschule, dem Besuch Rabindranath Tagores 1930, erörtere ich im Folgenden etwas ausführlicher, wie Paul Geheeb mit diesem Ereignis für sich und seine Schule gewissermaßen warb. Oelkers hat darauf aufmerksam gemacht, wie umkämpft der Markt privater Reformschulen war und verweist vor allem auf die Konkurrenz zwischen den Landerziehungsheimen[31]. Auch Geheeb musste sich diesem Wettbewerb stellen: Die Odenwaldschule war trotz der finanziellen Unterstützung

---

[25] Die Geschichte vom Braminen der Günderode liest sich über weite Strecken dröge, vom Einweben „indischer" Motive gewinnt der Text.
[26] Es handelte sich dabei tatsächlich ausschließlich um Männer.
[27] Rabindranath Tagore, 1861-1941, bengalischer Dichter, gewinnt 1913 als erster Nicht-Europäer den Literaturnobelpreis; Gründer der Schule in Shantiniketan (gegr. 1902) und der ebenfalls dort angesiedelten Universität Vishva Bharati (gegr. 1921/1939), die beide der internationalen *New Education* zugerechnet werden; Tagore besucht Deutschland zum ersten Mal 1921, weitere Besuche erfolgen 1926 und 1930.
[28] Siehe dazu vor allem P. Natorp, Stunden mit Rabindranath Thakkur, Jena 1921a, aber auch P. Natorp, Meine Begegnung mit Rabindranath Thákur, in: Junge Menschen 2/14 (1921b), S.210-211 und P. Natorp, Nochmals „Tagore", in: Berliner Tageblatt 50/301 (1921c), S.[2f].
[29] Vgl. Natorp 1921a, a.a.O., S.14f. u. S.21. Der Vollständigkeit halber sei hinzugefügt, dass Natorp sich explizit dagegen ausspricht, Tagore zum Heiland zu erklären (S.24). Sein Text liest sich allerdings anders; darin legt er mit seinen Beschreibungen nahe, es könne sich bei Tagore um eine Art „Gottmensch" handeln: „[...] es gehört nicht zu meinen Gewohnheiten, Menschen [...] zu vergöttern. Aber soweit darf ich gehen, auszusprechen: Sollte es noch mehr solcher Thakkurs in Indien geben [...], dann bin ich dem Verständnis dafür wenigstens ein Stück näher gekommen [...]: wie diese Inder dazu kommen können, in Menschen von Fleisch und Blut leibhaft unter ihnen wandelnde Götter zu sehen." (Natorp 1921a, a.a.O., S.14f); auch der Eröffnungssatz deutet auf eine Heilsgeschichte hin: „Von Rabindranath Thakkur möchte ich zu Ihnen reden. [...] Die Stunden, die ich mit diesem wundersamen Menschen verbringen durfte, gehören nicht mir allein; [...]." (Natorp 1921a, a.a.O., S.1).
[30] Vgl. den Titel von M. S. Baaders Habilitation, „Erziehung als Erlösung", 2005.
[31] Vgl. J. Oelkers, Eros und Lichtgestalten, Bern 2011, S.1f.

durch den Vater von Edith Geheeb-Cassirer – Mitgründerin der Schule und Ehefrau von Geheeb –, dem Berliner Industriellen Max Cassirer, oft in einer finanziell prekären Lage[32]. Für kein anderes Landerziehungsheim und keine andere reformpädagogische Schule in Deutschland können während der 1920er bis frühen 30er so viele indische Besucherinnen und Besucher verzeichnet werden wie für die Odenwaldschule. Spätestens seit 1927 pflegten die Geheebs und einige ihrer Mitarbeiterinnen und Mitarbeiter teils enge persönliche Kontakte mit Inderinnen und Indern; im Fach Religion bzw. Religionsgeschichte wurde mehrfach über südasiatische Glaubensformen gesprochen und entsprechende Texte in Übersetzung gelesen; in den Andachten kamen gelegentlich Texte indischer Autoren zum Einsatz[33].

Sich mit indischen Ideen zu befassen, war in jenen Jahren populär. Seit der Jahrhundertwende war „ein neues Interesse an Indien erwacht"[34]; indische Schriften sowie religiöse Praxen Südasiens, teils ihrem originären Gehalt entledigt wie z.B. Yoga[35], erfreuten sich gerade in lebensreformerischen und sonstigen Alternativmilieus großer Beliebtheit. Welche enorme mediale Aufmerksamkeit die Besuche Tagores in Deutschland auslösten, hat Panesar profund recherchiert und kritisch dargestellt[36]. Die Odenwaldschule konnte angesichts dieser Indien-Mode, die zu nicht geringen Anteilen eine Tagore-Mode war, davon profitieren mit Indien in Verbindung gebracht zu werden. Zwar kann nicht nachgewiesen werden, dass Geheeb dies regelrecht plante, aber es muss ihm klar gewesen sein, dass ein solch prominenter Gast auch den Gastgeber im besten Licht erstrahlen lassen würde. Kurz: Die Affinität der Odenwaldschule zum Indischen dürfte in ihrem engeren Umfeld schon vor dem Besuch Tagores wahrgenommen worden sein – und zwar nicht zu ihrem Nachteil.

Der Mythos von der Freundschaft Geheebs mit Tagore existiert bis heute. Selbst Oelkers verwies jüngst in jener Arbeit darauf, in der er die verschiedenen Formen der Selbstmythisierung von Geheeb und anderen Landerziehungsheimgründern analysiert und scharf kritisiert[37]. Der Blick in die Quellen gibt allerdings keinen Anlass, den Kontakt zwischen Tagore und Geheeb als Freundschaft zu bewerten. Als der indische Dichter Ende Juli 1930 nach Oberhambach kam, waren gerade Sommerferien und außer Geheeb kaum jemand in der Schule. Zwar hatte dieser sich bereits früher darum bemüht,

---

[32] Vgl. M. Näf, Paul und Edith Geheeb-Cassirer, Weinheim 2006, S.94.
[33] Diese Aspekte der Beschäftigung mit Indien und indischem Gedankengut sowie die Kontakte zu Inderinnen und Indern stelle ich ausführlich in meiner Dissertation dar.
[34] V. Kade-Luthra, Sehnsucht nach Indien, München, 1991, S.28.
[35] Siehe B. Wedemeyer-Kolwe, Der neue Mensch, Würzburg 2004, S.188f.
[36] R. Panesar, Der Hunger nach dem Heiland, Hamburg 1997.
[37] Oelkers 2011, a.a.O., S.295.

den Dichter zu einem Besuch bei ihm zu bewegen, dennoch bedauert Geheeb zwei Tage vor dessen Eintreffen, den geplanten Wanderurlaub für den erwarteten Gast verschieben zu müssen, wie er an Georg Kerschensteiner schreibt[38]. Überhaupt sei ihm Gandhi sympathischer und vertrauter, fügt er noch hinzu. Die nach Tagores Abreise von Geheeb verfassten Berichte klingen anders: Geheeb ist spürbar von dem indischen Dichter begeistert, schwärmt von dessen „wunderbaren dunklen Augen".[39] Aus dem Brief an seine Frau geht jedoch auch hervor, dass sich die Männer bestenfalls während der Mahlzeiten sahen, und dann offenbar nur kurz, denn Geheeb freut sich, als Tagore eines Morgens, anders als sonst, zwei Stunden am Frühstückstisch bleibt[40]. Die meiste Zeit habe der Dichter zurückgezogen im Platonhaus verbracht, wo er „mehrere merkwürdige Bilder gemalt und viel geschrieben" habe, wie Geheeb notiert. Insgesamt fallen die Berichte Geheebs über sein Zusammensein mit Tagore sehr vage aus, Beschreibungen der Atmosphäre dominieren; er lobt die „Menschlichkeit [...], bezaubernde Liebenswürdigkeit und warme, zarte Herzlichkeit"[41] des Dichters. Inhaltlich habe Tagore sich gut über die Lage in der Welt informiert gezeigt, er habe Angst vor einem neuen Krieg und die kulturellen Leistungen der europäischen Juden gelobt, ohne die das Abendland bedeutend ärmer wäre. Geheeb bleibt dabei weitestgehend stumm. Um Fragen der Erziehung scheint es nur beiläufig gegangen zu sein: „Bei mehreren Gelegenheiten äußerte [Tagore], seit seiner Kindheit sei er allen Schulmeistern in weitem Bogen aus dem Weg gegangen."[42]

Die anschließende Korrespondenz zwischen Geheeb und Tagore fällt mehr als mager aus. Im *Geheeb-Archiv* befinden sich, neben einem knappen schriftlichen Gruß Tagores, den er während seines Besuchs in Oberhambach notierte[43], drei Schreiben von ihm. Das erste ist auf den 6. Mai 1931 datiert und enthält lediglich einen bengalischen Zweizeiler und dessen englische

---

[38] Vgl. Brief P. Geheebs an G. Kerschensteiner vom 28.7.1930; Geheeb-Archiv der Ecole d'Humanitée Goldern Hasliberg, I.A., Korrespondenz Kerschensteiner.
[39] P. Geheeb, Rabindranath Tagore an der Odenwaldschule, in: Der Neue Waldkauz 4/12(1930), S.134.
[40] Dieses und das folgende Zitat: Brief P. Geheebs an E. Geheeb-Cassirer vom 3.8.1930; Geheeb-Archiv der Ecole d'Humanitée Goldern Hasliberg, I.A., Korrespondenz Ehepaar Geheeb.
[41] Geheeb 1930, a.a.O., S.134.
[42] Ebd., S.135.
[43] Notiz R. Tagores vom 31.7.1930; Geheeb-Archiv der Ecole d'Humanitée Goldern Hasliberg, I.A., Korrespondenz R. Tagore. Die Notiz lautet wie folgt: „The cordial greeting of fellowship to Paul Geheeb, the friend of man, from his spiritual comrade." Diese Notiz findet sich im Übrigen als „Geburtstagsgruß" von Tagore zu Geheebs 60. Geburtstag in der Schulzeitung *Der Neue Waldkauz* 5/6(1931), S.99 wieder.

Übersetzung. Albert Einstein, der ebenfalls 1930 mit Tagore zusammengetroffen war, empfing dieselbe Notiz, versehen mit derselben Datierung.⁴⁴ Singer notiert, dass Einstein diese Zeilen zum Dank für seinen Beitrag im *Golden Book of Tagore*, einer Festschrift zu des Dichters 70. Geburtstag, erhalten habe.⁴⁵ Auch Geheeb war Beiträger in diesem Band, weshalb er und Einstein – und noch andere – wohl denselben Gruß von Tagore erhalten haben. Der nächste Brief, datiert auf den 17. September 1935, ist die Antwort Tagores auf Edith Geheebs Anfrage, ob der Dichter nicht einem gemeinsamen Freund eine Arbeitsstelle besorgen helfen könnte. Ein letzter Brief, vom 8.August 1936, ist wieder an Paul Geheeb adressiert⁴⁶. In dem kurzen Schreiben im Umfang von etwa einer A5-Seite teilt Tagore mit, dass er den mit C. F. Andrews mitgeschickten Text von Geheeb erhalten habe und dass dieser in der Zeitschrift seiner Universität, *Vishva Bharati Quarterly*, veröffentlicht

Abb. 1: Rabindranath Tagore und Paul Geheeb im Juli 1930 an der Odenwaldschule

---

⁴⁴ Vgl. W. Singer, 'Endless dawns' of imagination, in: Kenyon Review 23/2(2001), S.7.
⁴⁵ Ebd.
⁴⁶ Diese beiden Briefe liegen im Geheeb-Archiv der Ecole d'Humanitée Goldern Hasliberg unter der Signatur I.A., Korrespondenz R. Tagore.

werden soll. Damit endet die persönliche Korrespondenz zwischen Tagore und der Odenwaldschule resp. den Geheebs.

Erwähnenswert ist schließlich, dass während des Besuchs von Tagore fotografiert wurde. Während die meisten von diesen teils recht verwackelten Bildern in einem Fotoalbum[47] blieben, wurde folgendes Bild (Abb. 1) als Postkarte vervielfältigt. Diese Postkarte versendete Paul Geheeb an einige Akteure der international agierenden *New Education Fellowship*, unter anderem an Beatrice Ensor und Adolphe Ferrière. Auch Peter Petersen erhielt einen solchen Gruß, mit der Notiz: „Umstehend grüßen Orient und Occident Sie; ein 3tägiges intimes Zusammensein mit Tagore, diesem wahrhaft großen Menschen, ist mir von unendlicher Bedeutung gewesen."[48]

Geheeb beließ es auch sonst bei diesen knappen Hinweisen und betonte lediglich, wie sehr er Tagore wertschätze; er blieb bescheiden. Von einer Freundschaft hat Geheeb selbst nicht gesprochen – zumindest nicht nachweislich; lediglich einmal spricht er den Dichter mit „Hochverehrter Freund"[49] an, und zwar in seinem Geburtstagsgruß in erwähnter Festschrift.

Gleichwohl konnte Geheeb sich recht sicher sein, dass die Nachricht vom Besuch Tagores bei ihm schnell die Runde machen würde. Bereits einige Jahre zuvor hatte Geheeb Romain Rolland davon unterrichtet, dass ehemalige Schüler Tagores seine Odenwaldschule als „zweites Shantiniketan"[50] bezeichnet hätten. Darüber hinaus dürfte auch die äußerliche Ähnlichkeit der beiden Schulgründer mit ihren weißen Bärten und ihrer charismatischen Ausstrahlung ausschlaggebend dafür gewesen sein, dass man sie und ihre Schulen miteinander verglich und ihnen eine Art innerer Verwandtschaft nachsagte.[51] In den Jahren zwischen 1927 und der Auswanderung der Geheebs 1934 wurde es zunehmend üblich, Geheeb und seine Odenwaldschule mit indischen Attributen zu belegen. Ovide Decroly fühlte sich durch Geheeb

---

[47] Fotoalbum „Paul Geheeb IV"; Geheeb-Archiv der Ecole d'Humanitée Goldern Hasliberg, VII.C.5.
[48] Postkarte P. Geheebs an P. Petersen von 1931; Geheeb-Archiv der Ecole d'Humanitée Goldern Hasliberg, I.A., Korrespondenz P. Petersen.
[49] P. Geheeb, An Rabindranath Tagore, in: R. Chatterjee (Hg.), The Golden Book of Tagore, Calcutta 1931, S.96.
[50] Brief P. Geheebs an R. Rolland vom 4.5.1928; Geheeb-Archiv der Ecole d'Humanitée Goldern Hasliberg, I.A., Korrespondenz R. Rolland.
[51] Verweisen möchte ich an dieser Stelle auf eine ähnliche Legende, nämlich die des außergewöhnlich intensiven Austauschs zwischen Paul Geheeb und Martin Buber und der vermeintlich besonderen inhaltlichen Nähe ihrer Ansichten, die 1988 Carl M. Schief infrage stellte. Vgl. C. M. Schief, Menschenbild und Erziehung bei Paul Geheeb und Martin Buber, Freiburg 1988. Auch Buber trug einen grauweißen Vollbart und ihn umgab ebenfalls eine religiös aufgeladene Aura.

an Tagore erinnert, wie er in seinem Geburtstagsgruß erklärte[52]; die Odenwaldschülerin Elisabeth von Ketelhodt und ihr Lehrer Werner Meyer nannten den Schulleiter „»Paulus Rishi«"[53]; Werner Solmitz, seinerzeit Mitarbeiter, gratulierte Geheeb mit folgenden Worten:

„Wenn wir an Dich denken, dann denken wir eben ohne jeden Widerspruch an so verschiedenartige Dinge wie an Haferbrei und Platon, an Humboldt und Kaninchenfutter, [...], an Indien und an die Rhön."[54]

Alwine von Keller, eine der treuesten und wichtigsten Mitarbeiterinnen Geheebs, erinnerte sich an ihn als eine „Mischung von deutschem Waldschrat und indischem Rishi"[55]. In einem Brief erklärte Keller ihm bereits 1929 voller Bewunderung, dass sie in Geheeb und seinem Tun Gandhis Gewaltlosigkeit realisiert sehe[56].

Mit der indischen Orientalisierung der Odenwaldschule angefangen hatten vermutlich die indischen Gäste, die seit 1927 in wachsenden Zahlen an die Odenwaldschule kamen[57]. In der indischen Kultur ist es – bis heute – üblicher als in Europa, Respektspersonen und ältere Menschen ehrerbietig anzusprechen und dabei auch Bezeichnungen zu verwenden, die im Grunde Gott oder gottgleichen Wesen gebühren. Es kann nicht nachgewiesen werden, ob Geheeb diese indischen Titulierungen bekräftigte; in jedem Fall hat er sie nicht unterbunden, sondern dürfte sie wohlwollend zur Kenntnis genommen haben. Auch dies erwies sich für Geheeb und seinen Ruf letztlich als positiv. Noch lange wurde er in Rückblicken in positiver Weise mit dem Indischen in Verbindung gebracht wie beispielsweise bei Klaus Mann oder Ernst Erich Noth.[58]

---

[52] Vgl. O. Decroly, [Glückwünsche zu Paul Geheebs 60. Geburtstag], in: Der Neue Waldkauz 5/6(1931), S.96.

[53] Rshis sind die mythischen Seher, denen der Legende nach die Veden offenbart wurden. Zitatnachweis: E. [v. Ketelhodt]/W. Meyer, Der Festtag, in: Der Neue Waldkauz 10/11(1930), S.122.

[54] W. Solmitz, Ansprache zum 20jährigen Jubiläum der Odenwaldschule und zum 60. Geburtstag Paul Geheebs am 5. Oktober 1930, in: Der Neue Waldkauz 10/11(1930), S.115.

[55] A. v. Keller, Bericht, unveröffentlichtes Manuskript, ca. 1950, S.157; Geheeb-Archiv der Ecole d'Humanitée Goldern Hasliberg, Teilnachlass Alwine von Keller.

[56] Brief A. v. Kellers an P. Geheeb vom 12.2.1929; Geheeb-Archiv der Ecole d'Humanitée Goldern Hasliberg, I.A., Korrespondenz Alwine von Keller.

[57] Für das Jahr 1927 sind fünf indische Besucherinnen und Besucher im Gästebuch der Odenwaldschule verzeichnet, 1931 schrieben sich neun Personen mit indischen Namen ins Gästebuch ein. In den Jahren 1927 bis 1933 kamen insgesamt knapp 30 Inderinnen und Inder zu Besuch an die Odenwaldschule. Vgl. Gästebücher der Odenwaldschule, Archiv der Odenwaldschule Oberhambach.

[58] Vgl. K. Mann, Kind dieser Zeit, München 1967, S.107f; E. E. Noth, Erinnerungen eines Deutschen, Hamburg 1971, S.163f.

Warum nun konnte sich Geheeb sicher sein, dass nicht nur der Besuch Tagores, sondern auch die indischen Attribuierungen positive Auswirkungen auf das Image seiner Odenwaldschule haben würden? Ein Grund dürfte die enorme Popularität Tagores in Deutschland gewesen sein, die jedoch 1930 bereits deutlich abflaute[59]; als nicht unwesentlich kann zudem die Stilisierung seiner Person zum Ideal eines reformpädagogischen Erziehers gelten, wie bereits weiter oben mit Verweis auf Natorp erwähnt. Nicht nur der Marburger Philosoph sah in Tagore die Personifizierung des idealen Erziehers. Im selben Jahr wie dessen Büchlein *Stunden mit Rabindranath Thakkur* erschien auch Emma Pieczynskas *Tagore Éducateur* in der frankophonen Schweiz; in reformpädagogischen Kontexten Deutschlands wurde diese Veröffentlichung positiv zur Kenntnis genommen[60]. In dem Buch, das 1923 auf Deutsch mit dem Titel *Tagore als Erzieher* erschien und damit überdeutlich auf den vermeintlich zum reformpädagogischen Kanon gehörenden *Rembrandt als Erzieher* von Julius Langbehn anspielte, preist die schweizerisch-polnische Reformerin und Frauenrechtlerin den „Genius des Orients"[61] in Tagore. Auf dieser Eigenschaft beruhe seine Fähigkeit, ein „Kindergefühl, das in Millionen von Seelen am Verglimmen war oder schon ausgelöscht ist" aufleuchten zu lassen und ihnen somit eine „Lebenserneuerung" zu verschaffen. Clara Ragaz[62], die die Übersetzung besorgte und ein Vorwort zum Buch verfasste, bekräftigt: „[...] Tagore hat uns als Erzieher [...] sehr viel zu sagen [...]."[63] Kurz: Mit Tagore in Verbindung gebracht zu werden, kam einer reformpädagogischen Adlung gleich. Sein Ruf als Vorbild und Kämpfer für reformpädagogische Belange war weitestgehend etabliert und wurde kaum angezweifelt. Nachzuvollziehen ist das u.a. an Beiträgen in der Zeitschrift *Das werdende Zeitalter*, die immer wieder auf Tagore verweisen, ihn zitieren oder sich gänzlich ihm und seinem pädagogischen Werk widmen[64].

Ausschlaggebend für die Stilisierung Tagores zum idealen Erzieher war häufig dessen indische Herkunft. Im Rückgriff auf orientalistische Diskurse aus der Zeit um 1800 kamen in diesen Texten wieder die romantischen Indienbilder zum Tragen: Inder seien naturverbundene, religiös hingebungsvolle und

---

[59] Vgl. Panesar a.a.O., S.66f.
[60] So z.B. in *Das Werdende Zeitalter*, wo Karl Wilker eine lobende Kritik platzierte, vgl. K. W[ilker], E. Pieczynska. Tagore Éducateur, in: Das Werdende Zeitalter 1/4 (1922), S.128.
[61] Dieses und die zwei folgenden Zitate: E. Pieczynska, Tagore als Erzieher, Zürich [1923], S.106f.
[62] Clara Ragaz (1874-1957), Schweizer Frauenrechtlerin.
[63] Ragaz in Pieczynska, a.a.O., S.8.
[64] In den zehn Jahrgängen von *Das Werdende Zeitalter* und deren Vorgängerzeitschrift *Internationale Erziehungsrundschau*, 1921 bis 1932, habe ich insgesamt 23 Beiträge gezählt, die entweder auf Tagore verweisen, ihn zitieren oder in Gänze ihm und seinem Tun gewidmet sind.

friedliebende Menschen, zugleich kindlich und weise. Sehr deutlich lässt sich das an Elisabeth Rottens Aufsatz *Der Weg von Innen* darstellen. Ausgehend von ihren Ansichten, dass „echte Erziehung"[65] nicht Abrichtung sei, sondern „dem Leben dienen" solle und dass sich Europa durch seine Selbstsucht in Gefahr befinde, verweist sie schließlich auf Indien, dessen Merkmal es sei, „Reichtum und Kraft still in sich selber zu suchen und ohne Vorsatz davon zu spenden". Tagore komme dementsprechend als Verkünder einer besseren Welt: Die Zukunft bestimmenden Menschen werden jene sein, „die aus der sittlichen Kraft der Liebe und der Gewissheit der geistigen Einheit unter den Völkern leben". Er steht mithin als Garant für ein positives Menschenbild, das, nach den Erschütterungen des Ersten Weltkriegs, in reformpädagogischen Publikationen mit doppelter Kraft beschworen werden sollte. Den Namen Tagore musste Rotten in diesem Text nicht einmal nennen; sie spricht über ihn nur als „Indiens Dichter", er komme mithin nicht als Individuum, sondern als „Sendling seines Volkes", kurz: als Inder und Orientale. Auch für Natorp ist der Dichter in erster Linie genau das. Er hört aus Tagore den „Notruf der [...] Seele des Ostens"[66], wo er – im Gegensatz zu Deutschland und Europa – eine „noch lebendige, heile Kultur"[67] verortet, „die noch von der Naturwurzel nicht losgerissen ist"; Tagore habe das in „seinem ganzen Wesen uns vor Augen" geführt. Geheeb, knapp zehn Jahre später, erkennt in Tagore zwar einen „Weltbürger"[68], aber reduziert ihn schließlich doch auf seine indische Herkunft; er sei „seinem Idealismus und seiner ihn ganz erfüllenden Religiosität nach doch ganz im Boden Indiens verwurzelt." Dass Tagore daran nicht ganz unbeteiligt war, sollte der Gerechtigkeit halber erwähnt werden. Wie Panesar verdeutlicht, trug der Dichter wesentlich zu dieser Wahrnehmung bei, indem er „sich selbst [...] als Repräsentant des 'Ostens' gegenüber dem 'Westen'"[69] verstanden habe und sich entsprechend inszenierte; zu diesem Zweck reproduzierte er stereotype Indienbilder Europas[70].

Geheeb war nicht der einzige, der nach der persönlichen Begegnung mit Tagore häufiger in Verbindung mit ihm gebracht wurde. Natorp, der Tagore wenige Jahre vor seinem Tod traf, wurde in seinen Nachrufen überraschend oft als „Freund Tagores" bezeichnet, so, als ob das eine bedeutende Eigenschaft des Professors gewesen sei. In der Zeitschrift *Erziehung und Bildung* hieß es, dass Natorp im Alter entschieden einer „religiös-monistischen An-

---

[65] Dieses und die fünf folgenden Zitate: [E. Rotten], Der Weg von Innen, in: Internationale Erziehungsrundschau 2/6(1921), S.41f.
[66] Natorp 1921a, a.a.O., S.18
[67] Dieses und die zwei folgenden Zitate: Natorp 1921a, a.a.O., S.17.
[68] Dieses und das folgende Zitat: Geheeb 1930, a.a.O., S.135
[69] Panesar a.a.O., S.33.
[70] Vgl. Panesar, a.a.O.

schauungsweise"[71] zugeneigt habe, die dem Irrationalen nahe gekommen sei: „Er verkündet den Ruhm Tagores und damit der indischen Weisheit". Ein Redakteur des Hamburger Abendblattes erkannte in Natorps *Stunden mit Rabindranath Thakkur* gar das bedeutsamste seiner späten Werke[72]; in rechtskonservativen Zeitungen wurde die Abneigung gegen Natorps Schaffen auch mit Verweis auf dessen Begegnung mit Tagore begründet[73]. Karl Wilker fand in seinem, in der Zeitschrift *Junge Menschen* veröffentlichten Nachruf auf Paul Natorp folgende Worte: „[...] weiß war sein Bart, verklärt sein Gesicht. Gütig, unendlich gütig [...]. Ich denke es mir neben dem Rabindranaths, der ihm Freund wurde und mehr als Freund vielleicht."[74] Die *Freideutsche Jugend* trauere weniger „um den Gelehrten", sondern vielmehr „um den Menschen Paul Natorp".

Insgesamt könnte man meinen, dass in bestimmten reformpädagogischen Kreisen die indische Herkunft einen Menschen in besonderem Maße zur Erziehertätigkeit qualifiziert hätte. Insofern erklärt sich auch, dass die Indisierung Geheebs im Wesentlichen zu seinen Gunsten ausfiel. Dass der Odenwaldschulleiter diesen Zusammenhang zumindest nicht vollkommen abwegig fand, möchte ich an einem letzten Beispiel illustrieren. 1935 schrieb Geheeb aus dem Schweizer Exil seinem ehemaligen Mitarbeiter Venkatesh Narayan Sharma ein überaus wohlwollendes Arbeitszeugnis; darin steht unter anderem:

> „Das Höchste, was indische Religion und Philosophie an Menschlichkeit hervorgebracht, das verwirklichte Dr. Sharma im alltäglichen Leben [...]; ihm ist es zu verdanken, dass die Atmosphäre unserer Schule durch Bestandteile höchster indischer Kultur bereichert wurde. Es braucht kaum hinzugefügt werden, dass Dr. Sharma sich hierbei als hervorragender Erzieher erwies; intuitiv verstand er jede Kinderseele, [...]."[75]

Sharma war Ostern 1930 offiziell als Lehrer für Sanskrit und indische Kultur eingestellt worden, wofür es allerdings keine Nachfrage gegeben zu haben scheint. In den Kurslisten taucht er ausschließlich als Englischlehrer auf[76]. Weitere Recherchen ergaben, dass Sharmas Arbeit im Kollegium teils scharf kritisiert wurde; die Teilnahme an seinen Kursen verringerte sich sukzessive, bis er nahezu nur noch Einzelunterricht erteilte. Selbst seine Ehefrau Ellen

---

[71] Dieses und das folgende Zitat: R. Lehmann-Breslau, Paul Natorp, in: Erziehung und Bildung 6/1(1925), S.2.
[72] Mr., Paul Natorp, in: Hamburger Abendblatt vom 19.8. 1924. (o.S.)
[73] o. A., Paul Natorp, in: Rheinisch Westfälische Zeitung vom 18.8. 1924. (o.S.)
[74] Dieses und die zwei folgenden Zitate: Geheeb 1930, a.a.O., S.122.
[75] P. Geheeb, Zeugnis, maschinengeschr. Manuskript vom 26.2.1935; Geheeb-Archiv der Ecole d'Humanité Goldern, IV. E., Zeugnisse für ehemalige Mitarbeiter.
[76] Vgl. Kurslisten der Jahre 1930-32; Archiv der Odenwaldschule Oberhambach.

Sharma-Teichmüller bestätigte in einem Brief an den Schulleiter, dass ihr Mann Schwierigkeiten beim Unterrichten hatte.[77] Warum also bescheinigt Geheeb seinem ehemaligen Mitarbeiter, quasi selbstverständlich für einen Inder, ein „hervorragender Erzieher" gewesen zu sein? Zunächst dürfte Geheeb den Ruf seiner Odenwaldschule im Blick gehabt haben, wenn er Sharma, entgegen besseren Wissens, derart positiv beurteilte. Zugleich setzte er voraus, dass diejenigen, die Sharmas Zeugnis lesen würden, verstünden, dass und warum die indische Herkunft des Beurteilten für seine herausragenden Fähigkeiten als Erzieher sprechen sollten. Geheeb ging davon aus, dass diese Verbindung absolut selbstverständlich hergestellt werden müsse.

Dass die Geheebs zu den Inderinnen und Indern, von denen sie besucht wurden, auch – und eigentlich vor allem – emotionale Bindungen entwickelten, sollte nicht unerwähnt bleiben. Bis heute unterhält die *Ecole d'Humanité*, welche 1946 von den Geheebs im Berner Oberland gegründet wurde, gute Kontakte nach Indien, die teils noch auf das Gründerehepaar zurückgehen. Dabei gab es zwar wiederholt so Aufsehen erregende Aufenthalte, wie beispielsweise jenen der zwei Söhne Indira Gandhis während der 1950er Jahre; im Wesentlichen aber waren die Kontakte nach Indien freundschaftliche.

4. Fazit und Ausblick

Wie ich zeigen konnte, sind orientalisierte Indienbilder mit Vorstellungen idealer Erziehung verwoben. Ähnlich dem Prozess des *Otherings* von Kindheit bilden seit der Romantik utopisch überhöhte Imaginationen die Grundlage einer orientalistischen Exotisierung Indiens, die zu Beginn des 20. Jahrhunderts auch in lebensreformerischen Kreisen in Form von Indienmoden anzutreffen sind. In Quellen insbesondere von protestantisch geprägten Reformpädagoginnen und -pädagogen aus bildungsbürgerlichen Milieus kann die gedankliche Verknüpfung romantischer Indienimaginationen mit Erziehungsvorstellungen, die wiederum auf ein von der Romantik geprägtes Bild vom Kind rekurrieren, nachgewiesen werden. Anhand der Indienrezeption in den genannten reformpädagogischen Kontexten lässt sich zudem zeigen, dass Verweise auf Indisches als Argument für eigene Positionen genutzt wurden, teils auch dafür, die eigene Sichtbarkeit auf dem umkämpften Markt der privat geführten Reformschulen zu erhöhen. Attraktiv an „Indien" war mithin ihr Anderssein, das vor dem Hintergrund der als krisenhaft wahrgenommenen Gegenwart begehrenswert erschien. Indien war als Topos mit vielen jener Eigenschaften aufgeladen, die in reformpädagogischen Zusammenhängen als

---

[77] Vgl. den Brief E. Sharma-Teichmüllers an P. Geheeb vom 28.7.1932; Geheeb-Archiv der Ecole d'Humanité Goldern, I.A. Korrespondenz Sharma.

anstrebenswert galten: Ursprünglichkeit und Unverdorbenheit, natürliche Weisheit und religiös fundierte Ganzheitlichkeit. Insgesamt ermöglicht die Perspektive des Orientalismus einerseits eine differenzierendere Sicht auf die Reformpädagogik in den Weimarer Jahren und ergänzt mithin das Wissen über sie als heterogenes Phänomen, andererseits kann die Kontinuität romantischer Denkweisen zu reformpädagogischen Akteuren bestätigt werden.

Um eine generelle Aussage darüber zu treffen, wie und warum orientalistische Diskurse von Akteuren der Reformpädagogik aufgegriffen wurden, wäre es notwendig, deren Wahrnehmung anderer zum Orient zählender Regionen zu untersuchen. In den Quellen finden sich diesbezüglich vor allem Verweise auf fernöstliches Gedankengut, also auf die Kulturen Chinas und Japans. Die arabische Welt ist demgegenüber nahezu nicht präsent[78]. Für weiterführende Erkenntnisse über Reformpädagogik als kulturgeschichtliches Phänomen dürften diese noch ausstehenden Untersuchungen gewinnbringend sein.

Literaturverzeichnis

Andresen, S./Baader, M. S., Wege aus dem Jahrhundert des Kindes. Tradition und Utopie bei Ellen Key, Neuwied 1989.

Baader, M. S., Die romantische Idee des Kindes und der Kindheit. Auf der Suche nach der verlorenen Unschuld, Neuwied 1996.

Baader, M. S., Erziehung als Erlösung. Transformationen des Religiösen in der Reformpädagogik, Weinheim 2005.

Danielzik, C.-M./Bendix, D., Exotismus. "Get into the mystery..." der Verflechtung von Rassismus und Sexismus, hg. v. Freiburg-postkolonial 2010; URL: http://www.freiburg-postkolonial.de/Seiten/2010-Danielzik-Bendix-Exotismus.htm, letzter Zugriff am 30.09.2013.

E. W. Said, Orientalism. New York 1979.

Geheeb, P., Rabindranath Tagore in der Odenwaldschule, in: Der neue Waldkauz 4(1930)12, S.134-135.

Geheeb, P. an Rabindranath Tagore, in: Ramananda Chatterjee (Hg.): The Golden Book of Tagore. A Hommage to Rabindranath Tagore from India and the World in Celebration of his Seventieth Birthday, Calcutta 1931, S.96.

Günderode, K. v., Geschichte eines Braminen, in: Sämtliche Werke und ausgewählte Studien. Historisch-kritische Ausgabe, Bd. 1, Walter Morgenthaler (Hg), Frankfurt a. M., 2006, S.303-314.

Herder, J. G., Ideen zur Philosophie der Geschichte der Menschheit, Martin Bollacher (Hg.), Frankfurt a.M. 1989 [1782-88].

Lehmann-Breslau, R., Paul Natorp. † 17. August 1924, in: Erziehung und Bildung. Wissenschaftliche Beilage der Preußischen Lehrerzeitung 6(1925)1, S.1-3.

Mr., Paul Natorp, in: Hamburger Abendblatt, 19.08.1924, o.S.

Näf, M., Paul und Edith Geheeb-Cassirer. Gründer der Odenwaldschule und der École d'humanité: deutsche, schweizerische und internationale Reformpädagogik 1910-1961, Weinheim 2006.

---

[78] Auf den Sonderfall Palästina wurde bereits hingewiesen.

Natorp, P. Meine Begegnung mit Rabindranath Thákur, in: Junge Menschen 2(1921b)14, S.210-211.

Natorp, P., Nochmals "Tagore", in: Berliner Tageblatt, 29.6.1921c, S.[2-3].

Natorp, P., Stunden mit Rabindranath Thakkur, Jena 1921a.

o. A., Paul Natorp †, in: Rheinisch Westfälische Zeitung, 18.08.1924, o.S.

Oelkers, J. Eros und Herrschaft. Die dunklen Seiten der Reformpädagogik, Weinheim/Basel 2011.

Oelkers, J., Eros und Lichtgestalten. Die Gurus der Landerziehungsheime, Vortrag an der Universität Bern, 26.5.2011, URL: http://www.ife.uzh.ch/research/emeriti/oelkersjuergen/vortraegeprofoelkers/vortraege2011/BernGurusdef.pdf, letzter Zugriff am 17.12.2014.

Oelkers, J., Reformpädagogik. Eine kritische Dogmengeschichte, 4. vollständig überarbeitete und erweiterte Auflage, Weinheim 2005.

Panesar, R., Der Hunger nach dem Heiland. Das Bild des indischen Dichters und Philosophen Rabindranath Tagore in Deutschland während der Weimarer Zeit (unveröffentl. Magisterarbeit; Nutzung mit Erlaubnis der Autorin), Hamburg 1997.

Pieczynska, E., Tagore als Erzieher, Aus d. Französ. übers. v. Clara Ragaz, Erlenbach-Zürich [1923].

[Rotten, E.], Der Weg von Innen, in: Internationale Erziehungsrundschau 2(1921)6, S.41-42.

Klemens Ketelhut

Reformpädagogik in neuer Perspektive: Berthold Otto als pädagogischer Unternehmer

Pädagogische und auch reformpädagogische Gründungen waren häufig privatwirtschaftliche Unternehmungen[1] und somit auf die Akquise monetärer Mittel angewiesen. Im Kontext der historiographischen Auseinandersetzung mit reformpädagogischen Schulversuchen findet die Frage nach deren Finanzierung als Teilaspekt der Auseinandersetzungen durchaus Beachtung, der Aspekt des pädagogischen Unternehmertums und die Notwendigkeit des Agierens auf einem pädagogischen Markt hingegen sind bisher aber nicht systematisch bearbeitet. Dabei scheint es lohnenswert, einen Blick auf *die nicht-pädagogischen Voraussetzungen und Restriktionen pädagogischen Handelns* zu werfen, der neue Einsichten für das Verständnis von Handlungsspielräumen und die darauf bezogene Praxen der Gründer/innen reformpädagogischer Projekte ermöglicht.

Um der Frage nachzugehen, was genau unter pädagogischem Unternehmertum verstanden werden kann, werde ich zunächst einige Überlegungen zur *Ökonomik als Heuristik* aus dem der Argumentation zugrunde liegenden Material[2] entwickeln (1), danach diese Heuristik in Aktion bringen und am Beispiel von Berthold Otto (1859-1933), den ich als pädagogischen Unternehmer verstehe, zeigen, welche Ergebnisse sie erbringen kann (2). Abschließend formuliere ich einige sich daraus ergebende Forschungsfragen der reformpädagogischen Historiographie (3). Der Gegenstand meiner Überlegungen ist dabei das Unternehmen, das Berthold Otto initiiert und ausgebaut hat. Situiert ist meine Analyse damit im Kontext der Reformpädagogik, da

---

[1] Vgl. bspw. E. Glaser, Lehrerinnen als Unternehmerinnen, in M.S. Baader u.a. (Hg.), Bildungsgeschichten: Geschlecht, Religion und Pädagogik in der Moderne, Festschrift für Juliane Jacobi zum 60. Geburtstag, Köln 2006, S.179-193; C. Kersting, Vom ‚Interimspädagogen' zum pädagogischen Unternehmer, in: M. Mangold/J. Oelkers (Hg.), Demokratie, Bildung und Markt, Bern 2003, S.145-173 sowie für die Analyse des Bell-Lancaster-Systems unter dem Aspekt von Non-Profit-Marketing: P. Ressler, Nonprofit-Marketing im Schulbereich. Britische Schulgesellschaften und der Erfolg des Bell-Lancaster-Systems, Frankfurt/M. 2010.

[2] Es handelt sich dabei um von mir bearbeitete Quellen aus dem Nachlass Berthold Ottos, der im Archiv der BBF in Berlin archiviert ist.

Berthold Otto zum kanonisierten Kernbestand der reformpädagogischen Historiographie gerechnet werden kann.[3]

1. Ökonomik als Heuristik

a) Ausgangspunkt

Berthold Otto war pädagogischer und politischer Schriftsteller und Schulleiter. Er gründete 1901 seine eigene Zeitschrift „Der Hauslehrer", die er bis kurz vor seinem Tod 1933 führte[4]. Neben der Zeitschrift publizierte Berthold Otto zudem etwa 50 Monografien. 1906 erfolgte die Gründung der Schule, 1910 der Umzug in das eigene Schulhaus in Lichterfelde. Die Schule kam zu Ottos Lebzeiten kaum über eine Schüler/innenzahl von 100 hinaus.

Berthold Otto konnte Zeit seines Lebens auf ein umfangreiches Netzwerk unterschiedlichster Unterstützer/innen zählen, aus dem ihm wesentliche Ressourcen für seine eigenen Aktivitäten erwachsen sind. Das macht vor allem Paul Baumann in seiner Anfang der 1960er Jahre erschienenen, umfangreichen Berthold Otto-Biografie stark[5], allerdings ohne eine systematische Begründung dafür zu entwickeln. Vielmehr entwirft er ein Bild, das Berthold Otto als pädagogischen Genius zeigt, dessen Strahlkraft der alleinige Anlass für Unterstützungsleistungen gewesen sei. Damit steht Baumann in der Tradi-

---

[3] Er kommt sowohl in den Arbeiten der geisteswissenschaftlichen Pädagogik als auch in ideengeschichtlichen Auseinandersetzungen vor. Zu einer detaillierten Darstellung vgl. K. Ketelhut, Berthold Otto als pädagogischer Unternehmer. Eine Fallstudie zur deutschen Reformpädagogik, Köln u.a. 2016.

[4] 1901-1917 unter dem Titel „Der Hauslehrer. Wochenschrift für den geistigen Verkehr mit Kindern", 1917 erfolgt die Umbenennung in „Deutscher Volksgeist. Zeitschrift zur Verständigung zwischen allen Schichten des Volkes". Die Namensänderung symbolisiert die Verlagerung der inhaltlichen Auseinandersetzung von einer primär pädagogischen hin zu einer primär politischen.

[5] P. Baumann, Berthold Otto. Der Mann – die Zeit – das Werk – das Vermächtnis, Sechs Bände (I, II: 1958; III, IV: 1959; V, VI: 1962). München 1958-1962. Paul Baumann ist zwischen 1912 und 1914 Lehrer an Ottos Schule, Gründungsmitglied des Berthold-Otto-Vereins. Autor für diverse Lehrerzeitschriften und den „Vortrupp". 1918 zieht er nach München, wo er seinen eigenen Verlag „Die Wende" aufbaut und zusätzlich als Privatgelehrter arbeitet. Nach dem Zweiten Weltkrieg ist er Mitglied des Berthold-Otto-Kreises, einem Zusammenschluss von Ehemaligen, der ab 1947 versucht, die Gedanken Berthold Ottos in der bundesdeutschen Bildungslandschaft bekannt zu machen. Aus dem Kreis stammen noch andere, für die weitere Rezeption wesentliche Publikationen: A. Roedl, Berthold Otto. Leben und Werk, München 1959, die Textsammlung von K. Kreitmair, Berthold Otto. Ausgewählte pädagogische Schriften, Paderborn, 1963 sowie die Interpretation zum Gesamtunterricht von W. Scheibe, Berthold Otto. Gesamtunterricht, Weinheim u.a. 1969. Die Rolle des Berthold Otto-Kreises für die pädagogischen Diskussionen in der BRD der Nachkriegszeit ist bisher weitgehend unbearbeitet, vgl. als Ausnahme für Niedersachsen: B. Dühlmeier, Und die Schule bewegte sich doch. Unbekannte Reformpädagogen und ihre Projekte in der Nachkriegszeit, Bad Heilbrunn 2004, v.a. S.193-208 u. 210-212.

tion einer reformpädagogischen Historiographie, die Begründer/innen pädagogischer Reformideen tendenziell hagiographisch betrachtet. Diese Perspektive blendet aus, dass Berthold Otto intensiv an der Popularisierung und Verbreitung seiner Gedanken und an der Akquise von Ressourcen für sein Werk gearbeitet hat – und so einen aktiven Beitrag dazu leistete, als pädagogischer Genius wahrgenommen zu werden und materielle Unterstützung zu akquirieren.

Um diesen Beitrag Ottos präzisieren zu können, ist es hilfreich, eine andere als die in der reformpädagogischen Historiographie übliche Perspektive einzunehmen. Ich schlage vor, Berthold Otto nicht primär als Schriftsteller und Pädagogen zu verstehen, sondern als – notwendigerweise – unternehmerisch Handelnden: Berthold Otto betrieb ein Familienunternehmen, er konkurrierte damit auf dem *pädagogischen Markt* seiner Zeit um finanzielle Mittel, kostenfreie Arbeitsleistung zu seinen Gunsten und andere Ressourcen. Dazu war es für ihn notwendig, nicht nur ein besonderes pädagogisches Programm zu vertreten, sondern dieses vor allem *als besonderes* pädagogisches Programm zu vermarkten, um damit auf diesem pädagogischen Markt zu reüssieren.

b) Ökonomik als Heuristik – der pädagogische Markt
Märkte gehören zum *konzeptionellen* Kernbestand der Ökonomik[6], als Begriff finden sie aber auch in anderen Kontexten Gebrauch. Zu verstehen sind sie als realer oder gedachter Ort, an dem Tauschakte zwischen Anbieter/innen auf der einen, Nachfrager/innen auf der anderen Seite stattfinden. Angebot und Nachfrage ergeben dabei unter der gedachten Abwesenheit weiterer Restriktionen den Preis.

Bedingung für das Zustandekommen von Tauschakten ist, dass beide Seiten durch diese relativ zur Ausgangssituation besser gestellt werden. Dieser Annahme liegt eine Vorstellung rational handelnder Akteurinnen und Akteure zugrunde, die bestrebt sind, ihren jeweiligen Nutzen zu maximieren[7], und zwar unter gegebener Knappheit der Ressourcen. Die Rationalitätsannahme

---

[6] Die Ökonomik beansprucht für sich, sehr verschiedene Gegenstandsbereiche mit ihrer Methodik erfassen zu können, prominent vertreten zuerst von Gary S. Becker und seinem „Ökonomischem Imperialismus". Diese Forschungsrichtung ist ein Versuch, menschliches Verhalten als rational und auf gegebene Anreizstrukturen zurückführbar zu erklären. Vgl. G.S. Becker, Der ökonomische Ansatz zur Erklärung menschlichen Verhaltens, Tübingen 1993 u. I. Pies/M. Leschke (Hg.), Gary Beckers ökonomischer Imperialismus, Tübingen 1998.

[7] Diese Annahmen gehen besonders prominent in das von der Ökonomik verwendete methodische Konzept des „homo oeconomicus" ein, das in den meisten wirtschaftswissenschaftlichen Modellierungen zu finden ist und oft fälschlicherweise als Menschenbild verstanden wird. Dieses Konzept ist in vielerlei Hinsicht diskutiert und kritisiert worden. Vgl. dazu auch G. Kirchgässner, Homo Oeconomicus. Das ökonomische Modell individuellen Verhaltens und seine Anwendung in den Wirtschafts- und Sozialwissenschaften, Tübingen 2000.

begründet sich in der Vorstellung, dass die Individuen in Entscheidungssituationen[8] die Alternative wählen, die für sie den größten Nutzen hat.[9] Die moderne Ökonomik bedient sich dabei eines erweiterten Nutzenbegriffes, der sich nicht in der Maximierung ökonomischen Kapitals erschöpft, sondern ein breites Bündel an unterschiedlichen Präferenzen zugrunde legt:

> „Der Begriff ‚Nutzen' ist in der modernen Ökonomik völlig offen und keineswegs nur monetär zu verstehen. Für viele Untersuchungen braucht man Spezifizierungen, die je nach Persönlichkeit, Beruf, Alter, Kultur, Erfahrungen, Plänen und Erwartungen stark differieren können. (…) [E]s gibt auch viele Menschen, die ihre persönliche Identität vor sich und anderen als ‚Nutzen' im Sinne der Ökonomik ansehen, ja sogar das Wohlergehen anderer Menschen kann Bestandteil ‚meines Nutzens' sein, wenn ich mich nämlich ‚altruistisch' verhalte"[10].

Aus diesem Nutzenkonzept folgt, dass der dazugehörige Rationalitätsbegriff nicht identisch mit der Vorstellung einer einfachen Zweckrationalität ist, sondern einen Versuch darstellt, die Frage zu beantworten, wie bei gegebenen Mitteln bestimmte Ziele optimal (i.e. effizient) erreicht werden können. Um eine Wahlentscheidung zwischen verschiedenen Alternativen treffen zu können, sind Präferenzen notwendig, die diese Entscheidung anleiten. Im Umkehrschluss bedeutet das, dass aus der Beobachtung der getroffenen Entscheidungen auf die Präferenzen geschlossen werden kann. Mit dieser Perspektive werden in der Untersuchung des Unternehmens von Berthold Otto bestimmte Handlungen, die auf den ersten Blick kontraintuitiv wirken, nachvollziehbar.

Berthold Otto agierte auf dem pädagogischen Markt seiner Zeit, der mindestens zwei Ebenen umfasst. Zum einen die, auf der Schulplätze gehandelt werden, und zum anderen die, auf der pädagogische Ideen im Zentrum stehen. Diese beiden Marktsegmente sind nicht unabhängig voneinander zu verstehen, da die pädagogischen Vorstellungen, die Berthold Otto vermittelte, auch ein Aspekt der von ihm angebotenen Schulplätze sind.

Der Markt für Schulplätze ist strukturell in der Art eines Quasi-Monopols organisiert. Das öffentliche Schulsystem agiert als „großer" Anbieter mit einer nahezu monopolhaften Stellung und besitzt somit Marktmacht.[11] Der Staat

---

[8] Um solche handelt es sich bei marktlichen Transaktionen grundsätzlich: Die Wahl einer Alternative wird als Entscheidung für diese und gegen alle anderen Alternativen verstanden.
[9] Gerade die Annahme der vollständigen Rationalität, wie sie vor allem in der neoklassischen Schule der Ökonomik entwickelt wurde, unterliegt inner- und transdisziplinären Diskussionen. Vgl. dazu Kirchgässner, a.a.O., S.27ff. sowie den instruktiven Artikel von J. Bellmann, Bildungstheorie und Institutionenökonomik, in: M. Mangold/J. Oelkers (Hg.), a.a.O., S.99-122.
[10] K. Homann/A. Suchanek, Ökonomik. Eine Einführung, Tübingen 2000, S.30.
[11] Hier geht es um eine grundsätzliche Perspektive, die eine bewusste Verallgemeinerung – nämlich eine relative Ähnlichkeit aller öffentlich betriebener Schulen – unterstellt. Diese Verallgemeinerung setzt eine Schulentscheidung voraus, die zunächst sehr grundsätzlich zwi-

offeriert Schulplätze und ist die alleinige Agentur, die die Erlaubnis, eine Schule zu betreiben, erteilt und die das Berechtigungswesen für Lehrkräfte sowie das Prüfungswesen kontrolliert. Somit ist der Staat gleichzeitig Anbieter *und* derjenige Akteur, der die Regeln, nach denen auf diesem Markt agiert werden kann, bestimmt.

In die Betrachtung muss nun eine zweite Nebenbedingung integriert werden: Die Bereitstellung öffentlich finanzierter Schulplätze folgt nicht einem unmittelbaren monetären Gewinnstreben. Wäre dies der Fall, hätte der Staat den Anreiz, diese so hoch wie möglich zu bepreisen, was durch seine Monopolstellung auch möglich wäre. Dass dies nicht geschieht, liegt am politischen Willen, ein öffentlich (teil)finanziertes Schulsystem zur Verfügung zu stellen. Für Berthold Otto hatte diese Marktstruktur erhebliche Konsequenzen: er musste ein pädagogisches Angebot bereitstellen, das sich deutlich von dem des öffentlichen Schulwesens unterschied, um seine Schulgeldtarife zu rechtfertigen. Ein Schulplatz in einer öffentlichen höheren Schule in Preußen kostete zwischen 130 und 150 Mark p.a.[12], in der Berthold-Otto-Schule lag der Satz bei 400 Mark[13]. Zum Vergleich: für ein Jahr Schule in einem der Lietz'schen Landerziehungsheime waren vor dem Krieg etwa 2000 Mark p.a. zu bezahlen[14], die Odenwaldschule kostete zwischen 1500 und 1700 Mark

---

schen „öffentlichen" sowie „den öffentlichen ähnlich geführten" und „allen anderen" Schulen unterscheidet. Damit wird eine Vergröberung der Perspektive in Kauf genommen, die allerdings in diesem Kontext sinnvoll erscheint. Eine Alternative wäre es, den lokalen Markt für Schulplätze in Lichterfelde oder in einem gegebenen Umkreis um Lichterfelde herum in den Blick zu nehmen. Damit könnten andere Entscheidungsparameter für oder gegen die Wahl eines Besuchs in der Berthold-Otto-Schule herausgearbeitet werden. Diese Perspektive ist allerdings für den hier vorliegenden Zusammenhang nicht bedeutsam, da Berthold Otto sich nicht gegen bestimmte Schulen in seiner Nachbarschaft abheben wollte, sondern er publizistisch die „alte Schule", also die bisherige Art, schulische Pädagogik zu praktizieren, als Kontrapunkt für seine eigene Vorstellung von Schule nutzt. Sein Ansinnen war also, durch das Erproben seiner Ideen *eine* bestimmte bessere Schule anzubieten, die allerdings als Ausgangspunkt für die Verbesserung *der Schule an sich* dienen sollte. Das erklärt auch, warum er in seinen Schriften nie eine konkrete Schule kritisiert, sondern immer verallgemeinernd innerhalb des Gegensatzes „alt versus neu" argumentiert.

[12] C.-L. Holtfrerich, Die deutsche Inflation 1914-1923. Ursachen und Folgen in internationaler Perspektive, Berlin 1980, S.33. In Berlin kostet ein Schulplatz in Gymnasien, Realgymnasien und Oberrealschulen im Jahr 1914 140 Mark, für auswärtige Schülerinnen und Schüler 180 Mark p.a. (G. Häußler, Das höhere Schulwesen der Stadt Berlin, in: E. Stein, Monographien deutscher Städte. Berlin, Oldenburg i.Gr. 1914, S.109).

[13] Vgl. J. Oelkers, Eros und Herrschaft. Die dunklen Seiten der Reformpädagogik. Weinheim/Basel 2011, S.156, der einen ähnlichen Satz für die 1908 in Stuttgart gegründete Heidehofschule angibt, die als Großstadtschule am Stadtrand konzipiert war (und damit kein Internat war) an. Dort lagen die Gebühren zwischen 400 und 500 Mark p.a., was von der Schulaufsichtsbehörde als überhöht kritisiert wurde.

[14] Oelkers, Herrschaft, a.a.O., S.88.

p.a.[15], in der Freien Schulgemeinde Wickersdorf lag der Jahressatz 1912 zwischen 1800 und 2300 Mark.[16] Setzt man das durchschnittliche Jahreseinkommen eines Arbeitnehmers im Deutschen Reich im Jahr 1913 – 1031 Mark[17] – dazu ins Verhältnis, dann wird deutlich, dass diese Gruppe nicht von diesen Schulen als potentielle Kundschaft angesprochen wurde.

Quantitativ gesehen sind reformorientierte Privatschulen Nischenprodukte: 1914 gab es in Preußen insgesamt 894 höhere Schulen, die von 241.051 Schüler/innen besucht wurden[18]. Die Berthold-Otto-Schule stellte mit ihren allerhöchstens 100 Schüler/innen eine verschwindend geringe Größe auf diesem Markt dar.

Um als Alternativangebot wahrgenommen zu werden, musste Berthold Otto einen deutlich erkennbaren Mehrwert in Bezug auf die übrigen Konkurrent/innen schaffen (oder zumindest behaupten) – und zwar primär gegenüber dem öffentlichen Schulwesen und dessen Angeboten.[19] Insofern kann die Radikalität, mit der Berthold Otto seine Schule von der „alten" Schule abgrenzte, als strategische Notwendigkeit verstanden werden, um überhaupt einen relevanten Grad der Bekanntheit zu ermöglichen und somit ausreichend Kund/innen zu generieren.

Ebenfalls als strategische Entscheidung kann die Wahl des Standortes der Schule – Lichterfelde – gesehen werden. Uwe Puschner weist darauf hin, dass es im Südwesten Berlins zu einer vermehrten Ansiedelung „völkischer Prominenz" seit der Jahrhundertwende kam. Hier residierten nicht nur zentrale Personen, sondern auch wesentliche Institutionen der völkischen Bewegung, u.a. der Germanenorden, der Deutsche Kulturbund sowie der esoterisch-völkische Verlag von Paul Zillmann. Bertha von Petersenn, die spätere Schwiegermutter von Hermann Lietz, gründete zudem Anfang des 20. Jahrhunderts in Lichterfelde das erste Landerziehungsheim für Mädchen, das 1904 nach Gaienhofen am Bodensee verlegt wurde.[20]

---

[15] Oelkers, Herrschaft, a.a.O., S.156.
[16] Oelkers, Herrschaft, a.a.O., S.174.
[17] Oelkers, Herrschaft, a.a.O., S.156.
[18] D. Müller/B. Zymek (Hg.), Sozialgeschichte und Statistik des Schulsystems in den Staaten des Deutschen Reiches 1800-1945. Datenhandbuch zur deutschen Bildungsgeschichte Band 2 Teil 1: Höhere und mittlere Schulen, Göttingen 1987, S.53-55. Vor dem ersten Weltkrieg gab es im Deutschen Reich 2515 Höhere Schulen, davon 499 Privatschulen. (nach Oelkers, Herrschaft, a.a.O., S.154f.) – wie viele davon reformpädagogische Schulen waren, ist schwer einzuschätzen.
[19] Vgl. zu der Grundstruktur dieses Arguments J. Oelkers. Reformpädagogik. Eine kritische Dogmengeschichte, München, 2005 *passim* und Oelkers, Herrschaft, a.a.O., S.154ff.
[20] U. Puschner, Die völkische Bewegung im wilhelminischen Kaiserreich: Sprache – Rasse – Religion, Darmstadt 2001, S.164.

Berthold Otto selber ging eine langjährige strategische[21] Partnerschaft mit der von Arthur Schulz gegründeten „Gesellschaft für deutsche Erziehung"[22] ein, die eine Umstrukturierung des Schulwesens unter völkisch-nationalen Gesichtspunkten forderte und dabei auch auf lebensreformerische Elemente setzte. Diese räumliche und inhaltliche Positionierung spiegelte sich in der Struktur der Schüler/innenschaft: Vergleicht man die Schülerlisten der Jahre 1912, 1922, 1925 und 1929, so zeigt sich, dass der Anteil der in Lichterfelde wohnhaften Schüler/innen mit Werten zwischen 43% und 52% relativ konstant bleibt[23]. Die meisten anderen Schüler/innen kamen aus angrenzenden Stadtteilen Berlins, was sich dadurch erklärt, dass Otto seine Schule als Halbtagsschule ohne Internat konzipiert hatte. Nimmt man die Berufe der Väter als Indikator für die soziale Schichtzugehörigkeit, dann zeigt sich zudem, dass die meisten Kinder einem bürgerlichen Umfeld entstammten.[24] Es ist zudem davon auszugehen, dass die Berthold-Otto-Schule vor allem für Schü-

---

[21] Damit ist nicht ausgesagt, dass Berthold Otto eine bewusst-intentional geplante Strategie verfolgt hat, sondern dass sein Vorgehen in diesem Kontext als strategisch verstanden werden kann.

[22] Der Gesellschaft für Deutsche Erziehung gehörten neben Ludwig Gurlitt (1855-1931) unter anderem Ernst Wachler (1871-1945), Paul Förster (1844-1925) und Johannes Nickol (Lebensdaten unbekannt, Abitur 1889 in Berlin) an. Ernst Wachler begründet 1903 das Bergtheater Thale und gibt die Zeitschrift „Deutsche Volksbühne" heraus. Er ist dem heidnischen deutschvölkischen Spektrum zuzuordnen, war u.a. Mitglied in der Guido-von-List-Gesellschaft und stand in Kontakt mit Jörg Lanz von Liebenfels (1874-1955), dem Gründer des rassistischen Neutempler-Ordens. Paul Förster, Lehrer, initiierte 1880 zusammen mit Max Liebermann zu Sonnenberg im Jahr 1880 eine Antisemitismus-Petition, deren Ziel die Rücknahme der Gleichstellungsgesetze der Juden war. Er war Mitbegründer der „Deutschen Antisemitischen Vereinigung", die sich 1889 mit anderen Bewegungen zur Deutschsozialen Partei zusammenschloss. (Vgl. J. Ulbricht, Das völkische Verlagswesen im deutschen Kaiserreich, in: U. Puschner u.a. (Hg.), Handbuch zur „Völkischen Bewegung" 1871-1918, München 1999, S.277-301; W. Bergmann, Völkischer Antisemitismus im Kaiserreich, in Puschner u.a. (Hg.), a.a.O., S.449-463).

[23] Schülerliste der Berthold-Otto-Schule 1912/1922/1925/1929; DIPF/BBF/Archiv, Nachlass Berthold Otto OT 209 Bl.69-70/75-76/79/88-90. Es ist davon auszugehen, dass einige Schüler/innen in Pensionaten und Alumnaten lebten, auch die Berthold-Otto-Schule besaß kurzzeitig ein solches. Dieses gehörte allerdings nicht zur pädagogischen Konzeption der Schule.

[24] Vollständig sind die Berufe der Väter nur in der Liste von 1912 angegeben. Das Schulaufnahmeformular erfasst den Beruf des Vaters durchgängig erst ab 1933. Durch eine detailliertere Recherche in der umfangreichen Korrespondenz zwischen Eltern und Schule sowie in den Akten der Schüler/innen könnten sich hier unter Umständen noch mehr Aufschlüsse ergeben, es ist aber von einer Dominanz bürgerlicher und künstlerischer Berufe auszugehen, was für die Anschlussfähigkeit von Ottos Angebot für ein kulturkritisch-lebensreformerisches interessiertes Publikum spricht.

ler/innen (bzw. deren Eltern) attraktiv war, die in den herkömmlichen Schulen nicht reüssieren konnten.[25]

Neben diesen Merkmalen – also der Darstellung des eigenen Angebotes als Alternative zur herkömmlichen Schule und der lokalen Positionierung in einem als zielgruppenaffin anzunehmenden Ort – gibt es vier weitere zentrale Elemente, mit denen Berthold Otto sich auf dem pädagogischen Markt seiner Zeit zu positionieren versucht.

Erstens ist die *Verkopplung von Schul- und Gesellschaftsreform* als wesentlicher Bestandteil der marktlichen Positionierung zu nennen. Berthold Ottos Vision war dabei die Veränderung des gesamten Schulwesens in seinem Sinne, aus der dann auch eine Veränderung der Mechanismen des Zusammenlebens erfolgen sollte. Für Otto selber stellten diese beiden unterschiedlich gelagerten Reformbereiche Aspekte *einer* Entwicklung dar, die durch das von ihm vertretene „Volksorganische Denken" zusammengehalten wird.[26] Damit gelang es ihm, nicht nur Eltern und Lehrer/innen anzusprechen sondern auch Personen, für die das Thema Gesellschaftsreform von besonderer Bedeutung ist, die aber nicht unbedingt an pädagogischen Fragestellungen interessiert waren.

Zweitens konzipierte Berthold Otto seine Pädagogik anhand bestimmter Elemente, die er als Innovation darstellte: Gesamtunterricht, Altersmundart und Schülergericht sowie eine didaktischen Form, die er „Isolierung der Schwierigkeiten" nannte. Besonders der Gesamtunterricht wurde schnell zu einem schwer zu schützenden Alleinstellungsmerkmal[27], während die Kindes- oder Altersmundart umstritten blieb.[28]

---

[25] Dies wird beispielsweise in einem Brief einer Gruppe von Eltern deutlich, mit dem diese 1907 zusätzliche Gelder für den Erhalt der Schule erwirken wollen: „Die Mehrzahl der Kinder, die wir Herrn Otto anvertraut haben, ist infolge von Krankheiten oder Schwächezuständen den Anstrengungen der öffentlichen Schulen nicht gewachsen gewesen und ist deshalb auf Privatunterricht angewiesen. Jeder einzelne von uns hat es als einen besonderen Glücksfall angesehen, für diesen notwendigen Individual-Unterricht einen Erzieher und Pädagogen von dem weitbekannten Rufe des Otto bereit zu finden. Wir haben an unseren Kindern, zum Teil anderthalb Jahr lang, beobachten können, wie heilsam und segensreich die Lehrweise des Herrn Otto auf alle, ganz besonders auch auf die schwächlich veranlagten, gewirkt hat." (Franke u.a. Eltern an Königliche Regierung, Abteilung für Kirchen und Schulwesen, Potsdam, 31.8.1907. DIPF/BBF/Archiv, Nachlass Berthold Otto OT 206 Bl.2).
Diese Einschätzung wird zudem durch eine erste Sichtung der Schulanmeldungsformulare gestützt, auf denen dezidiert nach dem Grund für den Wechsel in die Berthold-Otto-Schule gefragt wird. Eine detaillierte Analyse dieses umfangreichen Materials steht noch aus.

[26] Vgl. dazu E. Schnücker, Die Zukunftsschule im Zukunftsstaat. Eine Analyse des Zusammenhangs von Pädagogik, Psychologie und Politik im Werk Berthold Ottos, Bochum 1990.

[27] Während sich der Gesamtunterricht im Sinne Berthold Ottos um das Kind zentriert (Vgl. dazu u.a. W. Scheibe, a.a.O.; Roedl, a.a.O. sowie den Aufsatz „Freier Gesamtunterricht im Sinne Berthold Ottos" von Georg Friedrich Muth (o.J., DIPF/BBF/Archiv, Nachlass Berthold Otto OT 621 BL 58-67)), fokussieren die meisten anderen Konzepte auf eine möglichst umfangreiche Behandlung bestimmter Gegenstände, allerdings in Abgrenzung zu den damals vorherr-

Drittens gab es neben diesen pädagogisch-konzeptionellen Aspekten auch organisatorische Besonderheiten: Die Schule war in Alterskohorten organisiert. Das Curriculum wurde durch die Lernwünsche der Schüler/innen bestimmt und der Stundenplan, der in Form eines Kurssystems organisiert war, immer wieder an diese Lernwünsche angepasst.
Viertens wies auch das von Berthold Otto selber entworfene Schulhaus, das 1910 bezogen wurde, in Architektur und Inneneinrichtung Besonderheiten auf: helle Räume, bewegliche Tische, Bänke und Stühle sowie ein großer Schulgarten unterschieden die Berthold-Otto-Schule bereits optisch von anderen Schulen.[29]
Für Otto war es nun wesentlich, diese Besonderheiten bekannt zu machen, um eine möglichst hohe Nachfrage zu schaffen. Dies geschah durch mehrere öffentlichkeitswirksame Kommunikationsmedien, die Berthold Otto zielorientiert und vor allem konsequent einsetzte: neben den Monografien stellte die Zeitschrift „Der Hauslehrer"[30] die Basis der – modern gesprochen – Public Relations dar. 1901 von Berthold Otto gegründet, diente sie der Kommunikation nach außen und der Sammlung von Unterstützenden. Inhaltlich umfasste die Zeitschrift eine Mischung aus Artikeln in Altersmundart, Berichten aus der Schulpraxis, Protokollen von Gesamtunterrichtsstunden, persönlichen Mitteilungen Ottos und Ankündigungen. Zu den gedruckten Werken kamen Tagungen hinzu, die zunächst noch zusammen mit der Gesellschaft für deutsche Erziehung veranstaltet wurden, ab 1912 dann in Eigenregie.
Ab 1912 kann generell von einer Expansion der Öffentlichkeitsarbeit gesprochen werden. Der Berthold-Otto-Verein gründete sich im direkten lokalen und personellen Umfeld der Berthold-Otto-Schule und entfaltete schnell ein

---

schenden Rein-Zillerschen Formalstufen (vgl. G. Linde, Untersuchungen zum Konzept der Ganzheit der deutschen Schulpädagogik, Frankfurt/M. 1984, S.66ff.).
Eine Auseinandersetzung mit unterschiedlichen Auffassungen von Gesamtunterricht, die die von Otto praktizierte Form von allen anderen Zugängen abgrenzt, findet sich bei G. Metscher, Was ist Gesamtunterricht? Ein Beitrag zu seiner Wesensbestimmung, Bad Langensalza 1929; eine auch auf andere Länder als Deutschland verweisende Darstellung gibt F. Eitze, Gesamtunterrichtsbewegung. Ein Querschnitt durch Lösungsversuche im In- und Ausland, Breslau 1933. Eitze und Metscher sprechen von einer „Gesamtunterrichtsbewegung", was auf eine weiträumig geführte Diskussion zumindest des Begriffes in der pädagogischen Landschaft der Weimarer Republik verweist.

[28] Vgl. dazu eine von Berthold Otto verfasste Streitschrift, die im Verlag von Theodor Scheffer erschienen ist: B. Otto, Hauslehrerbestrebungen. Altersmundart und ihre Gegner. Eine Streitschrift, Leipzig 1905.

[29] Diese räumlichen Einrichtungen sind so eindrücklich, dass Wolfgang Scheibe sie noch 1969 in seiner Auseinandersetzung mit dem Gesamtunterricht erwähnt. (Scheibe, Gesamtunterricht, a.a.O., S.31f.). G. Muscheler beschreibt die Gestaltung der Berthold-Otto-Schule in ihren „Architekturgeschichten" als einen wesentlichen Aspekt der Reformpädagogik. (G. Muscheler, Haus ohne Augenbrauen. Architekturgeschichten aus dem 20. Jahrhundert, München 2007).

[30] 1917 umbenannt in „Deutscher Volksgeist".

ehrgeiziges Arbeitsprogramm. Durch Aktivitäten wie öffentliche Vorträge und Diskussionsabende, die dann auch publizistisch genutzt wurden, sowie eine ebenfalls hochfrequente Publizistik sowie die kostenlose Bereitstellung von Otto-Literatur für Bibliotheken und Lesehallen wurde dieses Arbeitsprogramm umgesetzt.

Zur gleichen Zeit entstand unter der Leitung von Georg Kerner[31] die Zeitschrift „Die Zukunftsschule" als Maßnahme der Produktdiversifikation. Von Kerner herausgegeben, existierte sie bis zum Beginn des Ersten Weltkrigs. Sie unterschied sich, da sie eine andere Kund/innengruppe ansprechen soll, in der Aufmachung und im Inhalt vom „Hauslehrer", wenngleich das zentrale Thema beider Zeitschriften das gleiche war, nämlich eine affirmative Darstellung der Ideen Berthold Ottos, der auch Einfluss auf deren Inhalt gehabt zu haben scheint[32]. Das ist freilich auch nicht verwunderlich, da die „Zukunftsschule" im Verlag des Hauslehrers erschien und ihre programmatische und inhaltliche Ausrichtung Berthold Otto zumindest genau bekannt war.

Zusammenfassend lässt sich die analytische Perspektive – Ökonomik als Heuristik – wie folgt darstellen:

Ich stimme mit Patrick Ressler überein, der in seiner Auseinandersetzung mit Diffusionsprozessen des Bell-Lancaster-Systems unter Einbeziehung von Marketingaktivitäten[33] darauf hinweist, dass die Analyse vermittels der Begriffe „Markt" oder „Marketing" nicht aktuelle Konzepte ungebrochen auf historische Gegenstände und Gegebenheiten übertragen kann. Vielmehr sind diese Konzepte als *Heuristik* zu verstehen.

Damit handelt es sich um eine positive Analyse, die nicht in normativen Aussagen aufgeht[34] sondern zunächst dazu dient, durch das Einnehmen einer

---

[31] Georg Kerner (1874-1959) war Theologe und Pfarrer in Zanzhausen/Pommern, Kreis Landsberg. Enger Vertrauter der Familie Otto. Er publizierte im „Hauslehrer", gab die Zeitschrift „Die Zukunftsschule" heraus und war für Berthold Otto der vermutlich wichtigste Gesprächspartner, worauf mehrere Tausend Briefe von und an Kerner, die im Nachlass enthalten sind, hindeuten.

[32] So z.B. im Zusammenhang mit der Kontroverse um den Besuch des Rein'schen Universitätsseminares in der Berthold-Otto-Schule; vgl. B. Otto, Die neue Monatsschrift, in: Der Hauslehrer 13(1913)52, S.607ff.

[33] Ressler, a.a.O., S.37f.

[34] Ob es in diesem Kontext allerdings notwendig ist, eine „Ideologie des Marktes" (Ressler, a.a.O., S.39) anzunehmen, ist zu hinterfragen. Zielführender wäre es sicherlich, verschiedene Bereitstellungsmodelle anhand ihrer Vorannahmen und Wirkungen zu diskutieren. Ressler unterliegt in seiner Argumentation an dieser Stelle einem Fehlschluss, da er die positive und die normative Aussageebene von Marketingstrategien und Märkten an sich nicht als zwei grundlegend verschiedene Perspektiven sieht und dadurch eine Abgrenzung vornehmen muss, die eigentlich gar nicht notwendig ist. Die Analyse bestimmter Praktiken *als* Marketingstrategien bedeutet nicht, gleichzeitig eine „Ideologie des Marktes" zu übernehmen (wobei sich hier die Frage stellen lässt, was genau damit überhaupt gemeint ist), sondern stellt zunächst nur die Rekonstruktion aus einer bestimmten Perspektive dar, also eine heuristische Nutzung. Erst in

bestimmten Perspektive zu neuen Erkenntnissen im Kontext der (reform)-pädagogischen Historiographie zu gelangen. Die Ergebnisse der Auseinandersetzung sind also keine Gestaltungsvorschläge oder Handlungsempfehlungen, wie sie durch ökonomische Forschung oft gezielt hervorgebracht werden.[35] Die Schwierigkeit, die durch die Anwendung dieser ökonomischen Perspektive entsteht, liegt in der notwendigen Differenzierung der beiden Ebenen des pädagogischen Marktes: Der Markt für Ideen und der Markt für Schulplätze hingen eng zusammen und beeinflussten sich gegenseitig. Auf beiden war Berthold Otto Akteur, und beide ermöglichten die für das Familienunternehmen dringend notwendigen Einnahmen. Betrachtete man nur eine der beiden Ebenen gesondert, entstünden andere Ergebnisse.[36]

So wäre es denkbar, die Berthold-Otto-Schule als Unternehmung zu interpretieren, die auf dem monopolistisch strukturierten Schulmarkt ihrer Zeit versucht, Einkommen zu generieren. Genauso wäre es möglich, lediglich den Markt für pädagogische Ideen in den Blick zu nehmen und ihn unter dem Blickwinkel, welche Ideen besonders attraktiv schienen und/oder sich durchsetzen konnten, zu analysieren. Damit allerdings würde der Blick für einen zentralen Zusammenhang verstellt: es ist gerade die Einheit dieser Aspekte in Ottos Vorgehen und ihre Wichtigkeit füreinander, die wesentlich für das Verständnis seiner Aktivitäten ist. Berthold Otto stellte seine Schule sowohl als Ort der Herstellung erfahrungswissenschaftlicher Tatsachen zur Weiterentwicklung seines Programms *und* zur Umsetzung von Schulreform dar. Somit kennzeichnete er die theoretische *und* die praktische Arbeit als sich gegenseitig beeinflussend. Zum anderen gab es ein reziprokes Verhältnis dieser Ebenen im Kontext der Öffentlichkeitsarbeit. Die Schule sollte durch ihre Erfolge eine (empirische) Legitimation der entwickelten Ideen liefern, diese wiederum wären durch ihre Umfänglichkeit mit einer größeren potenti-

---

dem Moment, in dem aus der Analyse ein Gestaltungsanspruch erwächst, sie also handlungsleitenden Charakter bekommen soll, würde sich überhaupt die Frage nach einer Diskussion der Allokationsformen im Erziehungssektor stellen.

[35] Vgl. statt vieler anderer: I. Pies, Euken und Hayek im Vergleich. Zur Aktualisierung der ordnungspolitischen Konzeption, Tübingen 2001. Diese Studie aus der Ökonomik arbeitet dezidiert mit dem Ansatz, dass aus den entwickelten Analysen Gestaltungsvorschläge abgeleitet werden. Oft wird ein solches Vorgehen unter der Formel „Erklärung zwecks Gestaltung" zusammengefasst. Diese Formulierung findet sich auch in einigen politikwissenschaftlichen Publikationen und wird von Peter Erath – und zwar mit direktem Verweis zur Ökonomik – auch in der Sozialarbeitswissenschaft genutzt. (P. Erath, Sozialarbeitswissenschaft. Eine Einführung, Stuttgart 2006, S.51).

[36] Zum pädagogischen Markt der Zeit ist zu sagen: Während der Markt für Schulplätze monopolistisch organisiert war, war es der für pädagogische Ideen oder Theorien wesentlich weniger stark, hier gab es, so lange es nicht um die praktische Umsetzung ging, ein sehr großes und vielfältiges Angebot.

ellen Reichweite ausgestattet und erlaubten es, unterschiedliche Personenkreise, die als potentielle Unterstützung verstanden werden können, anzusprechen. Berthold Otto entwickelte also nicht nur eine pädagogische Theorie und praktizierte diese in seiner Schule, sondern er entwarf und publizierte ein komplexes Denkgebäude mit hoher Anschlussfähigkeit in sehr unterschiedlichen Bereichen, das ihm wiederum dazu verhalf, in unterschiedlichen Kontexten Ressourcen zu generieren.

2. Berthold Otto als pädagogischer Unternehmer – Anwendung und Ergebnisse

Neben den bereits im Rahmen der Herleitung und Begründung der Perspektive auf Berthold Otto als pädagogischen Unternehmer dargestellten Ergebnissen werden im folgenden – schlaglichtartig – weitere wesentliche Resultate dargestellt. Zunächst ist es wichtig zu verstehen, welchen Nutzen Berthold Otto verfolgt resp. welchen Nutzen er zu maximieren versucht. Die Leitmaxime, an der sich sein Handeln orientierte, war die Umsetzung der Schulreform in seinem Sinne im deutschen Volk. (a) Dieses Ziel hatte mehrere Konsequenzen: zum einen war die Berthold-Otto-Schule nicht das prioritäre Feld, sondern die Zeitschrift. (b) Die Schule diente der Erprobung und der Gewinnung des Materials für die Artikel, die im „Hauslehrer" erschienen. Die Zeitschrift wiederum erwies sich als Medium, das unterschiedliche Aufgaben erfüllte: neben der Verbreitung von Ottos Inhalten und der Unterstützung des Absatzes seiner Druckerzeugnisse diente der „Hauslehrer" auch der Sammlung von Unterstützer/innen. Otto entwickelte so die Vorstellung einer strukturell-religiösen Gemeinschaft, der sich jede/r anschließen konnte, indem er/sie bestimmte, pädagogische Praxen Ottos selber anwendete und damit für „die gemeinsame Sache" arbeitete. Die hohe Bindekraft dieses Vorgehens zeigte sich in dem von Georg Kerner 1928 herausgegebenen Band „Deutsche Volksgeistbriefe" (c). Auch der Umgang mit dem Angebot eines potentiellen Geldgebers ist auf die Priorisierung der Durchführung einer landesweiten Schulreform in seinem Sinne, durch Otto zurückzuführen (d).

a) Schulreform als Leitmaxime
Berthold Otto maximierte – als pädagogischer Unternehmer – seinen Nutzen. Dabei war sein primäres Ziel nicht die Einrichtung einer Versuchsschule, sondern die Umsetzung seiner Vision, an der er seine Arbeit orientierte, nämlich gesellschaftliche Veränderungen zu initiieren, die er für dringend geboten hält und zu deren Operationalisierung für ihn eine Reform der Schule unumgänglich ist.

1906 verfasste er eine Denkschrift, die sich an potentielle Geldgeber/innen für den Erhalt des „Hauslehrers", der durch die schlechte Finanzierung extrem in seiner Existenz gefährdet war, richtete. In dieser Denkschrift fokussierte Otto zwei wesentliche Aspekte: Zum einen stellte er seine eigene Motivation in den Zusammenhang mit den hohenzollerischen/Bismarck'schen Sozialreformen:

> „Ich habe es nun schon öfter drucken lassen und hunderte von Malen gesagt, dass ich vor einem Vierteljahrhundert, als ich pädagogisch zu arbeiten anfing, überhaupt gar nicht ahnte, dass ich damit etwas Neues machte. – Ich wollte auf eine politische Umgestaltung hinaus, auf die Durchführung der Politik, die in der Botschaft vom 17. November 1881 begonnen und später von Wilhelm II weitergeführt wurde. Ich sah voraus, dass das Haupthindernis dieser Politik die Geistesentwicklung sein würde. Grosse neue Gedanken können nur dann von einem ganzen Volk ergriffen und durchgeführt werden, wenn nicht nur eine führende Kaste sondern das ganze Volk zum Denken bringen könnte."[37]

Die „Botschaft vom 17. November 1881", in der Otto von Bismarck die Sozialversicherung und deren Selbstverwaltung darstellte, war für Berthold Otto eine zentrale (sozial)politische Vision, deren Realisierung in seinen Augen an der „Geistesentwicklung" des Volkes scheiterte. Für ihn handelte es sich bei diesem Scheitern also um ein *pädagogisch* zu lösendes Problem: „Daraus ergab sich", so schreibt er weiter, „für mich die Möglichkeit, einer enormen Steigerung der Volksbildung, wie ich sie für die hohenzollerische Sozialpolitik unerlässlich hielt, und darum ging ich ans Werk, als Politiker in erster, als Pädagoge in zweiter Linie"[38].

Berthold Otto übersetzte also ein (macht)politisches Problem in eine pädagogische Aufforderung und leitete daraus die Notwendigkeit einer von ihm konzipierten und durchzuführenden Schulreform ab. Dabei stellte er weder auf politische Strukturen noch alternative Lösungsmodelle ab, vielmehr inszenierte er sich als wissender Retter.

Die Schulreform wurde so zum *politisch induzierten* aber *pädagogisch zu bearbeitenden* Programm, das die weiteren unternehmerischen (und daraus folgenden) Aktivitäten Ottos leitete.

Eine Konsequenz, die sich aus der Anbahnung der Schulreform für Otto ergab, ist dabei, dass die Publikation und Verbreitung seiner Inhalte für ihn wichtiger waren als Schulgründungen. Diese stellten den zweiten Schritt des Prozesses dar. Entsprechend richtete er sich mit seinen Vorstellungen primär

---

[37] Denkschrift der Hauslehrerbestrebungen(1-2). DIPF/BBF/Archiv Nachlass Berthold Otto OT 629 Bl.12. Syntaktischer Fehler im Original.
[38] Denkschrift der Hauslehrerbestrebungen (2). DIPF/BBF/Archiv Nachlass Berthold Otto OT 629 Bl.12.

an Eltern. Erst wenn eine kritische Masse von ihnen an der Schulreform mitwirkte, würde sie umsetzbar:

„Alle Schulreformbestrebungen aber scheitern bisher im letzten Ende an den Eltern. Sie müssen vor allen Dingen für die Bestrebungen gewonnen werden, eher können die Schulen gar nicht ausreichend vorgehen. Und um die Eltern zu gewinnen, dazu ist wieder der Hauslehrer das beste Mittel, sodass wirklich die Hauslehrerpropaganda auch die beste Vorbereitung für die Gründung von Reformschulen ist"[39].

Um diese kritische Masse zu erreichen, war das Argument, eher in die Zeitschrift als in eine mögliche Schulgründung zu investieren. Für diese fehlten ohnehin die entsprechend ausgebildeten Lehrer/innen. Erst durch einen hohen Verbreitungsgrad der Zeitschrift und entsprechende Einnahmen daraus wäre es überhaupt möglich, diese Ausbildungen zu finanzieren.

b) Die Zeitschrift als Medium zur Konstituierung der Bewegung
Auch wenn die Schulgründung im gleichen Jahr erfolgte, in dem auch die Denkschrift erscheint, war und blieb die Zeitschrift für Berthold Otto die zentrale Aufgabe und *das* Medium, mit dem er seine Ideen auf dem pädagogischen Markt platzierte.

Bisher wurde davon ausgegangen, dass Ottos Zeitschrift „Der Hauslehrer" seinen schulischen Aktivitäten untergeordnet ist. Für Jürgen Oelkers ist das Blatt der Ort, an dem die Schule „über sich selber berichtet"[40], bei Dieter Benner und Herwart Kemper wird sie als „reformpraktische Werbebroschüre"[41] interpretiert. Diese Einordnungen reduzieren die Zeitschrift darauf, primär Aufgaben im Zusammenhang mit der Berthold-Otto-Schule zu übernehmen, und verkennen damit, dass sie für Berthold Otto das eigentliche Zentrum seiner Aktivitäten darstellt und dass sie vor allem als Medium der Umsetzung der Schulreform konzipiert ist.

Damit wurden Eltern – unabhängig davon, ob ihre Kinder Schülerinnen und Schüler der Berthold-Otto-Schule sind – zu der von Otto anvisierten Zielgruppe des „Hauslehrers", da sie in seinen Augen die Trägerschicht der Schulreform darstellten.

Die Zeitschrift besaß von Anfang an interaktive Elemente, die es Berthold Otto ermöglichten, seine Inhalte passgenauer auf die Bedürfnisse seiner Leserinnen und Leser zuzuschneiden und damit die Zeitschrift zielgruppengerechter zu gestalten. Später wurden diese interaktiven Elemente durch die Diskus-

---

[39] Denkschrift der Hauslehrerbestrebungen (10). DIPF/BBF/Archiv Nachlass Berthold Otto OT 629 Bl.16.
[40] J. Oelkers, Dogmengeschichte, a.a.O., S.176.
[41] D. Benner/H. Kemper, Theorie und Geschichte der Reformpädagogik. Teil 2: Die Pädagogische Bewegung von der Jahrhundertwende bis zum Ende der Weimarer Republik, Weinheim/Basel 2003, S.177.

sionsabende des Berthold-Otto-Vereins und die mit dem „Abend der Hauslehrerfreunde" 1912 begonnene Entwicklung einer eigenständigen Tagung ergänzt. Diese stellten Räume für Austausch und direkte Kommunikation unter den Anhängerinnen und Anhängern Berthold Ottos dar. Gleichzeitig gab Otto in der Zeitschrift Anknüpfungspunkte dafür, wie jede/r Einzelne an dem übergeordneten Ziel mitarbeiten konnte. Hier handelte es sich um Prozesse, die Otto als Selbsterziehung beschrieb und die das pädagogische Verhältnis von Erwachsenen zu Kindern betrafen. Diese pädagogischen Praxen stellte er in den Kontext einer höheren Entwicklung und wertete sie dadurch auf. Alle können (und sollten) sich durch Veränderungen in ihrem eigenen Leben an der Verbesserung der Gesellschaft, die mit der Umsetzung der Schulreform erreicht werden kann, beteiligen. Damit bedient Otto auch lebensreformerische Diskurse und kann dem von Meike Baader vorgestellten „Heiligen Kosmos der Reformpädagogik"[42] zugerechnet werden, wenngleich die Orientierung des Pädagogischen an einer höheren Instanz durch die an einer höheren Aufgabe ersetzt wird. Diese quasi-religiöse Struktur, die durch unterschiedliche Vorgehensweisen immer wieder hergestellt wurde und die Anhängerinnen und Anhänger Ottos zusammenhielt, stellte ein hohes Identifikationspotential bereit und war damit eine wesentliche Ressource für das Unternehmen.

Die beständigen Aufrufe zur „gemeinsamen Arbeit" nahmen auch sehr konkrete Formen an. Neben der damals üblichen Praxis, Verlagen Adressen potentiell Interessierter zur Verfügung zu stellen, forderte Berthold Otto in einem Artikel im „Hauslehrer" 27/1908 seine Leser/innen dazu auf, im Rahmen ihres Sommerferienaufenthaltes Werbung für den „Hauslehrer" zu machen. Dazu konnten kostenlose Probehefte bezogen werden, die, so Ottos Vorschlag, am Urlaubsort gemeinsam studiert werden sollten:

„Ganz besonders wirksam aber ist, wie alle unsere Freunde wissen, der Hinweis auf den Hauslehrer und dann möglichst eingehende Gespräche auf Grundlage gemeinsam gelesener Hauslehrernummern. Der Gang dieser Gespräche ist ja bekannt."[43]

Im weiteren Verlauf wurde der angesprochene „Gang dieser Gespräche" in Form einer Argumentationshilfe dargestellt[44], und Berthold Otto wies auf potentielle Schwierigkeiten in diesem Gesprächsprozess hin – beispielsweise, dass

---

[42] M. Baader, Erziehung als Erlösung. Transformation des Religiösen in der Reformpädagogik, Weinheim/München 2005, S.283.

[43] B. Otto, Sommergruß an alle Freunde des Hauslehrer, in: Der Hauslehrer, 8(1908)27, S.294.

[44] „Zuerst wird die Schreibweise des Hauslehrers als albern abgelehnt, dann wird behauptet, so spreche kein Mensch, und von den Geschichten in Altersmundart wird besonders behauptet, so spreche auch kein Kind und das sei nur eine künstliche Nachahmung. Da hilft denn der Hinweis auf die lebendigen Kinder; und grade in der Sommerfrische läßt es sich möglich machen, die Kindersprache unauffällig zu beobachten." (B. Otto, Sommergruß, a.a.O., S.294).

"ein einzelner Mann oder eine Kategorie von Männern, denen schon ein gewisser Grad an Erkenntnis aufgegangen war, plötzlich wieder auf die Stufe der Nichterkenntnis zurücktreten"[45].

Das Ziel des Artikels, von Otto als „ständiger Sieg der Hauslehrerbestrebungen"[46] formuliert, war es, Menschen zu motivieren, die grundlegenden Ideen von Berthold Otto weiter zu verbreiten und ihn so zu unterstützen[47]. Die von ihm formulierten, detaillierten Vorschläge und Handlungsoptionen – zum Beispiel mit einer Urlaubsbekanntschaft gemeinsam eine Nummer des „Hauslehrers" zu lesen oder Probenummern der Zeitschrift mit in den Urlaub zu nehmen – stellten sehr weitreichende Vorschläge dar. Durch die Verbindung mit der Idee des „ständigen Sieges" wurde der Unterstützungsaufruf mit einer „übergeordneten" Zielsetzung verbunden. Dass diese auch von seinen (zahlenden) Kund/innen erreicht werden wolle, setzt Otto als gegeben voraus. Dabei erschöpfte sich Ottos Vorgehensvorschlag gerade nicht in der Expansion der Auflage seiner Zeitschrift, das wird für ihn zum mittelbaren Zweck, der dem Erreichen eines größeren Zieles – nämlich einer vollkommenen Umsetzung seiner Vorstellungen der Schulreform im deutschen Volk – vorausgehen musste. Und gerade dieser Fluchtpunkt ist es, der seine hier vorliegende Argumentation überhaupt erst möglich macht: Für eine Zeitschrift würde man kaum in dem hier genannten Ausmaß werben, wohl aber für eine Bewegung oder eine Pädagogik, die mit einem Heilsversprechen verbunden ist.[48]

Zu der Vorstellung des Heilsversprechens trug auch Ottos Selbst-Inszenierung als Märtyrer und Prophet bei, wie sie sich explizit in der Denkschrift der Hauslehrerbewegungen von 1906 und in seiner Zeitschrift darstellte. Hier verwies Otto beständig auf seine konstitutionelle Schwäche und seine Überarbeitung und untermauerte damit das Bild des an der ihm auferlegten Aufgabe leidenden Märtyrers. Seine Anhängerinnen und Anhänger wiederum sahen in ihm einen „Messias" und einen „Meister". Daran lässt sich zeigen, dass die mit religiösen Elementen angereicherte Selbstdarstellung Ottos anschlussfähig war und dass er diese durch immer wiederkehrende Beschreibungen und (Selbst)Darstellungen aktiv hergestellt hat.

---

[45] B. Otto, Sommergruß, a.a.O., S.295.
[46] B. Otto, Sommergruß, a.a.O., S.297.
[47] Ein weiterer Teil des „Sommergrußes" ist ein Aufruf zur Subskription für eine Neuauflage der von Otto verfassten und vertriebenen „Lateinbriefe", mit dem man ebenfalls seine Unterstützung zeigen könne.
[48] Gerade die Vorstellung, dass die Diskussion der gemeinsamen Lektüre des Hauslehrers eine besonders gute Werbemöglichkeit sei, kann als verwandt zu religiösen Sozialpraxen verstanden werden: Das gemeinsame Lesen der Heiligen Schrift und der Austausch darüber sind vor allem in protestantisch geprägten Religionsgemeinschaften durchaus üblich.

c) Deutsche Volksgeistbriefe

Dass diese Strategie wirksam geworden ist, zeigt sich besonders deutlich an dem von Georg Kerner 1928 veröffentlichten Bändchen „Deutsche Volksgeistbriefe". Es handelt sich um eine Sammlung von Briefen, zu denen Kerner anlässlich des 25jährigen Jubiläums des „Hauslehrers" im Jahr 1925 aufgerufen hatte.[49] In dem dann 1928 schließlich erscheinenden Buch, das Briefe von 39 Personen enthält, schrieb der Theologe Kerner das Vorwort, in dem er seine eigene Auseinandersetzung mit Ottos Gedankenwelt mit einem christlichen Bedeutungsgehalt amalgamierte. Dieses Vorwort schließt er mit der Aufforderung:

„Es ist Zeitenwende. Es handelt sich um Sieg oder Untergang des deutschen Volkes und damit der Menschheit. ‚Man kann nicht Gott dienen und dem Mammon'. Berthold Otto zeigt uns den Weg, der aus der Mammonsherrschaft herausführt, und geht ihn mit unerschütterlichem Mut voran. Wir geloben, ihm in Treue zu folgen!"[50]

Der Bezug zur „Mammonsherrschaft" verweist auf einen Schwerpunkt der politischen Artikulationen Ottos, mit denen er eine bargeldfreie Gesellschaftsordnung, die sogenannte Rechenwirtschaft fordert, der er – wie der Schulreform auch – den Status eines Allheilmittels zuschreibt.
Eine der Briefschreiberinnen ist Agnes Barow[51], die fünf Jahre Lehrerin an der Berthold-Otto-Schule war. Sie berichtet, wie sie von einem ihr bekannten Lehrer in die Familie Otto eingeführt wurde, als sie „kurz vor dem Zusammenbruch" stand. Dieser Zusammenbruch war durch Schwierigkeiten ausgelöst, die die Berufsanfängerin am Lyzeum hatte. Es ist der Kontakt mit Berthold Otto, der es ihr ermöglicht, dieser Krise etwas Positives entgegen zu setzen:

„Alles das, was ich mir erträumt hatte, durfte ich in die Wirklichkeit umsetzen, ich war nicht die einzige, sie sich gegen die herrschende Lehrweise auflehnte und da wurde ich in meiner Lehrtätigkeit wirklich glücklich"[52].

---

[49] DIPF/BBF/Archiv, Nachlass Berthold Otto OT 573 Bl.1. Der Titel bezieht sich auf den 1917 geänderten Titel der Zeitschrift.
[50] G. Kerner, Deutsche Volksgeistbriefe, Berlin-Lichterfelde 1928, S.4. Auch hier wird durch ein direktes Zitat aus der Bibel – es handelt sich um ein bekanntes Wort aus Matthäus 6,24 – deutlich, dass es für Georg Kerner eine Passung zwischen der Botschaft des Evangeliums und der Botschaft Berthold Ottos gibt.
[51] Agnes Barow (geb. 1897), Lehrerinnenexamen 1918, arbeitete von 1920-25 an der Berthold-Otto-Schule, danach an verschiedenen Volksschulen in Berlin (u.a. Lichtenberg und Kaulsdorf).
[52] Barow in Kerner, a.a.O., S.8. (Die einzelnen Beiträge aus dem Buch werden abweichend zitiert und im Literaturverzeichnis nicht gesondert geführt, da sie keine Überschrift haben und in der Regel weniger als eine Seite lang sind).

Sie fand in ihm jemanden, dem sie sich in der „Auflehnung" gegen die herkömmliche schulische Praxis verbunden fühlt, diese Verbindung stärkte sie. Otto stellte sie 1920 für fünf Jahre ein, diese Zeit beschreibt sie als „so unendlich reich"[53]. Der Zeitpunkt, zu dem sie ihren Brief verfasste, liegt nach dieser Zeit als Lehrerin an der Berthold-Otto-Schule. Nun war der „Volksgeist" ihre Verbindung zu Berthold Otto, so wie seine Bücher, die sie alle gelesen habe. Sie habe auch Kontakt zu vielen ehemaligen Schülern, die ebenfalls „eifrige Volksgeistleser" seien:

> „So begleitet uns unser Lehrer, denn er war auch mein Lehrer, weiter durch das Leben, trotzdem wir von ihm getrennt sind; und ich bin überzeugt, daß seine Wirkung auf uns so tiefgehend war, daß sie niemals verloren gehen kann, und mögen wir noch so alt werden".[54]

Selbst nach mehreren Jahren ohne persönlichen Kontakt empfand Agnes Barow eine vitale Verbindung zu Berthold Otto, die für sie so prägend ist, dass sie ihn ihren „Meister"[55]nennt.

Andere Briefschreiber/innen legten den Schwerpunkt ihrer Ausführungen auf die positive Wirkung, die aus der Auseinandersetzung mit Ottos Inhalten für ihr eigenes Leben resultierte. Vor allem im Zusammenhang mit dem politischen Aspekt des Otto'schen Denkens findet sich, neben dem bereits erwähnten „Meister" beispielsweise bei Karl Schulz der Begriff „Heiland"[56]. Richard Sonka aus Wien wiederum stellte in seinem Beitrag heraus, wie bedeutsam und hilfreich für ihn das war, was Berthold Otto schreibt:

> „Es ist eigenartig: Wenn schwere Ereignisse mich bedrücken, wenn ich in traurigster Stimmung zu jeder geistigen Arbeit, ja selbst zum Lesen des einfachsten Buches unfähig bin, – ich brauche nur Ihr Kaiserbuch oder das Volksorganische Denken zur Hand zu nehmen und kann trotz größtem persönlichen Leid eine ruhige, erhebende Stunde damit verleben. So sind Sie, verehrter Herr Otto, nicht nur mein Führer in den schönen Tagen sondern auch mein stärkster Tröster in Stunden, wo eigener Schmerz mich niederdrücken möchte"[57]

Die Interpretation der „Deutschen Volksgeistbriefe" zeigt, dass die Inhalte Ottos ein anschlussfähiges Identifikationsangebot darstellten, das für viele Briefschreiber/innen direkt in die individuelle Lebensführung positiv hineinwirkte. Daran lässt sich die symbolische Vermitteltheit der Gemeinschaft erkennen: Berthold Otto ruft diese durch bestimmte Formulierungen und

---

[53] Barow in Kerner, a.a.O., S.8.
[54] Barow in Kerner, a.a.O., S.8.
[55] Barow in Kerner, a.a.O., S.8. Diese Beschreibung findet sich in insgesamt fünf Briefen.
[56] „Als solcher Heiland steht Berthold Otto in seinem Kampfe gegen die Geldwirtschaft, der ein Lebenskampf und ein Lebensopfer ist, vor mir" (Schulz in Kerner, a.a.O., S.58).
[57] Sonka in Kerner, a.a.O., S.60. Ähnliche Aussagen finden sich u.a. in den Beiträgen von Martin Spielhagen, E. Hofmann, Johannes Herold, Dora Hartmann oder Marianne Geibel.

Wendungen immer wieder auf, gleichzeitig wird sie durch das eigene Tun der Einzelnen immer wieder aufs Neue hergestellt und damit zum Bestandteil der eigenen Lebensführung.

d) Schulreform als höheres Ziel
Berthold Otto war es immer wieder gelungen, in hohem Ausmaß unterschiedliche Formen der Unterstützung für seine Aktivitäten zu erhalten. Allerdings gab es auch Formen der Subvention, denen er sich verschloss – nämlich solche, die sein eigentliches Ziel, das Erreichen der Schulreform in Deutschland, gefährden könnten. Ein konkretes Beispiel dafür ist das Angebot eines Buchhändlers Franke, der Berthold Otto 1908 ein Grundstück in der Nähe von Zossen offeriert. Berthold Otto berichtete Hermann Rassow, einem zu dieser Zeit wichtigen Vertrauten, davon in einem Brief:

> „Dann möchte ich gleich noch eine andere Angelegenheit mitteilen, die mir seit einigen Wochen stark im Kopf herum geht. Der Verlagsbuchhändler Franke, in Firma Fischer und Franke, der zwei Töchter bei mir hat und der auch die erste Eingabe an die Potsdamer Regierung entworfen hatte, machte mir den Vorschlag meine Anstalt in ein Internat zu verwandeln und nach einem Dorf ein wenig weiter hinaus, eine Station hinter Zossen, nach Wünzdorf zu verlegen. Er hat dort ein Grundstück zwischen Wald und See gekauft, von dem er 13 Morgen etwa für eine solche Anstalt verwenden wollte. (…) Ich sollte die Leitung der ganzen Sache in Händen behalten, freie Wohnung, 5000 Mark Gehalt und etwa ebenso viel Tantiemen erhalten und brauchte selber keine Pensionäre zu nehmen"[58].

Dieses Angebot – so verlockend es ist, immerhin gäbe es ein garantiertes Gehalt – würde eine Veränderung der Schulstruktur bedeuten und stellte für Berthold Otto keine Alternative dar. Das begründete er Rassow gegenüber im gleichen Brief so:

> „Ich betrachte meine Anstalt als Versuchsstation für alles, was auf diesem Gebiete zu leisten ist. Und grade darin liegt für mich der Hauptwert meiner Anstalt, garnicht in dem, was im Einzelfalle schon geleistet ist. (…) Und dann hoffe ich, wenn es mir gelingt, diese Anstalt in Lichterfelde zu halten und auszugestalten, dass dann Studenten im älteren Semester und Lehrerinnen, wie es ja schon wiederholt geschehen ist, eine Weile zu mir kommen, um diese Art des Unterrichtens durch eigene Betätigungen kennen zu lernen. Alles das würden wir verloren sehen, wenn ich mich auf die Übersiedelung nach Wünzdorf einliesse."[59]

Otto sah seine Aufgabe umfassender als das, was „im Einzelfalle schon geleistet ist". Es ging ihm darum, die Schulreform als solche voranzutreiben,

---

[58] Berthold Otto an Hermann Rassow, 18.2.1908; DIPF/BBF/Archiv, Nachlass Berthold Otto OT 480 Bl.148.
[59] Berthold Otto an Hermann Rassow, 18.2.1908; DIPF/BBF/Archiv, Nachlass Berthold Otto OT 480 Bl.149.

und dazu wiederum sah er in seiner Zeitschrift das probate Mittel. Die Zeitschrift hängt davon ab, pädagogische Beobachtungen machen zu können. Ottos pädagogisches Gerüst entstand durch die Erziehung und deren Beobachtung der eigenen Kinder. Diese sind 1907 bereits so groß, dass er kaum noch unterrichtlichen Umgang mit ihnen hatte, so dass die Schule als Experimentalraum für weitergehende Beobachtungen und Auseinandersetzungen diente, die dann – das ist der wesentliche Punkt – publizistisch verarbeitet und in den Kontext des eigentlichen Zieles gestellt wurden:

> „Meine Hoffnung war ja immer, in absehbarer Zeit den „Hauslehrer" so hoch zu bringen, dass ich meine Tätigkeit der Schule unentgeltlich zur Verfügung stellen könnte. Das wäre die eigentlich sinngemässe Organisation: Der „Hauslehrer" als Organ der Bestrebungen, doch auch die unmittelbare Anschauung davon, wie es gemacht werden kann, wie es wenigstens im Familienkreise gemacht werden kann, überall hinträgt, so weit die deutsche Zunge klingt und dann die wirkliche, auch schulmässige Ausführung im Einzelnen, aber im engen Anschluss an den Hauslehrer."[60]

Aus diesen Überlegungen heraus wird deutlich, warum Otto dieses Angebot ablehnen musste: Er wäre in dieser Unternehmenskonstellation zwar „frei in der Ausübung", aber eben nicht „Herr" seiner Schule, sondern ein angestellter pädagogischer Leiter.

Die Ablehnung zeigt, dass für Otto der individuelle Nutzen nicht in der maximalen Abschöpfung monetärer Gewinne lag, sondern in der Verbesserung des Pädagogischen und der möglichst umfangreichen Popularität seiner Ideen.[61] Er ging davon aus, dass er eines Tages durch den „Hauslehrer" finanziell so gestellt wäre, dass die Schule dann keinen finanziellen Beitrag mehr zum Familienbudget erwirtschaften müsse. Diese Hoffnung hat sich nie erfüllt.

3. Fazit

Anhand der Analyse von Berthold Otto als pädagogischem Unternehmer konnte gezeigt werden, dass ein großer Teil seines Erfolges durch die Herstellung einer symbolisch vermittelten Gemeinschaft mit quasi-religiösen Zügen begründet ist. Diese Strategie wird als Erfolgsmoment im Wettbewerb um Ressourcen auf dem pädagogischen Markt verstanden. Entsprechend kann eine systematisch ähnlich gelagerte Analyse auch für andere (reform)pädgo-

---

[60] Berthold Otto an Hermann Rassow, 18.2.1908; DIPF/BBF/Archiv, Nachlass Berthold Otto OT 480 Bl.149.
[61] Das entspricht im Übrigen auch Ottos ökonomischer Vorstellung, die eine Mischung aus Arbeitsgesellschaft und Planwirtschaft darstellt und über den Begriff des „Volksorganismus" zusammengehalten wird.

gische Experimente als ertragreich angenommen werden. Damit wäre auch eine, im positiven Sinne verstandene, Entzauberung reformpädagogischer Gründerinnen und Gründer möglich.

Gleichzeitig wurde durch die Analyse deutlich, dass Berthold Ottos eigentliches Ziel nicht das Betreiben einer Reformschule war, sondern die Initiierung und Umsetzung einer Schul- und – dieser folgend – einer Gesellschaftsreform. Durch diese Zielsetzung wird verständlich, dass die Publizistik für Otto eine höhere Bedeutung hat als die praktizierte Pädagogik, insbesondere, was die Zeitschrift betrifft.

Entsprechend lassen sich weitere Forschungsfragen und -desiderate wie folgt formulieren: Erstens wäre es von Interesse, andere privatwirtschaftlich organisierte Gründungen unter dem Fokus des pädagogischen Unternehmertums und dem Agieren auf dem pädagogischen Markt zu untersuchen und so die Möglichkeit einer vergleichenden Analyse zu schaffen. Auf diesen komparatistischen Aspekt bezogen, erscheint mir auch die Auseinandersetzung mit der religiösen Struktur bedeutsam zu sein, um die Bindekräfte unterschiedlicher Unterstützer/innen an die Gründer/innen bzw. deren Werk genauer bestimmen und beschreiben zu können.

Zweitens fehlt eine umfangreiche komparatistische Analyse reformpädagogischer Zeitschriften des späten Kaiserreiches und der Weimarer Republik hinsichtlich ihrer Zielsetzungen. Diese könnte unter anderem klären, ob Ottos Vorgehen ein singuläres war, oder ob er sich bereits vorhandener und erprobter Methoden bedient hat[62]. Auch die Charakterisierung der Funktionen der entsprechenden Zeitschriften scheint mir ein wesentliches Anliegen zu sein, um zu rekonstruieren, wie der pädagogische Markt der Zeit strukturiert war und welcher Strategien es bedurfte, um auf diesem Markt zu reüssieren.

---

[62] Der Berthold-Otto-Verein beispielsweise wurde strukturell der Charongesellschaft – dem Unterstützungsverein der Charon-Bewegung, mit der Berthold Otto bis 1912 freundschaftlich verbunden war – nachempfunden. Die Entstehung dieses Unterstütervereins hat Rolf Parr rekonstruiert. (R. Parr, Interdiskursive As-Sociation: Studien zu literarisch-kulturellen Gruppierungen zwischen Vormärz und Weimarer Republik, Tübingen 2000). Die Charongesellschaft sollte auf Basis bereits bestehender Ortsgruppen, deren Vorsitzende nahezu alle auch im Umfeld der Berthold-Otto-Schule wiederzufinden sind, neben der Zeitschrift „Die Brücke" das zweite Element einer funktionierenden Öffentlichkeitsarbeit sein. Die von Parr herausgearbeitete Struktur der Öffentlichkeitsarbeit des Charon – nämlich neben der Hauptzeitschrift eine weitere, die sich an Außenstehende wenden sollte („Die Brücke" wird herausgegeben von Karl Röttger, also nicht Otto zur Linde selber) und die Gründung eines Vereins mit Ortsgruppen – weist frappierende Ähnlichkeiten mit der ab 1913 existierenden Form der Öffentlichkeits- und Unterstützungstätigkeit rund um die Hauslehrerbestrebungen auf: Hier wird ebenfalls ein Verein mit Ortsgruppengliederung gegründet und eine weitere Zeitschrift installiert. Es ist davon auszugehen, dass es sich dabei, gerade aufgrund der hohen personellen Überschneidung, nicht um eine Koinzidenz handelt.

Literaturverzeichnis

a) Quellen

Ungedruckte Quellen

Berthold Otto an Hermann Rassow, 18.2.1908; DIPF/BBF/Archiv, Nachlass Berthold Otto OT 480 Bl.148.

Franke u.a. Eltern an Königliche Regierung Abteilung für Kirchen und Schulwesen, Potsdam, 31.8.1907. DIPF/BBF/Archiv, Nachlass Berthold Otto OT 206 Bl.2-3

Kerner, Georg: Aufruf an die Freunde von Hauslehrer und Volksgeist (vmtl. 1924). DIPF/BBF/Archiv, Nachlass Berthold Otto OT 573 Bl.1.

Muth, G.-F., „Freier Gesamtunterricht im Sinne Berthold Ottos" (o.J.), DIPF/BBF/Archiv, Nachlass Berthold Otto OT 621 BL 58-67.

Otto, Berthold: Denkschrift über die Hauslehrerbestrebungen, 1906. DIPF/BBF/Archiv Nachlass Berthold Otto OT 629 Bl.10-17.

Schülerlisten der Berthold-Otto-Schule 1912/1922/1925/1929; DIPF/BBF/Archiv, Nachlass Berthold Otto OT 209 Bl.69-70/75-76/79/88-90.

Gedruckte Quellen

Eitze, F., Gesamtunterrichtsbewegung. Ein Querschnitt durch Lösungsversuche im In- und Ausland, Breslau 1933.

Häußler, G., Das höhere Schulwesen der Stadt Berlin, in: E. Stein, Monographien deutscher Städte. Berlin. Oldenburg i. Gr. 1914, S.109

Kerner, G., Deutsche Volksgeistbriefe, Berlin-Lichterfelde 1928.

Kreitmair, K., Berthold Otto. Ausgewählte pädagogische Schriften, Paderborn, 1963

Metscher, G., Was ist Gesamtunterricht? Ein Beitrag zu seiner Wesensbestimmung, Bad Langensalza 1929.

Otto, B., Die neue Monatsschrift, in: Der Hauslehrer 13(1913)52, S.605-609.

Otto, B., Hauslehrerbestrebungen. Altersmundart und ihre Gegner. Eine Streitschrift, Leipzig 1905.

Otto, B., Sommergruß an alle Freunde des Hauslehrer, in: Der Hauslehrer, 8(1908)27, S.293-297.

b) Sekundärliteratur

Baader, M. S., Erziehung als Erlösung. Transformation des Religiösen in der Reformpädagogik, Weinheim/München 2005.

Baumann, P., Berthold Otto. Der Mann – die Zeit – das Werk – das Vermächtnis, Sechs Bände (I, II: 1958; III, IV: 1959; V, VI: 1962). München 1958-1962.

Becker, G.S., Der ökonomische Ansatz zur Erklärung menschlichen Verhalten, Tübingen 1993.

Bellmann, J., Bildungstheorie und Institutionenökonomik, in: Mangold, M./Oelkers, J. (Hg.), Demokratie, Bildung und Markt, Bern 2003, S.99-122.

Benner, D./Kemper, H., Theorie und Geschichte der Reformpädagogik. Teil 2: Die Pädagogische Bewegung von der Jahrhundertwende bis zum Ende der Weimarer Republik, Weinheim/Basel 2003.

Bergmann, W., Völkischer Antisemitismus im Kaiserreich, in Puschner, U. u.a. (Hg.), Handbuch zur „Völkischen Bewegung" 1871-1918, München 1999, S.449-463.

Dühlmeier, B., Und die Schule bewegte sich doch. Unbekannte Reformpädagogen und ihre Projekte in der Nachkriegszeit, Bad Heilbrunn 2004.
Erath, P., Sozialarbeitswissenschaft. Eine Einführung, Stuttgart, 2006.
Glaser, E., Lehrerinnen als Unternehmerinnen, in Baader, M.S. u.a. (Hg.), Bildungsgeschichten : Geschlecht, Religion und Pädagogik in der Moderne, Festschrift für Juliane Jacobi zum 60. Geburtstag, Köln 2006, S.179-193.
Holtfrerich, C.-L., Die deutsche Inflation 1914-1923. Ursachen und Folgen in internationaler Perspektive, Berlin 1980.
Homann, K./Suchanek, A., Ökonomik. Eine Einführung, Tübingen 2000.
Kersting, C., Vom ‚Interimspädagogen' zum pädagogischen Unternehmer, in: Mangold, M./Oelkers, J. (Hg.), Demokratie, Bildung und Markt, Bern 2003, S.145-173.
Ketelhut, K., Berthold Otto als pädagogischer Unternehmer. Eine Fallstudie zur deutschen Reformpädagogik, Köln u.a. 2016.
Kirchgässner, G., Homo Oeconomicus. Das ökonomische Modell individuellen Verhaltens und seine Anwendung in den Wirtschafts- und Sozialwissenschaften, Tübingen 2000.
Linde, G., Untersuchungen zum Konzept der Ganhzeit der deutschen Schulpädagogik, Frankfurt/M. 1984.
Müller, D./Zymek, B. (Hg.), Sozialgeschichte und Statistik des Schulsystems in den Staaten des Deutschen Reiches 1800-1945. Datenhandbuch zur deutschen Bildungsgeschichte Band 2 Teil 1: Höhere und mittlere Schulen, Göttingen 1987.
Muscheler, U., Haus ohne Augenbrauen. Architekturgeschichten aus dem 20. Jahrhundert, München 2007.
Oelkers, J., Eros und Herrschaft. Die dunklen Seiten der Reformpädagogik. Weinheim/Basel 2011.
Oelkers, J., Reformpädagogik. Eine kritische Dogmengeschichte, München 2005.
Parr, R., Interdiskursive As-Sociation : Studien zu literarisch-kulturellen Gruppierungen zwischen Vormärz und Weimarer Republik, Tübingen 2000.
Pies, I., Euken und Hayek im Vergleich Zur Aktualisierung der ordnungspolitischen Konzeption, Tübingen 2001.
Pies, I./Leschke, M. (Hg.), Gary Beckers ökonomischer Imperialismus, Tübingen 1998.
Puschner, U., Die völkische Bewegung im wilhelminischen Kaiserreich : Sprache – Rasse – Religion, Darmstadt 2001.
Ressler, P., Nonprofit-Marketing im Schulbereich. Britische Schulgesellschaften und der Erfolg des Bell-Lancaster-Systems, Frankfurt/M. 2010.
Roedl, A. (Hg.), Berthold Otto. Leben und Werk, München 1959.
Scheibe, W., Berthold Otto. Gesamtunterricht, Weinheim u.a. 1969.
Schnücker, E., Die Zukunftsschule im Zukunftsstaat. Eine Analyse des Zusammenhangs von Pädagogik, Psychologie und Politik im Werk Berthold Ottos, Bochum 1990.
Ulbricht, J., Das völkische Verlagswesen im deutschen Kaiserreich, in: Puschner, U. u.a. (Hg.), Handbuch zur „Völkischen Bewegung" 1871-1918, München 1999, S.277-301.

3. Neue Kontextuierungen

Christa Uhlig

Reformpädagogik im Spiegel proletarischer Zeitschriften – ein Beitrag zu einem vernachlässigten Strang der Reformpädagogik-Rezeption

Es mag der Eigenart der Reformpädagogik-Rezeption in Deutschland geschuldet sein, dass Pädagogik im Umfeld der Arbeiterbewegung nur selten und dann meist selektiv und partiell in den inneren Kreis erziehungswissenschaftlichen Erkenntnisinteresses vorzurücken vermochte. Blickt man indessen auf die Geschichte der Arbeiterbewegung und die Geschichte der Reformpädagogik zurück, lassen sich, allein schon bedingt durch die historische Gleichzeitigkeit zweier allerdings sehr ungleicher Bewegungen, wechselseitige Wahrnehmungen und Beziehungen kaum übersehen. Pädagogische Reformprogramme in der Arbeiterbewegung entstanden nicht außerhalb des pädagogischen Zeitgeschehens, ihre spezifische Gestalt gewannen sie in intensiver Auseinandersetzung mit pädagogischen Zeitströmungen und besonders mit reformpädagogischen Ideen und Projekten.

Auf welche Weise, in welchem Umfang und mit welchen Intentionen Reformpädagogik in der Arbeiterbewegung rezipiert und reflektiert wurde und die Herausbildung eines eigenständigen Profils einer proletarischen Pädagogik beeinflusste, untersucht der vorliegende Beitrag exemplarisch an einem bislang in bildungshistorischen Zusammenhängen kaum erschlossenen Quellenbestand, und zwar an zwei in ihrer Zeit repräsentativen theoretischen Periodika der proletarischen Bewegung – zum einen an der 1883 von Karl Kautsky gegründeten sozialdemokratischen Zeitschrift *Die Neue Zeit*[1] und der ihr ab 1924 nachfolgenden, von Rudolf Hilferding herausgegebenen *Gesellschaft*[2], zum anderen an den 1895/97 von Josef Bloch gegründeten parteiunabhängi-

---

[1] Die Neue Zeit (1883-August 1923). Revue des geistigen und öffentlichen Lebens. Ab 1901 Wissenschaftliche Wochenschrift (ab 25.1.1923 Halbmonatsschrift) der deutschen Sozialdemokratie. Hg. von Karl Kautsky, ab 1917 von Heinrich Cunow. Dietz, Stuttgart (zit. als NZ).
[2] Die Gesellschaft (April 1924-April 1933). Internationale Revue für Sozialismus und Politik. Hg. von Rudolf Hilferding. Nachfolgezeitschrift der Neuen Zeit. Dietz, Stuttgart (zit. als DGes).

gen *Sozialistischen Monatsheften*³. Beide Zeitschriften existierten bis 1933 und spiegeln somit einen historischen Zeitraum, in dem sich pädagogisches Reformstreben unterschiedlichster Couleur verdichtete und gesellschaftliche Auseinandersetzungen über die Perspektiven von Schule und Erziehung an Schärfe zunahmen und nachhaltige Wirkungen hinterließen.⁴
Nach einigen knappen Anmerkungen zum spezifischen bildungshistorischen Quellen- und Erkenntniswert der Zeitschriften werden Genese sowie Inhalte der Rezeption und Kritik der bürgerlichen Reformpädagogik beschrieben und schließlich Erörterungen über das Wesen einer proletarisch-sozialistischen Reformpädagogik⁵ exemplarisch nachgezeichnet.

1. Zum bildungshistorischen Quellen- und Erkenntniswert der Zeitschriften

Beide Periodika erschienen über eine Zeitspanne, in der der emanzipatorische Anspruch der Arbeiterbewegung in Deutschland trotz staatlicher Repressionspolitik (Sozialistengesetz 1878-1890) gesellschaftliche Geltung erlangte,

---

[3] Sozialistische Monatshefte (1897-Januar 1933). Unabhängiges Organ für Theorie und Praxis des Sozialismus. Hg. von Joseph Bloch. Beilage: Der sozialistische Student (1897-1898). Vorgänger: Der sozialistische Akademiker (1895-1896). Erschien zweimal monatlich, ab 1922 monatlich. Verlag der Sozialistischen Monatshefte, Berlin. Siehe auch Electronic ed. FES Library, Bonn 2006 (zit. als SM).

[4] Der Betrag bezieht sich auf Ergebnisse eines an der Universität Paderborn von der Deutschen Forschungsgemeinschaft geförderten Forschungsprojektes, besonders auf zwei Quellenbände, mit denen relevante Texte zum Thema verfügbar gemacht wurden. Vgl. Ch. Uhlig, Reformpädagogik: Kritik und Rezeption in der Arbeiterbewegung. Quellenauswahl aus den Zeitschriften Die Neue Zeit (1883-1918) und Sozialistische Monatshefte (1895/97-1918). Frankfurt/M. u.a. 2006 (zit. als Quellen 2006); dies. (Hg.), Reformpädagogik und Schulreform. Diskurse in der sozialistischen Presse der Weimarer Republik. Quellenauswahl aus den Zeitschriften Die Neue Zeit/Die Gesellschaft und Sozialistische Monatshefte (1919-1933). Frankfurt/M. 2008 (zit. als Quellen 2008). Sofern darin vorhanden, werden Beiträge aus den Zeitschriften nach der jeweiligen Quellenauswahl mit Verweis auf die laufende Dokumentennummer zitiert; ansonsten nach der originalen Zeitschriftenquelle. Indirekte und direkte Bezüge auf meine eigenen Texte (besonders die Einleitungen zu den Quellenbänden, aber auch Ch. Uhlig, Arbeiterbewegung, in: Handbuch der Reformpädagogik in Deutschland [1890-1933], hg. von W. Keim und U. Schwerdt. Teil 1, Frankfurt/M. u.a. 2013, S.85-108) werden im vorliegenden Beitrag nur dann belegt, wenn es für den Kontext erforderlich ist.

[5] Dieser Begriff kommt so in den Zeitschriften nicht vor. Stattdessen wird von Schulreform, Erziehungsreform, Reformbewegung oder pädagogischer Reform gesprochen. Bei den Begriffen proletarische oder sozialistische Reformpädagogik handelt es sich eher um berechtigte rezeptionsgeschichtliche Zuschreibungen für bestimmte Richtungen reformorientierter proletarischer Pädagogik, um sie einerseits gegen die bürgerliche Reformpädagogik abzugrenzen, andererseits gegen „revolutionäre" Bildungspolitiken, die reformistische Strategien ablehnten und stattdessen Veränderungen der Bildungssituation zugunsten der Arbeiterkinder als Teil bzw. Folge revolutionärer Umwälzungen ansahen.

öffentliches Bewusstsein revolutionierte und in der Weimarer Republik erstmals in die staatstragende bzw. parlamentarische Politik einging. Sie spiegeln politische und theoretische Selbstaufklärungsprozesse, Richtungskämpfe und Spaltung der Arbeiterbewegung und nicht zuletzt Auseinandersetzungen über das Selbstverständnis der Mehrheitssozialdemokratie in der Weimarer Republik.[6] Als Sammelbecken für gesellschaftskritische Intellektuelle, die vor allem im Kaiserreich wegen ihrer Nähe zur Sozialdemokratie aus der akademischen Kommunikation weitgehend ausgeschlossen waren, entwickelten beide Zeitschriften ein beachtliches sozialwissenschaftliches Profil. Es hätte „kein großes bürgerliches wissenschaftliches Institut" gegeben, meinte der Marburger Politikwissenschaftler Wolfgang Abendroth, in dem besonders die *Neue Zeit* unter der Redaktion von Karl Kautsky „nicht unter der Hand [...] gelesen" worden wäre[7]. Ob das auch für die akademische Erziehungswissenschaft galt, mag eine andere Untersuchung prüfen. Dass jedoch auch in bürgerlichen Pädagogenkreisen das Ansehen der Zeitschriften genutzt wurde, beweist eine Annonce der „Gesellschaft für deutsche Erziehungs- und Schulgeschichte", mit der in beiden Periodika um Mitarbeit an dem Projekt eines bibliographischen Verzeichnisses des „gesammten Erziehungs- und Unterrichtswesen[s] in den Ländern deutscher Zunge" geworben wurde.[8]

Die bildungshistorische Bedeutung beider Zeitschriften erschließt sich vor allem aus dem Selbstverständnis der Arbeiterbewegung als Bildungsbewegung – von Wilhelm Liebknecht 1872 in einem Vortrag vor dem Dresdener Arbeiterbildungsverein in die populäre Metapher „Wissen ist Macht – Macht ist Wissen"[9] geprägt. „Nicht in der Faust – im Hirn" läge die „welterobernde Macht" des Proletariats. An die Stelle des „Gebräus von Lug- und Irrlehren und Spülwasser oberflächlichen Halbwissens", das dem Volk verabreicht würde[10], sollten Aufklärung über Gesellschaft, Staat und Politik, Wissen über Naturwissenschaften und über den Menschen selbst, Erschließung von Kunst und Kultur, „Erhöhung des Kulturniveaus", des „Standard of humanity"[11] treten. In diesen Kontext ordnet sich auch das Interesse an Schule und Päda-

---

[6] Auf Auseinandersetzungen zwischen beiden Zeitschriften, in denen sich die Richtungskämpfe der Sozialdemokratie idealtypisch spiegeln, kann im vorliegenden Zusammenhang nicht explizit eingegangen werden. Vgl. hierzu Quellen 2006, 2008, jeweils Kap. 3.
[7] W. Abendroth, Einführung in die Geschichte der Arbeiterbewegung. Von den Anfängen bis 1933. Vorlesungen, bearbeitet von H.-G. Hofschen. 3. Aufl., Heilbronn 1997, S.121 u. 134.
[8] NZ 1895/96 (Quellen 2006, Dok. 26). Die gleiche Annonce wurde auch in der Beilage der SM, Der sozialistische Student 1896, Nr. 7, S.454f. veröffentlicht.
[9] W. Liebknecht, Wissen ist Macht – Macht ist Wissen und andere bildungspolitisch-pädagogische Äußerungen. Ausgewählt, eingeleitet und erläutert von H. Brumme. Berlin 1968, S.93 und 56f.
[10] An unsere Leser. NZ 1883 (Quellen 2006, Dok. 1, S.221).
[11] Ebd., S.223.

gogik ein. Allein schon aus der Begrenzung pädagogischer Publikationsmöglichkeiten im Umfeld der Arbeiterbewegung vor dem ersten Weltkrieg wurden beide Zeitschriften zu einer wichtigen Plattform für bildungspolitische und pädagogische Meinungsbildungen und blieben es auch nach der Herausbildung eines differenzierten pädagogischen Zeitschriftenmarktes in der Weimarer Republik. Bevorzugtes Medium der Auseinandersetzung mit zeitgenössischer Kultur und Wissenschaft waren Rezensionen und Literaturberichte. Das galt auch für die Reformpädagogik, die von Anfang mit kritischem Interesse aufgenommen wurde. Berichte und Rezensionen zu Ellen Key, Berthold Otto, Hermann Lietz, Hugo Gaudig, Georg Kerschensteiner, Paul Natorp, Friedrich Wilhelm Foerster, Helmuth Plessner, Peter Petersen, Gustav Wyneken, Martin Luserke, Kurt Bondy u.a. sind ebenso zu finden wie zur Kunsterziehungs- und Arbeitsschulbewegung, zur Individual- und Sozialpädagogik, zur Reform der Kinder- und Jugendliteratur oder zur Jugendbewegung. Die Zeitschriften spiegeln damit nicht nur ein breites Spektrum zeitgenössischer Kritik bürgerlicher Reformliteratur, sondern gleichermaßen Anknüpfungs- und Abgrenzungsprozesse bei der Herausarbeitung einer proletarischen resp. sozialistischen Pädagogik.

Um beide Periodika sammelten sich Autorenkreise unterschiedlicher Provenienz – vor 1914 gehörten dazu vor allem linke Intellektuelle, die Sozialismus als eine Bildungs- und Kulturaufgabe auffassten; reforminteressierte Volksschullehrer; dem Neukantianismus nahe stehende Gymnasiallehrer; Persönlichkeiten aus Wissenschaft und Kultur und nicht zuletzt bemerkenswert viele Frauen. Frauenrechtlerinnen (einige als ausgebildete Lehrerinnen) wie Clara Zetkin, Käte Duncker, Emma Eckstein, Oda Ohlberg, Hope Bridges Adams Lehmann, Henriette Fürth, Therese Schlesinger publizierten hier ebenso wie die Pädagogen Otto Rühle, Heinrich Schulz, Robert Seidel, Eduard Sack u.v.a. Weniger der tatsächlichen Brisanz ihrer Beiträge wegen, sondern weil Nähe zur sozialdemokratischen Bewegung mit einer Tätigkeit im öffentlichen Bildungswesen nicht vereinbar war, schrieben nicht wenige der Pädagogen unter einem Pseudonym – zum Beispiel der Marburger Gymnasiallehrer und Kantforscher Karl Vorländer (Akademikus), der wegen seiner Rolle im Bremer Religionsstreit 1906 aus dem Schuldienst entlassene Heinrich Eildermann (Arnulf), der Hamburger Schulreformer Karl Blume (K.B.) oder der spätere Mitherausgeber der Zeitschrift *Sozialistischer Erzieher* der Freien Lehrergewerkschaft Deutschlands (1920-1926, 1919 *Der Föhn*) Fritz Ausländer (F.A. oder anonym). Mit der Verschärfung der inhaltlichen Richtungskämpfe in der Sozialdemokratie differenzierte sich die Autorenschaft zwischen der parteioffiziellen „Mehringpresse" und den „reformistischen" *Sozialistischen Monatsheften* um Eduard Bernstein. In pädagogischen Fragen

jedoch zeigt sich mindestens bis zum Ersten Weltkrieg eher Übereinstimmung als Differenz.
Auch nach dem endgültigen Bruch zwischen Revolutionären und Reformern im Ersten Weltkrieg blieb die Autorenschaft repräsentativ. In der Weimarer Republik gehörte die Mehrheit der Autorinnen und Autoren zur Anhängerschaft der SPD und stützte deren bildungsreformerischen Kurs, unter ihnen die sozialdemokratischen Bildungspolitiker Richard Lohmann und Arthur Buchenau, der Initiator der Gemeinschaftsschule Wilhelm Paulsen, die Entschiedenen Schulreformer Paul Oestreich und Fritz Karsen, die Hamburger Schulreformer Johannes Schult und Richard Ballerstaedt, die nach dem konservativen Wahlsieg in Thüringen aus ihrem Amt als Oberregierungsrätin und Jenenser Honorarprofessorin entlassene Anna Siemsen, der Vorsitzende der Kinderfreunde Kurt Löwenstein, die Münchner Schulreformerin und Reichstagsabgeordnete Toni Pfülf, der Kasseler Oberschulrat Heinrich Deiters, der Sozialpädagoge Carl Mennicke, der Vertreter des Weltbundes für Erneuerung der Schule Walther Koch, die erste weibliche Inhaberin eines Lehrstuhls für Pädagogik in Jena Mathilde Vaerting, die Oberschulrätin in Berlin-Brandenburg Hildegard Wegscheider, zeitweise auch Adolf Reichwein. Pädagoginnen und Pädagogen aus dem Umkreis der KPD sind, bis auf wenige Ausnahmen in den *Sozialistischen Monatsheften*, wie der Berliner Studienrat und Reichstagsabgeordnete Ernst Schwarz oder der Sexualpädagoge Max Hodann, fortan unter den Autoren nicht mehr zu finden.

Ergibt sich ein bildungshistorischer Quellenwert der Zeitschriften allein schon aus dieser Autorenschaft, ist ihre gesellschaftstheoretische Interdisziplinarität, die Bildungsfragen ungeachtet zunehmender disziplinärer Profilierungsprozesse in übergreifende gesellschaftliche Zusammenhänge rückte, nicht weniger bemerkenswert.[12] Beide Zeitschriften spiegeln soziale und intellektuelle Milieus, wie sie im Umkreis der meist nur innerhalb der pädagogischen Professionen zirkulierenden pädagogischen Periodika so nicht zu finden sind. Mit breit gestreuten Adressatenkreisen konnten sie zur Herausbildung und Vernetzung einer pädagogisch interessierten Öffentlichkeit beitragen, die demokratische Schulreformen in der Weimarer Republik in hohem Maße stützte.[13]

---

[12] Zu Bildungsfragen äußerten sich z.B. die Rechtswissenschaftler Hugo Marx und Gustav Radbruch, die Philosophen Herbert Marcuse, Walter Benjamin und Ferdinand Tönnies, der Sozialwissenschaftler Carl Mierendorff und die Soziologen Albert Salomon (ab 1928 Nachfolger von Rudolf Hilferding als Herausgeber der *Gesellschaft*) und Theodor Geiger, der Volkswirtschaftler Otto Suhr oder der Maler Otto Nagel.

[13] Zur Bedeutung von Zeitschriften für die Herausbildung linker Intellektuellenmilieus in Deutschland vgl. M. Grunewald/M. Bock (Hg.), Das linke Intellektuellenmilieu in Deutschland, seine Presse und seine Netzwerke (1890-1960). Frankfurt/M. 2002.

2. Rezeption und Kritik bürgerlicher Reformpädagogik und ihre Bedeutung für die Herausbildung einer proletarischen (Reform)Pädagogik

Besonders in der Konstituierungsphase ihrer bildungspolitischen Programmatik vor dem Ersten Weltkrieg entfaltete sich in der Arbeiterbewegung eine hohe Empfänglichkeit für pädagogische Reformideen unterschiedlichster Provenienz. Ein Grund hierfür liegt im Wesen der frühen Arbeiterbewegung selbst.[14] War der Ausschluss proletarischer Schichten aus Bildung und Kultur generell ein starkes Motiv für das Streben nach Partizipation und Bildung, so war es die soziale Lage vor allem der Kinder erst recht – Kinderarbeit, Benachteiligung in Schule und Gesellschaft, mangelnde Fürsorge, autoritäre Erziehungsstrukturen in Öffentlichkeit und Familie. Den Teufelskreis von Unterprivilegierung und Armut zu durchbrechen, in dem die Kinder die am meisten Leidenden und Betroffenen waren (und es heute noch immer sind), war eines der treibenden Ziele der Arbeiterbewegung. So wie sich Friedrich Engels' in seinem 1845 veröffentlichten Bericht über die *Lage der arbeitenden Klasse in England*[15] besonders der Not der Kinder zuwandte, trugen auch andere inzwischen populär gewordene Schriften zur Sensibilisierung der Arbeiterschaft für die Situation ihrer Kinder bei: Marx' Analyse der Kinderarbeit und seine Schlussfolgerungen für ein Konzept polytechnischer Bildung, die er für den Kongress der I. Internationale in Genf 1866[16] ausgearbeitet hatte, Wilhelm Liebknechts Kritik der deutschen Schulverhältnisse in seiner bereits erwähnten Rede *Wissen ist Macht – Macht ist Wissen*[17], August Bebels provokantes, auflagenstarkes Buch *Die Frau und der Sozialismus* (1879), das u.a. dem Zusammenhang von Frauen- und Kinderemanzipation nachgeht. Sie alle hatten sehr wohl erkannt, dass sich Kinder in einer doppelten sozialen Abhängigkeit befinden, zum einen in der Abhängigkeit von der subjektiven Bereitschaft ihrer Erzeuger, etwas für ihre Kinder zu tun, nicht minder aber in der Abhängigkeit von der objektiven Lage ihrer Eltern. Die Arbeiterbewegung sah sich deshalb von Anfang an als Interessenvertreterin der Kinder, denn:

„Der einzelne Arbeiter ist nicht frei in seinen Handlungen. In zu vielen Fällen ist er sogar zu unwissend, die wahren Interessen seines Kindes oder die normalen Bedin-

---

[14] Vgl. H. Grebing, Geschichte der deutschen Arbeiterbewegung. Von der Revolution 1848 bis ins 21. Jahrhundert. Berlin 2007; W. Lesanovsky, Den Menschen der Zukunft erziehen. Dokumente zur Bildungspolitik und zum Schulkampf der deutschen Arbeiterbewegung 1870-1900. Frankfurt/M. u.a. 2003.
[15] K. Marx/F. Engels, Werke. Berlin 1957ff. (zit. als MEW, hier Bd.2, S.225-506).
[16] Der eigentliche Titel der Schrift lautet: Instruktionen für die Delegierten des Provisorischen Zentralrates zu den einzelnen Fragen (MEW, Bd.16, S.193ff.).
[17] Liebknecht 1968.

gungen der menschlichen Entwicklung zu verstehen. Der aufgeklärtere Teil der Arbeiterklasse begreift jedoch sehr gut, daß die Zukunft seiner Klasse und damit die Zukunft der Menschheit völlig von der Erziehung der heranwachsenden Arbeitergeneration abhängt. Er weiß, daß vor allem anderen die Kinder und jugendlichen Arbeiter vor den verderblichen Folgen des gegenwärtigen Systems bewahrt werden müssen."[18]

Um jedoch auf die Probleme der Kinder aus unterprivilegierten Schichten angemessen reagieren zu können, fehlten Ressourcen und pädagogische Kompetenzen. Diskrepanzen zwischen Anspruch, theoretischer Fundierung und programmatischer Konkretisierung wurden umso deutlicher, je mehr sich das Proletariat als politische Kraft behauptete und die Sozialdemokratie mit den Wahlerfolgen der 1890er Jahre auf Reichs- und kommunaler Ebene legislativen Einfluss gewonnen hatte. Es genügte nicht mehr, die öffentliche Schul- und Erziehungspolitik nur zu kritisieren, allgemeine Strukturreformen des öffentlichen Bildungssystems oder sozialpolitische Maßnahmen (wie Achtstundentag, Verkürzung der Frauenarbeitszeit, Lösung der Wohnungsfrage, Schwangeren- und Mütterschutz, Familienförderung, Freizeitbetreuung u.a.m.) zu fordern. Es bedurfte gleichermaßen adäquater pädagogischer Vorstellungen als „allgemein gültige Richtschnur in Schulfragen"[19].

Diese Phase des Suchens fällt in jenen historischen Zeitabschnitt industriekapitalistischen Strukturwandels und gesellschaftlicher Umbrüche, der auf vielen Gebieten Reformstaus signalisierte und soziale, lebensreformerische und pädagogische Gegenbewegungen hervorbrachte, die auch in Arbeitermilieus Resonanz fanden.[20] Auch in der oft avantgardistisch anmutenden reformpädagogischen Kritik an Schule und Erziehung sah die Arbeiterbewegung manches ausgedrückt, was sie selber bewegte. Nicht wenige Reformpädagogen im wilhelminischen Deutschland hatten zudem, wie die Anhänger der Arbeiterbewegung auch, eine gesellschaftliche Außenseiterposition inne und agierten in Differenz zum bildungspolitischen und pädagogischen Establishment. Interesse erregte, was das sozialpolitische und gesellschaftstheoretische

---

[18] K. Marx, Instruktionen ... (MEW, Bd.16, S.194).
[19] K. Duncker, Die Schulreform der Sozialdemokratie. NZ 1910/11 (Quellen 2006, Dok. 90, S.486); vgl. auch H. Schulz, Der Weg zum Reichsschulgesetz, Leipzig 1920, S.35.
[20] Das spiegelt sich auch in der zeitgenössischen proletarischen Presse, z.B. in Hinweisen und Auseinandersetzungen zu gesunder Lebensweise, Naturheilkunde, Sexualaufklärung, Alkoholmissbrauch u.a.m. Vor allem die Antialkoholbewegung fand nicht zuletzt aus sozialpädagogischen Erwägungen in der Sozialdemokratie Unterstützung, z.B. auch durch Clara Zetkin und Heinrich Schulz (vgl. H. Groschopp, Zwischen Bierabend und Bildungsverein. Zur Kulturarbeit in der deutschen Arbeiterbewegung vor 1914, Berlin 1985, S.167ff.). Kritisch dazu u.a. Karl Kautsky (vgl. Quellen 2006, S.54f.). Zur gesamten Situation vgl. Die Lebensreform. Entwürfe zur Neugestaltung von Leben und Kunst um 1900, 2 Bde., hg. von K. Buchholz, u.a., Darmstadt 2001; H. Grebing (Hg.), Geschichte der sozialen Ideen in Deutschland. Sozialismus, Katholische Soziallehre, Protestantische Sozialethik. Handbuch. Essen 2000.

Konzept der Arbeiterbewegung zu stützen und geeignet schien, bildungsprogrammatische Desiderata aufzuarbeiten bzw. in zeitgenössischen Diskursen mitzuhalten. In der Reformrhetorik und -symbolik trifft man daher auf deutlich mehr Gemeinsames als Trennendes – die Gegenüberstellung von alt und neu, Vergangenem und Zukünftigem, das Kind als Hoffnungsträger und Erlöser, Kreativität, Aktivität und Harmonie als Merkmale des neuen Menschen, die Sehnsucht nach Licht, Luft, Sonne, Natur u.a.m. Wie sich die Arbeiterbewegung zu bürgerlichen Reformen zu stellen habe, bestimmte lange Zeit Auseinandersetzungen um Inhalte und Werte ihres Selbstverständnisses. Während die einen meinten, „von der ‚Rückkehr zur Natur'" sei „die Lösung der sozialen Frage" nicht zu erwarten[21], sahen andere im Sozialismus einen „Heerstrom", in den „alle Nebenströme [...] hineinfließen und [...] von ihm [...] freudig und kameradschaftlich begrüßt werden"[22]. Neben objektiven Bedingungen, die dem Interesse der Arbeiterbewegung an der Reformpädagogik im wilhelminischen Deutschland zugrunde lagen, spielten auch subjektive Faktoren, vor allem personale Beziehungen, eine nicht geringe Rolle. Nicht wenige Exponenten beider Richtungen standen ungeachtet verschiedener weltanschaulicher „Zugehörigkeiten" miteinander in Verbindung. So entstanden multiple kommunikative Netzwerke, die Zweckbündnisse ebenso einschlossen wie lebensweltliche Erfahrungen und individuelle Interessen und in vielerlei Hinsicht meinungsbildend sein konnten.

Ein prägnantes Beispiel hierfür ist das Projekt einer *Versuchsschule für moderne pädagogische Bestrebungen*[23], das von einer pädagogisch interessierten Gruppe um die sozialdemokratische Münchner Ärztin und Sozialreformerin Hope Bridges Adams Lehmann[24] ausging und ein erstes, unterschiedliche Reformansätze vereinigendes Praxismodell einer proletarischen Reformpädagogik darstellt. Es ist zu vermuten, dass dieser Idee Anregungen aus dem heterogenen Freundes- und Bekanntenkreis Adams Lehmanns vorausgingen, dem nicht wenige Prominente aus Politik, Kultur und Wissenschaft zugehörten, u.a. Clara Zetkin, August Bebel, Rosa Luxemburg, die sozialdemokratische Lehrerin Toni Pfülf, der Redakteur der „Münchner Post" Paul Kampffmeyer und seine Ehefrau Margarethe, Karl Kautsky und seine sich für Montessori-Häuser einsetzende Ehefrau Luise, der Vorsitzende der bayerischen Sozialdemokratie Georg von Vollmar und seine mit Ellen Key befreundete Ehefrau Julia, der Psychiater und führende österreichische Sozialdemokrat

---

[21] I. Zadek, Sozialdemokratie und Naturheilkunde. SM 1898 (Quellen 2006, Dok. 121, S.577).
[22] H. B. Adams Lehmann, Mutterschutz. SM 15(1911), S.1242f.
[23] H. B. Adams Lehmann, Die Schule der Zukunft. NZ 1906/07 (Quellen 2006, Dok. 67).
[24] Vgl. M. Krauss, Die Frau der Zukunft. Dr. Hope Bridges Adams Lehmann. 1855-1916. Ärztin und Reformerin. München 2002; zum Schulversuch auch Quellen 2006, S.74ff. und 174-181.

Victor Adler, der Dichter Richard Dehmel, die Frauenrechtlerinnen Anita Augspurg und Lida Gustava Heymann und wohl auch der reformpädagogische Stadtschulrat Georg Kerschensteiner, der ab 1911 mit seinen arbeitsorientierten Versuchsklassen in München Bekanntheit erreichte.[25] Aber anders als Kerschensteiners zielte Adams Lehmanns Plan nicht primär auf rasch verwertbare Zweckbildung, sondern auf allgemeine wissenschaftliche Bildung, „einen Wissensdurst [...], der keinen unmittelbaren Bezug zur Gegenwart hat. Sich eines Genusses zu befähigen, der seine Berechtigung in sich selbst trägt"[26]. Gleiche Bildung für Jungen und Mädchen, frühkindliche Erziehung, multilinguales Lernen schon in der Grundschule, ökonomisch-technologische Einblicke, Handfertigkeiten u.a.m. gehörten ebenso dazu wie soziale und demokratische Kompetenzen, Internationalität und Solidarität, Pflege des Denkens und Selbstbetätigung als Methode. Eine Genehmigung wurde dem Versuchsschulprojekt nicht erteilt, immerhin jedoch ein unentgeltlicher bilingualer Kindergarten mit 150 Plätzen erlaubt, der, über sieben Jahre von der Lehrerin Margarethe Kampffmeyer geleitet, eine Synthese unterschiedlicher pädagogischer Konzepte (Fröbel, Montessori und Kerschensteiners Arbeitsschule) praktizierte.

Wie hier formten sich in der Auseinandersetzung mit reformpädagogischen, aber auch anthropologischen, sozialwissenschaftlichen und ethischen Theorien Vorstellungen vom Kind und seiner Entwicklung, von Bildung und Arbeit, von Schule und Gesellschaft, die das Bildungsideal sowie Grundzüge proletarisch-sozialistischer Pädagogik zunehmend prägten. Gemeinsam war ihnen

- ein auf Emanzipation zielender pädagogischer Humanismus, der von der Bildsamkeit aller Menschen ausgeht,
- ein Gleichheitsanspruch, der in der Balance von Gleichheit und Freiheit Partizipation und Selbstbestimmung für alle sucht,
- ein Menschenbild, das Entwicklung impliziert, den Menschen in der Dialektik von Sozialität und Individualität begreift und Arbeit bzw. Tätigkeit als wesenseigen anerkennt.

Daraus erschlossen sich übergreifende bildungspolitische Forderungen und pädagogische Grundsätze[27], wie Bildung als Aufklärung und wissenschaftli-

---

[25] Zum Freundes- und Bekanntenkreis ausführlich in Krauss 2002.
[26] H. B. Adams Lehmann, Die Schule der Zukunft. NZ 1906/07 (Quellen 2006, Dok. 67, S.441).
[27] Neben zahlreichen Beiträgen in der NZ und den SM vgl. auch die Ausarbeitungen von Heinrich Schulz und Clara Zetkin für den Parteitag der Sozialdemokratie 1906 in Mannheim, die unter der Bezeichnung Mannheimer Leitsätze in die Bildungsgeschichte eingingen (vgl. Quellen zur Geschichte der Erziehung. Ausgewählt von K.-H. Günther u.a., 9. Aufl., Berlin 1980, S.349-353; B. Michael/H.-H. Schepp, Die Schule in Staat und Gesellschaft. Dokumente zur

che Allgemeinbildung; strukturelle und inhaltliche Einheitlichkeit der Schule; Verbindung von Lernen und Arbeiten; Erziehung zu Selbsttätigkeit, Souveränität und Mündigkeit; Gleichberechtigung der Geschlechter; Trennung von Schule und Kirche, Erziehung zu Frieden, Verständigung und Solidarität; Stärkung des öffentlichen (staatlichen) Schulwesens; Sensibilisierung für die Situation der Kinder; Verbindung der Bildungsfrage mit der sozialen Frage und Beachtung des Zusammenhanges von Erziehung und Gesellschaft. Vor dem Hintergrund dieser allgemeinen Leitideen, die als Kriterien zur Beurteilung zeitgenössischer Pädagogik zunehmend Geltung erlangten, modifizierte sich auch die Haltung zu reformpädagogischen Auffassungen. Sie wurden nicht generell abgelehnt, aber deutlich differenziert:
Zustimmung fand die Kindorientierung vieler reformpädagogischer Konzepte, nicht aber ein „Kultus des Kindes"[28]. Die im Einzelnen unterschiedlich akzentuierten Argumente gegen eine abstrakt verstandene Pädagogik vom Kinde gingen vielmehr von einem gemeinsamen anthropologischen und pädagogischen Grundverständnis des Kindes als einem sozialen Wesen, „abhängig von seiner natürlichen, gesellschaftlichen Umwelt"[29], aus. „Das die neueste Schulreform seit der Jahrhundertwende beherrschende Schlagwort: ‚Vom Kinde aus'"[30] sei historisch zwar erklärbar, aber dann rasch zu einem „romantischen Utopismus"[31] geworden, der weder gesellschaftlich noch pädagogisch zu rechtfertigen sei.[32]
Ähnlich fiel die Beurteilung der Jugendbewegung aus. In ihrem Aufbegehren gegen gesellschaftliche Konventionen sah z.B. Fritz Karsen „ein Novum in der gesamten Weltgeschichte" und eine „positive" Umkehr des „ewige[n]

---

deutschen Schulgeschichte im 19. und 20. Jahrhundert. Göttingen/Zürich 1993, S.215-219); Otto Rühles sozialpolitische Studie Das proletarische Kind (München 1911); Heinrich Schulz' Entwurf einer Schulreform der Sozialdemokratie (Dresden 1911) oder – praktisch gewendet – die in der von Clara Zetkin herausgegebenen Frauenzeitschrift *Die Gleichheit* veröffentlichten Erziehungsratschläge für proletarische Eltern, an denen neben Wolfgang Borchardt und Käte Duncker vor allem Heinrich Schulz mitarbeitete (vgl. C. Zetkin/K. Duncker/J. Borchardt, Die Erziehung der Kinder in der proletarischen Familie. Ausgew. u. eingel. von G. Hohendorf. Berlin 1960).

[28] O. Olberg, Rezension zu Ellen Key. Das Jahrhundert des Kindes. NZ 1902/03 (Quellen 2006, Dok. 52, S.387).

[29] W. Paulsen, Die neue Erziehungsbewegung und unser Schul- und Bildungsprogramm. DGes 1925 (Quellen 2008, Dok. 39, S.260).

[30] F. Karsen, Pädagogische Bücher. DGes 1925 (Quellen 2008, Dok. 38, S.246).

[31] A. Behne, Kunst und Schule. SM 1921 (Quellen 2008, Dok. 56, S.331).

[32] Vgl. hierzu z.B. auch A. Siemsen, Beruf und Erziehung. DGes 1924 (Quellen 2008, Dok. 34, S.230); R. Barkan, Was kann Nietzsche der Schulreform sagen? SM 1925 (Quellen 2008, Dok. 67, S.367); M. Vaerting, Der Intellektualismus unserer Schule und der Materialismus unserer Zeit. NZ 1922/23 (Quellen 2008, Dok. 26).

Gegensatz[es] zwischen jung und alt"[33]. Aber das „Getöse um den Generationenunterschied" und den „Kultus, der damit getrieben wird" und „eigentlich immer die bürgerliche Jugend"[34] meint, stieß ebenso auf Kritik wie nationalistische und militaristische Tendenzen in der Jugendbewegung.
Begrüßt wurden Initiativen zur *Verbesserung der Lernbedingungen* durch eine neue aktivierende, kindgerechte Methodik, zur *Erweiterung der Bildungshorizonte vor allem der Volksschulkinder* durch wissenschaftliche, künstlerisch-ästhetische und lebensverbundene Bildung, wie es an zahlreichen Reformschulen in Hamburg, Bremen oder Berlin erfolgreich praktiziert wurde[35], oder *zur Demokratisierung des schulischen Lebens* durch Selbstverwaltung und Mitsprache.
Kritisch hingegen wurde eine Reduzierung auf methodische Reformen gesehen. „Nicht die Methode an sich" sei „das Übel, sondern die blinde, die subalterne, die oktroyierte, die gedankenlose Methode. Methodenlosigkeit, die darauf wartet, daß aus dem angenehm angeregten Kind schon das Beste wachsen werde, ist pädagogischer Dilettantismus."[36]
Aber es gab auch *Unsicherheiten* im Umgang mit bürgerlichen Konzepten, besonders *in Einschätzungen der Arbeitsschule* und *der Landerziehungsheime*. In den Auseinandersetzungen darüber, wie die Verbindung von Bildung und Arbeit theoretisch und praktisch zu fassen sei, setzten sich auf lange Zeit nicht die auf moderne Industrie, Technologie und „theoretische Aneignung der Produktionsmittel"[37] bezogenen Marxschen Prinzipien polytechnischer Bildung durch, sondern die eher didaktisch und sozialpädagogisch begründeten Varianten der Arbeitsschulbewegung, die von einer Integration handarbeitlicher Tätigkeiten in Schule und Unterricht ausgingen und in dieser Intention auch von sozialistischen Arbeitsschulpädagogen wie Robert Seidel, Paul Oestreich u.a. weiterentwickelt wurden.[38] Ähnlich wurden die Landerziehungsheime in sozialistische Denkzusammenhänge gebracht, die sich weder aus ihrer Realität noch aus ihren pädagogischen Intentionen begründen ließen. Clara Zetkin hatte sie 1908 als „reifste, höchste Frucht der bürgerli-

---

[33] F. Karsen, Die werdende Gesellschaft und die Schule. NZ 1921/22 (Quellen 2008, Dok. 16, S.172).
[34] G. Möller, Wohin strebt die junge Generation? SM 1931 (Quellen 2008, Dok. 92, S.439).
[35] Als Beispiel O. Amedorf, Hamburgische Schriften zur künstlerischen Jugenderziehung. NZ 1898/99 (Quellen 2006, Dok. 36).
[36] A. Behne, Kunst und Schule. SM 1921 (Quellen 2008, Dok. 56, S.331).
[37] A. Tietze, Die theoretische Aneignung der Produktionsmittel. Gegenstand, Struktur und gesellschaftstheoretische Begründung der polytechnischen Bildung in der DDR. Frankfurt/M. 2012.
[38] Vgl. ausführlicher in Quellen 2006, Kap. 4.1: „Potemkinsche Täuschung" von fraglichem pädagogischen Wert – Arbeitsschule versus polytechnische Bildung; Quellen 2008, Kap. 4.1.4.: Die Arbeitsschule als Arbeitsgemeinschaft; außerdem Tietze 2012.

chen Pädagogik" mit „bedeutsame[n] Keime[n] zur sozialistischen Erziehung" beschrieben, „die allerdings in der bürgerlichen Gesellschaft" nicht gedeihen könnten. Sie hatte dabei vor allem die „pädagogische Wertung der Selbstbetätigung und Selbstentscheidung als Mittel der Selbsterziehung" im Blick.[39] Dies und auch der Gemeinschafts- und Genossenschaftsgedanke, die Internationalität oder auch der Ausschluss hemmender gesellschaftlicher, sozialer und familialer Umweltfaktoren ließen die Landerziehungsheime attraktiv erscheinen und ihre Schattenseiten – elitäre, sozial selektive, privatwirtschaftliche Intentionen, Abgeschlossenheit und Intransparenz, teilweise Ausschluss von Mädchen und fast gänzlich von Arbeiterkindern oder irrationale und nationalistische Züge einiger ihrer deutschen Vertreter – ausblenden.[40] Vor allem in der Weimarer Republik wurden die Landerziehungsheime mehrheitlich „als eine konsequentere Durchführung sozialpädagogischer Ideen", als genossenschaftlich eingestellter „Typ der deutschen Schule"[41], als „Geist der neuen Schulen" angesehen, der „immer mehr in den verschiedenen Ländern in die öffentlichen Schulen"[42] eindringt.

Ungeachtet dieser ambivalenten Haltung blieb die soziale Frage in der Bewertung der Reformpädagogik zentral. Nicht zuletzt deshalb gehörte Paul Natorp, seit August Bebel 1894 dessen Schrift „Pestalozzis Ideen über Arbeiterbildung und soziale Frage" positiv rezensiert hatte, zu den wenigen akademischen Referenzpersonen in der Arbeiterbewegung.[43] Wie Bebel waren auch andere proletarische Pädagogen von Natorps sozialpädagogischem Denkansatz angetan und stimmten darin überein, dass Pädagogik gleichermaßen von den individuellen wie sozialen Bedingungen des Aufwachsens und Lernens

---

[39] Rede Clara Zetkins zur Begründung der Resolution zur Gründung einer sozialistischen Jugendorganisation auf der fünften sozialdemokratischen Frauenkonferenz in Nürnberg am 12. September 1908, zitiert nach C. Zetkin, Revolutionäre Bildungspolitik und marxistische Pädagogik, ausgew. Reden und Schriften. Eingel. u. erl. von G. Hohendorf, Berlin 1983, S.238.

[40] H Bauer weist in seiner Schrift Zur Theorie und Praxis der ersten deutschen Landerziehungsheime (Berlin 1961, S.110ff.) nicht nur auf die antiproletarische politische Haltung Lietz' hin. Er kann an der sozialen Zusammensetzung der Schülerschaft in Haubinda auch zeigen, dass unter den 940 zwischen 1901 und 1920 registrierten Schülern nur ein Arbeiterkind war. Den größten Anteil nahmen Kinder von Industriellen und Kaufleuten (44,3%) sowie aus Kreisen der Intelligenz (33,7%) ein.

[41] A. Buchenau 1919/20 (Quellen 2008, Dok. 9, S.150).

[42] W. Koch, Weltaufgaben der Erziehung. SM 1920 (Quellen 2008, Dok. 53, S.323); vgl. auch H. Wegscheider, Rezension zu Fritz Karsen: Deutsche Versuchsschulen der Gegenwart und ihre Probleme. NZ 1922/23 (Quellen 2008, Dok. 29); F. Karsen, Freies Bildungswesen DGes 1926 (Quellen 2008, Dok. 41). In dieser Sammelrezension zeigt Karsen eine eher unkritische Haltung zu den Missbrauchsfällen in Wickersdorf – „trotz des Peinlichen, was vor einigen Jahren geschehen sein soll" bleibe Wyneken der „größte Name" der Jugendbildung (S.265).

[43] A. Bebel, Rezension zu Paul Natorp: Pestalozzis Ideen über Arbeiterbildung und soziale Frage. NZ 1893/94 (Quellen 2006, Dok. 19).

ausgehen und eine vernünftige, menschenwürdige und kultivierte gesellschaftliche Ordnung soziale Gleichberechtigung und gleiche Bildungschancen voraussetzen müsse [44]. In diesem Verständnis von Pädagogik sah die Arbeiterbewegung nicht nur die soziale Frage, sondern auch das Partizipations- und Emanzipationsbedürfnis der Arbeiterklasse ernst genommen – ganz im Unterschied zum auch in manchen reformpädagogischen Konzepten durchscheinenden „Bourgeoissozialismus"[45], der die Arbeiterschaft als Wohltätigkeits- und Fürsorgeobjekt sieht.

Eine neue Qualität erreichte die Auseinandersetzung mit der bürgerlichen Reformpädagogik in der Weimarer Republik. Einerseits nachhaltig begrenzt durch die Folgen der Spaltung der Arbeiterbewegung und fundamentale ideologische Interessenkämpfe eröffneten das demokratisch-republikanisch verfasste Gesellschaftssystem und die freilich immer fragile politische Machtbeteiligung der Mehrheitssozialdemokratie andererseits neue Handlungsspielräume und Chancen zur Realisierung eigener bildungspolitischer und pädagogischer Vorstellungen.[46] Manches konnte, wie die vierjährige Grundschule oder der Arbeitsunterricht, pädagogischer Standard werden. Anderes musste auf eine zwar offene und breite, aber doch längst nicht alle Heranwachsenden erreichende proletarische Versuchsschulpraxis beschränkt bleiben, deren Beitrag zur Bildung und Emanzipation, zur Selbständigkeit und demokratischen Erziehung der Kinder aus benachteiligten Milieus allerdings nicht hoch genug gewertet werden kann.[47] Eine grundlegende Bildungsreform ließ sich

---

[44] Vgl. A. Buchenau, Ein Vierteljahrhundert Sozialpädagogik. NZ 1919/20 (Quellen 2008, Dok. 9); K. Vorländer, Die Lebensarbeit Paul Natorps. DGes 1925 (Quellen 2008, Dok. 37).

[45] Als Bourgeois-Sozialismus wurde im Manifest der Kommunistischen Partei (1848) jener „Theil der Bourgeoisie" bezeichnet, der „sozialen Mißständen abzuhelfen [wünscht], um den Bestand der bürgerlichen Gesellschaft zu sichern. [...] Oekonomisten, Philanthropen, Humanitäre, Verbesserer der Lage der arbeitenden Klassen, Wohlthätigkeits-Organisirer, Abschaffer der Thierquälerei, Mäßigkeits-Vereinsstifter, Winkelreformer der buntscheckigsten Art. [...] Sie wollen die bestehende Gesellschaft mit Abzug der sie revolutionierenden und sie auflösenden Elemente." (MEW, Bd.4, S.488).

[46] Vgl. D. H. Gentsch, Zur Geschichte der sozialdemokratischen Schulpolitik in der Zeit der Weimarer Republik: eine historisch-pädagogische Analyse zur Schulpolitik der SPD in Deutschland in den Jahren von 1919 bis 1933. Frankfurt/M. u.a. 1994.

[47] Vgl. exemplarisch Schulreform – Kontinuitäten und Brüche. Das Versuchsfeld Neukölln. Bd. I. 1912 bis 1945, hg. von G. Radde u.a., Opladen 1993; U. Amlung u.a. (Hg.), „Die alte Schule überwinden". Reformpädagogische Versuchsschulen zwischen Kaiserreich und Nationalsozialismus. Frankfurt/M. 1993; H. Schmitt, Topographie der Reformschulen in der Weimarer Republik. Perspektiven ihrer Erforschung, in: Amlung u.a. 1993, S.9-31; G. Radde, Fritz Karsen. Ein Berliner Schulreformer der Weimarer Zeit. Erw. Neuausg. Frankfurt/M. u.a. 1999; H. Neuhäuser/T. Rülcker, (Hg.), Demokratische Reformpädagogik. Frankfurt/M. 2000; T. Rülcker, Die Bremer Versuchsschulen als Erprobungsfeld der Demokratie, in: Neuhäuser/Rülcker 2000, S.115-141; T. Rülcker (Hg.), Modell Berlin. Schule und Schulpolitik in Berlin in der zweiten Hälfte des 20. Jahrhunderts. Frankfurt/M. u.a. 2007; U. Schwerdt, Un-

gegen den allgemein vorherrschenden politischen Konservatismus nicht durchsetzen.[48] Der zeigte sich auch bei manchen bürgerlichen Reformern, die früher durchaus Empathie für die Arbeiter gezeigt, mit sozial-integrativen pädagogischen Konzepten auf das Erstarken der Arbeiterbewegung reagiert hatten und nunmehr dem gewachsenen Selbstbewusstsein der Arbeiterschaft in Bildungsfragen abwehrend gegenüberstanden. Unter dem Titel „Marx oder Herbart" erschien 1924 ein Aufsatz von Wilhelm Rein, in dem die divergierenden Bildungsinteressen deutlich benannt werden: „… der Geist der Erziehung national oder international, religionsverneinend oder bejahend; relativistisch in der moralischen Beurteilung oder streng normativ eingestellt". Sowohl die von der Arbeiterbewegung geforderte Einheitsschule als auch die Forderung nach Weltlichkeit lehnte er als „Zwangsjacke schlimmster Art" ab, weil beides der natürlichen gesellschaftlichen Hierarchie zuwiderlaufe.[49] Selbst der Deutsche Lehrerverein vermochte es nicht, sich von Ressentiments zu lösen, wie sein so genannter Ausschlussparagraph zeigt, der sich formal gegen Doppelmitgliedschaften in Lehrerverbänden richtet, real aber aus „hauptsächlich antiproletarischen Beweggründen" vor allem gegen sozialistische

---

terricht, in: Handbuch der Reformpädagogik in Deutschland (1890-1933), hg. von W. Keim und U. Schwerdt. Teil 2. Frankfurt/M. u.a. 2013, S.949-1009.

[48] Nathan Steinberger, ein ehemaliger Schüler der Karl-Marx-Schule in Berlin Neukölln, verweist in einem Rückblick auf seine Schulzeit auf das „enorm politische Gewicht" der Schulreformen in den zwanziger Jahren, weil sie „auf grundlegende Änderungen der sozialen Struktur des Schulwesens und der inneren Ordnung der Schulen" zielten. „Die neue Schule" sollte „zum Grundbestand einer veränderten Gesellschaft" werden, was „zwangsläufig auf scharfe Ablehnung der konservativ und nationalistisch eingestellten Schichten des Bürgertums und des Mittelstandes stieß". „Die Trennlinie zwischen Anhängern und Gegnern der Schulreform verlief seitdem im wesentlichen analog zu den Grenzlinien zwischen links und rechts im Parteienspektrum der Weimarer Republik. Die Arbeiterparteien im Großen und Ganzen standen auf Seiten der Reformer mit sehr viel Varianten und Nuancen, also die USP – die unabhängigen Sozialdemokraten mit vollem Herzen, die Mehrheit [der] Sozialdemokraten eher halbherzig … und die Kommunisten unterstützten Reformen, wenn überhaupt, nur widerwillig, weil sie nicht weit genug gingen und weil sie zudem mit dem Odium des Reformismus behaftet waren […] Erfolg oder Mißerfolg der Reformbewegung war also weitgehend abhängig vom Kräfteverhältnis zwischen den Arbeiterparteien […] und den Parteien der Rechten. Dieses Kräfteverhältnis gestaltete sich in den 14 Jahren des Bestands der Weimarer Republik zunehmend zuungunsten für die Linke." (Interview mit Nathan Steinberger. HUB-Archiv, Hm-Neukölln II/B/K/I). Vgl. auch W. Keim, Politische Parteien, in: Handbuch der Reformpädagogik in Deutschland (1890-1933), hg. von W. Keim und U. Schwerdt, Teil 1, Frankfurt/M. u.a. 2013, S.39-83.

[49] W. Rein, Marx oder Herbart? Langensalza 1924, S.38; zur Gesamtproblematik P. Marxen, Erziehungswissenschaft und Arbeiterbewegung. Die Arbeiterbewegung im Blickfeld pädagogischer und schulpolitischer Konzeptionen in Deutschland in der Zeit vor und nach dem 1. Weltkrieg. Frankfurt/M. u.a. 1984.

Lehrer und Lehrerinnen und ihre Vereine.⁵⁰ Eine breite, unterschiedliche Standpunkte tolerierende schulreformerische Kooperation konnte in dieser politisch-ideologischen Spannungslage offensichtlich nicht entstehen.

3. Diskurse über das Wesen einer proletarisch-sozialistischen (Reform)Pädagogik

Vor dem Ersten Weltkrieg wegen ihrer Schulkritik und ihres pädagogischen Avantgardismus als Impulsgeberin mehr geschätzt als kritisiert, beschleunigte sich in der Weimarer Republik ein Ablösungsprozess von bürgerlichen reformpädagogischen Auffassungen. „Das Leben der modernen Gesellschaft", schrieb der zunächst in Hamburg und dann in Berlin tätige Schulreformer Wilhelm Paulsen in der *Neuen Zeit*, stelle „größere Ansprüche und Forderungen an die Schule, damit die Jugend sich in ihm behauptet und nicht wund und geschlagen an Körper und Seele in ihm untergehe." Deshalb gelte es nun, „mit eigenen Augen in die Gegenwart" hineinzusehen, „sie mit eigenen Sinnen zu begreifen, um das, was in ihr an Idealen und Ueberzeugungen lebt und an Kräften sie bewegt, mit eigenen Worten zu formulieren".⁵¹ Zwar blieben die meisten der sozialistischen Pädagoginnen und Pädagogen der 1920er Jahre mehr oder weniger bewusst mit reformpädagogischen Denktraditionen⁵² verbunden, es wuchs jedoch zugleich das Bedürfnis nach unterscheidbaren pädagogischen Theorien. Noch sei, nach Fritz Karsen 1921, das Bildungswesen „über das Stadium des Experiments" „zu keiner dauernden Formung vorgedrungen".⁵³ Aber er sieht eine „werdende Erziehung" von anfänglicher reformpädagogischer Schulkritik, über verschiedene mehr oder weniger gelungene Alternativmodelle bis hin zur Weiterentwicklung und Realisierung eigener Ideen. Im Vordergrund standen auch in den hier untersuchten Zeitschriften Überlegungen zur Bestimmung des Wesens sozialistischer Pädagogik bzw. die Frage, was das Erziehungsverständnis zu einem genuin „sozialistischen" macht.

Für Wilhelm Paulsen stellt sich das Wesen einer sozialistischen Pädagogik nicht allein als Summe von Einzelforderungen dar. Vielmehr müssten „For-

---

⁵⁰ V. Hoffmann, Der „Rausschmeißerparagraph" – Zur Geschichte einer Unvereinbarkeitsklausel im Deutschen Lehrerverein (DLV) der Weimarer Republik, in: M. Heinemann (Hg.), Der Lehrer und seine Organisationen. Stuttgart 1977, S.186.
⁵¹ W. Paulsen, Die neue Erziehungsbewegung und unser Schul- und Erziehungsprogramm. DGes 1925 (Quellen 2008, Dok. 39, S.253).
⁵² Deutlich vor allem in Konzepten der Arbeitsschule, der Gemeinschaftserziehung, der Idee vom neuen Menschen, aber auch in lebensreformerischen Intentionen.
⁵³ F. Karsen, Die werdende Gesellschaft und die Schule. NZ 1921/22 (Quellen 2008, Dok. 16, S.173).

derungen der Einheitsschule, der weltlichen Schule, der Arbeitsschule, der Produktionsschule, der Gemeinschaftsschule, die Grundsätze der Individual- und Sozialerziehung" „aus einer Formel, aus einer einheitlichen Grundauffassung abgeleitet, von einem geistigen Gesamtwert zusammengehalten werden".[54] Gelänge dies nicht,

> „so wird die Anarchie auf dem Gebiete des Schul- und Erziehungswesens andauern, der Wirrwarr der Meinungen unter den Pädagogen, der Partei- und Gruppenstreit um die Schule bestehen bleiben und die große Teilnahmslosigkeit, die leider auch in der sozialistischen Oeffentlichkeit Bildungsfragen gegenüber besteht, nicht aufhören".[55]

Fritz Karsen sieht die „sozialistische Pädagogik [...] von den zentralen Gedanken der Arbeit und Gemeinschaft bestimmt".[56] Kurt Löwenstein hebt die „Tendenzen der Oeffentlichkeit, der Demokratisierung, der produktiven Arbeit, der genossenschaftlichen Produktion, des Internationalismus" besonders hervor.[57] Für den im *Weltbund für Erneuerung der Erziehung* tätigen Walther Koch besteht die „wahre sozialistische Erziehungsidee" „nicht im Aufstieg der *Tüchtigen* und im Zurückbleiben der *Unbegabten*" – das wäre „antisozial und kapitalistisch-liberal gedacht"; vielmehr komme „es darauf an die Gesamtheit als Ganzes zu heben, nicht die geistig fähigsten Köpfe ihr zu entziehen. Ein wirksames Prinzip, um den Menschen in seiner Totalität in der Fülle all seiner Kräfte sich entwickeln zu lassen", sei „die Einführung der körperlichen Arbeit in die Erziehung, wie sie fast die wesentlichste Forderung der Schulreformer in allen Ländern ist".[58] Anna Siemsen fordert,

> „die beiden Pole fest im Auge [zu] behalten, um die alle Erziehung kreist: das Kind als Ausgangspunkt, mit seinen vielfachen Möglichkeiten als Mikrokosmos und Energiezentrum, und die menschliche Gemeinschaft als Ziel, dem alle Entwickelung zustrebt, und in die das Kind hineinzubilden ist".[59]

Und für Max Adler schließlich steht „der neue Mensch, der in sich selbst den Bruch vollzogen hat mit den Traditionen und der Ideologie der bürgerlichen Welt", im Zentrum sozialistischen Erziehungsdenkens.[60]

---

[54] W. Paulsen 1925, S.248.
[55] Ebd.
[56] F. Karsen, F., Pädagogische Bücher (Sammelrezension). DGes 1925 (Quellen 2008, Dok. 38, S.244).
[57] Zitiert nach ebd., S.246.
[58] W. Koch, Weltaufgaben der Erziehung. SM 1926 (Quellen 2008, Dok. 53, S.324, Hervorhebung im Original).
[59] A. Siemsen, Humanismus und Gegenwartsschule. SM 1924 (Quellen 2008, Dok. 65, S.360).
[60] T. Pfülf, Rezension zu Max Adler: Neue Menschen. Gedanken über sozialistische Erziehung. DGes 1924 (Quellen 2008, Dok. 36, S.237).

Eine Art Metathema und Klammer des gesamten „linken" reformpädagogischen Spektrums stellte dabei die Frage nach den Zusammenhängen von Gesellschaft und Erziehung dar. Herrschte vor dem Hintergrund der repressiv-konservativen Bildungspolitik im kaiserlichen Deutschland die Überzeugung, dass den Interessen der Arbeiterkinder nur in einer Gegenerziehung zu Staat und Gesellschaft entsprochen werden könne, wandelte sich diese Perspektive mit der Weimarer Republik. Während die kommunistische Richtung der Arbeiterbewegung weitgehend am alten Konzept festhielt, sah die Sozialdemokratie hier einen historisch neuen Gesellschaftstyp entstehen, mit dem Identifikation möglich und dessen Gelingen eine „Revolution des ganzen Erziehungswesens"[61] geradezu herauszufordern schien. Die Weimarer Republik wurde als eine „dynamische Gesellschaft" betrachtet, die ihre demokratischen und sozialen Entwicklungspotentiale dann entfalten kann, wenn die Menschen in eine „kritische Stellung zur gesellschaftlichen Gegenwart" gebracht und „schon im Kinde das lebendige Bewußtsein" von Mitverantwortung geweckt würden.[62]

Dieses Verständnis von Erziehung entsprach dem gesellschaftspolitischen Gesamtkonzept der Sozialdemokratie und war so auch in den Zeitschriften angelegt. Sie sahen sich in der Aufgabe, die Bildungsentwicklung in der Weimarer Republik kritisch-konstruktiv zu begleiten, Gestaltungsalternativen für die Praxis aufzuzeigen und Theorieentwicklung aus sozialistischer resp. marxistischer Perspektive zu unterstützen. Ab Mitte der 1920er Jahre war es vor allem Anna Siemsen, die mit ihren Aufsätzen wesentlich dazu beitrug, ein Verständnis von Pädagogik zu verbreiten, das seine Legitimität aus dem Zusammenhang von Politik und Pädagogik bezieht, in pädagogischen Entwicklungen immer auch konkrete gesellschaftliche Interessen artikuliert sieht und umgekehrt Pädagogik als ein aktives gesellschaftliches Gestaltungs- und Entwicklungsmoment begreift, „als Lehre vom Menschen, der sich in der Gesellschaft und durch die Gesellschaft bildet, und von der Gesellschaft, die Bedingung zugleich und Schöpfung des Menschen ist."[63] „Neutralität" könne es in der Erziehung nicht geben. Erziehung müsse

„entweder im Widerspruch mit den Tatsachen zum Glauben an eine beharrende Welt mit ewig gültigen Maßstäben und dauernden Autoritäten erziehen, oder sie muß in der Beobachtung des gesellschaftlichen Wechsels zur Erkenntnis seiner Ge-

---

[61] J. Schult, Rezension zu Siegfried Kawerau: Soziologische Pädagogik. NZ 1920/21 (Quellen 2008, Dok. 14, S.167).
[62] A. Siemsen, Zum Problem der proletarischen Bildungsarbeit. DGes 1930 (Quellen 2008, Dok. 46, S.296).
[63] A. Siemsen, Die humanistische Bildung. SM 1924 (Quellen 2008, Dok. 64, S.359); vgl. auch M. Jungbluth, Anna Siemsen – eine demokratisch-sozialistische Reformpädagogin. Frankfurt/M. u.a. 2012.

setze und zum Gestaltungswillen führen. Beide Haltungen sind politische Haltungen."[64]

Im Unterschied zum Mainstream der zeitgenössischen, geisteswissenschaftlich konstituierten Erziehungswissenschaft und auch der meisten bürgerlichen reformpädagogischen Strömungen präsentierte sich die proletarisch-sozialistische (Reform)Pädagogik mit explizit gesellschaftlichem und politischem Bezug als Erziehung im Dienste der „werdenden Gesellschaft"[65] und zugleich mit einer starken soziologischen Orientierung. „Die Blickrichtung des Proletariats geht dabei notwendig schärfer soziologisch: es sucht die gesellschaftlichen Ursachen der Kindesnot, und sozialistisch: die Aufgaben werden prinzipiell als Aufgaben der Gesellschaft angepackt."[66]

Freilich blieb auch und gerade in den Kreisen, die sich im Umfeld der Zeitschriften zusammengefunden hatten, die konkrete Wahrnehmung der Weimarer Republik ambivalent. Illusionen über ihre machtstrukturellen Konstellationen und ihre gesellschaftliche Leistungsfähigkeit sind ebenso vorzufinden wie Skepsis, Kritik und vehementer Widerspruch. Letzteres nahm in dem Maße zu, in dem die Hoffnung auf grundlegende Reformen schwand, Entwicklungen des Bildungswesens stagnierten und antirepublikanische, antidemokratische Gesinnungen Oberhand gewannen. Es ginge nicht darum, warnte Anna Siemsen 1930, die Weimarer Verfassung „als Schluß- und Zielpunkt einer Entwicklung hinzustellen", sondern darum, ihren Kompromisscharakter zwischen den konkurrierenden Interessen der beiden gegensätzlichen Machtgruppen „Bürgertum und Arbeiterklasse" offen zu legen und an diesen Auseinandersetzungen politisches Lernen zu organisieren.[67] Eine kritiklose Akzeptanz der bildungspolitischen Kompromisse der SPD, mit denen sie – nach Siemsen – weit hinter ihren Zielen aus der Vorkriegszeit zurückgeblieben sei, ist in den Zeitschriften nicht zu finden.

Mit den Befunden der Zeitschriftenanalyse relativiert sich die Einschätzung, dass eine Annäherung der Arbeiterbewegung an die bürgerliche Reformpädagogik quasi erst ein Produkt des reformistischen Kurses der Sozialdemokratie gewesen sei.[68] Eher lässt sich das Verhältnis beider Richtungen als ein

---

[64] Siemsen 1930, S.296.
[65] Vgl. Karsen 1921/22; ders., Die Schule der werdenden Gesellschaft. Stuttgart 1921.
[66] L. Preller, Kind und Gesellschaft (Sammelrezension). SM 1927 (Quellen 2008, Dok.78, S.403); vgl. auch S. Kawerau, Soziologische Pädagogik. Leipzig 1921.
[67] A. Siemsen, Staatsbürgerliche Erziehung. SM 1931 (Quellen 2008, Dok.91, S.437).
[68] Vgl. exemplarisch W. W. Wittwer, Die sozialdemokratische Schulpolitik in der Weimarer Republik. Ein Beitrag zur politischen Schulgeschichte im Reich und in Preußen. Berlin 1980, S.60; U. Bendele, Sozialdemokratische Schulpolitik und Pädagogik im wilhelminischen Deutschland (1890-1914). Eine sozialhistorische empirische Analyse. Frankfurt/M. 1979, S.186f.; ähnlich R. Alt/W. Lemm (Hg.), Zur Geschichte der Arbeitsschule in Deutschland. Teil 1: Von den

von Anfang an durch Nähe und Distanz, Gemeinsamkeit und Differenz, Rezeption und Kritik charakterisiertes Spannungsverhältnis beschreiben, das sich in der Weimarer Republik fortsetzt und bis in die erziehungswissenschaftlichen Konstituierungsprozesse nach dem Zweiten Weltkrieg reicht.[69] In einer konstruktiven Synthese von reformpädagogischen Auffassungen und sozialistischen Erziehungsintentionen[70] profilierte sich vor allem in der schulischen Praxis, aber auch in der Kinder- und Jugendarbeit[71] eine eigenständige, ambivalente, keineswegs widerspruchsfreie, aber durchaus entwicklungsoffene Gestalt proletarisch-sozialistischer (Reform)Pädagogik, die ihre Identität nicht in einer „blinden" Nachahmung bürgerlicher Bildungs- und Lebensvorstellungen suchte, sondern in bildungspolitischen und pädagogischen Gegenentwürfen, die darauf zielten, die nach Bildung strebenden Arbeiterschichten und vor allem die Arbeiterkinder ihren Lebensmilieus nicht zu entfremden, vielmehr ihr Selbstbewusstsein und ihre Selbsterziehungskräfte zu stärken und ihnen zu helfen, eigene Rechte und Bedürfnisse in der Gesellschaft zu behaupten.

4. Fazit

Es ließen sich vermutlich etliche Argumente finden, der Frage nach einer proletarischen (Reform)Pädagogik und ihrer Bedeutung bestenfalls historischen Erkenntniswert zuzugestehen – das mutmaßliche Verschwinden der

---

Anfängen bis 1900, Teil 2: Von 1900 bis zur Gegenwart. Berlin 1970/71, S.40 (Monumenta Paedagogica, Bd. X und XI).

[69] In der SBZ bzw. DDR zeigte sich dieses Spannungsverhältnis in einer permanent ambivalenten Haltung zur Reformpädagogik, die zwischen partieller Rezeption und dogmatischer Ablehnung schwankte. Vgl. als Beispiele G. Hohendorf, Die pädagogische Bewegung in den ersten Jahren der Weimarer Republik. Berlin 1954; R. Alt, Über unsere Stellung zur Reformpädagogik (1956), in: Erziehung und Gesellschaft. Pädagogische Schriften. Ausgew., eingel. u. erl. von K.-H. Günther u.a. Berlin 1975, S.410-444; K.-H. Günther/Ch. Uhlig, Zur Rezeption der Reformpädagogik durch die Pädagogik der Deutschen Demokratischen Republik, in: Pädagogik 43(1988)9, S.718-727; Die Reformpädagogik im Bild der pädagogischen Traditionen der DDR, in: ebd. 43(1988)10, S.794-801; A. Pehnke (Hg.), Ein Plädoyer für unser reformpädagogisches Erbe. Protokollband der internationalen Reformpädagogik-Konferenz am 24. September 1991 an der Pädagogischen Hochschule Halle-Köthen. Neuwied u.a. 1992.

[70] Vgl. G. Hohendorf, der die Reformpädagogik als „zerklüftetes Gebirge" sah, „das von einer Wasserscheide durchzogen wird, deren eine Seite in den Strom der sozialistischen Pädagogik einmündet und diesen ganz wesentlich bereichert hat" (Arbeiterbewegung und Reformpädagogik. Oldenburg 1989, S.47).

[71] Vgl. R. Gröschel (Hg.), Auf dem Weg zu einer sozialistischen Erziehung. Beiträge zur Vor- und Frühgeschichte der sozialdemokratischen „Kinderfreunde" in der Weimarer Republik. Essen 2006; auch Ch. Uhlig, Fahrten und Lager, in: Handbuch der Reformpädagogik in Deutschland (1890-1933), hg. von W. Keim und U. Schwerdt, Teil 2. Frankfurt/M. u.a. 2013, S.1205-1224.

Arbeiterbewegung als Träger einer solchen Pädagogik, das Scheitern ihrer vermeintlichen Fortsetzung in der DDR, die Verwischung traditioneller Klassenstrukturen in der postindustriellen Gesellschaft, die formal proklamierte Chancengleichheit im Bildungssystem u.a.m. Nicht minder jedoch lassen sich Gegenargumente anführen, und zwar in mehrfacher Hinsicht:
1) erziehungswissenschaftliche, weil das Phänomen Reformpädagogik letztendlich nur in der Summe aller ihrer Strömungen und in allen ihren gesellschaftlichen und politischen Bezügen verstanden werden kann. Dabei ist nicht zu übersehen, dass Vielfalt und Unterschiede der pädagogischen Reformströmungen trotz vieler gemeinsamer Erscheinungsbilder eine sich auch in ihren Bildungs- und Erziehungsinteressen zunehmend differenzierende Gesellschaft spiegeln. Ihre Konzepte sind nicht Varianten einer homogenen pädagogischen Zielrichtung, sondern markieren gravierende pädagogische Differenzen im Spannungsfeld zwischen bürgerlicher Elitebildung und Förderung der Bildungspartizipation sozial benachteiligter Kinder, zwischen Ideologie und geistiger Autonomie, zwischen Religion und Weltlichkeit, zwischen Kollektivierung und Individualisierung, zwischen Bildungsanspruch und Bildungsfatalismus u.a. Manche ihrer kritischen wie ihrer konstruktiven Momente wurden von den sozialen Bewegungen seit dem ausgehenden 19. Jahrhundert mitgetragen, weil sie als Reflex auf kapitalistische Modernisierungs- und Krisenprozesse und als immer wiederkehrende Versuche gesehen wurden, mittels Erziehung aus dem Teufelskreis der Reproduktion von strukturellen Zwängen und gesellschaftlichen Zumutungen auszusteigen – ein Motiv, das auch ihre bis in die Gegenwart reichende zyklische Rezeption erklären kann.
2) bildungspolitische, weil soziale Gegensätze trotz politischer Gerechtigkeitsrhetorik fortexistieren, permanent reproduziert werden und die Vision von Chancengleichheit als einem maßgeblichen Aspekt von sozialer Emanzipation und humanistischer Selbstbestimmung an Substanz zu verlieren scheint. Welche Hürden von Kindern aus weniger privilegierten Elternhäusern noch immer zu überwinden sind, zeigt beispielsweise ein 2008 in Gießen gegründeter und mittlerweile an vielen Hochschulstandorten agierender Verein „ArbeiterKind", eine „Initiative für alle, die als Erste in ihrer Familie studieren"[72]. Gründungsmotive waren zum einen die noch immer geringe Zahl Studierender aus nicht-akademischen Familien und zum anderen die subtilen Hürden, die sich speziell für Arbeiterkinder an den Hochschulen auftürmen. Der Zulauf der Ratsuchenden lässt auf die Dimension des Problems und den

---

[72] ArbeiterKind.de-Gruppen gibt es mittlerweile an vielen Universitäten und Hochschulen. Die Initiative präsentiert sich als „größte Community für Studierende der ersten Generation" (Infoblatt, www.arbeiterkind.de).

Bedarf an Kommunikation unter Betroffenen schließen und verweist zugleich auf reale Chancenungleichheiten, die in Gefahr stehen, erneut als Normalität hingenommen zu werden.

3) pädagogische, weil Proklamationen und Argumentationen zur Überwindung sozialer Benachteiligungen im Bildungswesen, so auch viele Initiativen zur Gemeinschaftsschule oder zu Integration und Inklusion, heute oftmals ausgesprochen ahistorisch daherkommen. Aber gerade in den häufig in hohem Maße interessengeleiteten Auseinandersetzungen um schulstrukturelle Reformen könnte historische Vergewisserung die Überzeugung stärken helfen, dass es sich nicht um neu erfundene, sondern um lange umrungene Prinzipien „menschlicher Würde"[73] handelt.

Nicht zuletzt vor diesem Hintergrund ist die wissenschaftliche Beschäftigung mit Ideen und Selbsthilfeprojekten zur Verbesserung der Bildungs- und Lebenssituation für die Kinder aus Arbeiterkreisen und anderen unterprivilegierten Gesellschaftsschichten ebenso wenig obsolet wie die Rekonstruktion der 1933 gewaltsam abgebrochenen entwicklungsoffenen, variantenreichen Denklinien hin zu einer modernen sozialintegrativen Schule und einem humanistischen, zivilgesellschaftlichen Bewusstsein von Bildungsgerechtigkeit.

Literaturverzeichnis

Abendroth, W., Einführung in die Geschichte der Arbeiterbewegung. Von den Anfängen bis 1933. Vorlesungen, bearb. von H.-G. Hofschen, 3. Aufl. Heilbronn 1997.

Alt, R./Lemm, W. (Hg.), Zur Geschichte der Arbeitsschule in Deutschland. Teil 1: Von den Anfängen bis 1900, Teil 2: Von 1900 bis zur Gegenwart. Berlin 1970/71 (Monumenta Paedagogica, Bd. X und XI).

Alt, R., Über unsere Stellung zur Reformpädagogik (1956), in: Erziehung und Gesellschaft. Pädagogische Schriften. Ausgewählt, eingel. u. erl. von K.-H. Günther u.a.. Berlin 1975, S.410-444.

Amlung, U. u.a. (Hg.), „Die alte Schule überwinden". Reformpädagogische Versuchsschulen zwischen Kaiserreich und Nationalsozialismus, Frankfurt/M. 1993.

Bauer, H., Zur Theorie und Praxis der ersten deutschen Landerziehungsheime, Berlin 1961.

Bendele, U., Sozialdemokratische Schulpolitik und Pädagogik im wilhelminischen Deutschland (1890-1914). Eine sozialhistorische empirische Analyse, Frankfurt/M. 1979.

Die Lebensreform. Entwürfe zur Neugestaltung von Leben und Kunst um 1900, 2 Bde., hg. von K. Buchholz u.a., Darmstadt 2001.

Die Gesellschaft (April 1924-April 1933). Internationale Revue für Sozialismus und Politik. Hg. von Rudolf Hilferding. Nachfolgezeitschrift der Neuen Zeit. Dietz, Stuttgart (zitiert als DGes).

Die Neue Zeit (1883-August 1923). Revue des geistigen und öffentlichen Lebens. Ab 1901 Wissenschaftliche Wochenschrift (ab 25.1.1923 Halbmonatsschrift) der deutschen Sozialdemokratie. Hg. von Karl Kautsky, ab 1917 von Heinrich Cunow. Dietz, Stuttgart (zitiert als NZ).

---

[73] G. Chaym, Die sozialistische Schule. SM 1919 (Quellen 2008, Dok. 49, S.308).

Gentsch, D. H., Zur Geschichte der sozialdemokratischen Schulpolitik in der Zeit der Weimarer Republik: eine historisch-pädagogische Analyse zur Schulpolitik der SPD in Deutschland in den Jahren von 1919 bis 1933, Frankfurt/M. u.a. 1994.

Grebing, H. (Hg.), Geschichte der sozialen Ideen in Deutschland. Sozialismus, Katholische Soziallehre, Protestantische Sozialethik. Handbuch, Essen 2000.

Grebing, H., Geschichte der deutschen Arbeiterbewegung. Von der Revolution 1848 bis ins 21. Jahrhundert, Berlin 2007.

Gröschel, R. (Hg.), Auf dem Weg zu einer sozialistischen Erziehung. Beiträge zur Vor- und Frühgeschichte der sozialdemokratischen „Kinderfreunde" in der Weimarer Republik, Essen 2006.

Groschopp, H., Zwischen Bierabend und Bildungsverein. Zur Kulturarbeit in der deutschen Arbeiterbewegung vor 1914, Berlin 1985.

Grunewald, M./Bock, M. (Hg.), Das linke Intellektuellenmilieu in Deutschland, seine Presse und seine Netzwerke (1890-1960), Frankfurt/M. 2002.

Günther, K.-H./Uhlig, Ch., Zur Rezeption der Reformpädagogik durch die Pädagogik der Deutschen Demokratischen Republik, in: Pädagogik 43(1988)9, S.718-727; Die Reformpädagogik im Bild der pädagogischen Traditionen der DDR, in: ebd. 43(1988)10, S.794-801.

Hoffmann, V., Der „Rausschmeißerparagraph" – Zur Geschichte einer Unvereinbarkeitsklausel im Deutschen Lehrerverein (DLV) der Weimarer Republik, in: M. Heinemann (Hg.), Der Lehrer und seine Organisationen, Stuttgart 1977, S.177-189.

Hohendorf, G., Arbeiterbewegung und Reformpädagogik, Oldenburg 1989.

Hohendorf, G., Die pädagogische Bewegung in den ersten Jahren der Weimarer Republik, Berlin 1954.

Jungbluth, M., Anna Siemsen – eine demokratisch-sozialistische Reformpädagogin, Frankfurt/M. u.a. 2012.

Karsen, F., Die Schule der werdenden Gesellschaft, Stuttgart 1921.

Kawerau, S., Soziologische Pädagogik, Leipzig 1921.

Keim, W., Politische Parteien, in: Handbuch der Reformpädagogik in Deutschland (1890-1933), hg. von W. Keim und U. Schwerdt, Teil 1, Frankfurt/M. u.a. 2013, S.39-83.

Krauss, M., Die Frau der Zukunft. Dr. Hope Bridges Adams Lehmann. 1855-1916. Ärztin und Reformerin, München 2002.

Lesanovsky, W., Den Menschen der Zukunft erziehen. Dokumente zur Bildungspolitik und zum Schulkampf der deutschen Arbeiterbewegung 1870-1900, Frankfurt/M. u.a. 2003.

Liebknecht, W., Wissen ist Macht – Macht ist Wissen und andere bildungspolitisch-pädagogische Äußerungen. Ausgew., eingel. u. erl. von H. Brumme, Berlin 1968.

Marx, K./Engels, F., Werke. Berlin 1957ff. (zitiert als MEW).

Marxen, P., Erziehungswissenschaft und Arbeiterbewegung. Die Arbeiterbewegung im Blickfeld pädagogischer und schulpolitischer Konzeptionen in Deutschland in der Zeit vor und nach dem 1. Weltkrieg, Frankfurt/M. u.a. 1984.

Michael, B./Schepp, H.-H., Die Schule in Staat und Gesellschaft. Dokumente zur deutschen Schulgeschichte im 19. und 20. Jahrhundert, Göttingen/Zürich 1993.

Neuhäuser, H./Rülcker, T. (Hg.), Demokratische Reformpädagogik, Frankfurt/M. 2000.

Pehnke, A. (Hg.), Ein Plädoyer für unser reformpädagogisches Erbe. Protokollband der internationalen Reformpädagogik-Konferenz am 24. September 1991 an der Pädagogischen Hochschule Halle-Köthen, Neuwied u.a. 1992.

Quellen zur Geschichte der Erziehung. Ausgew. von K.-H. Günther u.a., 9. Aufl., Berlin 1980.

Radde, G., Fritz Karsen. Ein Berliner Schulreformer der Weimarer Zeit. Erw. Neuausgabe. Frankfurt/M. u.a. 1999.

Rein, W., Marx oder Herbart? Langensalza 1924.

Rühle, O., Das proletarische Kind, München 1911.

Rülcker, T. (Hg.), Modell Berlin. Schule und Schulpolitik in Berlin in der zweiten Hälfte des 20. Jahrhunderts, Frankfurt/M. u.a. 2007.
Rülcker, T., Die Bremer Versuchsschulen als Erprobungsfeld der Demokratie, in: Neuhäuser/Rülcker 2000, S.115-141.
Schmitt, H., Topographie der Reformschulen in der Weimarer Republik. Perspektiven ihrer Erforschung, in: Amlung u.a. 1993, S.9-31.
Schulreform – Kontinuitäten und Brüche. Das Versuchsfeld Neukölln. Bd. I. 1912 bis 1945. Hg. von G. Radde u.a., Opladen 1993.
Schulz, H., Die Schulreform der Sozialdemokratie, Dresden 1911, 2., überarb. Aufl. 1919.
Schwerdt, U., Unterricht, in: Handbuch der Reformpädagogik in Deutschland (1890-1933), hg. von W. Keim und U. Schwerdt. Teil 2, Frankfurt/M. u.a. 2013, S.949-1009.
Sozialistische Monatshefte (1897-Januar 1933). Unabhängiges Organ für Theorie und Praxis des Sozialismus. Hg. von Joseph Bloch. Beilage: Der sozialistische Student (1897-1898). Vorgänger: Der sozialistische Akademiker (1895-1896). Erschien zweimal monatlich, ab 1922 monatlich. Verlag der Sozialistischen Monatshefte, Berlin. Siehe auch Electronic ed. FES Library, Bonn 2006 (zitiert als SM).
Tietze, A., Die theoretische Aneignung der Produktionsmittel. Gegenstand, Struktur und gesellschaftstheoretische Begründung der polytechnischen Bildung in der DDR, Frankfurt/M. u.a. 2012.
Uhlig, Ch., Reformpädagogik: Kritik und Rezeption in der Arbeiterbewegung. Quellenauswahl aus den Zeitschriften Die Neue Zeit (1883-1918) und Sozialistische Monatshefte (1895/97-1918), Frankfurt/M. u.a. 2006 (zit. als Quellen 2006).
Uhlig, Ch. (Hg.), Reformpädagogik und Schulreform. Diskurse in der sozialistischen Presse der Weimarer Republik. Quellenauswahl aus den Zeitschriften Die Neue Zeit/Die Gesellschaft und Sozialistische Monatshefte (1919-1933), Frankfurt/M. 2008 (zit. als Quellen 2008).
Uhlig, Ch., Arbeiterbewegung, in: Handbuch der Reformpädagogik in Deutschland (1890-1933), hg. von W. Keim und U. Schwerdt. Teil 1, Frankfurt/M. u.a. 2013, S.85-108.
Uhlig, Ch., Fahrten und Lager, in: Handbuch der Reformpädagogik in Deutschland (1890-1933), hg. von W. Keim und U. Schwerdt. Teil 2, Frankfurt/M. 2013, S.1205-1224.
Wittwer, W. W., Die sozialdemokratische Schulpolitik in der Weimarer Republik. Ein Beitrag zur politischen Schulgeschichte im Reich und in Preußen, Berlin 1980.
Zetkin, C./Duncker, K./Borchardt, J., Die Erziehung der Kinder in der proletarischen Familie. Ausgew. u. eingel. von G. Hohendorf, Berlin 1960.
Zetkin, C., Revolutionäre Bildungspolitik und marxistische Pädagogik. Ausgewählte Reden und Schriften. Eingel. u. erl. von G. Hohendorf, Berlin 1983.

Till Kössler

Religiöser Fundamentalismus und Demokratie
– Katholische Reformpädagogik nach 1900

Katholische Erziehung und Reformpädagogik scheinen sich wie Feuer und Wasser zueinander zu verhalten. Eine formalistische, distanzierte, autoritäre und körperfeindliche katholische Erziehung scheint geradezu eine Antithese all dessen zu bilden, wofür Reformpädagogik im 20. Jahrhundert stand. Die Gegnerschaft gegenüber dem Schreckensbild einer traditionellen, „kalten" katholischen Erziehung bildete eine gemeinsame Klammer und einen gemeinsamen Nenner für die sehr unterschiedlichen Reformströmungen. War es nicht das gemeinsame Ziel der Reformpädagogen, Kinder aus dem Griff kirchlicher Dogmen zu befreien und sie vor dem Zugriff der katholischen Kirche zu bewahren? Widersprach nicht das katholische Konzept einer angeborenen Erbsünde zutiefst reformpädagogischen Ideen von der Reinheit des Kindes? Und bildete die katholische Betonung von Schuld und Triebunterdrückung nicht einen Gegenpol zu neuen Ideen einer Stärkung der kindlichen Psyche und einer Aktivierung kindlicher Energien?

Dass konfessionelle Erziehung und Reformpädagogik einander ausschlossen, galt nicht nur den zeitgenössischen Protagonisten einer „neuen" Erziehung, sondern auch Generationen von Bildungshistorikern als so selbstverständlich, dass es bislang so gut wie keine wissenschaftlichen Studien zum Thema gibt.[1] Trotz ihrer überragenden gesellschaftlichen Bedeutung in katholischen Ländern und Regionen ist der Wandel katholischer Bildung und Erziehung nach 1900 sowohl in der historischen Bildungsforschung allgemein als auch in der Geschichte der Reformpädagogik im Besonderen bisher kaum beachtet

---

[1] Als Ausnahmen etwa S. A. Curtis, Educating the Faithful. Religion, Schooling, and Society in Nineteenth-Century France, Dekalb/Il. 2000; P. Fass, Outside In. Minorities and the Transformation of American Education, New York 1989, S.189-228 (Kap. 6: Imitation and Autonomy. Catholic Education in the Twentieth Century); P. J. Harrigan, The Social Appeals of Catholic Secondary Education in France in the 1870s, in: Journal of Social History 8 (1975), S.122-41; H. Gast u.a., Katholische Missionsschulen in Deutschland 1887-1940, Bad Heilbrunn 2013.

worden. Auch die wichtigen neueren Studien zur religiösen Dimension der Reformpädagogik, die unser Verständnis der Epoche wesentlich befördert haben, haben sich vor allem mit neureligiösen und esoterischen Ideen und Vorstellungen innerhalb der führenden Reformzirkel befasst, konfessionelle Erziehungsideen jedoch stiefmütterlich behandelt.[2]
Nimmt man sich der Frage des Verhältnisses von Katholizismus und Reformpädagogik genauer an, stößt man jedoch bald auf Befunde, die im Widerspruch zur These eines kategorialen Gegensatzes von Reformpädagogik und katholischer Kirche stehen. Seit längerem bekannt sind etwa die Berührungspunkte von Maria Montessori und katholischer Kirche. Zwar war Montessori keine bekennende Katholikin, doch orientierte sie sich in vielfältiger Weise am Katholizismus.[3] Zugleich beriefen sich katholische Internate seit den 1920er Jahren immer wieder auf bekannte Reformpädagogen. Eine konfessionelle Mädchenschule in Barcelona warb etwa in den frühen 1930er Jahren damit, ihre Schülerinnen nach Methoden Montessoris zu unterweisen, und in Madrid gab es zur gleichen Zeit Pläne, eine katholische Schule nach der Pädagogik des bekennenden Freimaurers Ovide Decroly zu gründen.[4] Auch jenseits solcher punktueller Bezugspunkte zeigt ein Blick in katholische Veröffentlichungen des frühen 20. Jahrhunderts schnell, dass die Annahme einer traditionsverhafteten und gleichsam zeitlosen konfessionellen Erziehung der historischen Wirklichkeit nicht gerecht wird. Katholische Pädagogen interessierten sich für neue Ansätze und Methoden und debattierten intensiv, ob und wie diese in die katholische Erziehungspraxis übernommen werden sollten. Die wichtigste katholische pädagogische Zeitschrift im Spanien der frühen 1930er Jahre, *Atenas*, publizierte regelmäßig Aufsätze zu namhaften Reformpädagogen wie Kerschensteiner, Decroly, Claparède, Freinet und Piaget, und sie tat dies weitgehend unabhängig von deren gesell-

---

[2] M. S. Baader, Erziehung als Erlösung. Transformationen des Religiösen in der Reformpädagogik, Weinheim 2005; Dies., Menschenformung durch religiöse Erneuerung. Reformpädagogik um 1900, in: M. Hettling/M. G. Müller (Hg.), Menschenformung in religiösen Kontexten, Göttingen 2007, S.113-32; F. Osterwalder u.a. (Hg.), Pädagogische Modernisierung. Säkularität und Sakralität in der modernen Pädagogik, Bern 2006.

[3] Vgl. M. Walther, Zur Rolle der Religion in der Pädagogik Maria Montessoris und deren Rezeption in der deutschen Religionspädagogik, in: Zeitschrift für Religionspädagogik 7(2008)2, S.214-225, hier S.219; Baader, a.a.O. (Anm. 2), S.265-74. Vgl. auch F.-M. Konrad, „Wenn es uns an Religion fehlt, so fehlt uns etwas Fundamentales für die Entwicklung des Menschen". Zur Montessori-Rezeption in der katholischen Pädagogik, in: H. Ludwig u.a. (Hg.), Montessori-Pädagogik in Deutschland, Münster 2002, S.43-63; H. Leenders, Der Fall Montessori. Die Geschichte einer reformpädagogischen Erziehungskonzeption im italienischen Faschismus, Bad Heilbrunn 2001.

[4] Werbeanzeige Colegio de Nuestra Señora de Loreto, in: Anuario de educación y enseñanza católica en España 1935/36; P. Martínez Saralegui, Las escuelas nuevas, Atenas 109, März 1941.

schaftspolitischen Positionen, die sich oft deutlich von den katholischen unterschieden.⁵ Auch die Beurteilung des 1912 in Genf gegründeten *Instituts Jean-Jacques Rousseau*, eines der wichtigen Zentren progressiver Pädagogik, fiel trotz der eindeutig säkularen Orientierung der Institution keineswegs durchgängig negativ aus. Viele katholische Erzieher äußerten vielmehr Bewunderung für seine Forscher und ihre Leistungen.⁶ Diese Stellungnahmen sind ein erster Hinweis darauf, dass es innerhalb des katholischen Bildungsmilieus sehr wohl einflussreiche Gruppen von Reformern gab, die für eine Erneuerung katholischer Bildung im Zeichen pädagogischer Reform kämpften. Sie wiesen dabei in Hinblick auf pädagogische Annahmen und Methoden erstaunliche Ähnlichkeiten mit demjenigen Kreis von Pädagogen auf, die gemeinhin zur Reformpädagogik gezählt werden.

Im Folgenden soll diese katholische Erneuerungsbewegung genauer in den Blick genommen, innerhalb der Geschichte des Katholizismus sowie der Reformpädagogik des frühen 20. Jahrhunderts verortet und auf ihre Ergebnisse und Widersprüche hin befragt werden. Das Ziel besteht dabei darin, über eine Diskussion der katholischen Bildung und Erziehung zu einem erweiterten Verständnis der Vielfalt, der Reichweite und der Grenzen der Reformpädagogik nach 1900 zu gelangen. Es wird argumentiert, dass reformpädagogische Programme in sehr unterschiedliche Bildungs- und Gesellschaftskontexte integriert werden konnten und damit auch als Teil einer Problemgeschichte der Demokratie und des religiösen Fundamentalismus betrachtet werden müssen. Bewirkte die Erneuerung katholischer Bildung und Erziehung eine fundamentalistische Radikalisierung religiöser Milieus, oder führte sie im Gegenteil zu einer Liberalisierung und Demokratisierung der nachwachsenden katholischen Generationen? Schließlich geht es auch um die Frage, ob ein Wandel von Bildung und Erziehung nach 1900 pädagogischer Gewalt und Übergriffen neue Schranken setzte. Die Fragen werden in drei Schritten erörtert. Zunächst werden ein knapper Überblick über das katholische Bildungswesen im frühen 20. Jahrhundert gegeben und die Herausforderungen erörtert, mit der sich katholische Pädagogen und Erzieher um 1900 konfrontiert sahen. Vor diesem Hintergrund werden dann in einem nächsten Schritt pädagogische Reformen vorgestellt, die als Reaktionen auf eine Krise des

---

⁵ Vgl. nur R. Blanco, Temas Pedagógicas: Jorge Kerschensteiner, Atenas 27, 15.2.1933; A. Rodriguez, El Método „Decroly" según Mlle. Degand (I.), Atenas 28, 15.3.1933; ders., El Método „Decroly" según Mlle. Degand (II.), Atenas 33, Okt. 19133; zur funktionalen Psychologie Claparèdes: Tusquets, Educación nueva, Atenas 33, Okt. 1933; M. Deyá Palerm, La técnica Freinet en mi escuela, Atenas 42, Juli 1934.

⁶ Rez. P. Bonet, La obra del Instituto J.J. Rousseau, Madrid 1934, Atenas 48, Feb. 1935. Mit gleicher Stoßrichtung: Páginas Pedagógicas. Los tests parciales de lenguaje, Boletín de la Institución Teresiana 250, Jan. 1936.

Katholizismus in der modernen Welt verstanden werden können. Es wird diskutiert, inwieweit sich von einem katholischen Strang reformpädagogischer Erneuerung sprechen lässt. Der dritte Teil wendet sich schließlich grundlegenden Spannungen und Widersprüchen der katholischen Reformen zu und versucht, die Erneuerungstendenzen politisch und gesellschaftlich zu verorten.

Aussagen zum Wandel katholischer Bildung und Erziehung müssen stets die Pluralität katholischer Bildung und Erziehung im Auge behalten. Das katholische Bildungs- und Erziehungswesen war keineswegs zentralistisch organisiert, sondern außerordentlich vielgestaltig und schillernd. Es gewann seine Gestalt durch die Tätigkeit einer Vielzahl religiöser Orden, von den Jesuiten bis zu den Benediktinern, die Schulen und andere Bildungsinstitutionen unter ihrem Dach führten, sich häufig auf ein bestimmtes Bildungsklientel spezialisiert hatten, eigene Bildungstraditionen pflegten und in ein nationenübergreifendes Ordensnetzwerk eingebunden waren. Diese Orden deckten ein weites Spektrum von Erziehungsinstitutionen ab, von elitären Internaten für die Oberschichten bis hin zu berufsbildenden und Armenschulen und Erziehungsheimen für die unteren sozialen Schichten. Prestigeträchtige Eliteschulen und eher karitativ orientierte Volksschulen unterschieden sich deutlich. Verschiedene Orden konkurrierten zudem häufig miteinander um Schülerinnen und Schüler und passten sich dabei an sehr unterschiedliche gesellschaftspolitische und kulturelle Gegebenheiten an. Während etwa einige katholische Internate im Baskenland der baskischen Nationalbewegung nahestanden und Unterricht auch auf Baskisch anboten, orientierten sich andere Internate strikt an patriotisch-nationalspanischen Positionen und unterbanden den Gebrauch der baskischen Sprache.[7] Schließlich müssen auch wichtige Unterschiede katholischer Bildung und Erziehung in einzelnen Ländern berücksichtigt werden, die bisher noch kaum erforscht sind. Katholische Schulen waren immer auch in nationalen Bildungstraditionen verankert und verstanden sich im 20. Jahrhundert stets auch als Teil spezifisch nationaler Bildungsräume.[8] Der vorliegende Beitrag kann die Vielgestaltigkeit katholischer Bildung und Erziehung nur exemplarisch in den Blick nehmen. Er basiert vor allem auf Studien zu Spanien, die sich im Rahmen der Fragerichtung jedoch

---

[7] M. Ostolaza Esnal, Entre religión y modernidad. Los colegios de las Congregaciones Religiosas en la construcción de la sociedad guipuzcoana contemporánea, 1876-1931, Bilbao 2000; Dies./P. Fullana, Escuela católica y modernización. Las nuevas congregaciones religiosas en España (1900-1930), in: J. de la Cueva/F. Montero (Hg.), La secularización conflictiva. España (1898-1931), Madrid 2007, S.187-214.

[8] Dies zeigt der Fall katholischer französischer Missionsschulen im Nahen Osten sehr klar: E. Möller, Orte der Zivilisierungsmission. Französische Schulen im Libanon 1909-1943, Göttingen 2013.

als besonders aussagekräftig erweisen. Der spanische Katholizismus galt im europäischen Vergleich als in hohem Maße reaktionär und gesellschaftspolitisch rückständig. Dem Nachweis von Erneuerungsimpulsen kommt hier entsprechend eine erhöhte Bedeutung zu.

1. Katholizismus, Bildung und Kulturkämpfe um 1900

Das populäre Bild katholischer Erziehung als kinderfeindlich und repressiv entstand in der Aufklärung im Kontext einer erbitterten Auseinandersetzung zwischen protestantischen, später dann liberalen und laizistischen Gruppen und der katholischen Kirche. Im späten 19. und frühen 20. Jahrhundert erreichte es eine weite Verbreitung, wirkte aber noch bis weit in die Nachkriegsjahrzehnte des Zweiten Weltkriegs weiter und ist heute Teil eines westlich-aufgeklärten *common sense* geworden. Dass katholische Erziehung das Gegenteil von Modernität und Liberalität bedeutet, scheint so selbstverständlich zu sein, dass sich eine genauere Nachforschung erübrigt. Diese Annahmen und Bilder müssen jedoch als Teil umfassender Kulturkämpfe verstanden werden, die die Gesellschaften Europas im 19. und frühen 20. Jahrhundert prägten.[9] Das Schreckensbild katholischer Erziehung war auch ein Propagandabild, es diente als Negativfolie, vor deren Hintergrund die eigenen Bildungsprojekte und Erziehungspraktiken abgegrenzt und popularisiert werden konnten. Zumindest in den katholisch geprägten Ländern war die Konfrontation mit dem Katholizismus das zentrale Bindeglied der ansonsten sehr unterschiedlichen reformpädagogischen Erneuerungsströmungen. Reformpädagogik war und ist in diesen Ländern im Bewusstsein von Liberalen und Linken – auch einer Mehrheit von Bildungshistorikern – identisch mit progressiver, laizistischer und damit dezi-diert anti-konfessioneller Erziehung.[10] Diese Einbindung von Reformpädagogen in die säkular-religiösen Kulturkämpfe des frühen 20. Jahrhunderts ist bisher wenig beachtet worden. Zugleich besteht ein merkwürdiger Kontrast zwischen dem Bild katholischer Erziehung als traditionell, autoritär und anti-individualistisch und der Popularität katholischer Bildungsinstitutionen, die gerade auch von Gesellschaftsgruppen, die der modernen Industriegesellschaft zugewandt waren, nachgefragt wurden und bis in die Gegenwart nachgefragt werden.

---

[9] Siehe zum weiteren Kontext: C. Clark/W. Kaiser (Hg.), Culture Wars. Secular-Catholic Conflict in Nineteenth-Century Europe, Cambridge 2003.
[10] Vgl. nur J. Oelkers, Krise der Moderne und Reformer der Erziehung, in: H.-E. Tenorth (Hg.), Klassiker der Pädagogik. Zweiter Band: Von John Dewey bis Paulo Freire, München 2003, S.7-31.

In katholisch geprägten Ländern wie Frankreich, Italien und Spanien hatte die Kirche um 1900 eine wichtige, teilweise hegemoniale Stellung im Bildungswesen errungen. Insbesondere große Teile der Ober- und Mittelschichten entschieden sich für katholische Schulen, die eher als staatliche Schulen moderne Bildungsinhalte gepaart mit einer umfassenden Persönlichkeitsbildung versprachen.[11] Aber auch im gemischt-konfessionellen Deutschen Kaiserreich übte die Kirche über die konfessionellen Volksschulen und Gymnasien einen wichtigen kulturellen Einfluss aus und schuf zudem über ein Netzwerk von Zeitschriften und Instituten ein europaweites kulturelles Milieu, dessen Akteure auch über die Gestaltung von Bildung und Erziehung intensiv debattierten.[12] Die katholische Bildungsbewegung hatte nach der Französischen Revolution eine neue Gestalt und Bedeutung angenommen. Die radikale Säkularisierungspolitik der Revolutionäre als fundamentale Bedrohung der Kirche hatte eine neue Bildungsmobilisierung in Gang gesetzt, die über eine christliche Erziehung der Jugend die Säkularisierungstendenzen zurückdrängen und neue Generationen überzeugter Christen formen wollte. Bereits bestehende Erziehungsorden bauten ihre Tätigkeit aus, und neben sie traten neue Männer- und Frauenorden, die eine Vielzahl neuer Schulen gründeten. Diese Orden hatten eine gemeinsame religiöse und gesellschaftspolitische Agenda, doch konkurrierten sie auch miteinander um Einfluss und ein zahlungskräftiges Klientel. In vielem wie Wirtschaftsunternehmungen organisiert, folgten sie nicht nur kirchlicher Doktrin, sondern mussten auch auf Wünsche von Sponsoren und Eltern eingehen. In dieser Hinsicht unterschieden sie sich nicht grundsätzlich von den Landerziehungsheimen und Reforminternaten als Kristallisationspunkte neuer Erziehung nach 1900.[13]

Um 1900 lässt sich ein neuerlicher Einschnitt katholischer Bildung und Erziehung feststellen. Die Eroberung des Kirchenstaates durch die italienische Nationalbewegung, der deutsche Kulturkampf Bismarcks, die antiklerikale Bildungspolitik der französischen Dritten Republik, alle diese Entwicklungen riefen besorgte Katholiken auf den Plan, um die gesellschaftliche Stellung der Kirche zu sichern und eine Rechristianisierung in Gang zu setzen. Wichtigstes Instrument dieser Bemühungen war die *Katholische Aktion*, die als

---

[11] Curtis, a.a.O. (Anm.1); Harrigan, a.a.O. (Anm. 1); R. J. Wolff, Catholicism, Fascism and Italian Education from the Riforma Gentile to the Carta Della Scuola 1922-1939, in: History of Education Quarterly 20 (1980), S.3-26.

[12] Siehe die Hinweise in: O. Weiß, Kulturkatholizismus. Katholiken auf dem Weg in die deutsche Kultur 1900-1933, Regensburg 2014.

[13] Siehe nur Ostolaza Esnal, a.a.O. (Anm. 7). Zu den Landerziehungsheimen nun: J. Oelkers, Eros und Herrschaft: Die dunklen Seiten der Reformpädagogik, Weinheim/München 2011, S.73-107.

neuartiger Laienverband neben der kirchlichen Hierarchie agierte und Katholiken in unterschiedlichen Gesell-schaftsbereichen organisierte.[14] Neben katholischen Arbeiter-, Familien-, und Jugendverbänden bildeten sich im Rahmen der *Katholischen Aktion* auch Zusammenschlüsse von Bildungsakteuren und Erziehern heraus. Diese beriefen zunächst vor allem große Konferenzen als Orte der Sammlung und Selbstvergewisserung ein, gingen bald aber auch dazu über, durch Zeitschriften, Institute und Kurse eine eigenständige, einzelne katholische Orden und Institutionen übergreifende pädagogische Reflexion zu etablieren und ein gemeinsames institutionelles und konzeptionelles Dach für die verschiedenen katholischen Bildungsanstrengungen zu schaffen. Diesen sollte zu größerer gesellschaftlicher Sichtbarkeit und Durchschlagskraft verholfen werden. Diese Initiativen waren zunächst national ausgerichtet, doch traten die katholischen Reformer bald auch jenseits der traditionellen transnationalen Kommunikationskanäle der religiösen Orden über Landesgrenzen hinweg miteinander in Kontakt. Katholische Pädagogen reisten bald gezielt in andere Staaten, um berühmte Kollegen, Bildungsstätten und Modelleinrichtungen kennenzulernen und begannen Briefwechsel und den Austausch von Schriften. In der Zwischenkriegszeit fanden große internationale Kongresse statt, und es bildeten sich in Europa örtliche Zentren katholischen Bildungs-denkens heraus, etwa um die katholischen Universitäten im belgischen Löwen und im schweizerischen Fribourg.[15]

Diese Initiativen unter dem Schirm der *Katholischen Aktion*, die eine Bündelung und Neuordnung katholischer Bildung und Erziehung bezweckten, trafen innerhalb des Katholizismus nicht nur auf Zustimmung. Vielmehr gab es gerade innerhalb der einzelnen Bildungsorden auch starke Bedenken gegenüber einer Zusammenarbeit und möglichen Eingriffen ordensfremder Kräfte in die eigenen Bildungstraditionen. Doch angesichts der vielfältigen Herausforderungen durch einen wahrgenommenen Rückgang von Kirchlichkeit, kirchenkritische Massenbewegungen, Ausschreitungen in vielen Ländern sowie antiklerikale Gesetzgebungen, die auf eine Begrenzung des kirchlichen Einflusses gerade auch im Bildungswesen zielten, schwand der Widerstand

---

[14] C. Clark, The New Catholicism and the European Culture Wars, in: C. Clark/W. Kaiser, a.a.O. S.11-46.; K. Große Kracht, Französische Katholiken vor der politischen Herausforderung. Die Katholische Aktion in Frankreich in der ersten Hälfte des 20. Jahrhunderts, in: A. Bauerkämper/J. Nautz (Hg.), Zwischen Fürsorge und Seelsorge. Frankfurt/M. 2009, S.155-174; F. Montero, Del movimiento católico a la Acción Católica. Continuidad y cambio, in: F. Montero/J. de la Cueva (Hg.), La secularización conflictiva. España (1898-1931), Madrid 2007, S.169-85; ders. (Hg.), La Acción Católica en la II. República, Alcalá de Henares 2008.

[15] Vgl. T. Kössler, Kinder der Demokratie. Religiöse Erziehung und urbane Moderne in Spanien, 1890-1939, München 2013, S.55-89 (Kap. 1: „Der Kampf um die Einheit des katholischen Erziehungsmilieus bis 1930").

gegenüber innerkatholischen Reformen. In Spanien gründete sich beispielsweise kurz vor Ausrufung der Zweiten spanischen Republik im Jahr 1931 ein katholischer Dachverband für das Erziehungswesen, der in den folgenden Jahren einerseits eine breite Mobilisierung der katholischen Bevölkerung gegen eine Säkularisierung des Schulwesens und die Schließung katholischer Schulen in Gang setzte, andererseits aber auch eine Neuausrichtung katholischer Pädagogik propagierte. Der politische Druck beförderte die pädagogische Innovation. Neue, nicht-konfessionelle Bildungsentwürfe und Erziehungskonzeptionen setzten die katholischen Pädagogen vermehrt unter Zugzwang, ihr Verständnis von Bildung und Erziehung neu zu reflektieren.[16]

2. Konturen einer katholischen Reformpädagogik

Nach dem Ersten Weltkrieg schlug sich die katholische Reformpolitik in einer Vielzahl von Veränderungen in der Gestaltung der Bildungseinrichtungen und in der Erziehungspraxis nieder. Im Folgenden sollen diese Maßnahmen jeweils knapp erörtert und mit solchen Reformprojekten der nicht-konfessionellen Reformpädagogik verglichen werden, die in der deutschsprachigen Forschung bisher besondere Aufmerksamkeit erfahren haben.

a) Zunächst muss betont werden, dass trotz der gravierenden weltanschaulichen Unterschiede katholische wie nicht-konfessionelle Reformpädagogen eine ähnliche Sicht auf die zeitgenössische liberal-bürgerliche Gesellschaftsordnung entwickelten, die beide als im Niedergang begriffen und erneuerungsbedürftig ansahen. Beide Gruppen prangerten einen vermeintlich zügellosen Materialismus und Individualismus in der Gegenwart an und beklagten den Verlust spiritueller Werte und menschlicher Beziehungen. Der gesellschaftspolitische Impuls für pädagogische Reformen unterschied sich somit weit weniger grundsätzlich, als es die heftigen Kulturkämpfe des frühen 20. Jahrhunderts vermuten lassen. Über die weltanschaulichen Gräben hinweg erhofften sich die Reformer eine bessere Zukunft weniger durch soziale oder politische Veränderungen als vielmehr durch eine spirituelle Erneuerung der Individuen in neuen pädagogischen Räumen. Auch die katholischen Reformer waren der Überzeugung, dass eine Erneuerung der Gesellschaft nur über eine neue Erziehung zu erreichen sei. Während allerdings ein Teil der deutschen nicht-konfessionellen Pädagogen die Heranwachsenden möglichst in einer ländlichen Umgebung, fernab der urbanen Zentren erziehen wollten,

---

[16] Ebd., S.76-90. Vgl. auch M. Vincent, Catholicism in the Second Spanish Republic. Religion and Politics in Salamanca 1930-1936, New York 1996.

lässt sich in den spanischen Reformkreisen keine vergleichbare Großstadtfeindschaft feststellen. Vielmehr öffneten sich die Internate in den 1920er Jahren zunehmend der städtischen Lebenswelt, indem sie Schülern mehr Ausgang gewährten und die Besuchsregelungen liberalisierten.[17]
b) Als wichtigster Gegensatz von Reformpädagogik und katholischer Erziehung wird gemeinhin ein gegensätzliches Bild des Menschen angeführt. Während zahlreiche neue Reformpädagogen von der Reinheit und Heiligkeit des Kindes überzeugt waren, hätte die kirchliche Pädagogik auf dem Modell der Ursünde aufgebaut. Dieses Modell gehe von einer angeborenen Schuldhaftigkeit und damit Bösartigkeit des Kindes aus, die durch strenge Erziehung unterdrückt und domestiziert werden müsse. Statt Kindern Freiräume für eine eigengesetzliche Entwicklung zu geben, sei es katholischen Pädagogen vor allem darum gegangen, eigene kindliche Antriebe abzutöten. Für das frühe 20. Jahrhundert trifft diese kontrastierende Sichtweise jedoch nur sehr bedingt zu. Ebenso wie die bürgerlichen Reformer wurden katholische Pädagogen von den neuen medizinischen und entwicklungspsychologischen Debatten beeinflusst, versuchten sich deren Ergebnisse anzueignen und sie für die eigene Tätigkeit nutzbar zu machen.[18] Zwar wurde das Konzept der Erbsünde nicht grundsätzlich verworfen, doch hielten nun auch in die katholischen Erziehungsdebatten neue psycho-biologische Sichtweisen auf die Kindernatur und deren Entwicklung Einzug, die von anderen reformpädagogischen Strömungen so verschieden nicht waren. Das Verhalten des Kleinkindes, so belehrte etwa eine katholische Pädagogin im Jahr 1917 interessierte Eltern, dürfe nicht in moralischen Kategorien beurteilt werden, da, wie die Kinderpsychologie bewiesen habe, das Kind anfangs nur die zwei Impulse Lust und Unlust kenne. Verhaltensweisen, die Mütter oft entsetzt als Ausdruck von Bösartigkeit oder moralischer Schwäche des Kindes interpretierten, seien in Wirklichkeit allein das Ergebnis natürlicher Impulse und Vitalität.[19] Damit einher ging auch ein neues Interesse am individuellen Kind. Katholische Zeitschriften interessierten sich besonders für pädagogische Diagnostik und Testverfahren, und die religiösen Internate richteten in den 1920er Jahren

---

[17] Siehe. zu diesen Liberalisierungstendenzen: E. Herrera Oria, La crisis de hombres en España, Atenas 22 (July 15, 1932). Zum älteren, an Klosterordnungen orientierten System um 1900 vgl. für die jesuitischen Internate : M. Revuelta González, Los colegios de jesuitas y su tradición educativa (1868-1906), Madrid 1998, S.539-550.
[18] Dies zeigt sich etwa in einer Vielzahl neuer katholischer Publikationen zur Kinder- und Schulpsychologie: R. Blanco y Sánchez, Paidología, paidotécnica y pedagogía científica, Madrid 1911; ders., Paidología y paidotécnica. Breve historia de la paidología, Madrid 1920; ders., Psicología pedagógica, Barcelona 1932.
[19] V. de Pitray, No desfallezcáis jamás en cuestiones de educación, RdEF 21, Nov. 1917.

häufig psychologische Kabinette zur besseren Erkenntnis der Persönlichkeit der Schüler und ihrer Begabungen und Fähigkeiten ein.[20]
c) Als ein weiterer gewichtiger Gegensatz von Reformpädagogik und katholischer Erziehung wird oft ein anderes Verständnis des Körpers angeführt. Während die neuen Pädagogen die Vernachlässigung des Körpers in der traditionellen Pädagogik beklagten und für eine neue Hochschätzung alles Körperlichen warben, habe sich katholische Erziehung, so die These, durch eine rigorose Körperfeindschaft ausgezeichnet, da das Leibliche als Einfallstor des Bösen gesehen wurde. Diese Ansicht ist, zumindest mit Blick auf das frühe 20. Jahrhundert, nicht gänzlich falsch. Eine Feier von Nacktheit, wie sie viele nicht-konfessionelle Reformpädagogen zelebrierten, wäre ebenso wie ein gemeinsamer Unterricht von Mädchen und Jungen in katholischen Internaten unvorstellbar gewesen. Eine Kontrolle von Trieben und Emotionen durch den Verstand galt weiterhin als ein wichtiges Erziehungsziel. Jedoch waren die Einstellungen gegenüber dem Körper keineswegs statisch. Im Gegenteil lässt sich nach 1900 eine neue allmähliche Aufwertung des Körpers auch in katholischen Erziehungseinrichtungen feststellen. Dieser Wandel gründete in einer neuen Aufmerksamkeit gegenüber Gesundheitsfragen. Die Schulgesundheits- und Hygienebewegung beeinflusste auch katholische Pädagogen, die daran gingen, nach internationalen Vorbildern Schulgebäude freundlicher und gesünder zu gestalten. Die häufig dunklen und ungeheizten Schulgebäude wurden modernisiert und Licht und Luft auch im katholischen Erziehungsmilieu Sinnbilder einer neuen, gesünderen Erziehung. Wie nichtkonfessionelle Reformschulen verlegten katholische Einrichtungen in den 1920er Jahren Unterricht in Schulgärten und banden Exkursionen in die Natur in die Stundenpläne ein. Deutliches Anzeichen dieser neuen Wertschätzung körperlicher Gesundheit war in Spanien die Einrichtung katholischer Ferienlager am Meer und in den Bergen.[21]
Etwa zeitgleich ließ auch das neue, auf aktive Rechristianisierung der Gesellschaft ausgerichtete pädagogische Programm die Ausbildung eines gesunden und kräftigen Körpers wünschenswert erscheinen. Ein aktiver, glaubensstarker Christ brauchte auch eine körperliche Robustheit, nicht zuletzt, um antiklerikalen Stereotypen männlicher Verweichlichung in der Öffentlichkeit wirksam und augenfällig begegnen zu können.
Die katholischen Schulen führten Sportunterricht ein und gründeten Sportgruppen – an vielen Internaten setzte ein wahres Fußballfieber unter den

---

[20] E. Lull Martí, Jesuitas y pedagogía: El Colegio San José en la Valencia de los años veinte, Madrid 1997, S.330-46.
[21] Zu diesen Reformen siehe nur: Crónicas Octubre: El colegio modelo, in: Revista Calasancia 10 (1922), S.939-54, hier S. 942-45. Siehe auch; Lull Martí, a.a.O., S.419-24.

Schülern ein – und wohlhabende Internate bauten Schwimmbäder und Tennisplätze und richteten sogar eigene Sportzentren in der Nähe der Schulen ein. Sportliche Tüchtigkeit gewann ein neues Prestige und ordensinterne Vorbehalte gegen Leibesübungen erschienen einer neuen Generation katholischer Erzieher zunehmend anachronistisch.[22] Im Gegensatz zu vielen nicht-konfessionellen Reformpädagogiken spielten allerdings eugenische und sozialdarwinistische Positionen hier nur eine untergeordnete Rolle. Zwar finden sich in pädagogischen Zeitschriften immer wieder auch biologistische Argumentationen, doch wurden diese nur von einer Minderheit von Erziehern aufgegriffen und hatten kaum Auswirkungen auf die Erziehungspraxis an katholischen Einrichtungen.[23]

d) Jenseits dieser allgemeinen Positionen gab es zahlreiche Überschneidungen zwischen katholischen und nicht-konfessionellen Reformern in der Kritik einer formalistischen Schulerziehung und in Versuchen, eine neue, aktive Mitarbeit der Schüler zu erreichen. Den Reformern ging es um eine aktive, gelebte Religiosität. Die ältere Ausrichtung des Unterrichts auf Disziplin und das Memorieren des Katechismus habe zu einer bloß äußerlichen Religiosität und einer nur widerwilligen Anpassung an die kirchlichen Normen geführt, aber nicht die innere Persönlichkeit erreicht. Mit dem Wegfall der äußeren Disziplinarordnung am Ende der Schulzeit sei deshalb auch das religiöse Engagement der meisten Schüler zum Erliegen gekommen. An die Stelle einer bloß äußeren und oft nur gespielten Frömmigkeit sollte eine innere, gelebte und missionarisch geprägte Religiosität treten. Um eine neue religiöse Aktivierung zu erreichen und wahrhaftig christliche Persönlichkeiten zu formen, die dem Druck der feindlich gesinnten Außenwelt und den Verlockungen einer modernen Massenkultur zu widerstehen vermöchten, sahen sich die katholischen Pädagogen auch veranlasst, ihren Zöglingen mehr Freiräume zu gewähren und auf die Interessen der Schüler Rücksicht zu nehmen. Reformer forderten nun, die katholischen Erziehungseinrichtungen in „Schule[n] der Freiheit" zu verwandeln, keinen „Krieg gegen den Willen des Kindes" zu führen und ein neues Klima der „Freiheit und Spontaneität" zu schaf-

---

[22] Zur Entwicklung aus der Sicht der Schüler: J. Ferrer Pi, 6 año, Vida escolar, El Salvador 35, Nov. 1921; Deportes: Cómo juegan los nuestros, Pilar 1, Jan. 1923; Lull Martí, a.a.O., S.291-97.

[23] Zur Rezeption eugenischer Positionen siehe etwa E. Suñer, Herencia y Educación, Madrid 1932; A. Vallejo Nágera, Niños y jóvenes anormales, Madrid 1941. Vgl. allgemein auch R. Álvarez Peláez, Biología, Medicina, Higiene y Eugenesia. España a finales del siglo XIX y comienzos del XX, in: V. L. Salavert Fabiani/Manuel Suárez Cortina (Hg.), El Regeneracionismo en España, Valencia 2007, S.207-40.

fen.²⁴ Ein junger Pädagoge plädierte sogar für eine Schule ohne Strafen, mit einem „Regime der Freiheit", in der sich die Lehrer nicht fürchten, „wenn die Kinder das tun, was sie wollen".²⁵
In der Praxis schlugen sich diese Forderungen in einem intensiven Experimentieren mit neuen Formen der Religionsvermittlung, aber auch der allgemeinen Gestaltung pädagogischer Räume und Praktiken nieder. Selbst katholische Armenschulen legten Wert auf eine kindgerechte Ausgestaltung der Klassenzimmer, an der die Schüler selbst mitwirkten, und eine aktive Einbeziehung der Schüler in den Unterricht.²⁶ Als Orientierungs- und Bezugspunkte dieser Neugestaltung von Schule im Zeichen von Kindorientierung, Freude und Anschaulichkeit boten sich dabei die vielen reformpädagogischen Konzepte an, die in diesen Jahren international breit diskutiert wurden. Die katholischen Erzieher rezipierten diese Debatten, übernahmen die unterschiedlichen Vorschläge jedoch nicht einfach, sondern übersetzten sie in das katholische Bildungsdenken und versahen sie mit einem katholischen Akzent. Insbesondere versuchten sie die neuen Methoden in ein traditionelles Gewand zu kleiden und als Ausdruck eigener Reformtraditionen zu verstehen. Die frühneuzeitlichen katholischen Bildungsreformen und die Jesuitenkollegien des 16. und 17. Jahrhunderts wurden nun zu Referenzpunkten einer zeitgemäßen, die ganze Persönlichkeit umfassenden neuen Pädagogik.²⁷

e) Ein wichtiges Kennzeichen reformpädagogischer Ansätze war eine Kritik der funktional differenzierten und zweckrationalen Gesellschaft sowie eine Verklärung von Gemeinschaft. Reformpädagogische Einrichtungen wollten damit der Verarmung zwischenmenschlicher Beziehungen entgegenwirken und neue organische Gemeinschaften schaffen. Die Idee einer neuen Gemeinschaftsbildung war auch in katholischen Reformkreisen populär und entwickelte sich zu einem zentralen Moment der religiösen Erneuerungsbewegung an den Schulen. Katholische Bildungseinrichtungen beschrieben sich als neue Orte warmer, emotionaler Kommunikation in Abgrenzung von einer kalten, distanzierten und rationalisierten Welt der Konkurrenz und des Egoismus jenseits der Schulmauern. Die Schulen wollten spirituelle Gemeinschaft stiften und dadurch zu einer christlichen Persönlichkeitsbildung beitragen, die nicht nur auf rationalen Einsichten, sondern auch auf Gemein-

---

[24] F. Fernández Sáinz, La inmanencia vital y la educacción, Atenas 41, Okt. 1934; F. Armentia-Mitarte, La autoformación del niño y la autoridad del maestro (II.), Atenas 47, Jan 1935; A. Martínez de la Nava, Las excusiones escolares, Atenas 29, 15.4.1933.
[25] A. González Quevedo, La educación motival de la voluntad (II.), Atenas 58, Feb. 1936.
[26] M. de Madariaga, Una gran obra social. In: Ellas. Semanario de las mujeres españolas, 26.6.1932.
[27] Siehe nur E. Herrera Oria, El colegio nuevo de Curia. Técnica del sistema educativo, Madrid 1934.

schaftserfahrungen gründete und über den Schulbesuch weitergeführt werden sollte. Im Kleinen sollten die Internate die christliche Erneuerung der Gesellschaft vorwegnehmen und als spirituelle Leuchttürme in ihre Umwelt ausstrahlen.[28]
Eine prominente Rolle in dieser Umgestaltung der Schulen sollten nach dem Willen der Reformer religiöse Vereinigungen an den Internaten spielen. Bereits im 19. Jahrhundert hatten die katholischen Internate die Gründung von schulischen Gesellschaften gefördert, die zumeist nach dem Vorbild bürgerlicher und karitativer Vereine aufgebaut waren und sich in der Armenpflege, der Unterstützung katholischer Missionsarbeit engagierten und als kulturelle Bildungsvereine wirkten, die Lesungen, Konzerte und Theateraufführungen organisierten. Nach dem Ersten Weltkrieg veränderte sich jedoch der Charakter dieser Zusammenschlüsse. Die Vereinigungen wandelten sich immer mehr zu religiösen Mobilisierungsgemeinschaften, deren Hauptzweck in der christlichen Persönlichkeitsreform ihrer Mitglieder und in der praktischen Mission im Schulumfeld bestand. Die Reformer wollten die bürgerlichformalen Strukturen und Rituale aufweichen, soziale Hierarchien abmildern und ein neues, von Empathie getragenes Miteinander von Erziehern und Schülern erreichen. Fromme Gesellschaften wie die Marianischen Kongregationen wurden zu Gemeinschaften intensiver religiöser Erfahrung und Praxis umgestaltet. Zudem wurde eine Vielzahl neuer Gemeinschaften gegründet, wie Ehemaligenorganisationen, Missionsgesellschaften und vor allem Studienzirkel, in denen sich Schüler und Lehrer in der gemeinsamen Beschäftigung mit der katholischen Doktrin und aktuellen politischen Fragen in einem Umfeld von Gleichen begegnen und weiterbilden sollten. Schließlich entstanden an vielen Schulen katholische Pfadfindergruppen, die ein nach außen militantes und teilweise uniformiertes Christentum darstellten und deutliche Ähnlichkeiten mit den vielfältigen Organisationen der deutschen Jugendbewegung aufwiesen – wenn sie auch weiterhin unter der formalen Anleitung eines Erwachsenen standen.[29]
Wie in den deutschen Landerziehungsheimen und anderen Reformeinrichtungen entsprach die schulische Realität den hochfliegenden Reformplänen und Gesellschaftsutopien nur zum Teil. Nicht nur blieben existierende, auf dem sozialen Status der Eltern fußende informelle Hierarchien innerhalb der Schülerschaft trotz der Gemeinschaftsrhetorik bestehen, die pädagogischen

---

[28] Siehe nur M. de Echarri, De Sociología, BIT 200, August/Sep. 1931. Siehe etwa auch den Jahresbericht des Internats in Jaén: Crónica de los Internados Teresianos en el año escolar 1924/25, Archiv der Institución Teresiana, Madrid, S.211f.
[29] Zu den einzelnen Organisationen siehe nur die Beiträge im Anuario de educación y enseñanza católica en España, 1935/36, Madrid 1935.

Reformen wiesen auch zahlreiche Widersprüche auf. Insbesondere erweiterten die Reformen zwar die Freiräume der Schüler, verlangten aber zugleich einen hohen Einsatz des Einzelnen. Die Studienzirkel als neue Räume intensivierter, freiwilliger Religiosität etwa wurden von vielen Schülern keineswegs als Orte freundschaftlicher religiöser Vergemeinschaftung erlebt, sondern als weitere unangenehme schulische Verpflichtung, die auch zusätzliche Arbeit in Form von Ausarbeitungen und Referaten einschloss. Doch waren die Reformkonzepte nicht nur hohle Rhetorik. Eine größere Gruppe von Schülern ließ sich tatsächlich durch die neuen Angebote ansprechen und reihte sich in die religiöse Erneuerungsbewegung ein. Diese Mobilisierung lässt sich besonders gut in katholischen Jugendverbänden nachzeichnen, die sich im Kontext der politischen Auseinandersetzungen der Zwischenkriegszeit zu wesentlichen Protagonisten katholischer Rechristianisierung entwickelten.[30]

3. Grenzen und Widersprüche katholischer Reform

Die hier sichtbaren Erneuerungsimpulse veränderten katholische Bildung und Erziehung und wiesen zahlreiche Parallelen zu nicht-konfessionellen Reformprojekten auf, ohne dass allerdings die neue katholische Pädagogik umstandslos in *die* Reformpädagogik integriert werden könnte. Wichtige Unterschiede trennten katholische und nicht-konfessionelle Reformer. Dazu zählte nicht zuletzt die grundlegende Ausrichtung katholischer Erziehung auf das Ideal einer christlichen Lebensführung. Auch müssen die Grenzen pädagogischer Erneuerung deutlich benannt werden. In den Internaten als Ausbildungs- und Rekrutierungsstätten einer neuen katholischen Elite konnten die Reformmaßnahmen früher und einfacher Fuß fassen als in den katholischen Volksschulen und Erziehungsheimen, nicht zuletzt auch deshalb, da diese Schulen sich in einem intensiven Wettbewerb um Schüler befanden und sich mit den Ansprüchen einer zahlungskräftigen Elternschaft konfrontiert sahen. Trotz der deutlichen Unterschiede darf allerdings kein unversöhnlicher Gegensatz zwischen einer nicht-konfessionellen und einer katholischen Reformpädagogik konstruiert werden. Es bestand keine prinzipielle Unvereinbarkeit von Katholizismus und reformpädagogischen Annahmen, Methoden und Zielen. Auch der Umstand, dass die christlichen Reformer keine voll-

---

[30] C. Watanabe, Confesionalidad católica y militancia política. La Asociación Católica Nacional de Propagandistas y la Juventud Católica Española (1923-1936). Phil. Diss., Madrid 2003; ders., La politización de los jóvenes católicos durante la II. República, in: F. Montero (Hg.), La Acción Católica en la II. República, Alcalá de Henares 2008, S.73-87; F.Montero, Juventud y política. Los movimientos juveniles de inspiración católica en España: 1920-1970, in: Studia Historica. Historia Contemporánea 5 (1987), S.106-21.

ständige Neuausrichtung von Bildung und Erziehung erreichten, stellt kein Argument gegen die Existenz einer katholischen Reformpädagogik dar. Vielmehr teilten sie die begrenzte Einflusskraft mit vielen nicht-konfessionellen Reformpädagogen, die zunächst ebenfalls nur in kleinen Zirkeln wirkten und nur bedingt auf das allgemeine Schulwesen einwirkten. Im Katholizismus stieg der Einfluss der Reformer jeweils in Krisenzeiten der Kirche, in denen eine religiöse Erneuerung notwendig erschien, um den Einfluss der Kirche zu sichern. Demgegenüber ging der Einfluss der Reformer jeweils dann zurück, wenn die Kirche eine gesicherte gesellschaftliche und politische Position innehatte beziehungsweise eine kulturelle Hegemonie erreichte, so etwa in den ersten Jahren nach dem Spanischen Bürgerkrieg, als die Kirche eine dominante Stellung im Bildungswesen erringen konnte.[31]

Zugleich kennzeichneten ähnliche Spannungen zwischen Anspruch und Wirklichkeit die katholische Reformpädagogik, wie sie in jüngerer Zeit für die nicht-konfessionelle Reformpädagogik in Deutschland herausgestellt worden sind. Auf zwei wichtige Probleme, die Stellung zur Demokratie und die Frage von Gewalt und Missbrauch, soll im Folgenden noch etwas näher eingegangen werden, um die katholischen Reformen in einer weiteren Problemgeschichte von Erziehung im 20. Jahrhundert zu verorten.

Es ist zunächst ein wesentliches Kennzeichen der katholischen Reformbewegung, dass sich pädagogische Erneuerung mit einer religiösen und politischen Mobilisierung gegen Liberalismus und Säkularismus verschränkten. Die Neugestaltung von Bildung und Erziehung diente dem Ziel, umfassender als bisher auf die Persönlichkeit der Kinder und Jugendlichen einzuwirken und sie zu aktiven Kämpfern für die katholische Sache zu formen. Im Gegensatz zu älteren Bildungsmodellen, denen es um die Einübung von Frömmigkeitspraktiken und die Vermittlung bürgerlich-religiöser Tugenden ging, stiegen im Zuge dieses Wandels der Erziehungsziele die Ansprüche an Lehrer wie Schüler, die sich nun mit ihrer ganzen Person hinter die katholische Sache stellen sollten. Diese religiöse Mobilisierung im Zeichen eines katholischen Fundamentalismus zeitigte durchaus Erfolge. Diese zeigten sich in Spanien nicht nur in der Mitarbeit vieler Jugendlicher in katholischen Verbänden und Bewegungen der frühen 1930er Jahre, sondern vor allem auch in der Bereitschaft einer großen Zahl katholischer Oberschüler, im Sommer 1936 freiwillig auf Seiten der Aufständischen unter General Franco gegen die liberale

---

[31] Siehe hierzu: T. Kössler, Erziehung als Mission. Katholische Sozialisation und Gesellschaft im frühen Franquismus (1936-1950), in: K. Tenfelde (Hg.), Religiöse Sozialisation im 20. Jahrhundert, Essen 2010, S.193-217.

Republik zu kämpfen.[32] Illiberale Ziele und ein politischer Fundamentalismus standen keineswegs im Widerspruch zu einer reformpädagogischen Orientierung von Schule und Erziehung. Es waren vielmehr gerade politische Krisenzeiten, in denen sich die Kirche mit einem hohen politischen und kulturellen Druck seitens antiklerikal orientierter Parteien und Bewegungen sowie republikanischer Regierungen konfrontiert sah, in der pädagogische Reformideen ein besonderes Gewicht erlangten. Es ist vor diesem Hintergrund kein Zufall, dass gerade ein Jesuitenkolleg, das 1932 nach dem Verbot des Jesuitenordens in Spanien ins portugiesische Exil umsiedelte, in der Verbannung sehr weitreichende Reformen des Unterrichts und Schullebens einführte. Pädagogische Neuerungen und weltanschauliche Radikalisierung wirkten in dieselbe Richtung und verstärkten sich gegenseitig.[33]

Die Intensivierung des religiösen Zugriffs war jedoch keineswegs widerspruchsfrei.[34] Insbesondere führte sie ungewollt zu einer Spaltung der Schülerschaft. Während eine kleinere Gruppe von der Mobilisierung ergriffen wurde und eine aktive Rolle im Kampf gegen den Liberalismus übernahm, entzog sich eine Mehrheit den hohen Anforderungen an das persönliche Engagement, die mit der Rechristianisierungsoffensive verbunden waren. Diese Differenzierung beruhte auch darauf, dass die Mobilisierung in der Praxis mit dem Versprechen sozialer Distinktion in der Schulgemeinschaft verbunden war. Die Werbemaßnahmen für ein aktives Engagement zielten oftmals dezidiert auf eine Elitenrekrutierung und sahen somit schon konzeptionell eine Unterteilung der Schülerschaft in unterschiedliche Gruppen vor. Zugleich schuf die pädagogische Erneuerung für viele Schüler auch neue Freiräume, etwa indem die strikte Abgrenzung von Internat und städtischer Gesellschaft gelockert wurde. Paradoxerweise beförderten die katholischen Reformer durch die Gewährung von mehr Rechten, Freiheiten und Ausdrucksmöglichkeiten, insbesondere für ausgewählte Gruppen von Jugendlichen, eine Proto-Liberalisierung an den katholischen Eliteeinrichtungen, die im auffälligen Gegensatz zur offiziellen Verdammung von Liberalismus und materialistischem Individualismus stand. Die katholische Reformpädagogik zeigt sich

---

[32] Vgl. auch: M. Conway, Building the Christian City: Catholics and Politics in Inter-War Francophone Belgium, in: Past and Present 128 (1990), S.117-51; M. Conway/T.C. Buchanan (Hg.), Political Catholicism in Europe, 1918-1965, Oxford 1996.

[33] E, Herrera Oria, a.a.O. 1934. Dieser Befund findet seine Entsprechungen in Beobachtungen Andrew Donsons, der einen Durchbruch reformpädagogischer Ideen an deutschen Schulen unter den Bedingungen des Krieges nach 1914 feststellt: A. Donson, Youth in the Fatherless Land. War Pedagogy, Nationalism, and Authority in Germany, 1914–1918. Cambridge 2010; ders., Friedenserziehung und Siegfriede im frühen 20. Jahrhundert, in: T. Kössler/A. Schwitanski (Hg.), Frieden lernen. Friedenspädagogik und Erziehung im 20. Jahrhundert, Essen 2014, S.107-122.

[34] Vgl. zum Folgenden Kössler, Kinder der Demokratie, Kap. 11.

hier als äußerst komplexes Phänomen. Neue Ansprüche und Zumutungen verbanden sich mit neuen Freiräumen und Möglichkeiten.

Neben dem Problem der politischen Dimensionen von Reformpädagogik ist in den vergangenen Jahren die Frage, ob Reformpädagogik sexuelle Gewalt gegenüber Schülern ermöglicht oder zumindest nicht ausreichend verhindert habe, zum Ausgangspunkt intensiver öffentlicher wie wissenschaftlicher Debatten geworden.[35] Während die neuere Katholizismusforschung die Rolle von Gewalt als Erziehungsmittel in religiös geführten Kinder- und Jugendheimen in der bundesdeutschen Nachkriegszeit herausgearbeitet hat, gibt es bislang kaum historische Forschungen zur Rolle sexueller Übergriffe in katholischen Einrichtungen.[36] Es ist jedoch unbestreitbar, dass es sexuellen Missbrauch an katholischen Schulen in der ersten Hälfte des 20. Jahrhunderts gab. Erinnerungen ehemaliger Schüler enthalten immer wieder mehr oder minder direkte Beschreibungen von Übergriffen seitens einzelner Lehrer, und in den Quellen finden sich zudem Beschwerden von Eltern, die auf Missbrauchsfälle hindeuten.[37] Allerdings stellt sich die Quellenlage als äußerst schwierig dar, da Sexualität im katholischen Bildungsmilieu kaum thematisierbar war und es zudem keine kirchliche Instanz zur Registrierung und Aufarbeitung von Übergriffen gab. Aussagen über Fallzahlen und historischen Wandel sind auf dieser Grundlage kaum möglich. An dieser Stelle können deshalb nur einige vorläufige Thesen zum Verhältnis von Reformbewegung und Missbrauch formuliert werden:

Populäre Vorstellungen einer traditionellen katholischen Sexualmoral dürfen die Vielgestaltigkeit katholischer Bezüge zum Sinnlichen nicht verdecken. Die christliche Hinwendung zu Gott war oft auch erotisch konnotiert, gerade die Emotionalität und auch potentielle Entgrenztheit des Glaubens waren wichtige Ursachen für seine Anziehungskraft für viele Menschen. Damit konnten zwischenmenschliche Beziehungen – insbesondere zwischen Seelsorgern und Gläubigen – erotisch aufgeladen werden und teilweise die Grenze hin zu sexuellen Kontakten überschreiten. Zugleich muss beachtet werden, dass heutige naturwissenschaftlich geprägte Sichtweisen auf Sexualität in katholischen Institutionen des 19. und frühen 20. Jahrhunderts kaum verbreitet waren. In den Quellen findet sich eine uns fremde Vermischung religiöser

---

[35] Siehe nur Oelkers, Eros und Herrschaft, a.a.O.
[36] W. Damberg (Hg.), Mutter Kirche –Vater Staat? Geschichte, Praxis und Debatten der konfessionellen Heimerziehung seit 1945, Münster 2010.
[37] Vgl. zu Spanien etwa F. Vizcaíno Casas, La boda del señor cura, zitiert nach: Obras Completas 1, Barcelona 1986, S.49-55; R. Alberti, La arboleda perdida, Barcelona 1980 (Erste Auflage 1959), S.35f.

und sexueller Topoi und Ansichten, die etwa Körperausdünstungen und Körperflüssigkeiten eine besondere Aura und Heiligkeit zusprechen konnten.[38] Auch die katholischen Bildungsdebatten des 19. und 20. Jahrhunderts durchziehen eine Semantik der Liebe und Bilder einer spirituellen Vereinigung mit Christus, die eine hochgradige erotische Aufladung aufweisen. Dazu zählt paradoxerweise auch eine Verklärung des Kinderkörpers als rein und gottnah.[39] Diese Bilder und Vorstellungen erhielten im Zuge der pädagogischen Reformbewegungen einerseits eine neue Bedeutung. Die Betonung von Gemeinschaft, Nähe, aber auch von Körperlichkeit schuf, parallel zu Entwicklungen in der nicht-konfessionellen Reformpädagogik, zumindest keine Schutzmechanismen vor Übergriffen. Eine Verherrlichung des kindlichen Körpers bildete ebenfalls ein Einfallstor für sexuellen Missbrauch. Andererseits brachte die Öffnung der katholischen Internate gegenüber der bürgerlichen Gesellschaft auch neue Möglichkeiten für Eltern mit sich, auf Übergriffe von Erziehern zu reagieren. Der Kontakt von Angehörigen und Kindern während des Schuljahres nahm deutlich zu, nachdem in den Internaten noch um 1900 die Besuchszeiten von Angehörigen eng begrenzt gewesen waren. Eine zunehmende Zahl von Kindern der städtischen Schulen wohnte seit den 1920er Jahren zudem auch zu Hause. Welche Auswirkungen diese neue Konstellation haben konnte, zeigt sich an einem Fall, in dem eine Familie ihren Sohn von einer katholischen Privatschule nahm, nachdem er von einem Lehrer geohrfeigt worden war.[40] Ob Fälle sexuellen Missbrauchs in gleicher Weise im Elternhaus erkannt wurden und ähnliche Reaktionen nach sich zogen, ist aufgrund der fragmentarischen Quellenlage schwer zu beantworten. Es ergibt sich somit auch hier ein uneinheitliches Bild. Die Thematisierung sexueller Übergriffe und allgemeiner die Frage erzieherischer Gewalt blieben auch für die katholischen Reformer jenseits ihrer Erneuerungsagenda. Gleichzeitig ermöglichte die Öffnung der Schulen jedoch auch neue Möglichkeiten für Eltern, auf Fehlverhalten von Erziehern zu reagieren.

4. Fazit: Die vielen Gesichter der Reformpädagogik

Der katholische Fall verdeutlicht die Vielgestaltigkeit von Reformpädagogik nach 1900. Die Erneuerung von Bildung und Erziehung, wie sie katholische

---

[38] Vgl. H. Wolf, Die Nonnen von Sant'Ambrogio. Eine wahre Geschichte, München 2013.
[39] R. A. Orsi, Material Children. Making God's Presence real for Catholic Boys and Girls and for Adults in Relation to them, in: ders., Between Heaven and Earth. The Religious Worlds People Make and Scholars who Study Them, Princeton 2005, S.74-108.
[40] F. Fernán-Gómez, Tiempo Amarillo. Menorias, Madrid 1990, S.153f. Siehe auch die Memoiren des Psychaters C. Castillo del Pino, Pretérito Imperfecto. Autobiografía, Barcelona 1997, S.99f.

Pädagogen und Gesellschaftsreformer nach 1900 im Rahmen der intensiv geführten europäischen Kulturkämpfe zwischen religiösen und säkularen Kräften vorantrieben, zeigt, dass Reformideen nicht auf den kleinen Kreis von Pädagogen und Reformeinrichtungen beschränkt blieben, die bisher im Mittelpunkt einer im Wesentlichen national ausgerichteten Bildungsgeschichte standen. Neue pädagogische Modelle und Methoden waren für eine Vielzahl unterschiedlicher Erziehungsmilieus und sozialer Bewegungen attraktiv. Reformpädagogik war nicht notwendigerweise ein demokratisches, liberales Projekt. Reformpädagogik stand zudem nicht in einem Gegensatz zur konfessionellen Erziehung. Zwar waren die meisten prominenten Reformpädagogen nicht-konfessionell orientiert und hingen oft frei- und neureligiösen Ideen an, doch erreichten die Erneuerungsimpulse auch kirchliche Erziehungsmilieus. Religion war keineswegs nur ein Element von Tradition, dass Erneuerung in der Erziehung verhinderte. Vielmehr erwies sie sich gerade als Motor des Wandels. Und konfessionelle Erziehung war keineswegs grundsätzlich antiindividualistisch geprägt, wie ihre Gegner vielfach behaupteten. Vielmehr verbanden die katholischen Reformer nach 1900 einen Angriff auf Liberalismus und Individualismus auf spannungsreiche Weise mit einem neuen Interesse am Individuum und einer Gewährung neuer Freiräume für die Schüler. Insgesamt werden somit grundlegende Spannungslinien neuer katholischer Erziehung im frühen 20. Jahrhundert sichtbar. Die Hinwendung zu neuen Methoden, der Abbau von Hierarchien an den Schulen und die Aktivierung der Lernenden waren Teil einer fundamentalistischen, religiösen Mobilisierung der katholischen Kinder und Jugendlichen und somit eng mit einem illiberalen, demokratie-kritischen politischen Projekt verknüpft. Doch zeitigte diese Mobilisierung auch von den Protagonisten ungewollte Effekte einer Proto-Liberalisierung, in der zumindest bestimmten Schülerkreisen mehr Freiräume und Mitgestaltungsmöglichkeiten zugestanden wurden. Die Reformer wollten einerseits einen klaren Bruch mit der bürgerlich-liberalen Gesellschafts- und Erziehungsordnung des 19. Jahrhunderts. Andererseits bewegten sie sich jedoch weiterhin in einem kulturellen Koordinatensystem, das wesentlich durch diese Ordnung geprägt war.

Literaturverzeichnis

Alberti, R., La arboleda perdida, Barcelona 1980 (1. Aufl. 1959).
Álvarez Peláez, R., Biología, Medicina, Higiene y Eugenesia. España a finales del siglo XIX y comienzos del XX, in: V. L. Salavert Fabiani/Manuel Suárez Cortina (Hg.), El Regeneracionismo en España, Valencia 2007, S.207-240.
Armentia-Mitarte, F., La autoformación del niño y la autoridad del maestro (II.), Atenas 47, Jan 1935.

Baader, M. S., Erziehung als Erlösung. Transformationen des Religiösen in der Reformpädagogik, Weinheim 2005.
Baader, M. S., Menschenformung durch religiöse Erneuerung. Reformpädagogik um 1900, in: M. Hettling/M. G. Müller (Hg.), Menschenformung in religiösen Kontexten, Göttingen 2007, S.113-132.
Blanco y Sánchez, R., Paidología y paidotécnica. Breve historia de la paidología, Madrid 1920.
Blanco y Sánchez, R., Paidología, paidotécnica y pedagogía científica, Madrid 1911.
Blanco y Sánchez, R., Psicología pedagógica, Barcelona 1932.
Blanco, R., Temas Pedagógicas: Jorge Kerschensteiner, Atenas 27, 15.2.1933.
Bonet, P., La obra del Instituto J. J. Rousseau, Madrid 1934, Atenas 48, Feb. 1935.
Castillo del Pino, C., Pretérito Imperfecto. Autobiografía, Barcelona 1997.
Clark, C., The New Catholicism and the European Culture Wars, in: C. Clark/W. Kaiser , a.a.O., S.11-46.
Clark, C./Kaiser, W. (Hg.), Culture Wars. Secular-Catholic Conflict in Nineteenth-Century Europe, Cambridge 2003.
Conway, M., Building the Christian City: Catholics and Politics in Inter-War Francophone Belgium, in: Past and Present 128 (1990), S.117-151.
Conway, M./Buchanan, T. C. (Hg.), Political Catholicism in Europe, 1918-1965, Oxford 1996.
Crónica de los Internados Teresianos en el año escolar 1924/25, Archiv der Institución Teresiana, Madrid, S.211f.
Crónicas Octubre: El colegio modelo, in: Revista Calasancia 10 (1922), S.939-954.
Curtis, S. A., Educating the Faithful. Religion, Schooling, and Society in Nineteenth-Century France, Dekalb/Il. 2000.
Damberg, W., (Hg.), Mutter Kirche –Vater Staat? Geschichte, Praxis und Debatten der konfessionellen Heimerziehung seit 1945, Münster 2010.
de Echarri, M., De Sociología, BIT 200, August/Sep. 1931.
de Madariaga, M., Una gran obra social. In: Ellas. Semenario de las mujeres españolas, 26.6.1932.
de Pitray, V., No desfallezcáis jamás en cuestiones de educación, RdEF 21, Nov. 1917.
Deyá Palerm, M., La técnica Freinet en mi escuela, Atenas 42, Juli 1934.
Donson, A., Friedenserziehung und Siegfriede im frühen 20. Jahrhundert, in: T. Kössler/A. Schwitanski (Hg.), Frieden lernen. Friedenspädagogik und Erziehung im 20. Jahrhundert, Essen 2014, S.107-122.
Donson, A., Youth in the Fatherless Land. War Pedagogy, Nationalism, and Authority in Germany, 1914–1918. Cambridge 2010.
Fass, P., Outside, In: Minorities and the Transformation of American Education, New York 1989, S.189-228.
Fernández Sáinz, F., La inmanencia vital y la educacción, Atenas 41, Okt. 1934.
Fernán-Gómez, F., Tiempo Amarillo. Menorias, Madrid 1990.
Ferrer Pi, J., 6 año, Vida escolar, El Salvador 35, Nov. 1921.
Gast, H. u.a., Katholische Missionsschulen in Deutschland 1887-1940, Bad Heilbrunn 2013.
González Quevedo, A., La educación motival de la voluntad (II.), Atenas 58, Feb. 1936.
Große Kracht, K., Französische Katholiken vor der politischen Herausforderung. Die Katholische Aktion in Frankreich in der ersten Hälfte des 20. Jahrhunderts, in: A. Bauerkämper/J. Nautz (Hg.), Zwischen Fürsorge und Seelsorge. Frankfurt/M. 2009, S.155-174.
Harrigan, P. J., The Social Appeals of Catholic Secondary Education in France in the 1870s, in: Journal of Social History 8 (1975), S.122-141.
Herrera Oria, E., El colegio nuevo de Curia. Técnica del sistema educativo, Madrid 1934.
Herrera Oria, E., La crisis de hombres en España, Atenas 22 (July 15, 1932).

Konrad, F.-M., Wenn es uns an Religion fehlt, so fehlt uns etwas Fundamentales für die Entwicklung des Menschen". Zur Montessori-Rezeption in der katholischen Pädagogik, in: H. Ludwig u.a. (Hg.), Montessori-Pädagogik in Deutschland, Münster 2002, S.43-63.
Kössler, T., Erziehung als Mission. Katholische Sozialisation und Gesellschaft im frühen Franquismus (1936-1950), in: K. Tenfelde (Hg.), Religiöse Sozialisation im 20. Jahrhundert, Essen 2010, S.193-217.
Kössler, T., Kinder der Demokratie. Religiöse Erziehung und urbane Moderne in Spanien, 1890-1939, München 2013.
Leenders, H., Der Fall Montessori. Die Geschichte einer reformpädagogischen Erziehungskonzeption im italienischen Faschismus, Bad Heilbrunn 2001.
Lull Martí, E., Jesuitas y pedagogía: El Colegio San José en la Valencia de los años veinte, Madrid 1997, S.330-346.
Martínez de la Nava, A., Las excusiones escolares, Atenas 29, 15.4.1933.
Martínez Saralegui, P., Las escuelas nuevas, Atenas 109, März 1941.
Möller, E., Orte der Zivilisierungsmission. Französische Schulen im Libanon 1909-1943, Göttingen 2013.
Montero, F. (Hg.), La Acción Católica en la II. República, Alcalá de Henares 2008.
Montero, F., Del movimiento católico a la Acción Católica. Continuidad y cambio, in: F. Montero/J. de la Cueva (Hg.), La secularización conflictiva. España (1898-1931), Madrid 2007, S.169-185.
Montero, F., Juventud y política. Los movimientos juveniles de inspiración católica en España: 1920-1970, in: Studia Historica. Historia Contemporánea 5 (1987), S.106-21.
Oelkers, J., Eros und Herrschaft: Die dunklen Seiten der Reformpädagogik, Weinheim/München 2011, S.73-107.
Oelkers, J., Krise der Moderne und Reformer der Erziehung, in: H.-E. Tenorth (Hg.), Klassiker der Pädagogik. Bd. 2: Von John Dewey bis Paulo Freire, München 2003, S.7-31.
Orsi, R. A. Material Children. Making God's Presence real for Catholic Boys and Girls and for Adults in Relation to them, in: ders., Between Heaven and Earth. The Religious Worlds People Make and Scholars who Study Them, Princeton 2005, S.74-108.
Osterwalder, F. u.a. (Hg.), Pädagogische Modernisierung. Säkularität und Sakralität in der modernen Pädagogik, Bern 2006.
Ostolaza Esnal, M., Entre religión y modernidad. Los colegios de las Congregaciones Religiosas en la construcción de la sociedad guipuzcoana contemporánea, 1876-1931, Bilbao 2000.
Ostolaza Esnal, M./Fullana, P., Escuela católica y modernización. Las nuevas congregaciones religiosas en España (1900-1930), in: J. de la Cueva/F. Montero (Hg.), La secularización conflictiva. España (1898-1931), Madrid 2007, S.187-214.
Páginas Pedagógicas. Los tests parciales de lenguaje, Boletín de la Institución Teresiana 250, Jan. 1936.
Revuelta González, M., Los colegios de jesuitas y su tradición educativa (1868-1906), Madrid 1998, S.539-550.
Rodriguez, A., El Método „Decroly" según Mlle. Degand (I.), Atenas 28, 15.3.1933.
Rodriguez, A., El Método „Decroly" según Mlle. Degand (II.), Atenas 33, Okt. 1913.
Suñer, E., Herencia y Educación, Madrid 1932.
Tusquets, Educación nueva, Atenas 33, Okt. 1933.
Vallejo Nágera, A., Niños y jóvenes anormales, Madrid 1941.
Vincent, M., Catholicism in the Second Spanish Republic. Religion and Politics in Salamanca 1930-1936, New York 1996.
Vizcaíno Casas, F., La boda del señor cura, zitiert nach: Obras Completas 1, Barcelona 1986, S.49-55.

Walther, M., Zur Rolle der Religion in der Pädagogik Maria Montessoris und deren Rezeption in der deutschen Religionspädagogik, in: Zeitschrift für Religionspädagogik 7(2008)2, S.214-225.

Watanabe, C., Confesionalidad católica y militancia política. La Asociación Católica Nacional de Propagandistas y la Juventud Católica Española (1923-1936). Phil. Diss., Madrid 2003.

Watanabe, C., La politización de los jóvenes católicos durante la II. República, in: F. Montero (Hg.), La Acción Católica en la II. República, Alcalá de Henares 2008, S.73-87

Weiß, O., Kulturkatholizismus. Katholiken auf dem Weg in die deutsche Kultur 1900-1933, Regensburg 2014.

Werbeanzeige Colegio de Nuestra Señora de Loreto, in: Anuario de educación y enseñanza católica en España 1935/36.

Wolf, H., Die Nonnen von Sant'Ambrogio. Eine wahre Geschichte, München 2013.

Wolff, R. J., Catholicism, Fascism and Italian Education from the Riforma Gentile to the Carta Della Scuola 1922-1939, in: History of Education Quarterly 20 (1980), S.3-26.

Sven Kluge

Alfred Adler als Wegbereiter einer modernen Tiefenpädagogik?
Exemplarische Analysen des Einflusses der Individualpsychologie auf reformpädagogische Konzepte der Zwischenkriegszeit

Das Wort Tiefenpädagogik könnte, gerade wenn es in eine direkte Verbindung zum reformpädagogischen Denken gebracht wird, Anlässe für Irritationen oder reservierte Reaktionen bieten: So liegt womöglich die Vermutung nicht fern, dass dieser Begriff mit einer Propagierung hochgradig metaphysischer oder sogar esoterisch ausgerichteter Lehren einhergeht, die ja in einigen der Reformpädagogik zuzurechnenden Strömungen fest verankert sind. Solcherlei Erwartungen werden jedoch im Folgenden nicht erfüllt: Vielmehr richtet sich der Fokus auf die Verbindungslinien zwischen Tiefenpädagogik und moderner Tiefenpsychologie, in diesem Fall auf die Versuche der Grundlegung einer von Alfred Adlers Individualpsychologie inspirierten Reformpädagogik.
Freilich sind in diese Richtung zielende Aufarbeitungsversuche bereits von anderer Seite eingeleitet worden; es liegen einige einschlägige Beiträge und Studien vor[1] und auch die klassischen Überblickswerke zur Geschichte der Individualpsychologie von Handlbauer[2] und Bruder-Bezzel[3] enthalten ausführlichere Hinweise auf diesen Zusammenhang. Hervorzuheben sind außerdem die an diesen Forschungsbereich angrenzenden Arbeiten zur allgemeinen pädagogischen Relevanz der Adlerschen Psychologie[4] sowie die seit den

---

[1] Vgl. E. Adam (Hg.), Die österreichische Reformpädagogik 1918-1938, Wien u.a. 1981; W. Kutz, Der Erziehungsgedanke in der marxistischen Individualpsychologie, Bochum 1991; B. Seidemann-Umbricht, Individualpsychologie und Reformpädagogik, Konstanz 1995; T. Kornbichler, Heilen und Bilden. Alfred Adlers Individualpsychologie als demokratische Pädagogik, in: H. Neuhäuser/T. Rülcker (Hg.), Demokratische Reformpädagogik, Frankfurt/M. 2000, S.259-286; L. Wittenberg, Geschichte der Individualpsychologischen Versuchsschule in Wien. Eine Synthese aus Reformpädagogik und Individualpsychologie, Wien 2002; J. Gstach, Individualpsychologische Erziehungsberatung in der Zwischenkriegszeit, Wien 2003.
[2] B. Handlbauer, Die Entstehungsgeschichte der Individualpsychologie Alfred Adlers, Wien/Salzburg 1984.
[3] A. Bruder-Bezzel, Geschichte der Individualpsychologie, Göttingen 1999².
[4] Vgl. vor allem U. Bleidick, Die Individualpsychologie in ihrer Bedeutung für die Pädagogik, Mülheim 1959; ders., Individualpsychologie, Lernbehinderungen und Verhaltensstörungen,

1970er Jahren im Fischer-Verlag veröffentlichten und weit verbreiteten Adler-Taschenbuchausgaben, welche von Wolfgang Metzger und Robert F. Antoch editiert wurden.[5] Zudem enthält die aktuelle, insgesamt siebenbändige Adler-Studienausgabe einen von Wilfried Datler, Johannes Gstach und Michael Wininger umfangreich kommentierten Band zum Schwerpunkt *Schriften zur Erziehung und Erziehungsberatung*, der die relevantesten Schriften Adlers zu pädagogischen Fragestellungen bündelt.[6]

An sich kommt der Thematisierung der Affinitäten zwischen Individualpsychologie und Reformpädagogik also kein Neuigkeitswert zu. Allerdings mangelt es bis heute zum einen an systematischen und feldumfassenden bzw. -übergreifenden Erschließungen der Adler-Rezeption innerhalb des durch ein hohes Maß an Uneinheitlichkeit gekennzeichneten reformpädagogischen Spektrums. Es dominieren stattdessen begrenzte und eher punktuelle Zugänge; oft liegt den bisherigen Untersuchungen ein kritikwürdiges Verständnis von Reformpädagogik zu Grunde, welches den überaus einflussreichen Kanonisierungen der Nohl-Schule folgt, die sich gerade in diesem Kontext als problematisch erweisen. – Zum anderen signalisiert der im Titel akzentuierte Begriff Tiefenpädagogik einen spezifischen und zugleich gewagten Zugriff. Letzteres gilt nicht nur deshalb, weil der tiefenpsychologische Status der Individualpsychologie immer wieder infrage gestellt wird, sondern gerade mit Blick auf die in mancherlei Hinsicht ungewöhnlich anmutende Erschließung und Auslegung dieses Begriffs.

Für eine erste inhaltliche Orientierung bietet sich an dieser Stelle ein Rekurs auf die Begriffsbestimmungen von Oskar Spiel (1892-1961) an, einem der interessantesten Adler-Schüler der ersten Stunde: Spiel unterscheidet zwischen den Varianten einer auf die Bearbeitung und Bekämpfung äußerlicher Symptome fixierten Oberflächenpädagogik und einer Tiefenpädagogik, die stattdessen „zu den in [den Kindern] wirksamen Motiven, zu der irrtümlichen Stellungnahme [vordringt], um das Übel dort anfassen zu können, wo es in Wirklichkeit liegt"[7]. Als eigentliche Domäne des individualpsychologisch geschulten Pädagogen gilt ihm eine „Erziehung im engeren Sinn", die sich an das „vom Zögling nicht Gewußte" wendet, an das „geheime Ziel, das seine Lebenshaltung dirigiert"[8]. Durch die Erschließung der unter dem oberflächli-

---

Berlin 1985; J. Rüedi, Die Bedeutung Alfred Adlers für die Pädagogik, Bern/Stuttgart 1988; ders., Einführung in die individualpsychologische Pädagogik, Bern u.a. 1995.

[5] Wieder zugänglich gemacht wurden u.a. Adlers Werke *Theorie und Praxis der Individualpsychologie* und *Individualpsychologie in der Schule*; in dieser Reihe findet sich ebenso eine dreibändige Aufsatzsammlung unter dem Obertitel *Psychotherapie und Erziehung*.

[6] W. Datler u.a. (Hg.), Alfred Adler: Schriften zur Erziehung und Erziehungsberatung (1913-1937), Göttingen 2009

[7] O. Spiel, Am Schaltbrett der Erziehung, Wien 1947, S.87.

[8] Ebd., S.56.

chen Anschein verborgenen Motive und den Prozess der Bewusstmachung können, so Spiel weiter, positive Kräfte freigesetzt werden, die sich dann für eine ermutigende Erziehung fruchtbar machen lassen. Ebenso wichtig wie diese generellen Bestimmungen ist derweil in diesen Kontexten die Abgrenzung von der Psychoanalyse – was vor allem mit Blick auf den Schlüsselbegriff des Unbewussten deutlich wird, den Spiel für seinen Teil ablehnt. In seiner Rolle als Adler-Schüler bevorzugt er dagegen denjenigen des „Ungewußten"[9].

Pikanterweise ist es nun vornehmlich diese keineswegs untypische Distanzierung, welche der gesamten Adler-Schule den sich hartnäckig halten Ruf der Oberflächenpsychologie eingebracht hat. Freud äußert sich bereits 1914 in dieser Manier über den zu diesem Zeitpunkt bereits abtrünnig gewordenen Adler: „Seine Theorie tut ... dasselbe, was alle Kranken und was unser Bewußtdenken überhaupt tut, nämlich die Rationalisierung ... zur Verdeckung des unbewußten Motivs gebrauchen."[10] ‚Oberflächenpsychologie', das bedeutet nach Freud und dem Gros der mit ihm d´accord gehenden Anhängerschaft: „Ich-Psychologie"[11], Konformismus, gesunder Menschenverstand[12] und, nicht zuletzt: eine Neigung zum oberflächlichen Urteilen im analytischen Bereich. Diese und ähnlich anmutende Bewertungen haben sich offenbar als außerordentlich wirkmächtig erwiesen; eigens der ansonsten nicht immer glückliche Vergleich zur Psychoanalyse macht recht schnell transparent, wie gering das erziehungswissenschaftliche Interesse an der klassischen Individualpsychologie im Allgemeinen ausgebildet ist. Dabei weist gerade dieser Ansatz nüchtern betrachtet in vielerlei Hinsicht eine enorme pädagogische Relevanz auf. Eine unmittelbare Folge dieses auffälligen Phänomens der Geringschätzung und/oder Nichtbeachtung besteht darin, dass die insbesondere im Umfeld der intensiven reformpädagogischen Adler-Rezeptionen bedeutsamen (sozial-)kritischen Potentiale dieser Theorie auf zu wenig Beachtung stoßen.[13] In diesem Zusammenhang darf zudem die Vermutung geäußert werden, dass die – bis in

---

[9] Ebd., S.204; vgl. ebd.: „Die Individualpsychologie nimmt keine Teilung des Menschen in ein Bewußtes und ein Unbewußtes vor, sie spricht nur von einem ‚Ungewußten' und meint damit alles, was nicht in der Region begrifflichen Denkens liegt."
[10] S. Freud, Zur Geschichte der psychoanalytischen Bewegung, Frankfurt/M. 1999, S.96f.
[11] Ebd., S.96.
[12] Vgl. in prägnanter und zugespitzter Form R. Jacoby, Soziale Amnesie, Frankfurt/M. 1980, S.42ff.: „Freuds Kritik an Adler bildete die Grundlage für die Kritik der Kritischen Theorie an den Neo-Freudianern. ... Bereits in der Adlerschen Version war der psychoanalytische Revisionismus mit einem Rückgriff auf Gefälligkeiten und Moralpredigten verbunden." Ebd., S.42.
[13] Allenfalls vereinzelt wurden diese Potentiale in der jüngeren Vergangenheit hervorgehoben. So ist etwa die aus den 1980er Jahren stammende These Horsters, wonach „die Kritische Theorie sich heute *die Adlersche Individualpsychologie als psychologische Alternative assoziieren muß*" (D. Horster, Alfred Adler, Hannover 1984, S.8; Herv. i. O.) kaum auf Resonanz gestoßen.

den Kreis der Adlerianer hinein – verbreitete Praxis des Vergleichens mit und des Messens an den Maßstäben der Freudschen Psychoanalyse einer Verkennung der Eigenständigkeit des individualpsychologischen Modells Vorschub geleistet hat. Weder lässt sich jenes als retrogrades Verfallsprodukt charakterisieren noch trifft die Bezeichnung ‚Freud-Schüler' ohne Weiteres auf Adler zu, der schon vor seinem Eintritt in den berühmten Mittwochskreis eigene, von den Freudschen Auffassungen abweichende sozialmedizinische Zugänge entwickelt hatte, welche wiederum von einer grundsätzlichen Affinität zu reformpädagogischen Fragestellungen künden.[14]

Leider können diese Thesen innerhalb des vorgegebenen Rahmens genauso wenig differenzierter erläutert werden wie die zentrale Problematik der disparaten, hegemonialen und marginalisierten Adler-Bilder. Ein Hinweis zu diesem Aspekt muss daher an dieser Stelle genügen: Adler hat seine Theorien mehrfach einschneidend verändert, die Präferenz für ein bestimmtes Adler-Bild, z.B. nach dem groben Muster: der ‚pragmatische Adler', der ‚sozialistische Adler', der ‚Adler als Lebensphilosoph' etc., hängt letztlich erheblich davon ab, auf welche Werkphase in erster Linie rekurriert wird. Gegenwärtig scheint es so, dass die Individualpsychologie, sicherlich begünstigt durch die sich noch immer einer großen Nachfrage erfreuenden und gerade in pädagogischen Kreisen verbreiteten Publikationen des Adler-Schülers Rudolf Dreikurs (1897-1972), vorrangig als pragmatische Gebrauchswissenschaft angesehen wird. Nicht selten sind zudem mit Bezug auf das oft zitierte und sehr bekannte Spätwerk *Der Sinn des Lebens* (1933) lebens- bzw. existenzphilosophische Auslegungen anzutreffen. Etwas irritierend mutet vor diesen Hintergründen z.B. die aus dem Jahr 1946 stammende Notiz von Adlers Weggefährten Carl Furtmüller (1880-1951) an, wonach „von der soziologischen Anschauung, auf der der Marxismus beruht ... eine Wirkung aus[strahlte], die die Entwicklung von Adlers Gedankenwelt entscheidend beeinflußte"[15]. Vor allem habe Adler von Marx gelernt, „wie die gegebene gesellschaftliche Lage auf das Geistes- und Gefühlsleben des Individuums einwirkt, ohne daß es sich dessen bewußt wird"[16]. Furtmüller hebt außerdem die biografische Einbettung Adlers in das sozialistische Milieu sowie die enge Vernetzung mit der Reformpolitik im ‚Roten Wien' hervor.[17]

---

[14] Adler widmete sich in dieser Zeit „als praktisch tätiger Arzt sozialengagiert sozialmedizinischen Fragestellungen, was er durch weitere Veröffentlichungen auch noch während der Teilnahme am ‚Mittwochskreis' bei Freud fortsetzte ... Diese Kenntnis von Adlers Ausgangslage ist wichtig für das Verständnis seines tiefenpsychologischen Entwurfs, in Abgrenzung zur Psychoanalyse." B. Wengler, Das Menschenbild bei Alfred Adler, Wilhelm Griesinger und Rudolf Virchow, Frankfurt/M./New York 1989, S.88.

[15] C. Furtmüller, Alfred Adlers Werdegang (1946), München/Basel 1983, S.235f.

[16] Ebd., S.236.

[17] Siehe hierzu auch Bruder-Bezzel, Individualpsychologie, a.a.O., S.105-136; W. Datler u.a., Individualpsychologische Erziehungsberatung und Schulpädagogik im Roten Wien der Zwi-

Ein Adler-Bild, welches diese Zusammenhänge unterstreicht, ist gegenwärtig eher selten auszumachen[18]; für den im Folgenden im Mittelpunkt der Aufmerksamkeit stehenden Zeitraum der Jahre nach 1918 ist dieses jedoch wesentlich. Wie sich zeigen wird, ist es kein Zufall, dass Adlers Theorien in der Zwischenkriegsära einen starken Einfluss auf das Spektrum der linken Reformpädagogik ausgeübt haben.[19] Adler ebnet dabei in jener Phase diesen Rezeptionen dadurch den Weg, dass er seine Nähen zu einem als reformpädagogisch zu titulierenden Denken intensiviert und selbst Entwürfe einer individualpsychologisch fundierten Pädagogik vorlegt.

Diese Verbindungslinien zur Reformpädagogik werden zunächst in einem ersten Schritt pointiert herausgearbeitet. Von dieser Basis aus ist es sodann möglich, Adlers Einflüsse auf reformpädagogische Konzepte in exemplarischer Weise zu beleuchten und zu diskutieren.

1. Alfred Adler (1870-1937) und das reformpädagogische Denken

Walter Herzog hat jüngst noch einmal zu Recht betont, dass die historische Reformpädagogik alles in allem „leichter Zugang zur Individualpsychologie fand"[20] als zu psychoanalytischen Modellen. Herzog untermauert diese These mit einer Vielzahl von plausiblen Gründen, angefangen von den sprachlichen Differenzen zwischen Freud und Adler, den voneinander abweichenden Wissenschaftsverständnissen bis hin zu den beachtlichen Unterschieden hinsichtlich der entwicklungs- und kulturtheoretischen Positionen. Da dieses Phänomen des leichteren Zugangs in signifikantem Maße den unlängst angedeuteten Besonderheiten der Individualpsychologie geschuldet ist, muss zuvorderst der Frage nachgegangen werden, was mit diesem Begriff eigentlich zum Ausdruck gebracht werden soll.

Unabdingbar für dieses Vorhaben ist der Verweis auf die Tatsache, dass die Begründung der Individualpsychologie in einem unmittelbaren Zusammenhang mit dem Prozess der zunehmenden Distanzierung Adlers von psycho-

---

schenkriegszeit, Wien 2001; J. Gstach, a.a.O.; W. Datler u.a., Einführung, in: W. Datler u.a. (Hg.), a.a.O., S.7-28.

[18] Vgl. Bruder-Bezzel, Individualpsychologie, a.a.O., S.164, Dies., Einleitung, Göttingen 2009, S.9f.

[19] Insgesamt sind – dies wird im Folgenden deutlich werden –, etliche Übereinstimmungen zwischen Adlers Individualpsychologie und den von T. Rülcker im Hinblick auf das Spektrum der demokratischen Reformpädagogik benannten Orientierungsperspektiven zu verzeichnen (vgl. T. Rülcker, Demokratische Reformpädagogik, Frankfurt/M. 2000, S.16f.); vgl. zudem den Aufsatz zu Adler von T. Kornbichler in: H. Neuhäuser/T. Rülcker a.a.O., S.259-286.

[20] W. Herzog, Psychologie, in: W. Keim/U. Schwerdt (Hg.), Handbuch der Reformpädagogik in Deutschland (1890-1933). Teil 1: Gesellschaftliche Kontexte, Leitideen und Diskurse, Frankfurt/M. 2013, S.327-359, hier S.345.

analytischen Kernthesen steht. Im Jahr 1911 ereignet sich das Zerwürfnis zwischen Freud und Adler und kurz darauf, 1912, erscheint die erste Fassung des frühen Adlerschen Hauptwerks *Über den nervösen Charakter*, welches den Untertitel *Grundzüge einer vergleichenden Individualpsychologie und Psychotherapie* trägt. Jener später an entscheidenden Stellen modifizierten Studie lassen sich eine Reihe von Aspekten entnehmen, die diese Besonderheiten sichtbar machen. Primär sind hier die Abweisung der Libidotheorie zugunsten eines allgemeinen, zum Teil noch an Nietzsche orientierten Sicherungs- und Machtkonzepts sowie die von der neukantianischen Philosophie Hans Vaihingers inspirierte These einer hohen Relevanz von Fiktionen für Denkprozesse, die Weltwahrnehmung und die Alltagspraxis zu nennen. Hinzu kommt der Befund, dass jedes Individuum zielgerichtet agiert und in seiner Lebensführung einer „übergeordneten, leitenden Idee"[21] folgt – dies allerdings überwiegend nicht im bewussten Sinne. Dabei will Adler mit dem Begriff Individuum das Unteilbare und Einheitliche betonen, etwa mit Bezug auf die aus seiner Sicht nie isoliert zu betrachtenden Dimensionen des Denkens, Fühlens und Handelns.

In der Folgezeit hält Adler zwar einerseits an elementaren Gehalten dieser Thesen fest, vor allem in den Jahren nach 1918 nimmt er aber zugleich tiefgreifende Erweiterungen und Umjustierungen vor. Von kaum zu überschätzender Bedeutung ist die ab 1916 allmählich und nach Kriegsende mit Nachdruck erfolgende Einführung des *Gemeinschaftsgedankens,* der rasch eine herausragende Position einnimmt[22] und auf den ersten Blick zweifelsohne eine „große Übereinstimmung mit der Reformpädagogik"[23] signalisiert. Mit dem Begriff des Gemeinschaftsgefühls verbinden sich in dieser Phase zum einen kapitalismuskritische und prosozialistische Stellungnahmen[24]; darüber hinaus werden anthropologische und kulturtheoretische Reflexionen vorangetrieben, welche Adlers Theorien auf eine neue Basis stellen. So lässt sich nunmehr die Prämisse vernehmen, dass dem Aufbau von kulturellen Ordnungen, die auf den Prinzipien der Gemeinschaftlichkeit und Kooperation fußen, aufgrund der defizitären, ‚unsicheren' Grundausstattung des Menschen eine

---

[21] A. Adler, Über den nervösen Charakter, Frankfurt/M. 2008, S.29.
[22] G. Mackenthun, Gemeinschaftsgefühl. Wertpsychologie und Lebensphilosophie seit Alfred Adler, Gießen 2012, S.16ff.
[23] Herzog a.a.O., S.347.
[24] Hervorstechend ist Adlers berühmter und mehrfach veröffentlichter Aufsatz *Bolschewismus und Seelenkunde* (1918), in dem sich neben einer unmissverständlichen Bolschewismuskritik die folgenden markanten Sätze vernehmen lassen: „Die Jahre des Kapitalismus mit seiner entfesselten Gier nach Überwältigung des anderen haben die Raublust in der menschlichen Seele maßlos angefacht. Kein Wunder, daß unser seelischer Apparat ganz im Banne des Strebens nach Macht steht. ... *Wir wollen nicht die starre Form, wir wollen den Geist und des neue Wort des Sozialismus. Hier ist es: Ausbildung und Wirkung des Gemeinschaftsgefühls!*" A. Adler, Bolschewismus und Seelenkunde (1918/19), Frankfurt/M. 1982, S.25/31, Herv. i. O.

Überlebensnotwendigkeit zukommt. Zugleich fasst Adler aggressive Einstellungs- und Verhaltensmuster wie das Macht-, Konkurrenz- und Geltungsstreben jetzt vermehrt als sekundäre Phänomene auf, die aus kulturellen Fehlentwicklungen entstehen und deshalb prinzipiell überwindbar sind. Insgesamt rückt das Bestreben nach einer umfassenden Aufdeckung „der soziale[n] Struktur des gesamten humanen Lebens ..., zu deren Entwicklung des menschliche Minderwertigkeitsgefühl fortwährend gedrängt habe"[25], in den Fokus. Als ausschlaggebend entpuppt sich in diesem Kontext die Akzentuierung der qualitativen Kluft zwischen der etablierten Sozialordnung und der Idee einer egalitären gemeinschaftlichen Kulturform, auf welche Adler zufolge die grundsätzliche Offenheit des Menschen gerichtet ist.[26]

Vor diesem Hintergrund nimmt die Arbeit an pädagogischen Fragestellungen einen großen Raum ein; Adler führt die Arbeiten an einem eigenen Erziehungskonzept fort[27], welche mit der Hoffnung einhergehen, wirksame Wege zur Neurosenprophylaxe aufzeigen zu können. Dieses enthält Elemente einer pädagogischen Anerkennungstheorie, stets steht die Frage im Mittelpunkt, *wie* das Gemeinschaftsgefühl kultiviert und mit diesem das individuelle Selbstbewusstsein entfaltet werden kann. Bei Adlers Überlegungen zu einer auf intersubjektive Domänen zugeschnittenen Erziehungstheorie überwiegt derweil eine überaus optimistische Grundstimmung und er knüpft bei seiner Auslegung des Gemeinschaftsbegriffs speziell in dieser Phase an aufklärerische Denktraditionen an.[28] Keinesfalls ist sein Verständnis von Gemeinschaft dagegen mit biologistischen, rationalitätsfeindlichen und/oder nationalistischen Gemeinschaftsverständnissen in Verbindung zu bringen, die in etlichen reformpädagogischen Ansätzen der damaligen Zeit zur Anwendung gelangen. Die These, dass Adler zu einer spätromantischen „Mythisierung der Gemeinschaft"[29] neige, ist ebenso als fragwürdig einzuschätzen wie jene einer „neutralen Offenheit des Gemeinschaftsgedankens"[30]. Auffällig sind stattdessen zunächst die „viele[n] Affinitäten zu Kant"[31] und den progressiven Konzepten neukantianischer Provenienz; Adler hebt ausdrücklich und unter Rekurs auf Kant hervor, dass Sprache, Moral und Vernunft auf Allgemeingültigkeit

---

[25] J. Rüedi, Alfred Adler, a.a.O., S.103.
[26] Vgl. A. Adler, Die Erziehung zum Mut (1927), Göttingen 2009, S.134ff.
[27] Ein intensives Interesse an erzieherischen Fragen ist bei Adler schon sehr früh zu beobachten. Als zentrale Dokumente aus den frühen Schaffensphasen können seine Aufsätze *Der Arzt als Erzieher* (1904) sowie *Das Zärtlichkeitsbedürfnis des Kindes* (1908) gelten, die auch Eingang in den von ihm gemeinsam mit Furtmüller herausgegebenen Band *Heilen und Bilden – Ärztlich-pädagogische Arbeiten des Vereins für Individualpsychologie* (Erstausgabe 1914) gefunden haben.
[28] Vgl. H. F. Ellenberger, Die Entdeckung des Unbewußten, Zürich 1973, S.848.
[29] Herzog, a.a.O., S.347.
[30] U. Bleidick, Individualpsychologie, Lernbehinderungen, a.a.O., S.99.
[31] Ellenberger, a.a.O., S.848.

abzielen.³² Allerdings ist sein Argumentationsstil im selben Moment oft durch terminologische Unschärfen geprägt, die Mißverständnisse bzw. folgenreiche Uminterpretationen wohl zumindest erleichtert haben – zudem sind bei Adler selbst um 1930 einige inhaltliche Neuorientierungen zu verzeichnen. Bemerkenswert sind fernerhin die Schnittmengen mit der sozialdemokratischen Reformpolitik im ‚Roten Wien': „Die Wiener Individualpsychologie war personell, praktisch und ideologisch aufs engste mit der Sozialdemokratie verknüpft.... Sie war in Wien die Psychologie und Pädagogik, die theoretisch und praktisch alle anderen Richtungen dominierte."³³ Gerade die ideologischen Verknüpfungen reichen dabei relativ weit, wie ein theoriegeleiteter Vergleich zwischen Alfred Adler und Max Adler (1873-1937), dem führenden Philosophen des Austromarxismus, belegen kann.³⁴ Diese breiten Überschneidungen werden nicht zuletzt dort transparent, wo Adler die Verwobenheit von Erziehungs- und Sozialreform herausstreicht: Für die Realisierung eines humanen Fortschritts ist es in seinen Augen entscheidend, grundlegend anders mit den allgemein-menschlichen Minderwertigkeitsgefühlen, d.h. den fundamentalen Empfindungen von Kleinheit, Schwäche und Unsicherheit, umzugehen. Innerhalb der bestehenden, durch Macht- und Herrschaftsverhältnisse bestimmten Sozialordnung werden diese, so Adler, in der Regel schon früh auf die falschen Seiten geleitet: Es kommt zu Verstärkungen, die sich nicht selten zu einem Minderwertigkeitskomplex steigern und die Subjekte zu Kompensationshandlungen auf den unproduktiven Seiten des Lebens anstacheln.³⁵ Der Mangel an Gemeinschaftsgefühl und eine verkümmerte Kooperationsfähigkeit gelten für den Neurotiker in gleicher Weise als typisch wie die Ausbildung von Überlegenheitsfiktionen und eines harten, egoistischen Machtstrebens. Als *unproduktiv* werden seine Handlungen deshalb bewertet, weil er den wichtigsten Lebensaufgaben der Liebe, Arbeit und Mitmenschlichkeit, die nach Adler eben nur sozial gelöst werden können, permanent ausweicht und immense Teile seiner Energie in die Aufrechterhaltung von angsterfüllten Sicherungsbestrebungen investiert: „In Adlers Augen waren die Neurosen in ihrer Gesamtheit eine ungeheure Verschwendung von

---

[32] Vgl. A. Adler, Kurze Bemerkungen über Vernunft, Intelligenz und Schwachsinn (1928), Frankfurt/M. 1982, S.224.
[33] Bruder-Bezzel, Individualpsychologie, a.a.O., S.108f., Herv. i.O.
[34] Die Hauptströmung des Austromarxismus speist sich z.T. aus neukantianischem Gedankengut und nimmt im Wien der Nachkriegszeit eine (bildungs-)politisch bedeutsame Stellung ein; die Parallelen zwischen der Sozialphilosophie M. Adlers und der Individualpsychologie werden in der Studie von A. Weil (1979) ausführlich thematisiert.
[35] Nicht Minderwertigkeitsgefühle an sich stellen also ein Problem dar – im Gegenteil: Adler stuft diese mancherorts als kulturfördernde Kraft ein; vgl. A. Adler, Die Individualpsychologie als Weg zur Menschenkenntnis und Selbsterkenntnis (1926), Frankfurt/M. 1982, S.144 –, sondern lediglich verstärkte Minderwertigkeits- und Unzulänglichkeitsgefühle, die eine Negativdynamik in Gang setzen.

Zeit und Kraft, die der produktiven Arbeit für die Gemeinschaft des Menschengeschlechts entzogen [wird]."[36] Die von Adler als unvernünftig und selbstschädigend eingestuften Varianten einer privaten Machtpolitik, welche Beziehungs- und Kooperationsmöglichkeiten systematisch reduzieren oder gar völlig ausschalten, lassen sich ihm zufolge in großen Teilen der Gesellschaft antreffen – je nach sozialer Lage (arriviertes Bürgertum, Kleinbürgertum, Proletariat) existieren eine Reihe von Ausprägungen und Härtegraden.

Summa summarum hebt er in seinen Diagnosen das Problem der Verknotung von gesteigerten Minderwertigkeitsgefühlen und einem individualistischen Geltungs-/Machtstreben mit derselben Intensität hervor wie den Befund, dass die in solcher Weise beschädigten Subjekte überwiegend nicht bewusst agieren. Adler lenkt die Aufmerksamkeit immer wieder auf die These, dass das Denken, Wahrnehmen und Handeln in hohem Maße von den Vorgaben eines internalisierten *Lebensplans* bestimmt wird, dessen Strukturen in starker Abhängigkeit von dem jeweiligen sozialen Umfeld während der ersten Lebensjahre modelliert wurden. Die frühen Jahre sind, ähnlich wie bei Freud, von enormer Relevanz; in dieser vorrationalen Lebensspanne erfolgen Weichenstellungen und es bilden sich Arrangements heraus, die für die weitere Entwicklung wegweisend und dem (späteren) Bewusstsein völlig oder teilweise unzugänglich sind – Adler spricht von ‚Automatisierungen' und der Formung einer ‚Schablone'[37] mit Bezug auf die Erfassung der Welt, die es dem einzelnen „gestattet, ohne viel Nachdenken in jeder Situation seine einheitliche Persönlichkeit zum Ausdruck zu bringen"[38]. Jedes Kind errichtet demnach in Reaktion auf sowie in Auseinandersetzung mit seinen primären Bezugspersonen und den von seiner Umwelt ausgehenden Anforderungen eine Art Leitlinie, die den weiteren Kurs vorgibt: „Dieses in frühester Zeit gesetzte Ziel ... beeinflusst die Auswahl der Elemente, die [das Kind] zur Entwicklung seines Weltbildes verwertet."[39] Als Beispiele können hier die Generierung von Zukunftsperspektiven und die tendenziöse Sortierung von Inhalten im Kontext der Erinnerungs-, aber auch demjenigen der Traumarbeit fungieren.

Mit diesem die „Macht der leitenden Fiktion"[40] akzentuierenden Konzept legt Adler eine „eigene dynamische Konzeption des Unbewussten"[41] vor, die den sozialen Relationen eine herausragende Stellung beimisst. Anzumerken ist,

---

[36] H. Böhringer, Kompensation und Common Sense. Zur Lebensphilosophie Alfred Adlers, Königstein/Ts. 1985, S.19.
[37] Vgl. A. Adler, Der nervöse Charakter (1913), Frankfurt/M. 1973⁴, S.124; ders., Erziehungsberatungsstellen (1922), Göttingen 2009, S.104.
[38] A. Adler, Menschenkenntnis (1927), Göttingen 2007, S.135.
[39] Rüedi, Alfred Adler, a.a.O., S.107.
[40] Adler, Über den nervösen Charakter, a.a.O., S.81.
[41] G. Eife, Einleitung, Göttingen 2010, S.23.

dass der in der neueren Literatur zu Adler meist besonders betonten „selbstschöpferischen Kraft"[42] erst in den Spätwerken um und nach 1930 eine bestimmende, mitunter vorrangige Rolle attestiert wird.[43] In den früheren Werken liegt der Schwerpunkt der Betrachtungen hingegen mehr auf den „sozialen Einflüssen in der Kinderstube" (so der prägnante Titel eines Adler-Aufsatzes aus dem Jahre 1914) und dies nicht im Sinne einer eindimensionalen Milieutheorie; vielmehr gerät das „dialektische Verhältnis von Mensch und Umwelt"[44] in den Horizont.[45]

Eine der vordringlichsten Aufgaben der individualpsychologischen Psychotherapie und Pädagogik – Adler vollzieht zwischen diesen Bereichen interessanterweise, oder, dies müsste eigens diskutiert werden: problematischerweise, keine scharfe Trennung – besteht in der Konsequenz darin, fehlgeleitete Lebenspläne aufzudecken und bewusst zu machen, d.h. zu ‚enthüllen', damit in einem weiteren Schritt Veränderungen eingeleitet werden können. An diesem Punkt ist es jedoch geboten, genauer auf die Frage einzugehen, wie und unter welchen Umständen überhaupt mit hoher Wahrscheinlichkeit eine dauerhafte Verstärkung von Minderwertigkeitsgefühlen eintritt. Adler wirft diese wichtige Frage vermehrt auf und identifiziert eine Reihe von negativen Einflüssen und Konstellationen, die Unzulänglichkeitsgefühle hervorrufen können und häufig miteinander verbunden sind. Im Kern sind dies die Folgenden:

- körperliche Schwächen und ‚Organminderwertigkeiten'[46]
- eine schlechte ökonomische Situation
- eine ungünstige Positionierung des Kindes in der Familie bzw. der Geschwisterfolge
- die Auswirkungen einer autoritär-repressiven sowie einer verzärtelnden Erziehung

---

[42] A. Adler, Der Sinn des Lebens (1933), Göttingen 2008, S.69, vgl. ferner ebd., S.141 sowie A. Adler, Religion und Individualpsychologie (1933), Göttingen 2008, S.209.

[43] Streckenweise mutet Adlers Argumentation hier sogar existentialistisch an: „Nicht, was ein Kind mitbringt, sondern was es daraus macht, entscheidet seinen Lebensstil." Adler, Religion, a.a.O., S.209.

[44] H. Jacoby, Alfred Adlers Individualpsychologie und dialektische Charakterkunde, Frankfurt/M. 1983, S.34.

[45] Neuere Arbeiten (vgl. H. Brinskele, ‚Die feinen Unterschiede'. Alfred Adlers Lebensstilkonzept und der Begriff des Habitus bei Pierre Bourdieu, Münster 2011, S.221-237) weisen zudem auf die Analogien zwischen dem ursprünglichen Lebensplankonzept Adlers und dem Habituskonzept Bourdieus hin.

[46] Der Aspekt der Organminderwertigkeit stand in den frühen Schriften Adlers noch im Mittelpunkt (insbesondere in der *Studie über Minderwertigkeit von Organen* von 1907), mit der Zeit setzte sich aber eine Sichtweise durch, die „den Menschen im Vergleich zu anderen, d.h. auch in seinen sozialpsychologischen Bezügen sah" (Wengler, a.a.O., S.120), womit dieser Aspekt seine Schlüsselbedeutung verlor.

- patriarchalische Deutungs- und Abwertungsmuster
- die Effekte des innerhalb der kapitalistischen Ökonomie geltenden Macht- und Konkurrenzprinzips.

Kinder, die unter solchen Bedingungen aufwachsen, können, besonders dann, wenn einige Faktoren ineinander greifen, in vielen Fällen kein hinreichendes Gemeinschafts- und Selbstwertgefühl aufbauen. Eine Förderung der nach Adler essentiellen Fähigkeit zur Kooperation findet kaum oder nicht statt, im Gegenteil: Die betroffenen Kinder werden von Beginn an in eine subalterne Position gedrängt und von den Eltern, ihrem Erziehungsstil (für Adler sind eine autoritäre und verwöhnende Erziehung gleichermaßen herabsetzend) sowie den kulturellen Zwängen entmutigt.[47] Damit wird die Verankerung des Kindes auf unproduktiven Pfaden vorangetrieben und die Ausbildung einer egozentrisch enggeführten ‚privaten' Intelligenz begünstigt. Da es an Bewährungsmöglichkeiten auf produktiven und schöpferischen Feldern mangelt, sei zu erwarten, dass in der Folge eine Praxis des Ausschau-Haltens nach jenen kompensatorischen Scheinlösungen dominiert, welche den Kindern vorgelebt werden bzw. die in ihrer Lebenswelt greifbar sind (als Beispiele seien hier das Verlangen nach der Autorität des Vaters, die Übernahme von reaktionären Ideologien, die Machtausübung auf sog. Nebenkriegsschauplätzen und die Ausnutzung der Arbeitsleistung anderer angeführt).

Das bisher Gesagte macht transparent, dass Adlers Ansatz in diesem Stadium aus einer „inneren Logik"[48] heraus sozialkritische Betrachtungen ins Zentrum rückt. Bis etwa in die Mitte der 1920er Jahre hinein sympathisiert Adler ausdrücklich in weiten Teilen mit der österreichischen Sozialdemokratie und bietet wiederholt die These auf, dass die Verbreitung von psychischen Krankheiten mit der defizitären Einrichtung der gesellschaftlichen Ordnung korrespondiert. Umgekehrt besteht im Wien der Zwischenkriegsära ein gesteigertes politisches Interesse an seinem Modell, z.B. im Umkreis der Wiener Schulreform[49], der Kinderfreundebewegung und dem Engagement für eine flächendeckende Erziehungsberatung[50] oder innerhalb des Spektrums der

---

[47] „… in einer Gesellschaft, in der jeder zum Feind des andern wird – unser ganzes Erwerbsleben verleitet ja dazu – [ist] die Verwahrlosung unausrottbar. Denn Verwahrlosung und Verbrechen sind *Produkte des Kampfes ums Dasein*, wie er in unserem wirtschaftlichen Leben geführt wird. Seine Schatten fallen früh in die Seele des Kindes …" A. Adler, Verwahrloste Kinder (1920), Göttingen 2009, S.101, Herv. i.O.

[48] H. Jacoby, a.a.O., S.105.

[49] Vgl. B. Handlbauer, a.a.O., S.119ff.; J. Oelkers, Reformpädagogik, Weinheim/München 1996³, S.268f.; Bruder-Bezzel, Individualpsychologie, a.a.O., S.113ff.

[50] N. Richartz, Die Pädagogik der ‚Kinderfreunde', Weinheim/Basel 1981; H. Kotlan-Werner, Otto Felix Kanitz und der Schönbrunner Kreis. Die Arbeitsgemeinschaft sozialistischer Erzieher 1923-1934, Wien 1982; Bruder-Bezzel, Individualpsychologie, a.a.O., S.118ff.; Datler u.a., Erziehungsberatung, a.a.O., S.236ff.; Gsatch, a.a.O.

Arbeiterbildung[51]. Zumal sind viele seine Schüler/innen in pädagogischen Tätigkeitsfeldern engagiert und arbeiten an der Entfaltung von reformpädagogischen Ansätzen. Als übergeordnete Aufgaben einer individualpsychologisch fundierten (Reform-)Pädagogik fasst Adler schließlich die Prävention und die Therapie in den Blick. Er plädiert zum einen für eine Reformierung der Erziehungsstile und eine Überwindung der vorherrschenden Formen einer verfehlten Erziehung:

> „Die ganze Erziehung hat darauf hinauszulaufen, daß man das natürliche Minderwertigkeitsgefühl auf die Nützlichkeitsseite hinlenkt und sich auf das Nützliche erstrecken läßt. Dazu gehört die Gleichwertigkeit. Ich glaube nicht an die Fähigkeit oder Unfähigkeit des Kindes, sondern nur des Erziehers."[52]

Die Modelle einer neuen Erziehung sollen in vorbeugender Manier darauf hinwirken, dass Unzulänglichkeitsgefühle gar nicht erst entstehen und Kinder so früh wie eben möglich zur sozialen Kooperation anregen. Deshalb müsse der pädagogische Bezug beständig von einer freundschaftlich-wohlwollenden Grundstimmung und Einstellung erfüllt sein – eine positiv besetzte Vorstellung von personaler Autorität findet sich weder bei Adler noch bei denjenigen an ihn anschließenden reformpädagogischen Ansätzen, auf die in den nachstehenden Passagen Bezug genommen wird. Dies darf jedoch nicht zu dem Fehlschluss verleiten, dass die individualpsychologische Pädagogik antiautoritäre Züge annimmt: Der Gedanke der Autorität ist – mitunter sogar massiv – vorhanden, allein ist er nicht in erster Linie an konkrete Personen gebunden, sondern wird eng mit der Gemeinschaftsidee liiert, weshalb es umso zwingender ist, dieser Kernidee, die im Umfeld der gesamten Adler-Schule und z.T. auch bei Adler selbst, der sich im Spätwerk konservativeren Positionen zu eigen macht, unterschiedlich ausgelegt wird, jeweils möglichst exakt auf den Grund zu gehen.[53] In therapeutischer Hinsicht gelten sodann die hermeneutische Erschließung des Lebensplans, d.h. die systematische Aufdeckung der nicht bewussten Wahrnehmungsschablonen und Zielvorstellungen sowie die allmähliche Umstellung dieses Plans durch die Freilegung und den Aufbau des verkümmerten bzw. verschütteten Gemeinschaftsgefühls als wesentliche Schritte. Für diese aufbauenden Praktiken verwendet Adler den plastischen Oberbegriff der *Ermutigung*: Der für eine ‚Erziehung zum Mut' eintretende Pädagoge ist vornehmlich mit der Herausforderung konfrontiert,

---

[51] J. Weidenholzer, Auf dem Weg zum ‚Neuen Menschen'. Bildungs- und Kulturarbeit der österreichischen Sozialdemokratie in der ersten Republik, Wien 1981, S.67f., 276.

[52] A. Adler, Schwer erziehbare Kinder (1926), Göttingen 2009, S.132.

[53] „Vor der Autorität des Wir wird auch das bisherige Verhältnis der Über- und Unterordnung von Lehrer und Schüler hinfällig. Der Erzieher ist nicht mehr der Vollkommene, Fertige, Wissende, Könnende, sondern lediglich das Vorbild eines an sich Arbeitenden." Bleidick, a.a.O., S.109.

über Maßnahmen der indirekten Erziehung geeignete Arrangements zu schaffen, die dafür sorgen, dass kindliche Energien in die „Kanäle gemeinschaftlicher Kooperation"[54] eingeleitet werden. Speziell auf die zuletzt genannten Aspekte werde ich nun mit Bezug auf von Adler beeinflusste reformpädagogische Modelle, die allesamt auf dem Terrain der „Demokratischen Reformpädagogik" verortet sind, differenzierter eingehen. Vorab sei angemerkt, dass deren Vertreterinnern und Vertreter nicht einfach an Adlers Reflexionen anschließen, sondern einige seiner Thesen in kritischer Absicht vertiefen und teilweise erhebliche, in mancherlei Hinsicht auch streitbare Modifikationen vornehmen.

2. Hauptlinien der Adler-Rezeption innerhalb der sozialkritisch ausgerichteten Reformpädagogik

Als Bezugspunkt dienen in diesem Abschnitt also pädagogische Ansätze aus dem Zeitraum von 1918 bis ca. 1933, die dem in dieser Spanne stark vertretenden Feld der linken Adlerianer angehören. Jenes zeichnet sich im Allgemeinen durch ein recht hohes Maß an innerer Heterogenität aus; die bedeutendste Differenzlinie verläuft zwischen den am ehesten als sozialdemokratisch-austromarxistisch zu bezeichnenden Positionen, welche in der Regel dem Wiener Raum entstammen und sozialistisch, z.T. (libertär-)kommunistisch geprägten Anschauungen, die Adler und Marx (in Reinform) miteinander verbinden. Dieser und anderer Differenzen zum Trotz lassen sich unter dem Strich gemeinsame Anliegen und Stoßrichtungen herausstellen, anhand derer es möglich ist, einen Überblick über die spezifischen Ausformungen der Adler-Rezeption zu vermitteln. Zu beachten ist freilich, dass die von mir präsentierten Bündelungen in einigen Momenten eine verallgemeinernde Tendenz aufweisen und vorwiegend auf die verbindenden Elemente abheben. Das wahrscheinlich mit Abstand wichtigste verbindende Element stellen dabei die von der Sache her keineswegs abwegigen Versuche dar, Adlers Individualpsychologie mit der Gesellschaftskritik von Marx zu kombinieren. Als Hauptargumente werden hierbei das bei Adler und Marx im Vordergrund stehende soziale Interesse, von dem ausgehend beide eine Theorie des vergesellschafteten Subjekts entwerfen, der von beiden mit sozialkritischer Intention verwendete Gemeinschaftsbegriff (ideale Kulturgemeinschaft bei Adler – Gemeinschaft freier Produzenten bei Marx) sowie das von Adler „dialektisch und damit ganzheitlich gedachte Verhältnis der einzelnen Momente wie Minderwertigkeitsgefühl–Kompensation, Individuum–Gemeinschaft und Ichbezogenheit–Gemeinschaftsgefühl"[55] aufgeboten. Manès Sperber, der wäh-

---

[54] Rüedi, Alfred Adler, a.a.O., S.188.
[55] Bruder-Bezzel, Individualpsychologie, a.a.O., S.162.

rend dieser Zeit zu den Propagandist/innen einer ‚marxistischen Individualpsychologie' gehört, hat noch im Rückblick diesen nachklingenden Satz formuliert:

> „... Adlers vergleichende Individualpsychologie [ist] ihrem Wesen, ihrer Form nicht weniger als ihrem Inhalt nach dialektisch und ... seine Auffassung von dem Verhältnis zwischen Mensch und Gemeinschaft [entspricht] nicht nur dem sozialen Pathos der Emanzipationsbewegung der Arbeiterklasse, sondern auch der Grundauffassung und der Methode des Marxismus."[56]

Und Alice Rühle-Gerstel (1894-1943) schreibt in ihrer 1924 erschienenen, noch immer lesenswerten Einführung *Freud und Adler*:

> „Die Umwelt ist für Adler nichts Unumstößliches, und indem er die Menschen aus ihrem individuellen Eigendünkel löst, sie lehrt, andere als ihresgleichen zu bewerten, wirkt er in seiner Individualpsychologie wahrhaft demokratisierend und als geistiger Vorbereiter des Sozialismus."[57]

Ganz ähnlich lautende Thesen können, wenn auch in teilweise abgeschwächter Form, bei all jenen Vertreter/innen dieses Spektrums vernommen werden, auf die im Folgenden rekurriert wird: Den theoretischen Wortführern der österreichischen und deutschen Kinderfreundebewegung, *Otto Felix Kanitz* und *Kurt Löwenstein* (1885-1939)[58], dem eingangs bereits erwähnten Mitbegründer der Individualpsychologischen Versuchsschule in Wien, *Oskar Spiel*, dem pädagogischen Fragestellungen äußerst zugeneigten Adler-Mitarbeiter *Erwin Wexberg* (1889-1957) sowie den sich als Marxisten bezeichnenden Adler-Anhängern und Reformpädagogen *Alice Rühle-Gerstel* und *Otto Rühle* (1874-1943).

a) Die Problematik sozialer Minderwertigkeitsgefühle

Zuallererst ist hervorzuheben, dass in diesem Umfeld die Problematik von sozialen Minderwertigkeitsgefühlen durchweg umfassender analysiert und intensiver berücksichtigt wird als dies in den Beiträgen Adlers der Fall ist: Im Mittelpunkt des Großteils der pädagogischen und gesellschaftstheoretischen

---

[56] M. Sperber, Alfred Adler oder das Elend der Psychologie, Frankfurt/M. 1971, S.27.

[57] A. Rühle-Gerstel, Freud und Adler. Elementare Einführung in Psychoanalyse und Individualpsychologie, Dresden 1924, S.93.

[58] Löwenstein ist gewissermaßen als Sonderfall zu bewerten, da er, obwohl von individualpsychologischen Gedanken beeinflusst (vgl. E. Weiß 2013, Kurt Löwenstein und sein Engagement im Dienste einer ‚Erziehung zur demokratischen und sozialen Republik', Baltmannsweiler 2013, S.78), nicht zum engeren Umfeld Adlers gehört. Seine Schriften enthalten aber an vielen Stellen, ohne dass dabei auf Adler hingewiesen wird, individualpsychologische Deutungsmuster. Termini wie ‚Minderwertigkeitsgefühl' und ‚psychologische Massenmanzipation' werden von ihm in einer nahezu selbstverständlichen Manier verwendet. Dieses Faktum könnte als Beleg dafür interpretiert werden, dass Adlers Thesen (z.B.) innerhalb der Kinderfreundebewegung als eine Art Allgemeingut verbreitet waren.

Arbeiten steht die Vielzahl an Unterdrückungen und Missachtungen, denen die Angehörigen des Proletariats und insbesondere proletarische Kinder[59] ausgesetzt sind. Vor allem Rühle und Kanitz verfassen ernüchternde und mit einigen der offiziellen Parteistandpunkte in Konflikt geratene Studien zur Situation des proletarischen Kindes.[60] Offen gelegt werden u.a. die drückende ökonomische Not, die schlechten häuslichen Verhältnisse, die soziale Verwahrlosung, ein gerade innerhalb der Arbeiterklasse grassierender Egoismus und Autoritarismus, diktatorische Erziehungsstile, Missachtungen in der Öffentlichkeit und die Demütigung von Arbeiterkindern in schulischen Institutionen, z.B. durch die häufige Anwendung körperlicher Gewalt, die etablierten Begabungslehren, distinktive Praktiken sowie Leistungsideologien, die de facto die habituelle Distanz zu den Maßstäben der als legitim angesehenen Schulkultur sanktionieren. Das Augenmerk richtet sich in diesem Zusammenhang sowohl auf die negativen Effekte der teils unverhohlen, teils auf stille und verborgene Weise praktizierten Deklassierung als auch auf die Tatsache der langfristigen Tradierung und Verinnerlichung dieser Minderwertigkeitsgefühle[61], welche, so der Tenor, als innerer „Knebel, der den heranwachsenden Proletarier an das Joch seiner Ausbeutung fesselt"[62], wirken und somit den Weg zur Erlangung eines widerständigen und solidarischen Handelns erheblich erschweren:

„Bei der Allgemeinheit dieses Zustandes wirkt sich in dem Arbeiterkinde diese Wertung als Norm aus. Es lernt nicht nur, daß es als minderwertig geachtet wird, sondern es lernt sich auch als minderwertig fühlen. Daraus ergibt sich sowohl die weitverbreitete Unterwürfigkeit der Arbeiterschichten gegenüber den Begüterten als

---

[59] Vgl. O. Rühle, Die Seele des proletarischen Kindes (1925), Frankfurt/M. 1969, S.9-137; O. F. Kanitz, Das proletarische Kind in der bürgerlichen Gesellschaft (1925), Frankfurt/M. 1970, S.21-114; E. Wexberg, Individualpsychologie. Eine systematische Darstellung, Leipzig 1928, S.118ff.

[60] Aufschlussreich ist in diesem Kontext der von Rühle entworfene *Fragebogen zur Erforschung der Psyche des proletarischen Kindes* (abgedruckt in Rühle, a.a.O., S.134-137). Er fügt am Ende hinzu: „Es wird immer auf das Zusammengehen oder gegenseitige Bedingtsein soziologischer und psychologischer Erscheinungen besondere Aufmerksamkeit verwendet werden müssen." (ebd., S.137) Kanitz spricht sich in Übereinstimmung mit Rühle nachdrücklich für eine psychologische und soziologische Schulung der Pädagogen aus (vgl. Kanitz, a.a.O., S.60).

[61] Rühle, dessen Arbeiten zur *Kultur- und Sittengeschichte des Proletariats* zumindest zu erwähnen sind (vgl. Rühle 1930, 1977), erkennt in der Individualpsychologie die „psychologische Methode, die den Fetischcharakter der Vererbung, der Anlage, der Zwangsgebundenheit des Willens wissenschaftlich aufdeckt" und auf diese Weise „den Menschen von der Last seiner Ahnen [befreit]". O. Rühle, Der autoritäre Mensch und die Revolution (1925), Frankfurt/M. 1969, S.168.

[62] Rühle, Die Seele des proletarischen Kindes, a.a.O., S.50.

auch umgekehrt die besondere Feindseligkeit als Protesteinstellung gegen die den Arbeitern zugemutete Minderwertigkeit."[63]

In diesem Kontext entzündet sich die Kritik immer wieder an naturalisierenden und einen „klassenrassistischen" (Bourdieu) Geist atmenden Begabungskonzepten, die von Adler, der sich eindeutig gegen die Spielarten einer Dispositionspsychologie ausspricht, ebenfalls angegriffen werden.[64] Nach Adler, Rühle, Kanitz et al. verbirgt sich hinter jeder vermeintlichen Begabung auf ein intensives und frühzeitiges Training, umgekehrt werden die von Kindern und Erwachsenen geäußerten Selbsteinschätzungen als ‚dumm' oder ‚minderbegabt' als sozial produzierte Schemata begriffen. Als besondere pädagogische Herausforderung gilt indessen vielerorts der bei den Mitgliedern des Proletariats verbreitete und tief verwurzelte „Lebensplan des Herrschaftswillens"[65]. Zugleich wird vor Methoden gewarnt, die auf eine bloße Symptombekämpfung abzielen – mit Adler (und Marx) versucht man stattdessen, die Ursachen des als Kompensationsmechanismus gedeuteten unsolidarischen Verhaltens aufzudecken. Forciert werden diese sozialhermeneutischen Analysen zusätzlich von dem Unbehagen an einem ökonomistisch-mechanistischen Materialismus, dessen Repräsentanten die Notwendigkeit einer „Reform des Bewußtseins" (Max Adler) nicht wahrnehmen bzw. von vornherein als ‚bürgerlich' und reformistisch klassifizieren.

Angesichts dieser Diagnosen können die zahlreichen Formulierungen einer umfangreichen Institutionenkritik – in erster Linie mit Bezug auf das Schulsystem und die Familienformen[66] – kaum überraschen. Adler entfaltet eine solche Kritik zwar ebenfalls, diese stellt sich aber weitaus weniger radikal dar als bei manchen der von seiner Psychologie inspirierten Reformpädagog/innen. Auffällig sind ferner die sich spätestens um 1930 zuspitzenden Diskrepanzen zu einem konservativer auftretenden Adler, in dessen Schriften die Dimension der gesellschaftlichen Unterdrückungs- und Konfliktlagen verblasst, während z.B. metaphysische Überlegungen sowie eher in privilegierteren Milieus beheimatete Erziehungsfehler wie die ‚Verzärtelung' einen größeren Raum einnehmen.

---

[63] K. Löwenstein, Die Kinderfreundebewegung, Berlin/Leipzig 1929, S.142.

[64] Vgl. „Die Bedeutung der *Vererbung* müssen wir hinsichtlich aller Erscheinungen im Psychischen, insbesondere hinsichtlich der Entstehung von Charakterzügen, völlig von der Hand weisen." Adler, Menschenkenntnis, a.a.O., S.136, Herv. i. O.

[65] O. F. Kanitz, Kämpfer der Zukunft. Eine systematische Darstellung der sozialistischen Erziehungsgrundsätze (1929), Frankfurt/M. 1970, S.141.

[66] Vgl. „Die proletarische Familie ist dieselbe Vorschule für den künftigen Untertan, für den künftigen Fabriksklaven geblieben, die sie immer war." Kanitz, Das proletarische Kind, a.a.O., S.64. Bei Wexberg kann vernommen werden: „... wir [sind] uns dessen bewußt, daß unsere Zeit unverkennbar eine Zeit des Niedergangs der Familienkultur ist und daß infolgedessen auf jeden Fall ... die Zukunft der Pädagogik einer vorgeschrittenen Gemeinschaftserziehung gehört." E. Wexberg, Individualpsychologie, a.a.O., S.204.

b) Lebensplananalyse und Enthüllungsarbeit

Unübersehbare Auswirkungen hat diese verstärkte Aufarbeitung von sozialen Minderwertigkeitsgefühlen sodann hinsichtlich der tiefenpädagogischen Hauptaufgabe der Lebensplananalyse.[67] Insgesamt macht sich ein tendenziell anders gelagerter Blick auf den Prozess der Lebensplanentstehung bemerkbar. Zwar wird im Allgemeinen an Adlers Thesen und sein Postulat, „das seelische Ganze des Menschen zu verstehen, heißt, ihn im Gefüge seiner gesellschaftlichen Stellung erfassen", angeknüpft, welches die direkte Forderung nach sich zieht, „daß die Einzelbeobachtung einer Menschenseele nie vom sozialen Boden losgelöst werden darf"[68]. ‚Charakter' und ‚Lebensplan' werden in diesem reformpädagogischen Feld zunächst in vollster Übereinstimmung mit Adler als soziale Begriffe verstanden und es ist gut nachvollziehbar, dass sich Vertreter/innen einer linken Reformpädagogik von dessen Variante einer *Positionspsychologie*[69] in hohem Maße angesprochen fühlen: „In der Dynamik von Minderwertigkeitsgefühl und Kompensation bildet er ein zentrales Problem des sozialen Lebens ab: das Ringen um den Erhalt des Selbstwertgefühls, das immer den sozialen Vergleich, das Denken in Konkurrenz- und Machtkategorien impliziert, sich an sozialen Maßstäben orientiert und die herrschenden gesellschaftlichen Ungleichheiten widerspiegelt."[70] Allerdings werden in partieller Differenz zu Adler gesellschaftliche Herrschafts- und Machtverhältnisse intensiver und systematischer in die Deutungsarbeit miteinbezogen. Außerdem gewinnen – hier ist der Einfluss von Marx unmittelbar zu spüren – die Thematik der *Klassenlage* sowie der *Klassenbegriff* erheblich an Gewicht.

Adler tendiert seinerseits dazu, das ‚gesellschaftliche Gefüge' schnell auf familiäre und nahräumliche Lebenswelten zu reduzieren; er vertieft den von ihm selbst eröffneten Zugang zur Sozialität des Menschen meist lediglich bis zu einem bestimmten Punkt und lässt die Tür stets ein Stück weit in andere Interpretationsrichtungen offen. So ist etwa Marx für Adler einerseits unverkennbar eine wichtige Referenz, oft finden sich aber im gleichen Augenblick positive Verweise auf Ansätze einer geisteswissenschaftlichen Hermeneutik, welche mit Vorliebe von konservativen Adler-Schülern wie Fritz Künkel (1889-1956) und Leonhard Seif (1866-1949) aufgegriffen werden. Eine wie auch immer geartete Verknüpfung der Idee des Gemeinschaftsgefühls mit den Vorstellungen von Klassensolidarität und Klassenbewusstsein wird nirgends vorgenommen, obwohl Adler im Jahre 1909, also noch in den Zeiten

---

[67] Diese bildet nicht nur bei O. Spiel das „Hauptunterscheidungsmerkmal der individualpsychologischen Pädagogik gegenüber anderen Erziehungslehren" Datler u.a., Erziehungsberatung, a.a.O., S.250.
[68] A. Adler, Soziale Einflüsse in der Kinderstube (1914), Göttingen 2009, S.53.
[69] Vgl. Adler, Menschenkenntnis, a.a.O., S.154.
[70] A. Bruder-Bezzel, Einleitung, Göttingen 2009, S.10.

vor der Einführung dieser Idee, erweiterungsfähige Thesen zur ‚Psychologie des Klassenkampfes' vorgelegt hatte.[71] Als triftige Gründe für diese Nicht-Erweiterung ließen sich seine durchweg ambivalente Bewertung von Massenbewegungen sowie die entschiedene Ablehnung von Versuchen, „die Individualpsychologie zu einer Parteisache abstempeln zu lassen"[72], anführen. Für das beleuchtete Feld der von seiner Individualpsychologie angeregten Reformpädagogik kann hingegen die These formuliert werden: Je mehr auf Marx rekurriert wird, desto weitgehender verbindet sich der positionspsychologische Ansatz mit dialektischen Deutungsmustern (klar tritt diese Verbindung bei Rühle, Rühle-Gerstel und Kanitz zu Tage). In jedem Fall lässt sich beobachten, dass die hermeneutischen Vorgehensweisen einen konsequent sozialräumlichen Zuschnitt erhalten (Adlers geisteswissenschaftliche Seite wird indessen kaum rezipiert); aus der historischen Rückschau weckt die Lektüre mancherorts Assoziationen zu Bourdieus Begriffen des Klassenhabitus und des Klassenunbewussten. Dabei münden diese von marxschem bzw. austromarxistischem Gedankengut inspirierten Modifizierungen der Adlerschen Thesen mitnichten in die Propagierung von vulgärmarxistischen Milieukonzepten ein – wohl aber enthalten jene eine Distanzierung von der Überbetonung der ‚selbstschöpferischen Kraft' des Kindes, wie sie dann z.B. in Adlers Spätwerken vorliegt (am schwächsten ist diese Distanzierung derweil bei Spiel ausgeprägt).

Einen weiteren Unterschied zu Adler markieren in diesem Zusammenhang die materialistisch basierten Analysen zu den Auswirkungen der kapitalistischen Produktionsweise auf die Lebensplangenese. In Rühle-Gerstels gemeinsam mit Otto Rühle verfasstem Werk *Der Weg zum Wir* (1927) – nach Sperber „zweifellos die beste marxistische Darstellung der Probleme der Individualpsychologie"[73] – wird die zentrale und eigentlich nahe liegende, aber von Adler bemerkenswerterweise nicht ausgearbeitete These entfaltet, dass die Ausbildung egoistischer und machtbasierter Lebenspläne innerhalb des Rahmens der etablierten Ökonomie zumindest bis zu einem gewissen Grad funktional, ja für viele Menschen schlichtweg überlebensnotwendig ist: In einem „neurotischen Lebensraum"[74] müsse die Neurose durchaus als

---

[71] „Im Dezember 1908 kündigt Adler einen Vortrag zur Psychologie des Klassenkampfes an, den er dann im März 1909 unter dem Titel ‚Psychologie des Marxismus' hält. ... Adlers entscheidende These ist ...: Furcht vor Degradierung (als eine Form von Minderwertigkeitsgefühl) ist der Motor, der kämpferisches Klassenbewußtsein freisetzt. Klassenkampf ist also als Kampf gegen Degradierung zu verstehen." A. Bruder-Bezzel 1983, Alfred Adler. Die Entstehungsgeschichte einer Theorie im historischen Milieu Wiens, Göttingen 1983, S.67.
[72] Furtmüller, a.a.O., S.274.
[73] Sperber, a.a.O., S.192.
[74] A. Rühle-Gerstel, Der Weg zum Wir. Versuch einer Verbindung von Marxismus und Individualpsychologie, Dresden/Verl 1927, S.155.

„normaler Seelenzustand"[75] angesehen werden. Eine solche Sichtweise, die in der entfremdeten Lohnarbeit eine Hauptursache für neurotische Erkrankungen ausmacht, ist – jedoch nicht immer in dieser Deutlichkeit – in sämtlichen reformpädagogischen Modellen der linken Adlerianer präsent. Diese kollidiert mit der bei Adler überwiegend zu konstatierenden „idealistischen Sicht des Berufs"[76] und hat signifikante Folgen für das pädagogische Denken. Auf dem Gebiet der Lebensplananalyse zeigen sich diese in einer mehr als nur flüchtigen Mitbeachtung der dem ökonomischen System inhärenten stummen Gewalt sowie der vermehrten Wahrnehmung von Schwierigkeiten, Hürden und Widerständen, die die Bewusstmachung und Veränderung des Lebensplans blockieren.[77] Mit Bezug auf die zweite Kernaufgabe einer aufbauenden und ermutigenden Arbeit geben mithin die Zielvorstellungen einer qualitativen Veränderung von Produktions- und Lebensformen, z.B. im Sinne des Ideals einer nicht bloß politischen, sondern *sozialen* Demokratie[78], zu entsprechenden Rückschlüssen Anlass.

c) Neurose und Entfremdung; Produktivität als pädagogisches Ziel

Insbesondere das zuletzt Dargelegte leitet zu einem weiteren bedeutsamen Impuls über, der aller Wahrscheinlichkeit nach vornehmlich von Marx angestoßen wurde: Zwischen Adlers Studien zum neurotischen Charakter und der Marxschen Entfremdungslehre werden offenbar Überschneidungen erkannt; auch deshalb nimmt die Lebensaufgabe der Arbeit aus erziehungs- und bildungstheoretischer Perspektive einen herausragenden Platz ein. Diese (Hypo-)These ist sicherlich als gewagt zu bezeichnen – zum einen, weil der Entfremdungsbegriff als solcher keine wesentliche Rolle spielt (was u.a. daran liegen könnte, dass in dieser Hinsicht einschlägige Teile der Marxschen Frühschriften wie die ‚Pariser Manuskripte' erst in den 1930er Jahren erscheinen). Wir haben es stattdessen in diesem Umfeld vor allem mit sinngemäßen Bezugnahmen und Verwendungsweisen zu tun[79], die aber wiederum relativ häufig ausgemacht werden können. Zum anderen muss diese These natürlich im Einzelnen geprüft werden, da mit der Einführung dieses ‚großen Begriffs' die Gefahr verbunden ist, dass abwegigen Les- und Wahrnehmungsarten der Weg geebnet wird. Umgekehrt darf jedoch genauso wenig übersehen werden,

---

[75] Ebd., S.125.
[76] Bleidick, a.a.O., S.99.
[77] Vgl. „Die Individualpsychologie sieht, daß ihr pädagogisches Programm in einer Zeit so tiefgehender sozialer Unterschiede, so ungleicher Verteilung der Güter und der Macht niemals vollkommen oder auch nur annähernd erfüllt werden kann." Wexberg, Individualpsychologie, a.a.O., S.320.
[78] Vgl. Spiel, Schaltbrett, a.a.O., S.17f.; siehe hierzu auch Rülcker, a.a.O., S.25f.
[79] Vgl. exemplarisch Rühle-Gerstel, Der Weg zum Wir, a.a.O., S.79ff., 90f., 163; Wexberg, Individualpsychologie, a.a.O., S.118ff.; ders., Arbeit und Gemeinschaft, Leipzig 1932, S.14f., 30f.; Spiel, a.a.O., S. 25, 63f.

dass jene den reformpädagogischen Anliegen erheblich entgegenkommt; darüber hinaus schützt sie geradezu vor der Versuchung einer allzu pragmatischen Auslegung dieser Ansätze.
So speisen sich z.B. Wexbergs Ausführungen zu der Thematik *Erziehung zur Arbeit* aus der Überzeugung, dass uns die soziale Lebensaufgabe der Arbeit (wie diejenigen der Liebe und Mitmenschlichkeit) nicht einfach gegeben, sondern vielmehr *aufgegeben* ist: In der Kritik steht zuvorderst die vorrangig die in der hochkapitalistischen Epoche normal gewordene Identifizierung von Arbeit und Lohnarbeit sowie die mit dieser Gleichsetzung einhergehende Verabsolutierung eines auf den Faktor der materiellen Rentabilität reduzierten Produktivitätsverständnisses. Diese Engführung wirkt nach Wexberg vor allem auf das proletarische Kind entmutigend[80] und sie bringt unisono eine Entwürdigung der menschlichen Arbeit mit sich:

> „Man steht also vor der Tatsache, daß ein sehr großer Teil der Menschen durch die Eigenart der herrschenden Produktionsverhältnisse eines positiven Lebenswertes beraubt ist und nie zur Arbeitsfreude gelangt."[81]

Mit einer Integration in das bestehende Produktionssystem im Sinne des bloßen Mitmachens kann diese Lebensaufgabe daher unmöglich bewältigt werden. Von einer individualpsychologischen Pädagogik wird verlangt, dass sie der in etlichen Lebensbereichen (Ökonomie, Familie, Schule etc.) dominanten Fiktion eines „Fetischismus des Geldes"[82] ermutigende Konzeptionen und Praktiken entgegensetzt, die sich an der *Idee eines wirklich produktiven Menschen* orientieren, der die Arbeit als soziale Aufgabe begreift, welche stets nach einem sachlichen Interesse an der gemeinsam zu vollbringenden Leistung verlangt. In diesem Kontext sind die in der Sekundärliteratur gelegentlich erwähnten Parallelen zwischen Adler und Erich Fromms Theorem des produktiven Charakters[83] gleichsam mit Händen zu greifen: Eine Erziehung, die dieses Ziel unterstützt, komme nicht umhin, die üblichen „Noten- und Prämiensysteme", mit denen „Neid und Mißgunst dem glücklicheren Konkurrenten gegenüber geradezu gezüchtet werden"[84], zurückzuweisen. Wexberg zufolge sind Lehrpläne und Methoden zu generieren, die dafür Sorge tragen, dass sich die früh verfestigende Einstellung eines „unsachli-

---

[80] Vgl. Wexberg, Individualpsychologie, a.a.O., S.123; Kanitz, Das proletarische Kind, a.a.O., S.49.
[81] Wexberg, Arbeit und Gemeinschaft, a.a.O., S.34.
[82] Wexberg, Individualpsychologie, a.a.O., S.122.
[83] „Fromm sieht die Ursachen dieser neurotischen Mechanismen in sozialen und kulturellen Faktoren, nämlich im kapitalistischen System. Auf der anderen Seite spricht er von einem ‚produktiven Charakter', der dem ähnlich ist, was Adler von dem vom ‚sozialen Gefühl' gelenkten Menschen sagt..." Ellenberger, a.a.O., S.865f.
[84] Wexberg, Arbeit und Gemeinschaft, a.a.O., S.15.

chen Strebertums"[85], unter der auch das vom Motiv des individualistischen Ehrgeizes angestachelte Individuum leide, am Besten überhaupt nicht herausbildet.

In genau diese Richtung hat – ausgehend von einer ähnlichen Grundlage – Oskar Spiel gewirkt und erhebliche pädagogische Erweiterungen vorgenommen: Der Versuch, den Arbeitsschulgedanken für reformerische Initiativen fruchtbar zu machen, repräsentiert einen Schwerpunkt seines Schaffens; eigens in seinem 1947 publizierten Hauptwerk *Am Schaltbrett der Erziehung*[86], das einen Überblick über die Theorie und Praxis der von ihm mitbegründeten, nur über einen kurzen Zeitraum (1931-34) existierenden Individualpsychologischen Versuchsschule bieten soll[87], äußert Spiel ausführliche Gedanken über die erzieherische Wirkung der Arbeitsschule. Analog zu Wexberg stehen bei ihm Arbeit und Ermutigung in direkter Relation; Spiel vertritt zudem eine absolut vergleichbare Auffassung von Produktivität sowie einen weit gefassten Arbeitsbegriff (der, dies ist nicht überflüssig zu erwähnen, keine Affinität zur Polytechnik aufweist). Die Schulklasse als Arbeitsgemeinschaft soll nach seiner Überzeugung ein

„Trainingsplatz für das einzelne Kind [sein], einerseits zur Bewältigung geforderter Arbeitsleistung, andererseits aber auch zur Lösung richtiger mitmenschlicher Beziehungen"[88].

Im Zentrum steht dabei die Förderung von Mut und Selbstsicherheit, da beides aber ausschließlich über den Pfad der (gemeinschaftlichen) Selbstarbeitung erlangt werden könne, verfallen traditionelle Lehrerbilder sowie Straf-/Belohnungspraktiken, die die Erlernung einer außengeleiteten Lebensführung begünstigen, der Kritik.[89] Spiel verdeutlicht immer wieder, dass alle pädagogischen Bemühungen an dem Anliegen einer frühzeitigen Einübung in demokratische Verhaltensformen interessiert sein müssen, welche mit den für die (Phantasie-)Figur eines punktförmigen Ich typischen Wahrnehmungs- und Handlungsformen nicht zu verwirklichen sind. Als unverzichtbar erscheint die Abkehr von Fetischismus, Individualismus und Elitarismus – etwa im Geschichtsunterricht:

---

[85] Ebd., S.15.
[86] Laut Datler und Gstach ist davon auszugehen, dass das Manuskript schon 1935 fertig gestellt war; dieses konnte aber erst nach dem Ende des Zweiten Weltkriegs in Buchform veröffentlicht werden (vgl. W. Datler/J. Gsatch 2005, Einführende Bemerkungen zur dritten Auflage von Oskar Spiels ‚Am Schaltbrett der Erziehung', Wien 2005³, S.16ff.).
[87] Vgl. zur (Vor-)Geschichte dieser in einem Wiener Arbeiterbezirk angesiedelten Schule L. Wittenberg, a.a.O.
[88] Spiel, a.a.O., S.64.
[89] „Wir wollen verhindern, daß das Kind dem Lehrer zuliebe lernt, denn das bedeutet Training einer neurotischen Komponente." Spiel, a.a.O., S.146.

„Wir veranlassen ... die Kinder, darüber nachzudenken, wie Zivilisation und Kultur nur durch die Arbeit zweckverbundener Vielheiten von Menschen geschaffen wurden, wir führen die Kinder zu der klaren Erkenntnis des Eingebundenseins jedes Individuums in die Gemeinschaft ...".[90]

Zudem gestalten sich die Übergänge von der Arbeitsgemeinschaft zur Verwaltungs- oder Hilfeleistungsgemeinschaft fließend; das vielseitige Erlernen von Kooperation und einer Grundhaltung des sozialen Verstehens dient nach Spiel sowohl der Prävention als auch (wenn nötig) der Umstellung von Lebensplänen. An den Pädagogen wird hier der Auftrag adressiert, von der zunächst auf emotionaler Ebene zu leistenden Kultivierung des Gemeinschaftsgefühls schrittweise zur Entwicklung des Gemeinschaftsbewusstseins überzuleiten.[91] Im Hinblick auf die inhaltliche, nach rationalen Kriterien erfolgende Herleitung des Gemeinschaftsbegriffs ist für Spiel Alfred Adler mithin genauso relevant wie Max Adler, dessen Thesen er eingehend rezipiert.[92]

Die unter diesem Punkt angeführten Beispiele Wexberg und Spiel (beide sind in Wien verortet) unterstützen die Vermutung, dass die für den Austromarxismus charakteristischen Denk- und Reformmodelle einen besonders tragfähigen Boden für eine Vertiefung der sozialkritischen Tendenz der Individualpsychologie abgegeben haben; eine hilfreiche Brücke stellen die jeweils deutlich vorhandenen Anleihen an Kant dar. Als schwierig entpuppen sich die aus unterschiedlichen Perspektiven vorgenommenen Verbindungsversuche von Adler und Marx freilich in jenen Momenten, wo das Bewusstsein für theoretische Diskrepanzen verloren geht und Synthesen (wie z.B. bei Rühle und Rühle-Gerstel) o.ä. angestrebt werden. Mancherorts verleitet die Dominanz des Gemeinschaftstopos außerdem zu neoromantisch anmutenden Entwürfen, welche nüchtern betrachtet weder Marx noch Adler gerecht werden. Ferner müsste in diesem Kontext die Frage geklärt werden, inwieweit es tatsächlich legitim ist, Adlers Studien zum nervösen Charakter als Entfremdungsanalysen zu titulieren; soweit man dies vorerst tut, bleibt allerdings festzuhalten, dass sich diese in erster Linie auf die Lebensaufgaben der Liebe und Mitmenschlichkeit konzentrieren. Diese voneinander abweichenden Schwerpunktsetzungen könnten ein Grund dafür sein, warum die meisten der reformpädagogischen Adler-Schüler und -Schülerinnen weitgehender über die Grenzen der Pädagogik nachdenken und unmissverständlicher vor einem Abgleiten in kulturalistische Fahrwasser warnen:

---

[90] Ebd., S.64.
[91] Vgl. ebd., S.103.
[92] Vgl. ebd., S.30f.

„Freudige Hingabe an eine Aufgabe, Erziehung zur solidarischen Gemeinschaftsarbeit – bleiben sie nicht hohle Phrasen, solange das proletarische Kind die Arbeit als Feindin kennen lernt?"[93]

d) Abweichende Auslegungen des Gemeinschafts- und Nützlichkeitsgedankens

Zu konstatieren ist schließlich der nach dem zuvor Gesagten erwartbare Befund, dass in diesem Umfeld Auslegungen der individualpsychologischen Leitbegriffe Gemeinschaft und Nützlichkeit existieren, die sich nicht ohne weiteres mit Adlers Bestimmungen decken. Folgt man der luziden Darstellung von Bruder-Bezzel, die mit Bezug auf Adlers Gemeinschaftsbegriff zwischen den drei je nach Schaffensphase unterschiedlich gewichteten Dimensionen *Trauer und Betroffenheit* über Inhumanität und Missbrauch der Gemeinschaftsidee, *Hoffnung* im Hinblick auf die Verwirklichung von solidarischen, gleichwertigen Beziehungen sowie *Affirmation* im Sinne der sozialen Anpassung differenziert[94], ist grundsätzlich hervorzuheben, dass es in diesem Zusammenhängen primär die emanzipatorischen Gehalte der Gemeinschaftsidee sind, welche unter reformpädagogischen Vorzeichen aufgenommen und weiterentwickelt werden, wohingegen Adler im Laufe der Zeit einen gegenläufigen Kurs einschlägt, die affirmative Dimension stärkt und die regulative Idee einer idealen Gemeinschaft letztlich bloß noch als „Fluchtvision"[95] beibehält. Vergleichbares kann für den mit dem Begriff des Gemeinschaftsgefühls verwobenen Nützlichkeitsgedanken vermerkt werden, der gleichermaßen zwischen den Polen der Affirmation und Kritik schwankt: Alles in Allem lässt sich sagen, dass die Adlersche Forderung der Nützlichkeit angesichts der zu bewältigenden Lebensaufgaben von der sachlichen Substanz her ernst genommen, aber keineswegs mit Vorstellungen von Verwertbarkeit oder Normalisierung identifiziert wird. Eingebettet in Konzeptionen eines solidarischen und egalitären Gemeinwesens, die sich z.B. auf dem Gebiet der Schulreform und in der Kinderfreundebewegung ausmachen lassen, gerät diese geradezu in fundamentale Konflikte zur bestehenden Klassengesellschaft und ihrer Anerkennungsordnung. Hinzuzufügen ist, dass sich insbesondere innerhalb der Kinderfreundebewegung im Anschluss an den Prozess der Lebensplananalyse eine Verknüpfung der Gemeinschaftsidee mit derjenigen des Klassenbewusstseins findet. In direkter Weise werden damit individualpsychologische Ansätze um das von Adler eher gemiedene Thema des sozialen Kampfes erweitert. Jedoch macht sich just in diesem Rahmen zugleich der Einfluss Adlers bzw. seiner hellsichtigen Bolschewismuskritik bemerkbar – und dies nicht zuletzt dann, wenn Argumente für die Ablehnung

---

[93] Kanitz, Das proletarische Kind, a.a.O., S.49.
[94] Vgl. Bruder-Bezzel, Individualpsychologie, a.a.O., S.215ff.
[95] Ebd., S.217.

von Formen einer indoktrinierenden Parteierziehung, die in parteikommunistischen Kreisen ausgeübt wird, zur Sprache kommen.[96]

3. Diskussion und Ausblick

Dieser mehrperspektivische Versuch eines Überblicks kann, auch wenn er natürlich an einigen Stellen noch zu konkretisieren ist, als erste Grundlage für Folgestudien zu diesem hochinteressanten Spektrum von marginalisierten reformpädagogischen Ansätzen von Nutzen sein. Erforderlich ist allerdings eine weiterreichende Erkundung und Aufarbeitung des relevanten, z.T. schwer zugänglichen Quellenmaterials (Monografien, einschlägige Zeitschriften, Archive) – und dies sowohl mit Bezug auf das präsentierte Feld als auch auf jene in anderer Weise ‚tiefenpädagogisch' ausgerichteten Ansätze, die in derselben Ära von konservativistischen Denkformen nahe stehenden ‚Adler-Schülern' entwickelt wurden (stellvertretend seien die Namen Leonhard Seif, Fritz Künkel und Rudolf Allers genannt; von Interesse ist hier sicherlich ebenso die Erforschung der Adler-Rezeption innerhalb der geisteswissenschaftlichen Pädagogik); stellen doch eigens in diesem Kontext Analysen, die die mitunter spannungsgeladenen Relationen, Kontraste und Abgrenzungsdynamiken mitbeachten, weitere Erkenntnisgewinne in Aussicht. Darüber hinaus lassen die vorherigen Ausführungen die Individualpsychologie Adlers in einem anderen, womöglich ungewohnten Licht erscheinen. Mit einigen Abstrichen möchte ich am Ende die These vertreten, dass in diesem reformpädagogischen Umfeld die Adlersche Theorie der frühen 1920er Jahre in mancherlei Hinsicht und insbesondere in tiefenpädagogischer produktiv fortgeführt wurde.
Hervorhebenswert und weiterhin anregend scheinen u.a. die Erweiterungen auf dem Gebiet der Enthüllungsarbeit zu sein, die im Übrigen streckenweise als Beiträge zur Profilierung eines spezifisch individualpsychologischen Konzepts des Unbewussten gelesen werden können. Diese Traditionslinien könnten unter systematischem Rekurs auf die verstehende Soziologie Pierre Bourdieus wieder aufgenommen werden, die bekanntlich der sozialräumlichen Perspektivierung, der Entfaltung eines relationalen Denkens und der

---

[96] „Schließlich erziehen sie [die Kommunisten] die Kinder nicht zum soziologischen Denken, sondern zum soziologischen Glauben. ... Die Kinderfreunde lehnen, obgleich sie in den Reihen der sozialdemokratischen Partei stehen, jede Erziehung ab, die die Proletarierkinder mit Haß gegen andersdenkende Proletarier erfüllen könnte. Wie sie überhaupt in keiner Hinsicht zum Haß gegen irgendwelche Menschen wirken wollen; auch nicht zum Haß gegen die Kapitalisten. Wohl aber zum Kampfe gegen den Kapitalismus." Kanitz, Kämpfer der Zukunft, a.a.O., S.170. Vgl. in diesem Kontext Adler, Bolschewismus, a.a.O., S.27ff.

Sichtbarmachung der Effekte einer stillen Pädagogik auf die Habitusgenese große Relevanz beimisst.[97]
Nun erstrecken sich die tiefenpädagogischen Ansprüche jedoch ebenfalls, wie der Umgang mit dem schillernden Begriff ‚Gemeinschaft' zeigt, auf den Bereich der Ermutigungsarbeit, die von der Methode einer entbergenden Hermeneutik getragen wird. Die Idee der Gemeinschaft fungiert in diesen Zusammenhängen immer auch als eine Art Tiefenmetapher, die das ‚Höhere', ‚Bessere' und/oder ‚Richtige' zum Ausdruck bringen soll. Genau diesem Vorgehen wohnt sowohl bei Adler, der in seinen letzten Lebensjahren zumal auf lebensphilosophische Tiefenvisionen zurückgreift, als auch innerhalb seines thematisierten Schüler/innenkreises nicht selten eine problematische Tendenz inne: Einige der hier zum Vorschein gelangenden Versöhnungs- und Syntheseutopien fordern gleichermaßen zur Kritik heraus wie das Faktum einer insgesamt nicht hinreichend beachteten Dialektik von Autonomie und Sozialität. Speziell aus tiefenpsychologischer Sicht muss die Gefahr, dass ‚die Gemeinschaft' in pädagogischen Prozessen die Position eines autoritären Über-Ich erlangt, offen gelegt und fortlaufend reflektiert werden. An dieser entscheidenden Stelle besteht aber mit Bezug auf die Fragen der pädagogischen Verantwortung, Legitimation und Normativität ein unübersehbares Desiderat sowie ein z.T. merkwürdiges Missverhältnis zwischen der weit reichenden Kritik an den überlieferten Formen einer personalen Autorität sowie einer im Vergleich allenfalls schwach ausgebildeten kritischen Bewertung der fortlaufend zum Einsatz gebrachten Autorität der Gemeinschaft bzw. des ‚Nützlichen'.[98] Aus diesem Mangel erwächst ein nicht zu unterschätzender Nährboden für die Versuchung zur Bildung und Anwendung von leicht handhabaren Dichotomien und Kategorisierungen (soziale Logik/private Logik; nützlich/unnützlich; gesund/krank etc.), die gerade unter den in der pädagogischen Praxis geltenden Bedingungen des Handlungsdrucks rasch eine fatale Eigenlogik entfalten (können).
Andererseits darf dieses schwerwiegende Desiderat nicht zu einer Auslöschung des Gemeinschaftsbegriffs verleiten – ein solcher Schritt würde letztlich zu viel vom Besten des unabgegoltenen Erbes der Individualpsychologie auslöschen. Vielleicht ist es sinnvoll, abschließend daran zu erinnern, dass niemand anderes als Max Horkheimer im Todesjahr Adlers seinerseits an einem prominenten Ort den „bei allen Veränderungen die Treue zu wahren[den]" Gehalt der „Idee einer künftigen Gesellschaft als der Gemeinschaft freier Menschen"[99] herausgestrichen hat. Dieser Gehalt sollte einem individualpsychologisch fundierten Denken alles andere als fremd sein und es ist

---

[97] Vgl. hierzu S. Kluge, Klassische Individualpsychologie und inklusive Pädagogik: Anregungspotentiale, produktive Unzeitgemäßheit und die Notwendigkeit zur Kritik, Göttingen 2014.
[98] Vgl. Handlbauer, a.a.O., S.274.
[99] M. Horkheimer, Traditionelle und Kritische Theorie (1937), Frankfurt/M. 1968, S.166.

durchaus nicht abwegig, dass sich aus der Assoziation mit der Kritischen Theorie[100] (vgl. in diesem Kontext Honneth 2007, S.31ff.) Perspektiven für eine aussichtsreiche Bearbeitung dieser Problematiken gewinnen lassen.

Literaturverzeichnis

Adam, E. (Hg.), Die österreichische Reformpädagogik 1918-1938, Wien u.a. 1981.
Adler, A., Der nervöse Charakter (1913), in: A. Adler/C. Furtmüller (Hg.), Heilen und Bilden. Ein Buch der Erziehungskunst für Ärzte und Pädagogen, Frankfurt/M. 19734, S.123-133.
Adler. A., Bolschewismus und Seelenkunde (1918/19), in: Psychotherapie und Erziehung. Ausgewählte Aufsätze, Bd. I, Frankfurt/M. 1982, S.13-32.
Adler, A., Kurze Bemerkungen über Vernunft, Intelligenz und Schwachsinn (1928), in: Psychotherapie und Erziehung. Ausgewählte Aufsätze, Bd. I, Frankfurt/M. 1982, S.224-231.
Adler, A., Die Individualpsychologie als Weg zur Menschenkenntnis und Selbsterkenntnis (1926), in: Psychotherapie und Erziehung. Ausgewählte Aufsätze, Bd. I, Frankfurt/M. 1982, S.135-157.
Adler, A., Menschenkenntnis (1927), Göttingen 2007.
Adler, A., Über den nervösen Charakter (1912), Göttingen 2008.
Adler, A., Der Sinn der Lebens (1933), in: R. Brunner/R. Wiegand (Hg.), Alfred Adler: Der Sinn des Lebens/Religion und Individualpsychologie, Göttingen 2008, S.25-176.
Adler, A., Religion und Individualpsychologie (1933), in: R. Brunner/R. Wiegand (Hg.), Alfred Adler: Der Sinn des Lebens/Religion und Individualpsychologie, Göttingen 2008, S.197-224.
Adler, A., Die Erziehung zum Mut (1927), in: W. Datler u.a. (Hg.), Alfred Adler: Schriften zur Erziehung und Erziehungsberatung (1913-1937), Göttingen 2009, S.133-137.
Adler, A., Erziehungsberatungsstellen (1922), in: W. Datler u.a. (Hg.), Alfred Adler: Schriften zur Erziehung und Erziehungsberatung (1913-1937), Göttingen 2009, S.102-106.
Adler, A., Verwahrloste Kinder (1920), in: W. Datler u.a. (Hg.), Alfred Adler: Schriften zur Erziehung und Erziehungsberatung (1913-1937), Göttingen 2009, S.90-101.
Adler, A., Schwer erziehbare Kinder (1926), in: W. Datler u.a. (Hg.), Alfred Adler: Schriften zur Erziehung und Erziehungsberatung (1913-1937), Göttingen 2009, S.118-132.
Adler, A., Soziale Einflüsse in der Kinderstube (1914), in: W. Datler u.a. (Hg.), Alfred Adler: Schriften zur Erziehung und Erziehungsberatung (1913-1937), Göttingen 2009, S.50-65.
Bleidick, U., Die Individualpsychologie in ihrer Bedeutung für die Pädagogik, Mülheim 1959.
Bleidick, U., Individualpsychologie, Lernbehinderungen und Verhaltensstörungen. Hilfen für Erziehung und Unterricht, Berlin 1985.
Böhringer, H., Kompensation und Common Sense. Zur Lebensphilosophie Alfred Adlers, Königstein/Ts. 1985.
Brinskele, H., ‚Die feinen Unterschiede'. Alfred Adlers Lebensstilkonzept und der Begriff des Habitus bei Pierre Bourdieu, in: B. Rieken (Hg.), Alfred Adler heute. Zur Aktualität der Individualpsychologie, Münster 2011, S.221-237.
Bruder-Bezzel, A., Alfred Adler. Die Entstehungsgeschichte einer Theorie im historischen Milieu Wiens, Göttingen 1983.
Bruder-Bezzel, A., Geschichte der Individualpsychologie, Göttingen 19992.
Bruder-Bezzel, A., Einleitung, in: Dies. (Hg.), Alfred Adler: Gesellschaft und Kultur (1897-1937), Göttingen 2009, S.7-34.

---

[100] Vgl. in diesem Kontext A. Honneth, Eine soziale Pathologie der Vernunft. Zur intellektuellen Erbschaft der Kritischen Theorie, Frankfurt/M. 2007.

Datler, W. u.a., Individualpsychologische Erziehungsberatung und Schulpädagogik im Roten Wien der Zwischenkriegszeit, in: C. Zwiauer/H. Eichelberger (Hg.), Das Kind ist entdeckt. Erziehungsexperimente im Wien der Zwischenkriegszeit, Wien 2001, S.227-270.

Datler, W./Gstach, J., Einführende Bemerkungen zur dritten Auflage von Oskar Spiels ‚Am Schaltbrett der Erziehung', in: O. Spiel, Am Schaltbrett der Erziehung, Wien 20053, S.1-24.

Datler, W. u.a., Einführung, in: Dies. (Hg.), Alfred Adler: Schriften zur Erziehung und Erziehungsberatung (1913-1937), Göttingen 2009, S.7-28.

Eife, G.: Einleitung, in: Dies. (Hg.), Alfred Adler: Persönlichkeitstheorie, Psychopathologie, Psychotherapie (1913-1937), Göttingen 2010, S.9-54.

Ellenberger, H. F., Die Entdeckung des Unbewußten. Geschichte und Entwicklung der dynamischen Psychiatrie von den Anfängen bis zu Janet, Freud, Adler und Jung, Zürich 1973.

Freud, S.: Zur Geschichte der psychoanalytischen Bewegung (1914), in: S. Freud, Gesammelte Werke, Bd. X, Frankfurt/M. 1999, S.43-113.

Furtmüller, C., Alfred Adlers Werdegang (1946), in: ders., Denken und Handeln. Schriften zur Psychologie 1905-1950. Von den Anfängen der Psychoanalyse zur Anwendung der Individualpsychologie, München/Basel 1983, S.233-276.

Gstach, J., Individualpsychologische Erziehungsberatung in der Zwischenkriegszeit, Wien 2003.

Handlbauer, B.: Die Entstehungsgeschichte der Individualpsychologie Alfred Adlers, Wien/Salzburg 1984.

Herzog, W., Psychologie, in: W. Keim/U. Schwerdt (Hg.), Handbuch der Reformpädagogik in Deutschland (1890-1933). Teil 1: Gesellschaftliche Kontexte, Leitideen und Diskurse, Frankfurt/M. 2013, S.327-359.

Honneth, A., Eine soziale Pathologie der Vernunft. Zur intellektuellen Erbschaft der Kritischen Theorie, in: ders., Pathologien der Vernunft. Geschichte und Gegenwart der Kritischen Theorie, Frankfurt/M. 2007, S.28-56.

Horkheimer, M., Traditionelle und Kritische Theorie [1937], in: ders., Kritische Theorie. Eine Dokumentation, Bd. II, Frankfurt/M. 1968, S.137-191.

Horster, D., Alfred Adler zur Einführung, Hannover 1984.

Jacoby, R., Soziale Amnesie. Eine Kritik der konformistischen Psychologie von Adler bis Laing, Frankfurt/M. 1980.

Jacoby, H., Alfred Adlers Individualpsychologie und dialektische Charakterkunde, Frankfurt/M. 19832.

Kanitz, O. F. Das proletarische Kind in der bürgerlichen Gesellschaft (1925), in: ders., Kämpfer der Zukunft. Für eine sozialistische Erziehung, Frankfurt/M. 1970, S.21-114.

Kanitz, O. F., Kämpfer der Zukunft. Eine systematische Darlegung der sozialistischen Erziehungsgrundsätze (1929), in: ders., Kämpfer der Zukunft. Für eine sozialistische Erziehung, Frankfurt/M. 1970, S.115-172.

Kluge, S., Klassische Individualpsychologie und inklusive Pädagogik: Anregungspotentiale, produktive Unzeitgemäßheit und die Notwendigkeit zur Kritik, in: Zeitschrift für Individualpsychologie 39(2014), S.298-318.

Kornbichler, T., Heilen und Bilden. Alfred Adlers Individualpsychologie als demokratische Pädagogik, in: H. Neuhäuser/T. Rülcker (Hg.), Demokratische Reformpädagogik, Frankfurt/M. 2000, S.259-286.

Kotlan-Werner, H., Otto Felix Kanitz und der Schönbrunner Kreis. Die Arbeitsgemeinschaft sozialistischer Erzieher 1923-1934, Wien 1982.

Kutz, W., Der Erziehungsgedanke in der marxistischen Individualpsychologie, Bochum 1991.

Löwenstein, K., Die Kinderfreundebewegung, in: H. Nohl/L. Pallat (Hg.), Handbuch der Pädagogik, Bd. V, Berlin/Leipzig 1929, S.141-146.

Mackenthun, G., Gemeinschaftsgefühl. Wertpsychologie und Lebensphilosophie seit Alfred Adler, Gießen 2012.

Neuhäuser, H./Rülcker, T. (Hg.), Demokratische Reformpädagogik, Frankfurt/M. 2000.
Oelkers, J., Reformpädagogik. Eine kritische Dogmengeschichte, Weinheim/München 19963.
Richartz, N., Die Pädagogik der ‚Kinderfreunde'. Theorie und Praxis sozialdemokratischer Erziehungsarbeit in Österreich und in der Weimarer Republik, Weinheim/Basel 1981.
Rüedi, J., Die Bedeutung Alfred Adlers für die Pädagogik. Eine historische Aufarbeitung der Individualpsychologie aus pädagogischer Perspektive, Bern/Stuttgart 1988.
Rüedi, J., Einführung in die individualpsychologische Pädagogik, Bern u.a. 1995.
Rülcker, T., Demokratische Reformpädagogik: Eine Einführung, in: H. Neuhäuser/T. Rülcker. (Hg.), Demokratische Reformpädagogik, Frankfurt/M. 2000, S.11-42.
Rühle, O., Illustrierte Kultur- und Sittengeschichte des Proletariats, Bd. I, Berlin 1930.
Rühle, O., Die Seele des proletarischen Kindes (1925), in: ders., Zur Psychologie des proletarischen Kindes, Frankfurt/M. 1969, S.9-137.
Rühle, O., Der autoritäre Mensch und die Revolution (1925), in: ders., Zur Psychologie des proletarischen Kindes, Frankfurt/M. 1969, S.138-171.
Rühle, O., Illustrierte Kultur- und Sittengeschichte des Proletariats, Bd. II, Gießen 1977.
Rühle-Gerstel, A., Freud und Adler. Elementare Einführung in Psychoanalyse und Individualpsychologie, Dresden 1924.
Rühle-Gerstel, A., Der Weg zum Wir. Versuch einer Verbindung von Marxismus und Individualpsychologie, Dresden/Verl 1927.
Seidemann-Umbricht, B., Individualpsychologie und Reformpädagogik. Der individualpsychologische Ansatz von Lernen und Erziehen in den Wiener Schulen der Zwanzigerjahre im Vergleich mit den reformpädagogischen Konzepten Berthold Ottos, der Hamburger Gemeinschaftsschulen und Peter Petersens, Konstanz 1995.
Sperber, M., Alfred Adler oder das Elend der Psychologie, Frankfurt/M. 1971.
Spiel, O., Am Schaltbrett der Erziehung, Wien 1947.
Weidenholzer, J., Auf dem Weg zum ‚Neuen Menschen'. Bildungs- und Kulturarbeit der österreichischen Sozialdemokratie in der ersten Republik, Wien 1981.
Weil, A., Der Erziehungsgedanke im Austromarxismus. Die Pädagogik Max Adlers und Alfred Adlers als Strukturelemente einer Theorie des Sozialen, Frankfurt/M. 1979.
Weiß, E., Kurt Löwenstein und sein Engagement im Dienste einer ‚Erziehung zur demokratischen und sozialen Republik', in: S. Kluge/E. Borst, Verdrängte Klassiker und Klassikerinnen der Pädagogik, Baltmannsweiler 2013, S.71-87.
Wengler, B., Das Menschenbild bei Alfred Adler, Wilhelm Griesinger und Rudolf Virchow. Ursprünge eines ganzheitlichen Paradigmas in der Medizin, Frankfurt/M./New York 1989.
Wexberg, E., Individualpsychologie. Eine systematische Darstellung, Leipzig 1928.
Wexberg, E., Arbeit und Gemeinschaft, Leipzig 1932.
Wittenberg, L., Geschichte der Individualpsychologischen Versuchsschule in Wien. Eine Synthese aus Reformpädagogik und Individualpsychologie, Wien 2002.

4. Quellen als Ausgangspunkte der Forschung

Ulrike Pilarczyk

Natur – Erlebnis – Gemeinschaft:
Lebensreform und Pädagogik im Medium
„jugendbewegter" Fotografie

Nicht nur auf personaler Ebene war die Jugendbewegung mit verschiedenen reformpädagogischen Unternehmungen eng verknüpft.[1] Mit ihren zentralen Begrifflichkeiten wie Natur, Natürlichkeit, Ganzheit, Gemeinschaft waren sie gleichermaßen in den komplexen und widersprüchlichen, wesentlich kulturkritischen lebensreformerischen Diskurs eingewoben, der alle Lebensbereiche umfasste und durch Kunst und (Alltags)-Ästhetik wesentlich (mit)konstituiert wurde.[2] Obwohl sich die Lebensreform daher als ein komplexes, uneinheitliches, nicht auf einen Begriff zu bringendes, mitunter auch unbegreifbares Phänomen darstellt,[3] scheint die Einbindung reformpädagogischer Ambitionen in diese breite, vielgestaltige Bewegung und damit auch der Einbezug bildhafter Quellen geboten, um neue Perspektiven auf das historische Phänomen Reformpädagogik zu gewinnen. Gerade über die bildlichen Aspekte der Lebensreform eröffnet sich ein neues Feld bildungshistorischer Erkundung der darin eingelassenen erziehungsrelevanten Themen und Verhältnisse, das über im engeren Sinne schulpädagogisch bzw. pädagogisch erzieherische oder auch national fokussierte Interpretationen und Rezeptionen der Reformpädagogik hinausweist.[4]
Eine in diesem Sinne bildbasierte erziehungswissenschaftliche Forschung setzt allerdings die Bereitschaft voraus, Bilder nicht nur als Illustrationen,

---

[1] Vgl. dazu W. Mogge, Jugendbewegung, in: W. Keim/U. Schwerdt (Hg.), Handbuch der Reformpädagogik in Deutschland (1890-1933). Teil 1: Gesellschaftliche Kontexte, Leitideen und Diskurse, Frankfurt/M. u.a. 2013, S.215-256.
[2] Ein breites Spektrum künstlerischer und kunstgewerblicher Produktion vermittelt der Katalog zur Ausstellung auf der Mathildenhöhe in Darmstadt, vgl. Anm.3.
[3] Zur Vielgestaltigkeit und Ambivalenz der Lebensreformbewegung vgl. u.a. K. Buchholz/K. Wolpert (Hg.), Die Lebensreform: Entwürfe zur Neugestaltung von Leben und Kunst um 1900/Institut Mathildenhöhen Darmstadt. Darmstadt 2000; D. Kerbs/J. Reulecke (Hg.), Handbuch der deutschen Reformbewegungen 1880-1933. Wuppertal 1998.
[4] Z.B. M. Baader, Heilige Körper im deutschen Jugendstil: Fidus' Lichtgebet, in: J. Bilstein/M. Winzer (Hg.), Big Nothing. Die jenseitigen Ebenbilder des Menschen. Köln 2001, S.171-198.

sondern als historische Quellen mit eigenem Aussagewert zu akzeptieren und sie quellenkritisch auszuwerten. Ihr Quellenwert bemisst sich dabei nicht nur an den spezifisch medialen Eigenschaften unterschiedlicher Bildsorten (Malerei, Grafik, Karikatur, Fotografie), vielmehr sind Bilder immer auch in historische Produktions- und Verwendungskontexte eingebunden, die auch Erziehungsverhältnisse widerspiegeln. Bilder repräsentieren also Erziehungsverhältnisse, jedoch auf andere Weise als die üblicherweise für die Forschung genutzten Texte. Bildmedien eröffnen einen spezifischen Zugang zu historischen Erziehungsverhältnissen – das gilt, wegen ihres besonderen Quellenwertes insbesondere für die Fotografie im 20. Jahrhundert.

0. (Jugend-)Fotografie als historische Quelle

Die Fotografie war am Beginn des Jahrhunderts ein hochmodernes Medium und mit ihrer Durchsetzung als Massenmedium in komplexen Mediensystemen entfaltete sich auch ein differenziertes Spektrum bildbasierter pädagogischer Kommunikation, die über verschiedene Ebenen lief. So wurden Presse-Fotografien anders adressiert als Fotografien, die im Auftrag und zur Dokumentation pädagogischer Institutionen gefertigt wurden, man denke etwa an die Sammlungen der Landesbildstellen oder von Schulen. Wiederum anderen Kriterien folgte die Anlage privater Fotoalben, die nach dem Ersten Weltkrieg populär wurden, nachdem Kameras und Foto-Entwicklung für breitere Bevölkerungsschichten erschwinglich wurden. Damit war auch eine zunehmende Verwendung von Fotografien für die Alltagskommunikation verbunden. Die sich aus unterschiedlichem Gebrauch und verschiedenartiger Adressierung ergebenden Fotosorten repräsentieren jeweils unterschiedliche Kommunikationsfelder mit eigenen Regeln und sozialen Praxen, die historische Analysen verschiedener Ebenen pädagogischer und bildungspolitischer Diskussion um Erziehung und ihre Reform ermöglichen.

Im Folgenden wende ich mich mit den historischen Jugendfotografien der bildlich vermittelten Alltagskommunikation von bündischen Jugendlichen zu. Für die Sichtweisen von Jugendlichen (im Medium der Jugendfotografie) in historischen pädagogischen Settings (der jugendbewegten Wanderfahrt) sollen im Folgenden exemplarisch Fotografien aus privaten Fotoalben jüdischer Jugendlicher stehen – thematisch konzentriert auf das Thema „Auf Fahrt".[5] Die Besonderheit dieser Quelle besteht darin, dass die Fahrt-Fotos nicht von der nachträglichen Beschreibung und Reflexion von Erziehungssituationen pädagogisch interessierter Erwachsener zeugen, was die meisten pädagogi-

---

[5] Die dafür gewählten Fotografien stammen aus einer mehrere tausend Aufnahmen umfassenden Quellensammlung digitaler Reproduktionen aus den 20er Jahren aus dem Archiv für Jüdische Jugendbewegung am Institut für Erziehungswissenschaft der TU-Braunschweig. (https://www.tu-braunschweig.de/hispaed/jugendarchiv, 23.6.15).

schen Texte kennzeichnet, die aus dem Milieu der Reformpädagogischen Bewegung überliefert sind. Vielmehr sind die Jugend-Fotografien zeitgenössischer Ausdruck medialer Selbstbeobachtung und Selbstinszenierung, sie entstanden im Prozess und als Teil einer performativen Peer-Kommunikation. Damit enthalten sie notwendig auch Spuren einer Erfahrung von Selbst- und Weltverhältnissen dieser historischen Jugendgeneration, denn diese steuerte die kommunikativen Verhältnisse der Peers. Fotografien, die von Jugendlichen selbst aufgenommen wurden und die sie selbst in ihren Fotoalben arrangierten, betexteten, aufbewahrten, stellen aus diesem Grund eine einzigartige Quelle vergangener Erziehungswirklichkeit dar.

Was die Fahrtaufnahmen der bündischen Jugend betrifft, so waren die darin eingelassenen Erziehungs-Erfahrungen natürlich stark durch das zentrale erzieherische Anliegen der Wanderfahrten geprägt: im Medium des Erlebnisses sollte das ursprünglich Natürliche, Natur, Landschaften und auch das ursprünglich Gemeinschaftliche für jeden einzelnen erfahrbar werden – im Naturerleben sollte sich (durchaus im Rousseauschen Sinne) dem Einzelnen die Ahnung von sich selbst als Teil der Schöpfung, des Kosmos vermitteln und im Gemeinschaftserlebnis das Gefühl einer überindividuellen Ganzheit äußern. Was die Organisation und Ausgestaltung des Gruppenlebens betraf, herrschte in der bündischen Jugendbewegung Konsens in Bezug auf Grundsätze der Erziehungsarbeit: das Natur- und Gemeinschaftserlebnis sollte den Kern jugendbewegten Lebens bilden. Das gilt in den 20er Jahren grundsätzlich auch für die jüdische Jugendbewegung. Es soll also hier um dieses Gemeinsame der bündischen Jugendbewegung, ihr jugendbewegtes Selbstverständnis, Natur- und Gemeinschaftserlebnis gehen – bewusst ausgespart bleibt dabei, was die jüdische und nicht-jüdische auf der Ebene der Programmatiken, der diskutierten Themen und von ihren Zielsetzungen her natürlich auch trennte.[6]

Heinz-Dietrich Wendland formulierte den für die Jugendbewegung zentralen Zusammenhang von Natur, Erlebnis und Gemeinschaft 1928 mit Blick auf die kulturkritische Grundstimmung und die damit verbundene eschatologische Erwartung im hohen Ton jener Zeit: „Das Naturerlebnis ist im Ursprunge der Jugendbewegung von entscheidender Bedeutung. Es erfüllt die Kritik an der Kultur mit positivem Gehalte. Natur ist dem jungen Menschen nicht ein ästhetischer Genuss, nicht eine Stätte der Erholung...Die Natur ist von einer so ungeheuren Wirkung auf ihn, dass sie über das bloß Ästhetische weit hinausreicht. Die Natur ist Erlöserin. Sie ist die Offenbarung der Einheit und Größe des von göttlicher Kraft durchfluteten und getragenen Kosmos ...

---

[6] Zur Heterogenität der jüdischen Jugendbewegung in den 1920er Jahren und zum Bildprogramm der zionistischen Jugendbewegung nach 1933 vgl. U. Pilarczyk, Gemeinschaft in Bildern. Jüdische Jugendbewegung und zionistische Erziehungspraxis in Deutschland und Palästina/Israel. Göttingen 2009.

Gerade vom Erlebnis des Menschen als eines Naturwesens aus überwindet die Jugendbewegung den isolierenden und atomisierenden Individualismus der Zeit ... Die schlichten, einfachen, natürlichen Formen des ganzen gemeinschaftlichen Lebens in der Jugendbewegung sind nicht zu begreifen ohne den erzieherischen Einfluss des Naturerlebnisses."[7]
Auf welche Weise sich Natur- und Gemeinschaftserlebnis auch in den ästhetischen Produktionen der Jugendlichen der 20er Jahre ausdrückte, möchte ich am Beispiel weniger Aufnahmen und ihrer Verwendung in Fotoalben veranschaulichen. Auf eine Beschreibung des bildanalytischen Settings im Detail habe ich zugunsten einer methodologischen Diskussion der Quellendimensionen der Fotografie für die bildungshistorische Forschung verzichtet.[8] Die Gliederung des Beitrages folgt daher drei wesentlichen fotografischen Quelleneigenschaften: Fotografie als Aufnahme und als soziale Interaktion (1), Fotografie als Bild (2), die soziale Praxis des Gebrauchs von Fotografien (3).

1. Fotografie als Aufnahme
(Indexikalität, Fotografie als soziale Interaktion)

Zunächst möchte ich mich den besonderen Qualitäten des Fotografischen, der grundsätzlichen Referentialität von Fotografien und ihrem Quellenwert zuwenden. Denn jede fotografische Aufnahme bleibt auf spezifische Weise mit dem Moment seiner Entstehung und dem, was vor dem Objektiv sichtbar war, verbunden. Das macht Fotografie zu einer einzigartigen historischen Quelle. Zugleich sind Aufnahmen von Menschen immer auch Produkt sozialer Interaktion. Der Fotograf/die Fotografin verbindet mit dem Fotografieren eine bestimmte Intention, adressiert und schafft die fotografische Situation als eine wesentlich kommunikative ebenso, wie er/sie selbst davon geprägt wird. Denn die Fotografierten reagieren auf die fotografische Situation, auf den Fotografen/die Fotografin, den Anlass der Fotografie, sie interagieren mit den anderen um sie herum und sie haben selbst auch Adressat/inn/en im Kopf.
Um diesen Zusammenhang zu veranschaulichen, habe ich eine Gruppen-Fahrt-Fotografie des jüdischen Wanderbundes Blau-Weiß aus dem Jahr 1924 gewählt. Das private Foto wurde in mehreren Nachlässen gefunden, der Fotograf oder auch die Fotografin blieben anonym.
Indexikalisch lässt sich auf dem Foto eine Gruppe junger Menschen, Mädchen und Jungen, ausmachen, die sich auf einer Waldlichtung um eine sicht-

---

[7] H.-D. Wendland, Das religiöse Problem in der Jugendbewegung, in: C. Schweitzer (Hg.), Das religiöse Problem in der Jugendbewegung. Berlin 1928, S.209-238.
[8] Zum methodischen Setting der auch für die Untersuchung genutzten seriell-ikonografischen Fotoanalyse vgl. U. Pilarczyk/U. Mietzner, Das reflektierte Bild. Die seriell-ikonografische Fotoanalyse in den Erziehungs- und Sozialwissenschaften. Bad Heilbrunn 2005.

lich gerade noch aktive Feuerstelle gruppiert haben. Man hatte wohl soeben gekocht, zu dieser Annahme provoziert ein auf Wanderfahrten üblicher Koch-

Abb. 1: Unbek. Privatfotograf(in), Blau-Weiß Gruppe auf Fahrt, 1924
(aus den Privatalben von Horowitz und Weil, Archiv Givat Hayyim Ichud, Israel)[9]

topf und ein Gestell, das vermutlich als Halterung für den Topf über dem Feuer gedient hatte. Das Feuer ist fast heruntergebrannt, aus der Asche schlagen noch Flammen, Rauch steigt auf. Der Junge am rechten Bildrand trägt zünftig Wanderkluft, kurze Hosen und schwere Wanderschuhe, rechts lässt sich ein Spaten erkennen und vermutlich der Stab des für Fahrten üblichen Fahrtwimpels. Die fotografische Situation versetzte nicht nur den Fotografen/die Fotografin in den Modus der Bildproduktion, sondern auch die fotografierten Jugendlichen, denn sichtbar sind sie bemüht, ein Bild zu entwerfen – von sich selbst als Person wie auch in Bezug auf die anderen als Gruppe und sie reagieren auf den Fotografen/die Fotografin. Körperlich drücken das die Abgebildeten über den simultanen Blick in die Kamera und räumliche Nähe zu den anderen aus, auch durch ähnliche Gesten wie ein Umschlingen der Beine. Zugleich verhält sich jede Person auf eine eigene Weise zur Mitte – dem Feuer/Kochtopf. Auch wenn die Körpergesten im Detail selbstbezüglich sind, scheint sich jeder/jede einzelne auch der anderen neben oder hinter ihm/ihr bewusst zu sein. Über den Körperausdruck vermittelt sich ebenfalls Entspannung nach Anstrengung und Essen. Es war wohl kühl gewesen, eini-

---

[9] Zit. nach Pilarczyk (2009) a.a.O., S.63.

ge haben sich in Decken gehüllt, dagegen trägt der Junge rechts kurze Hosen, dafür einen Hut.

Ganz selbstverständlich beanspruchen diese jungen Menschen das Stück Erde, auf dem sie sitzen. Vermutlich hatten sie schon das Lager für die Nacht aufgeschlagen, auf den Zeltbau könnte der Spaten rechts im Gras hindeuten und auch der Stab des Fahrtenwimpels, der mit größerer Wahrscheinlichkeit am Zelt und nicht an einem Baum lehnt, dafür ist die Lichtung zu weit.

Ausnahmslos richten sich die Blicke der Abgebildeten auf die Fotograf/in und das Objektiv der Kamera, zu der hin sich über diese Blicke ein intensiver Dialograum aufspannt. Links vorn im Bild ist der Kreis der Sitzenden geöffnet, so als ob die Fotografin/der Fotograf soeben aus ihrer Mitte herausgetreten ist. Dass hier kein Fremder fotografierte, verraten einerseits ihre Mienen und Blicke, die Vertrautheit signalisieren, andererseits ist es auch der Standort des Fotografen/der Fotografin selbst, der Statusgleichheit anzeigt – er/sie fotografiert auf Augenhöhe der Gruppenmitglieder, dafür musste er/sie sich entweder selbst gesetzt haben bzw. hocken oder mit der Kamera vorm Bauch fotografieren.

Trotz des Lächelns und der Vertrautheit mit der fotografischen Situation und dem Fotografen oder der Fotografin wirken die Jugendlichen nicht vorbehaltlos freundlich, offen, sondern vermitteln der Betrachterin auch Distanz – einige blicken fast ein wenig abschätzig. Im Bild wird diese Distanz durch die Diagonale rechts im Bild verstärkt, die der Wimpel-Stab markiert und auch das Bein des Jungen mit dem Hut schafft eine Barriere. Man gewinnt bei längerer Betrachtung der Aufnahme das Gefühl, dass diese Gruppe etwas Gemeinsames teilt, das zugleich andere ausschließt. Tatsächlich sind Blicke in solchen fotografischen Dialogräumen in der Regel adressiert, wenn auch nur zum Teil bewusst. Sie richten sich zumeist an einen vage imaginierten Kreis möglicher Betrachter/innen, das könnten in diesem Fall andere Mitglieder des Bundes oder auch die Elternschaft sein, die sich zum Gruppenleben ihrer Kinder gern über Fahrt-Fotos informierte. Die ostentativ hergestellte Nähe zueinander, Blicke, die an Gleichgesinnte adressiert sind, halten daher zugleich jene auf Distanz, die nicht Teil dieses Gemeinsamen sind. Dazu gehören auch wir, die Betrachter/innen aus einer anderen Zeit. Nach meinem Eindruck signalisiert gerade diese Ambivalenz ein spezifisch jugendbewegtes, elitäres Selbstverständnis, es findet sich jedenfalls in den Jugendfotografien der Bünde aus dieser Zeit recht häufig. Um diese These zu stützen, möchte ich hier wenigstens zwei Fotografien (Abb. 2 und Abb. 3) zeigen, die ein ebensolches exklusives Selbstverständnis über Blicke und performative Körperlichkeit transportieren.

An den Gruppenaufnahmen lässt sich außerdem der spezifisch identitätsstiftende Beitrag des Mediums Fotografie diskutieren. Denn für diese Art von dialogischen Gruppen-Aufnahmen ist charakteristisch, dass sie Gemeinschaftsformen präsentieren. Diese Formen werden jedoch nicht lediglich fotografiert, also aufgenommen, abgebildet, vielmehr bringt die fotografische Praxis diese überhaupt erst hervor. Mit anderen Worten: die Praxis des Foto-

Abb. 2: Anom. Fotograf, Jungjüdischer Wanderbund 1924
(Album Atzor, Archiv Givat Brenner, Israel)[10]

grafierens, der Rahmen und die Atmosphäre der fotografischen Situation schaffen Formen von Vergemeinschaftung, die es ohne sie gar nicht geben würde. So gab es sicherlich für diese jungen Menschen auf den Fotos (Abb. 2 und 3) keinen anderen Anlass, sich zu dieser hier gezeigten Form zusammenzuballen und in eine Richtung zu blicken als den, gemeinsam fotografiert zu werden.
Die Indexikalität der fotografischen Aufnahme lässt nun tatsächlich Rückschlüsse auf die Wirklichkeit dieses Momentes der fotografischen Situation zu. Denn die Aufnahmen belegen, dass die hier abgebildeten Personen zumindest für diesen einen Moment tatsächlich aneinandergerückt waren. So hatte es auch ihre gegenseitigen Berührungen und körperliche Nähe zumindest für diesen einen Moment (also für den Bruchteil der Sekunde der Aufnahme) tatsächlich gegeben. In den Posen entwarf jeder und jede einzelne für diesen Moment ein Bild von sich selbst in der Gruppe und auch von der Gruppe mit sich selbst, als Mitglied einer Gemeinschaft. Darüber hinaus scheint einigen (Abb. 3) auch die rahmende Form des Burgruinenfensters bewusst gewesen sein, denn sie nutzen auch dieses aktiv zur visuellen Formulierung, zur Rahmung und Attribuierung ihrer Gemeinschaft – in direkter

---

[10] Zit. nach Pilarczyk (2009) a.a.O., S.68.

Kommunikation mit dem Fotografen. Auch dabei wird wieder indirekt auf einen imaginierten Adressatenkreis hin agiert.

Abb. 3: Anom. Fotograf, Jungjüdischer Wanderbund 1924
(Album Atzor, Archiv Givat Brenner, Israel)[11]

Das in dieser Zeit neue Bildmedium Fotografie bot also nicht nur durch die Technik der Aufnahme die Möglichkeit, Gemeinschaften abzubilden, sondern brachte auch eine neue Praxis der Gemeinschaftsformierung hervor.
Solche Formen performativer Vergemeinschaftung wurden in der Praxis des Fotografierens durch ständige Wiederholung ritualisiert und habitualisiert. Möchte man untersuchen, warum Jugendbewegte sich immer und überall am Habitus erkannten, darf man daher die produktive und verstärkende Wirkung des Mediums Fotografie nicht unterschätzen. Mit Ritualisierung und Habitualisierung kann man auch die Funktionen des sozialen Gebrauchs beschreiben, den die Jugendlichen von ihren Fotos später machten, worauf hier noch zurückzukommen sein wird.
Was die fotografische Praxis der Jugendbewegten im engeren Sinn betrifft, womit die unmittelbare Bildproduktion gemeint ist, könnte eine Vorstellung im Zeitraffer zeigen, wie sich die Gruppen im Rhythmus von Fahrten und Bundeslagern vor den Objektiven zu bestimmten Mustern zusammenfügten (und wieder auflösten). Darüber wurde die Gemeinschaft visuell immer wieder bestätigt, zugleich entstanden Modellierungen, die bis heute gebraucht werden, wenn junge Menschen ihre Zughörigkeit zu einer Gruppe zeigen

---

[11] Zit. nach Pilarczyk (2009) a.a.O., S.70.

möchten. Diese Langlebigkeit und damit auch Alltäglichkeit der Formen machen es im Übrigen auch schwer, die Besonderheit der originären Formschöpfungen in dieser Zeit zu würdigen. Der spezifische Quellenwert der Fotografie lässt sich für die Dimension des Indexikalischen folgendermaßen zusammenfassen. Fotografien vermitteln wegen ihrer prinzipiell unaufkündbaren Referenz zur sichtbaren Realität vor der Kamera ausschnitthaft Ansichten von historischen Räumen, Objekten, Materialien und Einrichtungen, von Kleidungsstilen. Wir können aus Fahrt-Fotografien einen großen Teil des Formen-Repertoires bündischen Lebens rekonstruieren, vom Wimpel über Emblematiken bis zum genagelten Wanderschuh, zu Kochtopf und Zelten. Zugleich registrieren Fotografien Körper in bestimmten interpersonalen und sozialen Konstellationen, vom unbewussten, spontanen und habitualisierten körperlichen Ausdruck in Mimik, Haltung und Gestik bis hin zur gestalteten Aufführung und zu Gruppenformationen. Dabei zeichnen fotografische Aufnahmen – anders als Text und auch anders als Gemälde und Zeichnungen – beiläufig auch Gewohntes und Alltägliches auf, unbeachtete Details, ritualisierte Selbstverständlichkeiten, die wegen ihrer Profanität später nicht bewusst erinnert werden. Hinzu kommt, dass Fotografien Ergebnis sozialer Interaktionen sind, deren Spuren die Fotografie enthält, denn sie sind geprägt durch die fotografische Situation und adressiert.

2. Fotografie als Bild (als jugendbewegtes Sinn-Bild)

Im zweiten Schritt sollen die bildhaften Aspekte der Fotografie auf ihren Quellenwert hin geprüft werden, gemeint sind ihre ästhetische Qualität und Symbolhaftigkeit. Denn grundsätzlich gilt: Eine Fotografie zeigt immer eine Aufnahme und sie transportiert auch immer ein Bild.
Dafür wenden wir uns noch einmal der Aufnahme von der Lichtung aus dem Jahr 1924 zu (Abb. 1). Indexikalisch ist die Form der Gemeinschaft durch das gemeinsame Lager, das Feuer, um das herum man sitzt, bestimmt, während über Blick und Hexis von der Seite der Abgebildeten Gemeinschaft exklusiv entworfen wird. Für das fotografische Bild, also das, was sich ästhetisch vermittelt, sind natürlich die Fotograf/inn/en verantwortlich. Sie wählen für die Bildproduktion Motiv und Ausschnitt, die Perspektive, den eigenen Standort, die Kamera, technische Parameter und den Aufnahme-Moment. Im Prozess der fotografischen Aufnahme transformiert das, was vor dem Objektiv multisensuell wahrnehmbar war, zu einem zweidimensionalen Bild. Die Schnittkanten des fotografischen Ausschnitts regen uns dazu an, diesen Ausschnitt auf die Wirklichkeit der fotografischen Situation zu beziehen, wir versuchen zu identifizieren, was abgebildet ist, zugleich neigen wir dazu, räumlich und zeitlich über diese Begrenzungen hin zu denken – (Dubois spricht vom zeitlichen und räumlichen Off als Spezifikum der Fotografie).

Spezifisch für Fotografie ist nun allerdings auch, dass diese Schnittkanten eine Doppelfunktion besitzen, was den quellenkritischen Umgang mit Fotografien interessant und kompliziert macht. Denn das Abgebildete wird durch eben diese Schnittkanten auch zugleich als Bild gerahmt. Verändert man durch Nachbearbeitung den Ausschnitt, setzt also neue Schnittlinien, erzeugt man zugleich auch einen neuen Rahmen für das Bild. Da also die Schnitt-Linien zugleich Rahmen-Linien sind und diese sich weder auf das eine noch das andere festlegen lassen, organisiert sich die Wahrnehmung von Fotografien in einem permanenten Wechselspiel zwischen Referentialität und Bildhaftigkeit. Das gilt zwar grundsätzlich für jedes Foto, allerdings gibt es solche, die uns eher zum dem einen (Ausschnitt) oder zum anderen (Bild) tendieren lassen. Je nachdem, in welchem Modus man wahrnimmt, organisiert sich der Eindruck anders. Der Bildeindruck wird über die Strukturen, die es zum Bild machen, gesteuert, also über dominante Linien und Flächen der planimetrischen Anordnung, in Licht und Schattenverhältnissen, über den Bildmittelpunkt, Fluchtpunkt, Farben etc.

Wie bereits beschrieben, wählte die Fotografin des Fotos (oder der Fotograf) von 1924 (Abb. 1) ihren Standort etwa auf Augenhöhe, im Ausschnitt erfasste sie die ganze Gruppe und ebenso einen Teil der Lichtung und wählte auch den Zeitpunkt der Aufnahme. Damit ist sie wesentlich für das zentrale Motiv und den Ausschnitt und zugleich auch für die bildräumliche und planimetrische Konstruktion des Bildes verantwortlich. Zwar wissen wir nicht, ob ihr/ihm das bewusst war, aber dies ist für die Bild-Analyse auch nicht relevant. Denn hier geht es ja nicht um die Entdeckung der evtl. mit der Bildproduktion verbundenen Intentionen, sondern um die Rekonstruktion der über die Fotografie visuell formulierten Erfahrung von Gruppen- und Natur-Erlebnis, bzw. wie sich dieses auf der Ebene des Formbewusstseins, des Geschmackes und des Stils artikuliert.

Die bildräumliche und planimetrische Konstruktion des Bildes aus dem Jahr 1924 bietet nun erstaunliche Analogien der Gruppenform mit den Formen der Natur-Landschaft.

Eine der Analogien lässt sich in der planimetrischen Anordnung zunächst durch die geschwungene Gruppenlinie bestimmen, die sich aus den Köpfen ergibt und die mit dem Schwung des Waldrandes der Lichtung im Hintergrund übereinstimmt (Abb. 4).

Zugleich wiederholt sich ebendiese Linie als Gruppenlinie noch einmal mit dem gleichen Schwung im unteren Drittel des Bildes, wenn man über sie die Anordnung der Beine zusammenschließt (Abb. 5). Die Linien gliedern das Bild in der Fläche zugleich in ziemlich gleich große Abschnitte von unten nach oben in: 1. grasbedeckter Boden, 2. die Gruppe der Jugendlichen, 3. Bäume und Himmel – oder anders ausgedrückt: Natur – Gemeinschaft – Natur.

Natur – Erlebnis – Gemeinschaft | **281**

Abb. 4: Feldlinie I

Abb. 5: Feldlinien II

Darüber hinaus lässt sich auch eine Ähnlichkeit der Linie der Baumwipfel mit der Gruppenform erkennen und als gekonterte Gruppen-Linie im oberen Drittel oberhalb der Köpfe hervorheben (Abb. 6).
Bezieht man diese obere Linie, über die sich das Himmelsstück von den Baumwipfeln abgrenzen lässt, auf die Gruppenform (und das tut man bei

Abb. 6: Feldlinien III

simultaner Betrachtung eines Bildes automatisch), schließen sich die Linien der planimetrischen Konstruktion zu Formen, die nicht nur die planimetrische, sondern auch die räumliche Wahrnehmung des Bildes organisieren. D.h. die Gruppe tritt nun auch bildräumlich zwingend als kreisförmig angeordnet hervor (Abb. 7).

Abb. 7: Feldlinien IV

Kreisförmige Arrangements gehören in der Tat zu den zentralen Darstellungsmitteln der Jugendlichen, diesbezüglich ist die ausgewählte Fotografie im Bestand der Wanderfahrt-Fotografie keine Ausnahme. Der Kreis hat auch in der Formensprache der Lebensreform einen zentralen Platz, und er ist in den Texten der Zeit präsent – etwa in den Gedichten von Stefan George, die in der Jugendbewegung, auch in der jüdischen, populär waren.[12]

> „Wer je die flamme umschritt
> Bleibe der flamme trabant!
> Wie er auch wandert und kreist:
> Wo noch ihr schein ihn erreicht
> Irrt er zu weit nie vom ziel.
> Nur wenn sein blick sie verlor
> Eigener schimmer ihn trügt:
> Fehlt ihm der mitte gesetz
> Treibt er zerstiebend ins all."[13]

Der Bezug zum Kreis als Form drückt sich auch in diversen jugendbewegten Namensgebungen der 1920er Jahre aus, so gab es z.B. innerhalb des jüdischen Wanderbundes „Kameraden" sowohl eine Gruppierung, die sich „Kreis" nannte als auch „Ring", im Unterschied zum „Schwarzen Haufen", der sich mit dem Bekenntnis zu der mehr anarchischen Form (des Haufens) vom Bündischen programmatisch abgrenzte.[14]

Der Kreis gilt als Ur-Form der bündischen Gemeinschaft. Er ist eine stabile Form, in seinem Inneren gilt die Zeit als aufgehoben, Dynamiken richten sich nach innen. Diese Energien entfalten hier genau im Bildzentrum des Fotos von 1924, das zugleich auch Zentrum der Kreise ist, eine ikonische Kraft, die wesentlich die Faszination dieses Fotos mit bestimmt. Es ist die darüber geschaffene Bild-Atmosphäre, in der sich die bereits beschriebenen und für sich genommen profanen Objekte der Aufnahme nun als Bildelemente symbolisch aufladen. Damit ist gemeint, dass in diesem Bildraum Bedeutungen transformieren: die als Kochfeuer identifizierte Feuerstelle wird zu einem magischen Zentrum, der dazugehörige Rauch zur spirituellen Mitteilung. Topf und ein Wanderschuh erscheinen als Fahrtsymbole, schweigendes Einverständnis transformiert zum Geheimnis und das lässige Herumsitzen zum Beharren auf der selbstgewählten Form. Mehr noch: Der Rauch signalisiert aus dieser

---

[12] Vgl. T.N. Gidal, Die Juden in Deutschland von der Römerzeit bis zur Weimarer Republik, Gütersloh 1988, S.337.
[13] Stefan George, „Stern des Bundes" (1914), http://gutenberg.spiegel.de/buch/der-stern-des-bundes-5779/5 (13.6.14).
[14] Zur Jüdischen Jugendbewegung grundlegend: H. Meier-Cronemeyer, Jüdische Jugendbewegung. Teil 1 und 2, Germania Judaica, N.F. 27/28, 8(1969), S.1-122; zur Gruppe „Schwarzer Haufen" vgl. K. Bergbauer/S. Schüler-Springorum, "Wir sind jung, die Welt ist offen..." Eine Jüdische Jugendgruppe im 20. Jahrhundert, Berlin (Ausstellungskatalog) 2002.

Mitte heraus, dem Zentrum der Gemeinschaft, eine spirituelle Verbindung von Himmel, Gemeinschaft und Erde, ephemer, flüchtig – ein magischer Moment, über den eine Ganzheitserfahrung Bild geworden war. (Abb. 8) Man kann dieses Verwobensein von Körperkonturen untereinander und in Formanalogien zur Naturlandschaft beschreiben und man kann über die planimetrische und bildräumliche Gestaltung auch verständlich machen, was diese Aufnahme ästhetisch bis heute vermittelt – ein spezifisches Gestimmtsein, Gleichklang von Gruppenform und Naturlandschaft, verbunden durch ein quasi spirituelles Medium. Über die ästhetische Gestaltung sind Gemeinschafts- und Naturerlebnis nicht zu trennen. Die Natur fungiert im Bild als Grund, auf dem Gemeinschaft ruht und als sie umschließender Schutzraum. Im Bild ist jugendbewegte Gemeinschaft nicht nur eingebettet, verbunden, sie erscheint selbst als Teil der Natur, als natürliche Gemeinschaft, in der die Jugend scheinbar die ihr gemäße, aller Zeit enthobene Daseinsform gefunden hat.

Abb. 8: Feldlinien V

So beeindruckend diese ästhetische Gestaltung dieses Bildes ist – und auch wenn wir davon ausgehen können, dass sich hier in der fotografischen Situation eine Gruppe als Gruppe inszeniert – wissen wir weder, was jede/r einzelne in diesem besonderen Moment des Fotografierens erlebte, noch können wir wissen, ob sich dieses faszinierende Foto-Bild nicht auch rein zufälliger Bildproduktion verdankte.

Doch ist die Rekonstruktion der Wirklichkeit der fotografischen Situation auch nicht das Ziel der Analyse hier Bild gewordener visueller Formulierungen. Wie es wirklich war, lässt sich außerdem mit keiner historischen Quelle ergründen. Darin besteht auch nicht der Quellenwert dieses fotografischen Materials, obwohl gerade Fotografie durch ihre Referentialität immer zu dieser Frage verführt. Für die Feststellung des Quellenwertes von Fotografie sollten wir vielmehr konstatieren, dass über die fotografischen Bilder eine bildhafte Realität geschaffen wurde, über die sowohl individuelle wie kollektive kulturelle Sichtweisen vermittelt sind. Neben den Themen und Inhalten der fotografischen Bilder sind es also besonders ihre Bildatmosphären und Stile, die auf Mentalitäten und Selbstverständnis sozialer Gruppen hinweisen. Wie ein Motiv oder Thema ästhetisch gestaltet/umgesetzt ist, ist Teil der (Bild)Aussage – und das Foto aus dem Jahr 1924 bietet hier also ein (Sinn-)Bild jugendbewegter Gemeinschaft.

Die Gewissheit allerdings, dass das Bild nicht nur für uns ein spezifisch jugendbewegtes Selbstverständnis repräsentiert, sondern auch für die Jugendlichen selbst, können wir nicht allein aus der Interpretation des Bildes und auch nicht aus der Rekonstruktion der Produktions-Bedingungen gewinnen. Dafür müssen wir klären, wie wichtig dieses Bild den Jugendlichen selbst war, welchen Wert sie ihm zumaßen. Die wichtigsten Indikatoren für die Bedeutung dessen, was das Foto indexikalisch und ästhetisch in Bezug auf ein jugendbewegtes Selbstverständnis vermittelte, liegen für uns im Bereich des Gebrauchs, den die Jugendlichen von ihren Fotos zu machen pflegten.

3. Die soziale Praxis des Gebrauchs von Fotografien

In einem dritten Schritt sollen hier die kommunikativ-medialen Funktionen der Fotografie als sozialer Praxis auf ihren historischen Quellenwert hin diskutiert werden.

Für die Bedeutung dieses Fahrt-Bildes aus dem Jahr 1924 spricht zunächst, dass es überhaupt überliefert wurde und dann auch auf welche Weise. Es befand sich in zwei gestalteten Alben ehemaliger Kadima-Mitglieder, die in den 30er Jahren nach Palästina emigrierten und in dem Nachlass eines namhaften Fotografen, der ebenfalls in dieser Zeit emigrierte. Grundsätzlich ist davon auszugehen, dass die Bilder, die Emigrant/inn/en mit auf ihren Weg nahmen, auf zukünftige Erinnerung hin ausgewählt wurden. Sie waren ihnen zweifellos wichtig. Dass dieses Gruppenbild aus dem Jahr 1924 jeweils in einem größeren Format als die restlichen Fotos in die Alben aufgenommen und darüber hinaus jeweils mittig ohne weiteren Kontext auf einer ganzen Albumseite angeordnet wurde, qualifiziert es im Kontext aller anderen Fotografien als besonders wichtiges Bild (Abb. 9).

Für den zeitgenössischen Umgang mit den Fahrt-Fotos innerhalb der Jugendbewegung war charakteristisch, dass Abzüge der Aufnahmen nach einer Fahrt herumgingen, denn nicht jede/r hatte ja einen Fotoapparat. Man bestellte sich also Abzüge von Aufnahmen, die für die Gestaltung des eigenen Fahrt-Albums oder für die Gruppen-Alben passend erschienen. Daher finden sich recht häufig dieselben Bilder in unterschiedlichen Alben. Diese Form des Bildgebrauchs kann auch als eine Form visueller Kommunikation beschrieben werden, denn sie lief wesentlich über die Bilder. Die Auswahl der Fotos für das eigene Album oder auch für das Gruppenalbum setzte Prozesse nachträglicher Betrachtung und Bewertung in Gang, die wohl häufig zunächst dem folgten, was das Foto zeigte, als Beleg – wichtig war, wer drauf war und wo man überall war. Sie wurden jedoch auch durch Entscheidungen gesteuert, die dem persönlichen Geschmack folgten, ob man die Bilder als aussagekräftig genug für das eigene Fahrterlebnis empfand oder für die Gruppendarstellung. Nach der Auswahl wurden die Bilder chronologisch geordnet, arrangiert und beschriftet, und sie wurden im Medium des Fotoalbums in einen narrativen Zusammenhang gebracht. Für die Bedeutung der Fotografien spricht also auch die Art und Weise, wie sie im Album erscheinen.

Abb. 9: Albumseite aus dem Privatalbum von Käte Weil (Archiv Givat Hayyim Ichud, Israel)

Über diese Praxis des Auswählens, Arrangierens, Betextens in den Gruppenalben wurden die Fahrterlebnisse nachträglich zu gemeinschaftlichen Erlebnissen verbunden – in den persönlichen Alben wurden diese Erlebnisse und Eindrücke zugleich als Eigene individualisiert und verinnerlicht, also über die Fotos der anderen, die man selbst nutzte. Dabei gab es Bilder – so wie das von 1924 – die offensichtlich von den Jugendlichen selbst ikonisch als so stark empfunden wurden, dass sie sie vergrößert kontextfrei stellten. Das Bild schien für sie etwas zum Ausdruck gebracht zu haben, das keines sprachlichen Kommentars bedurfte.

In den 1980er Jahren hatte der international bekannte Fotograf Nachum Tim Gidal eben dieses Foto für seine Darstellung der Jüdischen Jugendbewegung in dem Buch „Die Juden in Deutschland von der Römerzeit bis zur Weimarer Republik"(1988)[15] verwandt. Mit der Veröffentlichung und Bildunterschrift „Am Lagerfeuer" machte er es zu einem Inbild der (jüdischen) Jugendgemeinschaft auf Fahrt. Er selbst hatte in den Zwanziger Jahren dem Wanderbund Blau-Weiss (und später dem „Kadima") angehört, vermutlich ist er mit im Bild (dritter von links).

Natürlich erreichen nur wenige der Fahrt-Fotografien der Jugendlichen diesen Grad ästhetischer Verdichtung, die wohl auch Gidal später dazu bewogen hatte, es für seine Publikation auszuwählen. Doch bringen gerade solche Bilder etwas auf den visuellen Begriff, das die Analyse lohnt. Eine ikonografisch-ikonologische Interpretation besonders dichter Darstellungen ist ein wichtiger methodischer Schritt im Rahmen der seriell-ikonografischen Fotoanalyse, da sich über deren Analyse Zugänge zur Auswertung weniger gelungener Visualisierungen öffnen. Denn diese schließen häufig formal und inhaltlich an, was jedoch in der Masse der unbeholfenen Knipserfotos leicht übersehen werden kann. Solche visuellen Formulierungen, die bis zum Klischee ständig wiederholt werden, lassen sich daher nach Einzelbildanalysen besonders eindrücklicher Bilder (wieder)-erkennen, in Serien systematisch ordnen und beschreiben.[16]

Zusammengefasst artikuliert sich das jugendbewegte Natur- und Gemeinschaftserlebnis in Jugendfotografien dieser Zeit thematisch als auch in der Formsprache wiederkehrend: im Eingebettetsein der Gemeinschaften in Natur, durch körperliche Nähe und expressive Performität und Isolation von sozialen Bezügen außerhalb der Jugendbewegung, als Kreisen um sich selbst und durch ihre exkludierenden Dialogräume. Über Wiederholungen – die Verwendung derselben Bilder (Abzüge) anderer und Wiederholungen ähnli-

---

[15] Gidal, a.a.O., S.336. Bildunterschrift: Am Lagerfeuer. Eine Frankfurter Blau-Weiß-Gruppe, 1924.
[16] Im Umgang mit dem empirischen Material, im Pendeln zwischen ikonografisch-ikonologischer Einzelbildinterpretation und seriellen Prüfungen und Vergleichen ist das methodische Verfahren der „grounded theory" ähnlich, vgl. Pilarczyk/Mietzner a.a.O., S.131-151.

cher visueller Formulierungen in den eigenen Fotos – wurden Stereotype bündischen Lebens und ein bestimmter jugendbewegter Ausdrucksstil geschaffen, Sinnbilder, die bis heute erinnert werden. Dafür könnte man aus dem Bestand der jugendbewegten Fotografie sehr viele Serien zusammenziehen, genannt sei etwa das Wandern in der Reihe oder das Lagern im Kreis.[17] Für den sozialen Gebrauch der Fotografien ist also weniger wichtig, aus welchem Anlass die Bilder entstanden und was mit welcher Intention über das Bild gezeigt werden sollte, sondern wozu sie verwendet wurden, in welchen Kontexten sie ihre Wirksamkeit entfalteten, d.h. rezipiert wurden. In der gebotenen Kürze möchte ich nur ein Album-Blatt aus einem privaten Fotoalbum eines Kadima-Wanderers aus dem Jahr 1927 zitieren, das dieses Gemeinschafts- und Naturerlebnis als zentrale Formulierung des jugendbewegten Selbstverständnisses auf individuelle und zugleich typische Weise umsetzt (Abb. 10). Die einzelnen Fotos stellen schnappschussartig Bezüge zwischen Natur und Jugendgemeinschaft her – über Szenen zu Spiel, Wettkampf, Abkochen bzw. Essen, Singen, Schlaf- und Kochstelle vorbereiten in freier Natur. Die Form schafft sich die Gruppe selbst, in dem sie sich einen Kreis[18] in den Boden eingräbt, um dort dicht gedrängt, besonnt und wie eingewachsen Bild zu werden. (Mitte links) So vermitteln die Fotos und ihr Arrange-

Abb. 10: Albumseite von Martin Klein, Pfingstlager Kadima 1927
(aus privater Sammlung, Kfar Yedidya, Israel)

---

[17] Eine Klassifikation fotografisch vermittelter jugendbewegter Gruppenformationen bietet Pilarczyk, a.a.O., S.59-81.
[18] Vermutlich aus Gründen des Feuerschutzes.

ment auf der Album-Seite, das formal und thematisch den Zusammenhang von Natur und Gemeinschaft herstellt, jugendbewegte Selbstbezüglichkeit und Gestimmtheit. Es gibt – und mit diesem Ausblick möchte ich diese Skizze und Quellendiskussion beenden – in den Bundesblättern der verschiedenen Bünde deutliche Hinweise darauf, dass sowohl die jugendliche Bildproduktion als auch die Auswahlprozesse für die Alben auch intentionaler erzieherischer Einflussnahe unterlagen. Die Anlage von Gruppenalben und Fahrtbüchern wurde in den Bundesblättern angemahnt – nach dem Eindruck der Redaktion gelungene Erlebnisschilderungen und Fotografien wurden in den Bundesblättern veröffentlicht. Blau-Weiß hatte nach dem Krieg sogar ein Lichtbildamt, mit dem das Fotografieren der Mitglieder u.a. durch Preisausschreiben gefördert wurde. Es sollte eben nicht nur „geknipst" werden, es sollten „schöne" Bilder entstehen. Die gelungene ästhetische Form sollte also als Indikator für das rechte Naturerlebnis gelten. Das durch die Jugendlichen in ihren Fahrtberichten immer auch als unmittelbar gekennzeichnete Naturerlebnis muss also als dynamischer Wechselbezug von medialen Entwürfen und spezifischer Nutzung dieser Entwürfe über verschiedene Stadien der Veröffentlichung bzw. des privaten und gruppenöffentlichen Gebrauchs gedacht werden. D.h. aber auch – so spontan und authentisch das Erlebnis dem Einzelnen auch immer erschien und bis heute erinnert wird – es war immer auch Ergebnis gerichteter und medial vermittelter (Selbst)- Erziehung. Das heißt, die Naturerlebnisse waren an einen pädagogischen Raum gebunden, in dem Natur und Gemeinschaft auf spezifische Weise inszeniert wurden und über sprachliche und visuelle Bilder Gestalt gewannen, die eine kollektive Aneignung und Verarbeitung überhaupt erst ermöglichte. Die erzieherischen Situationen, die die jugendlichen Fotografen und Fotografinnen vermeintlich abzubilden gedachten, wurden tatsächlich durch die Praxis des Fotografierens, die darüber entworfenen Bilder und den Gebrauch, den die Jugendlichen davon machten, mit hervorgebracht. Im Medium der jugendbewegten Jugendfotografie, über die mediale Inszenierung von Natur und Gemeinschaft, verschmolzen also die Sichtweisen derer, die erziehen wollten mit den Perspektiven derjenigen, die erzogen wurden, zu Bildern erlebnisbasierter Selbsterziehung. Genau dies, die Möglichkeit, Intentionalität in Selbst-Erziehung aufzulösen, ein Wollen spielerisch zu initiieren, das dem Sollen entsprach, Fremdbestimmung in der Selbstbestimmung aufzuheben, begründete wohl auch die Attraktivität der Jugendbewegung für die Reformpädagogen.

Damit bin ich beim Ausblick auf Möglichkeiten einer zukünftigen bildbasierten Forschung zum Thema Reformpädagogik angelangt, die ich hier in wenigen Strichen skizzieren möchte.

4. Ausblick auf zukünftige bildbasierte historische Forschungen zu den Themen Reformpädagogik, Lebensreform, Jugendbewegung

Der Einfluss jugendbewegter Natur- und Gemeinschaftsinszenierungen in den neuen Formen des schulischen Lehrens, Lernens und der schulischen Gemeinschaft reformpädagogischer Projekte lässt sich durchaus beobachten, etwa wenn Lehrer/innen und Schüler/innen nicht mehr im Klassenzimmer auf Stühlen sitzen, sondern draußen gemeinsam auf dem Boden lagern, während der Lerngegenstand selbst die Konzentration der Mitte übernimmt. Allein auf der indexikalischen Ebene ließe sich die neue pädagogische Formensprache der lebensreformerischen Bewegungen systematisieren. Die Dokumentation dieser neuen pädagogischen Formen lag allerdings zumeist außerhalb der Interessen der Jugendlichen selbst, das übernahmen Lehrer/innen, Pressefotograf/innen, auch Eltern, also pädagogisch interessierte Erwachsene. Diese Aufnahmen wären also nach Anlass, Auftrag und Interesse und auch nach dem Status des Fotografen zu klassifizieren, denn sie vermitteln Bilder von Jugend, Aufwachsen, Erziehung, Lehren und Lernen – sie repräsentieren pädagogische Sichtweisen auf verschiedenen Ebenen. Sowohl die Interpretation dieser Bilder als auch der Vergleich der Sichtweisen könnte der bildungshistorischen Forschung neue Impulse vermitteln. Wie wirkungsvoll die lebensreformerisch-pädagogischen Formvorstellungen international waren, belegt u.a. auch die kürzlich in Berlin gezeigte Ausstellung zum Black Mountain College in den 1930er Jahren in North Carolina.[19]

Die Datenlage ist gut, verwiesen sei an dieser Stelle auf die großen historischen Bildbestände, über die reformpädagogische Einrichtungen verfügen, z.B. die Odenwaldschule. Auch Landesbildstellen haben historische Bestände und natürlich einschlägige Archive wie das der Burg Ludwigstein zur Jugendbewegung oder das Archiv der Arbeiterjugendbewegung in Oer-Erkenschwick. Viele Einrichtungen sind außerdem dabei, ihre fotografischen Sammlungen zu digitalisieren und Nutzern über das Internet zur Verfügung zu stellen wie die Bibliothek für Bildungsgeschichtliche Forschung (BBF) in Berlin über das virtuelle Bildarchiv von pictura paedagogica online.[20] Historische Pressefotografien zum Thema findet man in Pressebild-Archiven wie ullstein bild oder keystone.

Auch die im Beitrag diskutierte dritte Quellendimension des sozialen Gebrauchs von Fotografien eröffnet neue Möglichkeiten bildanalytischer Untersuchung. So lassen sich über die Bildstrecken zeitgenössischer Publikationen, in den Bild-Bild und Bild-Text-Arrangements das (reform-)pädagogische

---

[19] Black Mountain. Ein interdisziplinäres Experiment 1933-1957, eine Ausstellung in der Nationalgalerie im Hamburger Bahnhof vom 5. Juni bis 27. September 2015 in Berlin, vgl. E. Blume u.a. 2015.

[20] Vgl. http://bbf.dipf.de/virtuellesbildarchiv/Bestand.html (6.7.15).

Selbstverständnis bestimmter Projekte rekonstruieren. Darüber hinaus bieten auch komplexe Bildwerke wie „Pädagogik im Bild", 1956 herausgegeben von dem ehemals entschiedenen Schulreformer Franz Hilker, auch neue Zugänge zur Rezeptionsgeschichte der Reformpädagogik nach dem Zweiten Weltkrieg und in der jungen Bundesrepublik. Zwar waren Hilker und seine Mitarbeiter der Meinung, Bilder, und zwar hauptsächlich Fotografien, als Dokumente einer pädagogischen Evidenz genutzt zu haben, tatsächlich aber dienten ihnen die Bilder als eine Art Baumaterial, mit dem sie ein neues pädagogisches Konstrukt schufen. Daher verzichteten sie auf Angaben zur Herkunft, zu Produktionsbedingungen und auch Entstehungszeit der Fotografien, lediglich die Bildrechte sind verzeichnet. In „Pädagogik im Bild" sind Fotografien zu unterschiedlichen pädagogischen Feldern versammelt und sie stammen sowohl von Privatpersonen, von Künstlern, aus Publikationen, aus Archiven pädagogischer Institutionen und Landesbildstellen aus Deutschland, der Schweiz, Dänemark, und Österreich, und einige von ihnen stammen nachweislich auch aus der Zeit vor dem Zweiten Weltkrieg. Bildhaft wird darüber ein „Panorama" einer bundesrepublikanischen Pädagogik entworfen, die es so nicht gab, aber wünschenswert erschien. Dafür schloss man explizit (über Text- und Bildverweise) und implizit (über Sprachduktus, Bildthemen und -formen) sowohl an die deutschen reformpädagogischen Projekte der Jahre vor der Machtergreifung des Nationalsozialismus an als auch an international erfolgreiche reformpädagogische Modelle (z.B. Geheeb, Decroly). Eine quellenkritisch bildanalytische Untersuchung dieses Bandes mit 614 Abbildungen steht noch aus.[21] Sie müsste sich sowohl einer Analyse von Bild-Text und Bild-Bild-Arrangements zuwenden, über die historischen Fotos in neue Kontexte einfügt wurden als auch der Auswahl. Darüber würde man erfahren, welche Bilder Hilker und seine Mitarbeiter für geeignet hielten, die Pädagogik der Zeit (der 50er Jahre) zu repräsentieren (und welche nicht). Mit der Auswahl und dem Arrangement haben sie vermutlich nicht nur außerordentlich einflussreich die Rezeption der Reformpädagogik in der Bunderepublik mitbestimmt, sondern eine einheitliche Sichtweise dieser Projekte und Modelle befördert, die zu einer reformpädagogischen Traditionsbildung führte, die es zuvor nicht gab.

---

[21] Bei einer Mehrzahl der Bilder handelt es sich um Fotografien, die Publikation verstand sich als Ergänzung zu dem ebenfalls 1956 im Herder-Verlag erschienenen vierbändigen „Lexikon der Pädagogik", hrsg. vom Institut für wissenschaftliche Pädagogik und dem Institut für vergleichende Erziehungswissenschaft in Salzburg.

Literaturverzeichnis

Bergbauer, K./Schüler-Springorum, S., "Wir sind jung, die Welt ist offen ...". Eine Jüdische Jugendgruppe im 20. Jahrhundert, (Ausstellungskatalog) Berlin 2002.

Blume, E./Felix, M./Knapstein, G./Nichols, C., Black Mountain. Ein interdisziplinäres Experiment 1933-1957, (Ausstellungskatalog) Berlin 2015.

Baader, M., Heilige Körper im deutschen Jugendstil: Fidus' Lichtgebet, in: J. Bilstein/M. Winzer (Hg.), Big Nothing. Die jenseitigen Ebenbilder des Menschen, Köln 2001, S.171-198.

Buchholz, K./Wolpert, K. (Hg.), Die Lebensreform: Entwürfe zur Neugestaltung von Leben und Kunst um 1900, Institut Mathildenhöhen Darmstadt, 2 Bde., Darmstadt 2000.

Dubois, Ph., Der fotografische Akt. Versuch über ein theoretisches Dispositiv, Amsterdam, Dresden 1998.

Hilker, F. (Hg.), Pädagogik im Bild, Freiburg 1956.

Kerbs, D./Reulecke, J. (Hg.), Handbuch der deutschen Reformbewegungen 1880-1933, Wuppertal 1998.

Meier-Cronemeyer, H., Jüdische Jugendbewegung. Teil 1 und 2, Germania Judaica, N.F. 27/28, 8(1969), S.1-122.

Mogge, W., Jugendbewegung, in: W. Keim/U. Schwerdt (Hg.), Handbuch der Reformpädagogik in Deutschland (1890-1933). Teil 1: Gesellschaftliche Kontexte, Leitideen und Diskurse, Frankfurt/M. u.a. 2013, S.215-256.

Pilarczyk, U., Gemeinschaft in Bildern. Jüdische Jugendbewegung und zionistische Erziehungspraxis in Deutschland und Palästina/Israel, Göttingen 2009.

Pilarczyk, U./Mietzner, U., das reflektierte Bild. Die seriell-ikonografische Fotoanalyse in den Erziehungs- und Sozialwissenschaften, Bad Heilbrunn 2005.

Wendland, H. D., Das religiöse Problem in der Jugendbewegung, in: C. Schweitzer (Hg.), Das religiöse Problem in der Jugendbewegung, Berlin 1928, S.209-238.

Bettina Irina Reimers, Stefan Cramme und Sabine Reh

Gedruckte Quellen, Archivbestände und Forschungen zur „Reformpädagogik" in der Bibliothek für Bildungsgeschichtliche Forschung[1]

Vor fast 25 Jahren hat in seiner Antrittsvorlesung an der Humboldt-Universität Heinz-Elmar Tenorth von einer erstaunlichen „Differenz zwischen historischer Analyse und pädagogischer Nutzung der reformpädagogischen Tradition" gesprochen[2], die anscheinend eine eigene Logik aufweise. Er nennt die Reformpädagogik ein „Syndrom pädagogischer Hoffnungen und Ansprüche, Erfahrungen und Konzepte"[3] und unterscheidet deutlich zwischen verschiedenen Phasen dieser Tradition. Es gebe eine die „Konstitutionsphase moderner Erziehung"[4] gegen Ende des 18. Jahrhunderts begleitende Welle der Kritik, die keinesfalls mit der zweiten um die vorletzte Jahrhundertwende, also um 1900, gleichgesetzt werden dürfe, die nun vor dem Hintergrund eines modernisierten, inzwischen weitgehend institutionalisierten und ausdifferenzierten Erziehungssystems stattfand. Aber auch diese wiederum werde zur einheitlichen und als solche bezeichneten „Reformpädagogik" erst in der Rezeption der Debatten und Schulreformversuche der Jahrhundertwende durch die geisteswissenschaftliche Pädagogik der Weimarer Republik. Auf diese Reformpädagogik wird bis heute auch in immer wieder neuen Schulreformversuchen Bezug genommen, ja sie wird in Dienst genommen und gewinnt dabei in spezifischer Weise Gestalt.

Forschung zur reformpädagogischen Bewegung als einem sozialhistorischen und kulturgeschichtlichen Phänomen, damit auch über ihre Rezeption in späteren Schulreformen und durch die Bildungspolitik findet in der Bibliothek für Bildungsgeschichtliche Forschung, einer spezifisch ausgerichteten Forschungsbibliothek, ihren besonderen Ort mit ihren Traditionen, mit entsprechenden bibliothekarischen und speziell archivarischen Beständen und schließlich einem Blick ihrer Bildungshistoriker*innen auf die Geschichte

---
[1] Die BBF ist Teil des Deutschen Instituts für Internationale Pädagogische Forschung (DIPF), eine Einrichtung der Leibniz-Gemeinschaft.
[2] H.-E. Tenorth, „Reformpädagogik" – erneuter Versuch, ein erstaunliches Phänomen zu verstehen, in: Zeitschrift für Pädagogik 40(1994)4, S.586.
[3] Ebd.
[4] Ebd., S.587.

des pädagogischen und bildungspolitischen Diskurses der letzten einhundert Jahre.

Die Geschichte der Bibliothek[5] kann diese engen Bezüge erklären: Ist jene auch keinesfalls ein Kind der Reformpädagogik, so doch als späte Nachfolgerin der Lesezirkel der Schullehrergesellschaften[6] zu einer Zeit als Schulmuseum entstanden bzw. zu einer Zeit als Lehrerbibliothek etabliert[7], da sich Kritik mehr und mehr auch gegen das moderne, ausdifferenzierte Schul- und Unterrichtssystem richtete. 1876 wurde das Deutsche Schulmuseum gegründet, das 1908 in Deutsche Lehrerbücherei umbenannt wurde. Von Beginn an bot die Einrichtung Lehrern eine pädagogische Bibliothek und stieß das Sammeln von Archivalien an. Seit den späten 1890er-Jahren wurden neben Druckwerken auch handschriftliche Quellen, vornehmlich Briefe von Lehrern und pädagogischen Schriftstellern, Arbeiten und Zeugnisse von Schülern, Nachlässe bekannter Pädagogen und das Schriftgut verschiedener Lehrervereine, zusammengetragen[8]. Die professionalisierte Lehrerschaft auch des niederen Schulwesens verstand die Bibliothek damals als „zwar moderne, aber doch museale Bildungsstätte, in der gesammelt werden sollte, was immer die Geschichte der Schule und des Lehrerberufs dokumentieren konnte"[9]. Dazu gehörten Schriften der ‚ersten Generation' kritisch-reformerischer Schriften Pestalozzis, Fröbels und anderer, aber eben auch Dokumente der Debatten um anstehende Schulreformen. Schriften und Aufsätze zur Kritik am herkömmlichen Unterricht sind von Beginn an Bestandteil des Sammlungsgutes der Lehrerbücherei.

Ein Teil der Sammlungen der Einrichtung ging während des Zweiten Weltkriegs verloren, die verbleibenden Bibliotheks- und Archivbestände wurden 1951 Teil der neu gegründeten Pädagogischen Zentralbibliothek (PZB), die zunächst dem Ministerium für Volksbildung, dann seit 1971 der Akademie der Pädagogischen Wissenschaften der DDR unterstand. Nach der Abwicklung der Akademie fand die Bibliothek 1992 mit dem Deutschen Institut für Internationale Pädagogische Forschung (DIPF) einen neuen Träger und führt seither den Namen Bibliothek für Bildungsgeschichtliche Forschung (BBF). Sie versteht sich heute mit ihrem bibliothekarischen und archivarischen Bestand und ihrem breit gefächerten Sammlungsprofil als eine Einrichtung zur

---

[5] Vgl. C. Ritzi/G. Geißler, Wege des Wissens. 125 Jahre Bibliothek für Bildungsgeschichtliche Forschung, Berlin 2001.

[6] H. Kemnitz, Vom Lesezirkel zur Lehrerbibliothek. Ein Beitrag zur Vorgeschichte der Deutschen Lehrerbücherei, in: Ritzi/Geißler a.a.O., S.9-23.

[7] Vgl. auch C. Förster, „Die Deutsche Lehrer-Bücherei wurde mein Schicksal." Das Wirken Adolf Rebhuhns für die Deutsche Lehrerbücherei, Berlin 2001, in: C. Ritzi/G. Geißler a.a.o., S.24-43.

[8] Neben der Handschriften- und Dokumentensammlung beherbergte das Archiv der Deutschen Lehrerbücherei auch eine umfangreiche Bilder- und Münzsammlung.

[9] Kemnitz a.a.O., S.20.

Dokumentation und Erforschung der Geschichte der Erziehung und der Bildungspraxis. Das zeigt sich vor allem auf der Ebene der bibliothekarischen und der vom Archiv gesammelten Bestände, aber auch in ihren Forschungsaktivitäten zur Rezeption der „Reformpädagogik", und soll im Folgenden dargestellt werden.

1. Die Bibliothek – Sammlung reformpädagogischer Schriften

1904 veröffentlichte das Deutsche Schulmuseum die zweite Auflage seines „Bücherverzeichnisses", das einen systematischen Katalog der damaligen Bibliotheksbestände darstellt. Dass „Reformpädagogik" weder in der Systematik noch im Sachregister erscheint, verwundert nicht, entstand die Vorstellung von einer einheitlichen reformpädagogischen Bewegung doch erst später und auch für den Begriff selbst – folgt man dem aktuellen Katalog der BBF – findet sich erst 1908 ein Beleg[10]. Doch auch in den neun Nachträgen, die im Abstand von jeweils einigen Jahren bis 1941 über die Bestandszugänge der Bibliothek berichteten, sucht man „Reformpädagogik" vergeblich, und ebenso wenig findet sich dort der von Herman Nohl Anfang der 1930er-Jahre geprägte Begriff der „Pädagogischen Bewegung".[11]

Dies bedeutet freilich nicht, dass in der Deutschen Lehrerbücherei keine reformpädagogischen Schriften angeschafft wurden. Ellen Keys *Jahrhundert des Kindes* wurde in der 1902 erschienenen Erstausgabe der deutschen Übersetzung erworben; Vergleichbares gilt etwa für John Dewey *Schule und öffentliches Leben* (1905) oder Maria Montessori *Selbsttätige Erziehung im frühen Kindesalter* (1913). Auch die Werke deutscher Reformpädagogen wurden nicht ignoriert: Bereits im Bücherverzeichnis 1904 waren Schriften etwa von Georg Kerschensteiner, Hermann Lietz, Ernst Meumann, Berthold Otto, Emil von Schenckendorff und Heinrich Wolgast enthalten; im ersten Nachtrag 1909 kamen Werke von Hugo Gaudig, Ludwig Gurlitt, Otto Karstädt, Ludwig Pallat und Heinrich Scharrelmann hinzu. Sobald zu einzelnen Reformpädagog*innen Darstellungen aus fremder Feder erschienen, wurden sie in die entsprechende Systematikgruppe (VIII A) der Bibliothek aufge-

---

[10] M. Euberlin, Experimentell-pädagogische Forschung und Reformpädagogik, in: Neue Bahnen 20(1908)4, S.155-162. Online: http://goobiweb.bbf.dipf.de/viewer/resolver?urn=urn% 3Anbn %3Ade%3A0111 -bbf-spo-4707998.

[11] Nohls 1935 separat erschienene Handbuch-Darstellung „Die pädagogische Bewegung in Deutschland und ihre Theorie" ist der Systematikstelle „Pädagogik. Erziehung und Unterricht" zugewiesen (7. Nachtrag zum Bücherverzeichnis, Berlin 1936, S.77). In den drei letzten Nachträgen von 1936, 1938 und 1941 gibt es als Registereintrag „Schulreform", was sich allerdings auf die nationalsozialistische Umgestaltung des Schulwesens bezieht.

nommen: zu Otto zuerst 1910[12], zu Montessori 1913 und zu Kerschensteiner 1917[13].

Die Bestände der Deutschen Lehrerbücherei, wie sie über die Pädagogische Zentralbibliothek in die BBF gelangten, weisen also einen Grundstock an reformpädagogischen Schriften auf,[14] sind in einigen Bereichen aber eher schwach entwickelt, die außerhalb des früheren Sammlungsprofils lagen, etwa in der Erwachsenenbildung oder der Sozialpädagogik. Hier setzt die planmäßige Bestandsergänzung ein, wie sie die BBF seit 1992 betreibt, die Literatur und Quellen zur Geschichte von Bildung, Erziehung und Sozialisation (vor allem mit Bezug auf den deutschsprachigen Raum) umfasst. Durch diese retrospektive Sammlung sind bestehende Lücken in großen Teilen geschlossen. Die Ergänzung erfolgt außer durch antiquarische Ankäufe, teilweise mit Unterstützung der Deutschen Forschungsgemeinschaft,[15] vor allem durch die Übernahme von Beständen aus umstrukturierten oder aufgelösten Sammlungen. So konnten etwa jüngst die Bestände von Periodika aus der Landschulheim- und Jugendbewegung erweitert werden. Besonders hervorzuheben ist in diesem Zusammenhang die 2001 erfolgte Übergabe der früheren Bibliothek der Gesellschaft der Freunde des vaterländischen Schul- und Erziehungswesens durch den Landesverband Hamburg der Gewerkschaft Erziehung und Wissenschaft. Durch die besondere Aufgeschlossenheit der Hamburger Lehrerschaft für reformpädagogische Ansätze enthält dieser Bestand zahlreiche bis dahin nicht in der BBF befindliche Werke.[16]

Neben solchen Quellenbeständen sammelt und erschließt die BBF auch die gesamte deutschsprachige (und ausgewählte fremdsprachige) Forschungsliteratur zur Bildungsgeschichte, in der die Reformpädagogik eine bedeutende Rolle spielt. Allein aus den zwanzig Jahren von 1996 bis 2015 verzeichnet der Katalog der BBF 2999 Werke zum Stich- bzw. Schlagwort „Reformpädagogik".[17] Darunter befinden sich nicht nur Bücher, sondern vor allem auch

---

[12] 2. Nachtrag zum Bücherverzeichnis, S.14.
[13] 3. Nachtrag zum Bücherverzeichnis, S.19-20.
[14] Zusammengestellt bereits kurz vor Gründung der BBF in einem Bestandsverzeichnis: A. Ribbschlaeger u.a. (Bearb.), Veröffentlichungen aus der Epoche der Reformpädagogik, Berlin 1991.
[15] Die Deutsche Forschungsgemeinschaft hat die Erwerbung der BBF seit den 1990er-Jahren im Rahmen der Spezialbibliotheksförderung unterstützt, seit 2015 jetzt im Kontext des Fachinformationsdienstes Erziehungswissenschaft und Bildungsforschung.
[16] Die vollständige Katalogisierung des übernommenen Bestandes ist allerdings noch nicht abgeschlossen, sodass nicht alle aus dieser Bibliothek stammenden reformpädagogischen Schriften bereits im Online-Katalog der BBF verzeichnet sind, der ansonsten den Bestand vollständig enthält.
[17] https://bbf.bsz-bw.de/cgi-bin/koha/opac-search.pl?idx=kw&q=reformpäd&op=and&op=and&limit-yr=1996-2015&sort_by=relevance&do=Suche#, abgefragt am 16.2.2016. Bereits kurz nach Neugründung der BBF erschien ein entsprechendes Auswahlverzeichnis: V. Büttner/A.

Zeitschriftenartikel und Aufsätze aus Sammelbänden, deren separate Erschließung zum Kern der Dienstleistungen der BBF als Forschungsbibliothek gehört. Seit 1998 stellt die BBF ausgewählte und stetig erweiterte Teile ihres Bestandes in digitalisierter Form zur freien Online-Nutzung („Scripta Paedagogica Online") bereit. Unter den inzwischen weit mehr als 1 Million Seiten finden sich aus urheberrechtlichen Gründen derzeit allerdings noch relativ wenige reformpädagogische Schriften. Neben einigen Monographien[18] und Artikeln aus Nachschlagewerken[19] sind vor allem mehrere zentrale Zeitschriften (Pädagogische Reform; Der Säemann; Das Jahr in deutschen Land-Erziehungsheimen) zu nennen.[20] Für die nächsten Jahre geplant ist eine Aufbereitung der digitalisierten Bände als durchsuchbarer Volltext.

2. Das Archiv – Material und Kontext zur Reformpädagogik

Der älteste, historische Bestand des Archivs geht auf die von der Deutschen Lehrerbücherei gegründete Sammlung zurück. Ursprünglich handelte es sich um 3.088 Handschriften, 1.066 Bilder zur Schul- und Erziehungsgeschichte und 409 Schulmünzen.[21] Adolf Rebhuhn (1854-1924), einer der Gründer der Deutschen Lehrerbücherei, beschreibt in dem von ihm 1922 herausgegebenen ersten Quellenverzeichnis *Handschrift und Bild als pädagogische Geschichtsquelle* den Auftrag der Abteilung wie folgt:

„Zum ersten: sie [die Handschriftensammlung B. R.] ist in reichlich drei Jahrzehnten mit ganz bescheidenen Aufwendungen zustande gekommen, – und zum andern: wesentlich pädagogische Beziehungen der einzelnen Stücke entschieden (mit wenigen Ausnahmen) über ihre Einreihung. Zur Beschränkung des Sammelgebiets nötigten die zur Verfügung stehenden Mittel ebenso stark wie der durch die Aufgabe

---

Ribbschlaeger (Bearb.), Sekundärliteratur zur Reformpädagogik: ein thematisches Bestandsverzeichnis, Berlin 1994.

[18] Etwa H. Lietz, Deutsche Land-Erziehungs-Heime, Leipzig 1917. Online: http://goobiweb.bbf.dipf.de/viewer/resolver?urn=urn%3Anbn%3Ade%3A0111-bbf-spo-14200678.

[19] H. Nohl, Die pädagogische Bewegung in Deutschland, in: ders./L. Pallat (Hg.), Handbuch der Pädagogik, Bd. 1, Langensalza 1933, S.302–374. Online: http://goobiweb.bbf.dipf.de/viewer/resolver?urn=urn%3Anbn%3Ade%3A0111-bbf-spo-13 771155.

[20] http://goobiweb.bbf.dipf.de/viewer/browse/paedagogischezeitschriften/-/1/-/-/.

[21] Nach Kriegsende zog sich die Rückführung des nach Tschechien ausgelagerten Archivgutes bis 1950 hin; zurück kamen lediglich 1.341 Handschriften. Zur Geschichte siehe U. Basikow, Bestandsprofil des Archivs in der Bibliothek für Bildungsgeschichtliche Forschung des Deutschen Instituts für Internationale Pädagogische Forschung, in: Dokumentationsziele und Aspekte der Bewertung in Hochschularchiven und Archiven wissenschaftlicher Institutionen. Beiträge zur Frühjahrstagung der Fachgruppe 8 – Archive an Hochschulen und Archiven wissenschaftlicher Institutionen – des Verbandes deutscher Archivarinnen und Archivare am 23. und 24. März 2006, hg. vom Präsidenten der Universität des Saarlandes, Saarbrücken 2007, S.117-127.

der Deutschen Lehrerbücherei gezogene Rahmen. Der Begriff Pädagogik ist indes nicht eng gefaßt; denn auch Jugendschriftsteller, Hochschullehrer, Unterrichtsminister und Schulfreunde von Verdienst haben Aufnahme gefunden. Ein auch nur flüchtiges Durchmustern der Namenreihe lehrt außerdem, dass nicht bloß die anerkannten Größen im Bereiche der theoretischen und praktischen Pädagogik, sondern auch Leute vertreten sind, die nur in engeren Fachkreisen genannt werden."[22]

Die Durchsicht dieser ersten Aufstellung der Handschriften zeigt, dass nur wenige Schriftstücke von Reformpädagogen im Ursprungsbestand nachweislich vorhanden waren – namentlich von Friedrich Fröbel und Johann Heinrich Pestalozzi als Vertreter der ‚ersten Generation'. Dies ist darauf zurückzuführen dass „von der Aufnahme noch lebender Personen in unser Verzeichnis [...] abgesehen worden [ist]."[23]

Zur Identifizierung weiterer Bestände zur Reformpädagogik muss daher der Blick geweitet werden auf das nach 1950 dem Archiv zugewachsene Schriftgut. Das Archiv der BBF betreut als Depositum des Bundesarchivs das ehemalige Verwaltungsarchiv des 1949 gegründeten Deutschen Pädagogischen Zentralinstituts (ca. 7.000 Akten) und seiner 1970 gegründeten Nachfolgeeinrichtung Akademie der Pädagogischen Wissenschaften der DDR (ca. 9.500 Akten) sowie die Nachlässe von Pädagoginnen und Pädagogen, die in der Akademie gewirkt und sich partiell mit Fragen der Reformpädagogik auseinandergesetzt haben. Zu nennen sind hier Robert Alt (1905-1978), Gertrud Rosenow (1889-1976), Carl Rössger (1880-1960) und Adelheid (1884-1968) und Marie Torhorst (1888-1989). Das Ausmaß der Reflexion reformpädagogischer Ansätze bzw. die mögliche Adaption von reformpädagogischem Gedankengut in pädagogische Praxis wird sich in einer weiteren kontinuierlichen Erschließung der Nachlässe zeigen.[24]

Seit 1992 baut das Archiv seine Bestände kontinuierlich aus und spricht potentielle Bestandsbildende – verstanden werden hierunter Privatpersonen sowie bildungsgeschichtlich relevante Institutionen, Gesellschaften, Vereine und Verbände, die nicht abgabepflichtig sind – aktiv auf Bestandsergänzung und -erweiterung an. Als sammelndes Spezialarchiv übernimmt das Archiv der BBF bildungshistorisch relevante Unterlagen nichtstaatlicher Provenienz von überregionaler Bedeutung; auf eine zeitliche Einschränkung wird dabei bewusst verzichtet. Ziel des Bestandsaufbaus ist es, Bestände für eine (bildungs-)historische Forschung zur Verfügung zu stellen, die u.a. auch den Blick auf die gesamtdeutsche Bildungs- und Disziplingeschichte ermögli-

---

[22] A. Rebhuhn (Hg.), Handschrift und Bild als pädagogische Geschichtsquelle; ein Nachweis von Quellen aus der Deutschen Lehrer-Bücherei, Berlin 1922, S.1.
[23] Ebd., S.1.
[24] Die Erschließung der Nachlässe von Gerd Hohendorf (1924-1993), Helmut König (1920-2005) und Gerhard Stierand (1934-2005) wird in Kürze abgeschlossen, die Bestände sind dann über die Archivdatenbank ACTApro zu recherchieren.

chen. Diese Form des aktiven Bestandsaufbaus, der Akquise und der Bestandsabgrenzung bedarf der vielfältigen Vernetzungen, sei es in Mitgliedschaften oder in Arbeitsbeziehungen.[25] Das Archiv hat sich neben der Sammlung und Bewahrung von unikalem Kulturgut auch zur Aufgabe gemacht, das Archivgut nach archivfachlichen Standards zu erschließen, wissenschaftlich aufzuarbeiten und für die Forschung sowie eine interessierte Öffentlichkeit zugänglich zu machen und darüber hinaus auch aktiv an der wissenschaftlichen Auswertung der Bestände mitzuwirken.

Das Archivgut beläuft sich gegenwärtig auf ca. 1.800 laufende Meter. Auf der Grundlage der historischen Entwicklung des Archivs und der bereits vorhandenen Bestände gliedern sich die Archivbestände in die Bereiche Nachlässe, Akten und Sammlungen.[26] Im Archiv der BBF werden 97 Nach- und Vorlässe, Teilnachlässe und Personenfonds von Pädagoginnen und Pädagogen, von Bildungshistorikerinnen und Bildungshistorikern sowie von Vertreterinnen und Vertretern angrenzender Professionen, von Personen aus der Schulverwaltung, von Lehrenden und Lernenden verwahrt. Die bisherige Überlieferung in diesem Bereich umfasst vor allem Nachlässe von Bildungspraktikern und Personen aus der Bildungsverwaltung des ausgehenden Kaiserreichs und der Weimarer Republik sowie von Lehrenden der Fachbereiche Erziehungswissenschaft und angrenzender Fächer an den einschlägigen Hochschulen und Universitäten in der BRD und der DDR. Unter den Bestandsbildnerinnen und Bestandsbildnern sind zahlreiche Personen, die der Reformpädagogik zuzuordnen sind bzw. die sich im Rahmen ihrer wissenschaftlichen Arbeit mit Fragen der Reformpädagogik auseinandergesetzt haben. Neben den bereits genannten gehören dazu die Nachlässe von Elisabeth Blochmann (1892-1972), Heinrich Deiters (1887-1966), Friedrich Fröbel (1782-1852), Hugo Gaudig (1860-1923), Gottfried Hausmann (1906-1994), Karl Hoffmann (1915-2001), Berthold Otto (1859-1933) und der Berthold-Otto-Schule (ab 1906), Ludwig Pallat (1867-1946), Leo Regener (1900-1975), Adolf Reichwein (1889-1944), Hans Siebert (1910-1979). Hiervon können einige als zentrale Bestände für die Erforschung von Fragestellungen zur Reformpädagogik gelten. Zu nennen ist an erster Stelle wohl der 28 laufende Meter umfassende persönliche Nachlass von Berthold Otto und das Schriftgut der 1907 eröffneten Berthold-Otto-Schule in Berlin-Lichterfelde mit einer umfangreichen Fotosammlung. Überliefert sind zahlreiche Manuskripte und Aufzeichnungen des Schulgründers, seine Korrespondenz – darunter auch die Briefe der Hospitanten der Berthold-Otto-Schule – und diverse Schüleraufzeichnungen. Anlässlich des 100. Gründungstages

---

[25] Das Archiv ist institutionelles Mitglied im Verband deutscher Archivarinnen und Archivare e.V. (VdA, VG 8) und pflegt enge Kontakte zu den Hochschul- und Spezialarchiven.

[26] Eine Übersicht und detaillierte Informationen finden sich unter http://bbf.dipf.de/archiv/bestaende.

der Berthold-Otto-Schule 2007 wurden in der Ausstellung „Meine Schule war und ist die Freiheitlichste in der Welt" die Arbeit des Reformpädagogen in den Mittelpunkt gestellt und zahlreiche Archivalien präsentiert.[27]

Abb. 1: Gesamtunterricht des Oberkurses der Berthold-Otto-Schule Berlin-Lichterfelde, 1930[28]

Im Dezember 2008 gelangte mit einer von Otto Scheibner (1877-1961) angelegten Sammlung über Hugo Gaudig (1860-1923) zentrales Quellenmaterial zu einem weiteren Schulgründer und einem prominenten Vertreter des Arbeitsschulgedankens wie auch der höheren Mädchenbildung im beginnenden 20. Jahrhundert in das Archiv der BBF. Den Grundstock der Sammlung bildete Material, welches Scheibner als enger Vertrauter und Kollege von Gaudig an der II. Höheren Mädchenschule und dem angeschlossenen Lehrerinnenseminar in Leipzig nach Gaudigs Tod zusammengetragen hatte. Ergänzt wurde die Sammlung durch Dokumente ehemaliger Schülerinnen und Absolventinnen der Gaudig-Schule sowie durch Einzelstücke aus dem Besitz der Familie. Die Sammlung dokumentiert eindrücklich die pädagogische Arbeit von Hugo Gaudig, die Entwicklung der von ihm geleiteten Mädchenschule in Leipzig und birgt zahlreiche Dokumente zur schulischen Praxis wie Schulbe-

---

[27] Ein Katalog zur Ausstellung in Form einer pdf-Datei findet sich unter http://bbf.dipf.de /publikationen/ausstellungskataloge/pdf/bertholdotto.pdf.
[28] DIPF/BBF/Archiv, OT FOTO 766.

richte und Schülerinnenaufsätze.[29] Nach Abschluss der Erschließung wurde anlässlich des 150. Geburtstages von Hugo Gaudig ein Symposion abgehalten, das sich Gaudig als einem der bedeutendsten mitteleuropäischen Reformpädagogen widmete, und eine biografische Ausstellung unter dem Motto „Was mir der Tag brachte" konzipiert.[30] Gezeigt wurden Unterlagen zu der von Gaudig geleiteten II. Höheren Mädchenschule und dem angeschlossenen Lehrerinnenseminar sowie ausgewählte Manuskripte zu den Kernbereichen seiner pädagogischen Tätigkeit. Komplettiert wurde die Ausstellung durch Leihgaben aus Familienbesitz und der Staatsbibliothek zu Berlin sowie der Sammlung Kindheit und Jugend, Stiftung Stadtmuseum Berlin. Diese Einrichtung verwahrt eine Marmorbüste Gaudigs, die das Lehrerkollegium und die Eltern der Schülerinnen anlässlich des 60. Geburtstages im Jahr 1920 bei dem

Abb. 2: Porträt von Hugo Gaudig, 1911[31]

in Leipzig tätigen Bildhauer Felix Pfeifer (1871-1945) in Auftrag gegeben hatte. Diese Büste schmückt seit November 2015 als Leihgabe den neu eingerichteten Lesesaal für Archivalien und Sonderbestände in der BBF.

---

[29] Vgl. B. I. Reimers, Der Nachlass von Hugo Gaudig, in: J. Flöter/C. Ritzi, Hugo Gaudig – Schule im Dienst der freien geistigen Arbeit. Darstellungen und Dokumente, Bad Heilbrunn 2012, S.145-155.
[30] Die Beiträge wurden publiziert in: Flöter/Ritzi, a.a.O.
[31] DIPF/BBF/Archiv, GAUDIG FOTO 6.

Der Bestand des Adolf-Reichwein-Archivs, hier vor allem die Unterlagen zu der von Reichwein in den 1930er-Jahren geleiteten einklassigen Dorfschule in Tiefensee, gehört wohl – neben dem Bestand zur Berthold-Otto-Schule – zu dem am häufigsten angefragten Materialien im Rahmen der Auseinandersetzung mit reformerischen Schulkonzepten.[32] Neben schriftlichen Zeugnissen liefern hier insbesondere die zeitgenössischen Fotografien ein eindrückliches Zeugnis der pädagogischen Praxis.

Bedeutsam für die Durchsetzung reformpädagogischer Bestrebungen war auch Reichweins Schwiegervater Ludwig Pallat (1867-1946), der unter anderem gemeinsam mit Herman Nohl das fünfbändige Handbuch zur Pädagogik herausgab. In seiner Funktion als Oberregierungsrat im Zentralinstitut für Erziehung und Unterricht, der späteren Gutachterstelle für das Berliner Schul- und Studienwesen (Berlin-Schöneberg, Grunewaldstraße), war er unter anderem für die Reform der Schulschrift und die Einführung des Films als Unterrichtsmittel verantwortlich. Weniger bekannt ist, dass auch seine Ehefrau Anne Marie Pallat geb. Hartleben (1875-1972) einen bedeutenden Beitrag zur Reform des Handarbeits- und Werkunterrichtes geleistet hat. Der umfangreiche Nachlass der Eheleute ist bisher noch nicht erschlossen.

Zu den Aktenbeständen des Archivs der BBF gehören 50 Aktenbestände von Körperschaften und Vereinigungen. Bei diesem institutionellen Schriftgut handelt es sich vornehmlich um Schriftgutbestände von pädagogischen Ausbildungsstätten und Lehrerfortbildungseinrichtungen, um Abschluss- und Prüfungsarbeiten von Schulen, Schriftgut von Vereinen und Interessenvertretungen, Sitzungsprotokolle von Lehrervereinen sowie um Korrespondenz einschlägiger Zeitschriftenredaktionen. Zudem übernimmt das Archiv die Schriftgutunterlagen von freien, privaten und alternativen Schulen bzw. von deren Trägervereinen. Einen besonderen Einblick in die reformpädagogische Praxis der 1920er-Jahre ermöglicht der 2008 übergebene Bestand zur jüdischen Theodor-Herzl-Schule in Berlin.

Das Material dokumentiert die kurze Geschichte und den Schulalltag der 1920 in Berlin zunächst als private Volksschule des jüdischen Schulvereins gegründeten Einrichtung, die die Kinder in den letzten Jahren ihres Bestehens verstärkt auf die Ausreise nach Palästina vorbereitete. Die Unterlagen zur privaten Volksschule des jüdischen Schulvereins in Berlin mit Sitz am Kaiserdamm 77-79 ermöglicht Einblicke in den schulischen Alltag bis zur

---

[32] Reichweins Tiefenseer Schulschriften aus den Jahren 1937-1939 sind ebenso wie eine Vielzahl der im Archiv verwahren Dokumente zu dieser Schaffensphase mit ausführlichen Kommentaren der Bearbeiter Karl Ch. Lingelbach und Ullrich Amlung abgedruckt im Band 4 der Pädagogischen Schriften Reichweins. Siehe: Adolf Reichwein – Pädagogische Schriften. Kommentierte Werkausgabe in fünf Bänden. Hrsg. Adolf-Reichwein-Verein e.V. und Bibliothek für Bildungsgeschichtliche Forschung des Deutschen Instituts für Internationale Pädagogische Forschung, Bad Heilbrunn 2010-2015.

Schließung der Schule im Jahr 1939. Dokumentiert ist die Umsetzung von reformpädagogischen Konzepten in einer politisch schwierigen Zeit.[33] Anlass für die Übernahme des Bestandes war die Konzeption der Ausstellung „Wir gehen gern in unsere Schule. Die zionistische Theodor-Herzl-Schule in Berlin bis 1939"[34].

Abb. 3: Misrach-Tuch, farbig bemaltes Leinen mit der Darstellung der Landkarte Palästinas (35x34 cm)[35]

Im Jahr 1997 übernahm das Archiv einen bedeutenden Bestand zur Erforschung der Schulgeschichte Preußens von der Gutachterstelle für deutsches Schul- und Studienwesen im Berliner Institut für Lehrerfort- und -wei-

---

[33] Vgl. B. I. Reimers, Vorbereitung zur Auswanderung, in: H. P. Brogiato/K.-P. Kiedel (Hg.), Forschen, Reisen, Entdecken. Lebenswelten in den Archiven der Leibniz-Gemeinschaft, Leipzig 2011, S.72f.
[34] Ein Katalog zur Ausstellung in Form einer pdf-Datei findet sich unter http://bbf.dipf.de/publikationen/ausstellungskataloge/pdf/wirgehengern.pdf.
[35] DIPF/BBF/Archiv, HERZL 50

terbildung und Schulentwicklung.[36] Zu diesem Konvolut gehört eine im Jahr 1932 angelegte, umfangreiche Personalkartei des Lehrkörpers an preußischen Volksschulen (ca. 1856-1948) mit ca. 138.000 einseitig beschriebenen Karteikarten im Format DIN A5 und eine Sammlung von ca. 85.000 zwei bzw. vierseitigen Bögen im Folioformat mit Angaben der Lehrkräfte höherer Schulen in Preußen (ca. 1800-1945). Darunter befinden sich zahlreiche Lehrerinnen und Lehrer, die in reformpädagogischem Kontext gewirkt haben. Ergänzt wird dieser Bestand durch 1.484 Personalberichte und 874 Schulakten von Privatschulen aus den preußischen Provinzen (1874-1942), die unter nationalsozialistischer Herrschaft geschlossen wurden, Statistiken über Volks-, Mittel- und höhere Schulen (ca. 1921-1948) sowie ein umfangreicher Bestand von 1.603 Assessorenarbeiten aus den Jahren 1926 bis 1937, zu denen teilweise auch die Gutachten erhalten sind. Die Informationen zu den Beständen können in der Datenbank des Archivs recherchiert werden.[37]

Das Archiv zählt 35 zusammengehörende Sammlungen pädagogischer beziehungsweise bildungshistorischer Relevanz, darunter die eingangs erwähnte Handschriftensammlung der Deutschen Lehrerbücherei, eine Sammlung zum Bund Entschiedener Schulreformer (Provinz Sachsen), eine Sammlung mit Briefen von Schülern und Lehrern zur Pflege von Schulfreundschaften sowie Quellenmaterial zur Schulverwaltung und zur Schulpraxis. Besonders hervorzuheben ist eine Sammlung mit über 17.000 Schülerzeichnungen unterschiedlicher Provenienz, die auf die Zeit zwischen 1870 und die späten 1990er-Jahre zu datieren ist und kontinuierlich um Exponate erweitert wird. Diese Sammlung korrespondiert zudem mit dem Schriftgutbestand des Bundes deutscher Kunsterzieher e.V., in dem die Entwicklung des Kunstunterrichts und der ästhetischen Bildung seit dem Kaiserreich und der Weimarer Republik – insbesondere aber für die BRD – hervorragend dokumentiert ist. Vergleichbare Bestände zur Praxis der ästhetischen und musischen Bildung in der DDR werden ergänzend eingeworben.

Ebenfalls kontinuierlich erweitert wird die Fotosammlung, die neben Aufnahmen von Szenen aus dem Schulalltag reformpädagogischer Schulen, Aufnahmen von Schulgebäuden und Klassenfotos auch eine Portraitsammlung umfasst. Ein Teil dieser vielfältigen Portraitsammlung ist mittlerweile online zu recherchieren – im Rahmen des Projektes DigiPortA (Digitalisierung und

---

[36] Vgl. U. Basikow, In jeder Familie ein Lehrer? Quellen zu Lehrerinnen und Lehrern an preußischen Volksschulen und Gymnasien des 19. und 20. Jahrhunderts in Archiv und Bibliothek für Bildungsgeschichtliche Forschung des Deutschen Instituts für Internationale Pädagogische Forschung in Berlin, in: HEROLD-Jahrbuch. Neue Folge 11. Band. Hg. im Auftrag des HEROLD von P. Bahl und E. Henning, Insingen 2006, S.33-53.

[37] http://bbf.dipf.de/kataloge/archivdatenbank/hans.pl.

Erschließung von Porträtbeständen in Archiven der Leibniz-Gemeinschaft), das unter der Gesamtleitung des Deutschen Museums in München steht.[38] Überdies birgt das Archiv der BBF verschiedenes, epochenübergreifendes Sammlungsgut, es enthält Einzelstücke zur Schul- und Unterrichtspraxis (Zeugnisse, Lehrerkalender) und Unterlagen zu Schulen und pädagogischen Ausbildungsstätten. Ebenso sind Unterlagen zu einzelnen Unterrichtsfächern (Unterrichtskonzeptionen, Planungen) und Erinnerungen von Lehrenden und Lernenden (autobiografische Notizen, Klassen-Rundbriefe) erhalten. Die bisherige Überlieferung im Umfang von etwa 25 laufende Meter speist sich aus privater Hand beziehungsweise basiert auf dem aktiven Austausch mit anderen Archiven im Rahmen der Bestandsabgrenzung als sammelndes Spezialarchiv. Erst nach der aufwendigen Erschließung, die im Jahr 2017 beginnen soll, wird sich der Umfang und die Qualität des hier verborgenen Quellengutes zur Bearbeitung reformpädagogischer Fragen zeigen.

Eine Besonderheit des historischen Sammlungsauftrages der ehemaligen Deutschen Lehrerbücherei, der weit über die Bewahrung von Bibliotheksgut und privatem Nachlassschriftgut hinausweist, begegnet den Besucherinnen und Besuchern der Bibliothek in Form von künstlerischen Darstellungen wie ausgewählter Büsten und Bildnisse namhafter Vertreter der Pädagogik und insbesondere der Reformpädagogik. Neben einer kleineren Bronzeplastik, die Johann Heinrich Pestalozzi im Kreis von Kindern zeigt, beherbergt die Bibliothek zudem eine Büste des Schweizer Pädagogen und eine von Adolf Reichwein. Erworben wurde unlängst zur Ergänzung eines kleinen Bestandes zum Bund Entschiedener Schulreformer das Porträt von Paul Oestreich (1878-1959). Die Kohlezeichnung wurde von dem Maler und Zeichner Eberhard Tacke (1903-1989) gefertigt.

Zuzüglich zu den hier speziell ausgewiesenen persönlichen Nachlässen, institutionellem Schriftgut, ausgewählten Sammlungen und Einzelstücken durchzieht das Quellengut zur Reformpädagogik das gesamte Archivgut. Da die Bestände unterschiedliche Erschließungstiefen aufweisen, ist eine ausschließliche Recherche über die Archivdatenbank nur bedingt sinnvoll. Ein Teil der Erschließungsdaten ist bisher nur über gedruckte Findbücher bzw. vorläufige Findlisten zugänglich. Über mögliche Quellen im bisher noch nicht erschlossenen Archivgut gibt das Archivpersonal gern Auskunft.

---

[38] Dieses SAW-Projekt setzte sich zum Ziel, die Porträtsammlungen aus neun Archiven der Leibniz-Gemeinschaft online zu präsentieren: Insgesamt etwa 33.000 Porträts wurden mit einem zeitlichen Schwerpunkt auf das 19. und 20. Jahrhundert erfasst, darunter Gemälde, Druckgrafiken, Zeichnungen und vornehmlich Fotografien. Im März 2015 wurde die Online-Plattform des Projekts DigiPortA (www.digiporta.net) freigeschaltet. Vgl. W. Füßl/F. Huguenin, Die Botschaft des Porträts. Potenziale des Gemeinschaftsprojektes DigiPortA, in: Archivar 67(2014), S.392-394.

3. Reformpädagogik als Legitimation von Schulreformen – Rezeptionsforschung anhand der Bestände der BBF

Da ein bestimmtes Verständnis der Reformpädagogik als einer einheitlichen Bewegung erst retrospektiv die seit der Weimarer Republik erfolgende Rezeption hat entstehen lassen – worauf kritisch in besonderer Weise Oelkers und Tenorth verweisen[39] –, scheint sie ein Forschungsgegenstand, der gerade mit Hilfe der in der BBF konzentriert an einem Ort vorhandenen Bestände sehr gut rekonstruiert werden kann. Hier finden sich in den zu verschiedenen Zeiten gesammelten Schriften[40] die kritische und programmatische Literatur ihrer Vertreter um die vorletzte Jahrhundertwende, aber auch die Rezeption der vielen verschiedenen Versuche am Ende des Kaiserreichs und in der Weimarer Republik, reformpädagogische Vorstellungen in Schulen und anderen Einrichtungen umzusetzen. Die Durchsicht der Bestände nach 1945, bzw. nach 1949, als sich die Bibliothek auf dem Gebiet der DDR befand und weiterhin auch bildungspolitische bzw. wissenschaftliche Veröffentlichungen aus der Bundesrepublik beschafft wurden, zeigt, dass an solche Ideen und Konzepte aus dem Kaiserreich und der Weimarer Republik von verschiedener Seite aus angeknüpft wurde und wie Traditionslinien gestiftet werden. Nicht nur stellten Pädagog*innen die Geschichte einzelner Schulformen, etwa die der Grundschule, in die Traditionslinie der Reformpädagogik[41], auch diente der Bezug auf die Reformpädagogik – was immer im Einzelnen darunter verstanden wurde – der Legitimation von Schulreformbestrebungen, etwa zur Einrichtung von Ganztagsschulen[42]. Das haben nicht zuletzt auch Studien von Mitarbeiter*innen der BBF zeigen können[43]. Das etwa ist in den Debatten um die Einführung von Ganztagsschulen in Rheinland-Pfalz am Ende des letzten Jahrhunderts besonders auffällig geworden, wo die Landesregierung

---

[39] Vgl. Oelkers a.a.O., Tenorth a.a.O.
[40] Vgl. die Beschreibung des Profils der BBF im Abschnitt 1. Die Bibliothek – Sammlung reformpädagogischer Schriften.
[41] Vgl. z.B. M. Götz/U. Sandfuchs, Geschichte der Grundschule, in: W. Einsiedler u.a. (Hg.), Handbuch Grundschulpädagogik und Grundschuldidaktik, Bad Heilbrunn 2001.
[42] In seiner Habilitationsschrift 1993 und noch vor der großen Welle an Neugründungen von Ganztagsschulen nochmals im Handbuch „Grundbegriffe Ganztagsbildung" 2008 hat Harald Ludwig, der an der Westfälischen Wilhelms-Universität Münster einen Lehrstuhl für Montessori-Pädagogik bekleidete, eine solche Geschichte von Ganztagsschulen verfasst.
[43] Vgl. F.-U. Kolbe/S. Reh, Reformpädagogische Diskurse über die Ganztagsschule, in: T. Coelen/H. U. Otto (Hg.), Grundbegriffe Ganztagsbildung. Das Handbuch, Wiesbaden 2008, S.665-673; J. Scholz/S. Reh, Verwahrloste Familien – Familiarisierte Schulen. Zum Verhältnis von Schule und Familie in den Diskursen der deutschen Schulgeschichte seit 1800, in: F.-U. Kolbe u.a. (Hg.), Ganztagsschule als symbolische Konstruktion. Fallanalysen zu Legitimationsdiskursen in schultheoretischer Perspektive, Wiesbaden 2009, S.159-177; M. Mattes, Das Projekt Ganztagsschule. Aufbrüche, Reformen und Krisen in der Bundesrepublik Deutschland (1955-1982), Wien u.a. 2015.

auf das gegenüber der systematisierenden Schule handlungsorientiert und projektartig lehrende Leben setzte und in stärkerem Maße erzieherische und sozialpädagogische Aufgaben in den Vordergrund der schulischen Aktivitäten rückte[44]. Vor dem Hintergrund der kurz vor diesen Aktivitäten veröffentlichten Geschichte der modernen Ganztagsschule von Harald Ludwig[45] konnte die „Schülerorientierung" der Ganztagsschule zurück bezogen werden auf die reformpädagogische „Orientierung am Kind" und die ganztägige „Öffnung" von Schule und Unterricht auf die reformpädagogische Öffnung zum „Leben", zur anscheinend unmittelbaren, geradezu natürlich sich vollziehenden Erfahrung. Ludwig hat den Wandel von einer „traditionellen Ganztagsschule" – wie er dann historisch sehr vereinfachend Unterricht zu verschiedenen Zeiten des Tages im 19. Jahrhundert nannte – zur Idee einer „modernen Ganztagsschule" auf der Grundlage verschiedener Quellen erzählt. Er hat sich vornehmlich auf gedruckte Quellen bezogen, etwa auf Schulprogrammentwürfe oder Berichte über Schulversuche, aber auch auf andere und spätere Veröffentlichungen, etwa der GGT (Gemeinnützige Gesellschaft Tagesheimschule nach 1945), die sich konzentriert in den Beständen der BBF befinden. Die Ursprünge der Ganztagsschule in Deutschland suchte er in der reformpädagogischen Bewegung um die vorletzte Jahrhundertwende. Damit leistete er gleichzeitig einem bestimmten Verständnis von Ganztagsschule als Schule der Reformpädagogik Vorschub[46].

Ausdrücklich hatte Ludwig Bezüge zwischen einer – seiner Auffassung nach – modernen Idee der Ganztagsschule und Schulen hergestellt, die in der zweiten Phase des schulkritischen Diskurses um 1900 entstanden. Unter Bezugnahme vor allem auf die Landerziehungsheime, aber auch auf die Freie Schulgemeinde Wickersdorf mit ihrem Schulleiter Gustav Wyneken, war zu Beginn des 20. Jahrhunderts die Gründung von Schulen – Halbinternate, Tagesschulen, Stadtrandschulen oder welch unterschiedliche Namen sie auch immer führten[47] – betrieben worden, die bis nachmittags Betrieb hatten, z.B. auch so genannte Wald- oder Freiluftschulen. Aber auch Schulentwürfe aus dieser Zeit, die eine ganztägige Beschulung bzw. Anwesenheit der Schüler und

---

[44] Vgl. H. Ludwig, Entstehung und Entwicklung der modernen Ganztagsschule in Deutschland, Bd. 1 und Bd. 2, Köln u.a. 1993, S.84.
[45] Vgl. Ludwig 1993.
[46] Dass ganztägig arbeitende Schulen auch weniger stark auf reformpädagogische Traditionen fußen und gleichwohl in einem bestimmten Sinne „moderne Schulen" sein können, zeigt die Schulgeschichte anderer Nationen, etwa die Englands oder Frankreichs, vgl. P. Döbrich, Zeit für Schule. 5. Niederlande, England und Wales, (Studien und Dokumentationen zur vergleichenden Bildungsforschung, Bd. 48,5), Köln u.a. 1991; H.-G. Hesse/C. Kodron, Zeit für Schule. 6. Frankreich, Spanien, (Studien und Dokumentationen zur vergleichenden Bildungsforschung, Bd. 48,6), Köln u.a. 1991.
[47] Vgl. Ludwig 1993, S.49-234.

Schülerinnen in der Schule vorsahen, zog Ludwig zur Darstellung der Verbindungslinien heran. In diesen Schulentwürfen, etwa demjenigen von Ernst Kapff (1863-1944) für eine Reformschule in Stuttgart-Degerloch, die dann allerdings in Degerloch nicht gegründet wurde, von 1906 oder in dem Entwurf des Kielers Eduard Edert (1880-1967) von 1914 erkannte Ludwig „Motive und Grundzüge einer modernen Ganztagsschule". In der zu dieser Zeit nicht unüblichen, stark dramatisierenden Weise wurde eine Art allgemeiner Erziehungsnotstand in den Großstädten und ein Versagen der Familien, ein Defizit in der Wahrnehmung erzieherischer Aufgaben konstatiert[48]. Die Tages-, Stadtrand- oder Waldschulen sollten – so die Begründungen in den programmatischen Texten – eingerichtet werden für Großstadtkinder, die unter schlechten Bedingungen lebten, die nicht so natürlich aufwachsen konnten, wie es für sie gut war, die kränklich waren oder einseitig begabt. Der von Ludwig als Kronzeuge für moderne „Motive" in Anspruch genommene Ernst Kapff[49] spricht ausdrücklich von einem Ersatz der bisher auf das Elternhaus entfallenden Erziehung. Ludwig verzichtet weitgehend darauf, deutlich zu machen, wie mit der hier entwickelten Argumentation eine bestimmte negative Bewertung der adressierten Eltern und ihrer Kinder transportiert wird[50]. Der Blick in die programmatischen Erläuterungen zur pädagogischen Gestaltung ganztägig arbeitender Schulen offenbart – nicht zuletzt vor dem Hintergrund gegenwärtiger Entwicklungen –, dass es unter diesen in der Rezeptionsgeschichte mit geschaffenen diskursiven Bedingungen wiederum notwendig wird zu erwähnen, dass die zu etablierenden Schulen zwar wichtig seien für die einen, die „schwer zu behandelnden Kinder":

---

[48] Vgl. z.B. J. Tews, Johannes, Familie und Familienerziehung, in: W. Rein, Encyklopädisches Handbuch der Pädagogik, 2. Aufl., Langensalza 1904, S.731-756; demgegenüber wird dann das positive und romantisierende Gegenbild, das Leben auf dem Lande, in der Handwerkerfamilie, in der anscheinend im Einklang mit der Natur gelebt und entsprechend erzogen wurde, stark gemacht, vgl. Oelkers a.a.O., S.89-92, wie es etwa auch Lietz in seinem 1897 erschienenen Buch „Emlohstobba" schildert.

[49] E. Kapff, Die Erziehungsschule. Ein Entwurf zu ihrer Verwirklichung auf Grund des Arbeitsprinzips, Stuttgart 1906.

[50] Es ist erkennbar, wie in einem doppelten Bezug auf die Familie diese Idee der Familie als eines sittlichen Grundes (des Staates, der individuellen Entwicklung), als Grundlage jeder durch Erziehung bewirkten Menschwerdung einerseits überhöht (und damit auch zum Modellfall von schulischer Erziehung) wird und gleichzeitig die Familien in ihren je konkreten historischen Formen und Ausprägungen und Erziehungsleistungen demgegenüber als defizitär abgewertet werden; vgl. S. Reh, „Der aufmerksame Beobachter des modernen großstädtischen Lebens wird zugeben, dass die Familie heute leider nicht mehr den erzieherischen Wert früherer Tage besitzt." Defizitdiagnosen zur Familie als wiederkehrendes Motiv in deutschen reformpädagogischen Schulentwürfen und Schulreformdiskursen im ersten Drittel des 20. Jahrhunderts, in: J. Ecarius u.a. (Hg.), Familie und öffentliche Erziehung. Theoretische Konzeptionen, historische und aktuelle Analysen, Wiesbaden 2009, S.159-182.

„Für jene unterrichtlich und erziehlich gleich schwer zu behandelnden Kinder ist erforderlich: individualisierender Unterricht in kleinen Klassen und Kurzstunden, Erziehung draußen in der Natur unter ständigem Verkehr mit dem Lehrer, hygienisch vernünftige Lebensweise."[51]

Gut seien sie aber auch für die anderen Schüler und Schülerinnen. So schreibt Eduard Edert weiter:

„Man wende nicht ein, diese Kinder seien minderwertig. (...) Es ist doch ein eminent sozialer Gedanke, auch ihnen eine höhere Bildung zukommen zu lassen, sich derjenigen anzunehmen, die erziehlich und unterrichtlich einer besonderen Pflege bedürfen. (...) Man verstehe mich recht: die Tagesschule ist nicht lediglich als eine Art Hilfsschule gedacht; in der Hauptsache soll sie gesunden und gesund gewordenen Kindern dienen; aber sie – und sie allein – gibt auch den anderen die Möglichkeit, vorwärts zu kommen. Für die einen ist sie gut, für die anderen ist sie eine Notwendigkeit"[52]

Das hier angedeutete Begründungsmuster „moderner", ganztägiger Beschulung – sie bietet Erziehung, wo Eltern die Möglichkeiten dazu fehlen, und bietet ein angepasstes Lehrprogramm, besondere, individualisierte Bedingungen, wo das schulische Normalprogramm angesichts irgendwie eingeschränkter Kinder scheitern muss – kehrt im Verlaufe der in den folgenden Jahrzehnten immer wieder aufflackernden Debatten um eine tägliche Ausweitung der Schulzeit in immer neuen Varianten wieder. Deutlich wurde, wie die soziale Ungerechtigkeit zu einem „Kernproblem der Ganztagsschule" wird[53]. Zwar ist auch in den Argumentationen der 1960er Jahre die Ganztagsschule noch keine Schule für alle Kinder, aber mit ihr wird nun kaum noch auf die soziale und wirtschaftliche Notlage von Eltern und Kindern reagiert. Stark gemacht wird vielmehr die Idee der Kompensation eines spezifischen familiären Defizits: Ab jetzt geht es vornehmlich um eine Kompensation von Bildungs-Vernachlässigung, um den Entwurf einer Förderung von Kindern, die spezifisch im Hinblick auf das Erreichen schulischer Abschlüsse benachteiligt sind, weil sie keine ausreichende schulisch relevante Förderung in den Familien enthalten. Kompensiert werden sollen also nun Bildungsdefizite, wenig anregende Bildungsmilieus, wie es heute heißen würde. Heute wird dieses zum Gedanken einer ganztagsschulischen Ergänzung und Kompensation des familiären Versagens, „Humanvermögen" in einem ganz umfassenden Sinne zu bilden.

Prozesse der Rezeption der Reformpädagogik, wie sie hier in ihren Verflechtungen zwischen Programmatik, historiographischen Traditionsstiftungen und

---

[51] E. Edert, Die Tagesschule. Die Schule der Großstadt. Der Plan ihrer Ausführung in Kiel, Leipzig/Berlin 1914, S.1.
[52] Ebd., S.8.
[53] J. Lohmann, Die Ganztagsschule – Aufgaben und Möglichkeiten, Weinheim/Berlin 1996, S.19.

bildungspolitischen Reformbestrebungen bzw. den legitimatorischen Indienstnahmen deutlich werden, sind mit den weitreichenden Beständen in der BBF hervorragend auch in ihrer Widersprüchlichkeit zu rekonstruieren. Etwa kann hier nicht nur gezeigt werden, wie die seit Ende der 1990er Jahre bildungspolitisch forcierte Etablierung von mehr Ganztagsschulen in Deutschland zu ihrer Legitimation auf reformpädagogische Diskurslinien setzte, sondern auch in welcher Weise sich genau das gleichzeitig als eine besondere Hypothek dieser Reform entpuppte[54], weil der im Rahmen des deutschsprachigen pädagogischen Diskurses wirkende Gegensatz zwischen Schule als öffentlicher Einrichtung auf der einen Seite und der Familie und dem Leben auf der anderen Seite sich gegenseitig verstärkten. Während die Familie immer der Grund jeder wahren und richtigen Erziehung und auch noch das Vorbild gelungener, öffentlich-institutionalisierter Erziehungsarrangements wie in der Schule war, schien das Leben in seiner natürlichen und nicht zu systematisierenden Form, die unmittelbare Erfahrung in Konkurrenz zum Lehrgang der beste Lehrer. Die beste Schule schien in diesem Kontext diejenige, die am meisten Leben und am wenigsten Schule war.[55] Das ließ die Ganztagsschule zu einer Schule werden, die lange Jahre den Nimbus der Schule für Benachteiligte trug und gleichzeitig in ihren kompensatorischen Reformbemühungen nicht auf das „Kerngeschäft", den Unterricht als einem systematischen Lehrgang, setzen konnte.

Literaturverzeichnis

Basikow, U., Bestandsprofil des Archivs in der Bibliothek für Bildungsgeschichtliche Forschung des Deutschen Instituts für Internationale Pädagogische Forschung, in: Dokumentationsziele und Aspekte der Bewertung in Hochschularchiven und Archiven wissenschaftlicher Institutionen. Beiträge zur Frühjahrstagung der Fachgruppe 8 – Archive an Hochschularchiven und Archiven wissenschaftlicher Institutionen – des Verbandes deutscher Archivarinnen und Archivare am 23. und 24. März 2006, hg. vom Präsidenten der Universität des Saarlandes, Saarbrücken 2007, S.117-127.
Basikow, U., In jeder Familie ein Lehrer? Quellen zu Lehrerinnen und Lehrern an preußischen Volksschulen und Gymnasien des 19. und 20. Jahrhunderts in Archiv und Bibliothek für Bildungsgeschichtliche Forschung des Deutschen Instituts für Internationale Pädagogische Forschung in Berlin, in: HEROLD-Jahrbuch. Neue Folge 11. Band. Hrsg. im Auftrag des HEROLD von P. Bahl und E. Henning, Insingen 2006. S.33-53.
Bücherverzeichnis des Deutschen Schulmuseums, 2. Aufl., Berlin 1904.
Büttner, V./Ribbschlaeger, A. (Bearb.), Sekundärliteratur zur Reformpädagogik: ein thematisches Bestandsverzeichnis, Berlin 1994.
Döbrich, P., Zeit für Schule. 5. Niederlande, England und Wales, (Studien und Dokumentationen zur vergleichenden Bildungsforschung, Bd. 48,5), Köln u.a.1991.
Edert, E., Die Tagesschule. Die Schule der Großstadt. Der Plan ihrer Ausführung in Kiel, Leipzig/Berlin 1914.

---

[54] Vgl. Kolbe/Reh a.a.O.
[55] Scholz/Reh a.a.O.

Euberlin, M., Experimentell-pädagogische Forschung und Reformpädagogik, in: Neue Bahnen 20(1908)4, S.155-162. Online: http://goobiweb.bbf.dipf.de/viewer/resolver?urn=urn%3Anbn%3Ade%3A0111-bbf-spo-4707998.

Förster, C. „Die Deutsche Lehrer-Bücherei wurde mein Schicksal." Das Wirken Adolf Rebhuhns für die Deutsche Lehrerbücherei, in: C. Ritzi,/G. Geißler (Hg.), Wege des Wissens. 125 Jahre Bibliothek für Bildungsgeschichtliche Forschung (2001), Berlin 2001, S.24-43.

Füßl, W./Huguenin, F., Die Botschaft des Porträts. Potenziale des Gemeinschaftsprojektes DigiPortA, in: Archivar 67(2014), S.392-394.

Götz, M./Sandfuchs, U., Geschichte der Grundschule, in: W. Einsiedler u.a. (Hg.), Handbuch Grundschulpädagogik und Grundschuldidaktik, Bad Heilbrunn 2001, S.13-29.

Hesse, H.-G./Kodron, C., Zeit für Schule. 6. Frankreich, Spanien, (Studien und Dokumentationen zur vergleichenden Bildungsforschung, Bd. 48,6), Köln u.a. 1991.

Kapff, E., Die Erziehungsschule. Ein Entwurf zu ihrer Verwirklichung auf Grund des Arbeitsprinzips, Stuttgart 1906.

Kemnitz, H., Vom Lesezirkel zur Lehrerbibliothek. Ein Beitrag zur Vorgeschichte der Deutschen Lehrerbücherei, in: C. Ritzi/G. Geißler (Hg.), Wege des Wissens. 125 Jahre Bibliothek für Bildungsgeschichtliche Forschung (2001), Berlin 2001, S.9-23.

Kolbe, F.-U./Reh, S., Reformpädagogische Diskurse über die Ganztagsschule, in: T. Coelen/H. U. Otto (Hg.), Grundbegriffe Ganztagsbildung. Das Handbuch, Wiesbaden 2008, S.665-673.

Lietz, H., Deutsche Land-Erziehungs-Heime, Leipzig 1917. Online: http://goobiweb.bbf.dipf.de/viewer/resolver?urn=urn%3Anbn%3Ade%3A0111-bbf-spo-14200678.

Lietz, H., Emlohstobba. Roman oder Wirklichkeit? Bilder aus dem Schulleben der Vergangenheit, Gegenwart und Zukunft? Hg., mit einem Nachwort und Anmerkungen versehen von Rudolf Lassahn, Heinsberg 1997 (Originalausgabe 1897).

Lohmann, J., Die Ganztagsschule – Aufgaben und Möglichkeiten, Weinheim/Berlin 1966.

Ludwig, H. Entstehung und Entwicklung der modernen Ganztagsschule in Deutschland, Bd. 1 und Bd. 2, Köln u.a. 1993.

Ludwig, H., Geschichte der modernen Ganztagsschule, in: T. Coelen/H. U. Otto (Hg.), Grundbegriffe Ganztagsbildung. Das Handbuch, Wiesbaden 2008, S.517-526.

Mattes, M., Das Projekt Ganztagsschule. Aufbrüche, Reformen und Krisen in der Bundesrepublik Deutschland (1955-1982), Wien u.a. 2015.

Nohl, H., Die pädagogische Bewegung in Deutschland, in: ders./L. Pallat (Hg.), Handbuch der Pädagogik, Bd. 1, Langensalza 1933, S.302-374. Online: http://goobiweb.bbf.dipf.de/viewer/resolver?urn=urn%3Anbn%3Ade%3A0111-bbf-spo-13771155.

Oelkers, J., Reformpädagogik. Eine kritische Dogmengeschichte. 3. vollständig bearbeitete und erweiterte Auflage, Weinheim/München 1996.

Rebhuhn, A. (Hg.), Handschrift und Bild als pädagogische Geschichtsquelle; ein Nachweis von Quellen aus der Deutschen Lehrer-Bücherei, Berlin 1922.

Reh, S., Zu einer Geschichte programmatischer Schulentwürfe, in: F. Prüß u.a. (Hg.), Die Ganztagsschule: von der Theorie zur Praxis. Weinheim/München 2009, S.69-79.

Reh, S., „Der aufmerksame Beobachter des modernen großstädtischen Lebens wird zugeben, dass die Familie heute leider nicht mehr den erziehlichen Wert früherer Tage besitzt." Defizitdiagnosen zur Familie als wiederkehrendes Motiv in deutschen reformpädagogischen Schulentwürfen und Schulreformdiskursen im ersten Drittel des 20. Jahrhunderts, in: J. Ecarius u.a. (Hg.), Familie und öffentliche Erziehung. Theoretische Konzeptionen, historische und aktuelle Analysen, Wiesbaden 2009, S.159-182.

Reimers, B. I., Der Nachlass von Hugo Gaudig, in: J. Flöter/C. Ritzi (Hg.), Hugo Gaudig – Schule im Dienst der freien geistigen Arbeit. Darstellungen und Dokumente, Bad Heilbrunn 2012, S.145-155.

Reimers, B. I, Vorbereitung zur Auswanderung, in: H. P. Brogatio/K.-P. Kiedel (Hg.), Forschen, Reisen, Entdecken. Lebenswelten in den Archiven der Leibniz-Gemeinschaft, Leipzig 2011, S.72f.

Ribbschlaeger, A u.a. (Bearb.), Veröffentlichungen aus der Epoche der Reformpädagogik, Berlin 1991.

Ritzi, C./Geißler, G. (Hg.), Wege des Wissens. 125 Jahre Bibliothek für Bildungsgeschichtliche Forschung, Berlin 2001.

Scholz, J./Reh, S., Verwahrloste Familien – Familiarisierte Schulen. Zum Verhältnis von Schule und Familie in den Diskursen der deutschen Schulgeschichte seit 1800, in: F.-U. Kolbe u.a. (Hg.), Ganztagsschule als symbolische Konstruktion. Fallanalysen zu Legitimationsdiskursen in schultheoretischer Perspektive, Wiesbaden 2009, S.159-177.

Tenorth, H.-E., „Reformpädagogik" – erneuter Versuch, ein erstaunliches Phänomen zu verstehen, in: Zeitschrift für Pädagogik 40(1994)4, S.585-604.

Tews, J., Familie und Familienerziehung, in: W. Rein, Encyklopädisches Handbuch der Pädagogik, 2. Aufl., Langensalza 190.

5. Verzeichnis der Autorinnen und Autoren

Stefan Cramme
Dr. phil., Bibliotheksleiter der Bibliothek für Bildungsgeschichtliche Forschung des DIPF, Berlin.
Kontakt: *cramme@dipf.de*

Peter Dudek
Dr. phil., lehrte als apl. Prof. am FB Erziehungswissenschaften an der J. W. Goethe Universität Frankfurt/M. Arbeitsgebiete: Historische Bildungs- und Jugendforschung, Wissenschaftsgeschichte. Seit 2013 im Ruhestand.
Kontakt: *Peter.Dudek@onlinehome.de*

Carola Groppe
Dr. phil., Professorin für Erziehungswissenschaft, insbesondere Historische Bildungsforschung an der Helmut-Schmidt-Universität, Universität der Bundeswehr Hamburg. Arbeitsschwerpunkte: Historische Sozialisationsforschung, Geschichte von Familie, Kindheit und Jugend, Geschichte des Bildungssystems, Theoriegeschichte von Bildung und Erziehung.
Kontakt: *groppe@hsu-hh.de*

Elija Horn
M.A., Wissenschaftlicher Mitarbeiter am Institut für Erziehungswissenschaft der TU Braunschweig. Arbeitsschwerpunkte: Historische Bildungsforschung, Reformpädagogik, Jugendbewegung, Orientalismus, Geschlechterforschung, Antidiskriminierung.
Kontakt: *e.horn@tu-bs.de*

Wolfgang Keim
Dr. phil., em. Professor für Allgemeine und Historische Pädagogik an der Universität Paderborn. Forschungsschwerpunkte: Erziehungsgeschichte im 20. Jahrhundert, Historische Erwachsenenbildung, Probleme der Schulreform, Gedenken und Erinnern als pädagogische Aufgabe.
Kontakt: *Wolfgang-Keim@gmx.de*

Klemens Ketelhut
Dr. phil., Ausbildung zum Heilerziehungspfleger, Studium der Volkswirtschaft, Soziologie und Pädagogik, Promotion zu Berthold Otto als pädagogischem Unternehmer. Wissenschaftlicher Mitarbeiter im Arbeitsbereich Historische Bildungsforschung und Pädagogische Frauen- und Geschlechterforschung, Martin-Luther-Universität Halle-Wittenberg. Forschungsschwerpunkte: Historische Bildungsforschung, Gender- und Queerstudies.
Kontakt: *klemens.ketelhut@paedagogik.uni-halle.de*

Sven Kluge
Dr. phil., seit 2009 Mitherausgeber des „Jahrbuchs für Pädagogik", z. Zt. als Lehrbeauftragter an der Universität Duisburg-Essen sowie sowie als Sozialpädagoge im Bereich der Flüchtlingsarbeit tätig.
Kontakt: *klugesven@gmx.net*

Till Kössler
Dr. phil., Professor für die Sozialgeschichte des Aufwachsens und der Erziehung an der Universität Bochum. Forschungsschwerpunkte: Geschichte der Kindheit, Bildungsgeschichte mit einem Schwerpunkt auf Themen der Religion, der Gewalt und des Friedens, Spanische und Südeuropäische Geschichte des 20. Jahrhunderts, Geschichte der Zeit.
Kontakt: *till.koessler@rub.de*

Ulrike Pilarczyk
Dr. phil., apl. Professorin für Erziehungswissenschaft am Institut für Erziehungswissenschaft an der Technischen Universität Braunschweig; Schwerpunkte in Lehre und Forschung: Bildanalytische Forschungsmethoden, Historische Bildungsforschung, Allgemeine Pädagogik.
Kontakt: *ulrike.pilarczyk@tu-bs.de*

Sabine Reh
Dr. phil. habil., Professorin für Historische Bildungsforschung an der Humboldt-Universität zu Berlin ; Direktorin der Bibliothek für Bildungsgeschichtliche Forschung des DIPF, Berlin. Forschungsschwerpunkte: Geschichte der pädagogischen Institutionen, Denkformen und Wissenspraktiken, Geschichte des (Fach)-Unterrichts, Historische Epistemologie.
Kontakt: *reh@dipf.de*

Bettina Irina Reimers
Dr. rer.soz., Leiterin des Archivs der Bibliothek für Bildungsgeschichtliche Forschung des DIPF, Berlin.
Kontakt: *reimers@dipf.de*

Ulrich Schwerdt
Dr. phil., Wissenschaftlicher Mitarbeiter am Institut für Erziehungswissenschaft der Universität Paderborn. Forschungsschwerpunkte: Historische Bildungsforschung, Inklusive Pädagogik.
Kontakt: *schwerdt@upb.de*

Christa Uhlig
Dr. phil., Professorin für Geschichte der Erziehung an der Pädagogischen Hochschule Leipzig, dann bis 1990 an der Akademie der Pädagogischen Wissenschaften Berlin; nach Abwicklung der Akademie verschiedene historisch-pädagogische Forschungsprojekte und Lehraufträge; Veröffentlichungen u.a. zur Bildungsgeschichte der DDR, zur Reformpädagogik und zur Arbeiterbewegung.
Kontakt: *chriuhl2012@yahoo.de*